송자대전

한국고전번역원 한국문집번역총서

송자대전 9

宋子大全

송시열 지음
宋時烈

박미경 옮김

일러두기

1. 이 책《송자대전》은《국역 송자대전》(1981~1988)의 미번역 부분을 포함하여 수정·번역한 완역서이다.
2. 이 책의 번역 대본은 한국고전번역원에서 간행한 한국문집총간 108~116집 소재《송자대전(宋子大全)》으로 하였다. 번역 대본의 원문 텍스트와 원문 이미지는 한국고전종합DB(http://db.itkc.or.kr)에서 확인할 수 있다.
3. 역주는 내용이 간단하면 간주(間註)로, 길면 각주(脚註)로 처리하였다.
4. 한자는 필요한 경우 이해를 돕기 위하여 넣었으며, 운문(韻文)은 원문을 병기하였다.
5. 원문의 오류를 수정하였거나 오류가 의심되는 경우, 교감자료와 중요한 자구(字句)에서 차이가 있는 경우에는 그 내용을 각주로 밝혔다.
6. '한글 맞춤법'의 용법과 다르거나 새로 만든 문장 부호는 다음과 같다.

「 」: ' ' 안의 재인용을 나타낼 때 사용한다.

『 』: 「 」 안의 재인용을 나타낼 때 사용한다.

…… : 원문의 '云云'을 처리할 때, 각주에서 긴 인용문을 처리할 때, 각주의 표제어가 네 어절 이상일 경우 생략되는 말을 처리할 때 사용한다.

- - : 본문에서 소자(小字) 원문 주(註)의 처음과 끝에 사용한다.

□ : 원문의 글자가 빠진 빈 난을 표기하거나 '결락과 판독 불가 글자에 대한 지침'에 따라 번역할 때 사용한다.

▨ : 훼손 등으로 인해 판독이 불가능한 원문을 표기할 때 사용한다.

차례

송자대전 제41권

서 書

송자대전 제42권

서 書

송자대전 제43권

서 書

송자대전 제44권

서 書

송자대전

제41권

書서

이태지[1]에게 답함 임인년(1662, 현종3) 6월 6일

答李泰之 壬寅六月六日

저는 지금 소제(蘇堤)[2]의 집에 있으면서 뒷날의 약속을 기다리고 있습니다. 그저께 어딘가에서 형의 편지가 와 기쁘고 위로되는 마음 그지없었습니다. 금리(錦里)[3]로 가는 것은 과연 언제쯤이고, 나오는 것은 또한 언제일지요? 동춘(同春)[4] 형이 편지로 읍호(挹灝)[5]에서 만나자 하는데, 이는 참으로 좋습니다. 형은 부디 금리에서 곧장 오셔서 부름을 받는 것[6]이 어떻겠습니까?

1 이태지(李泰之) : 이유태(李惟泰, 1607~1684)로, 태지는 그의 자이다. 본관은 경주(慶州), 호는 초려(草廬)이다. 김장생(金長生)과 김집(金集) 부자를 사사하였다. 현종 1년(1660)에 일어난 복제 시비 때 송시열의 기년설(朞年說)을 옹호하였으나 숙종 초부터 송시열과 사이가 벌어졌다. 예학(禮學)에 뛰어나 김집과 함께 《상례비요(喪禮備要)》, 《의례문해(疑禮問解)》 등을 교감(校勘)하였다. 저서로 《초려집》이 있다.

2 소제(蘇堤) : 대전의 소제동에 있던 송시열의 본가(本家)이다. 송시열은 현종 즉위년에 이조 판서를 사직하고 본가인 소제에 내려가 있다가 3년 만인 현종 2년 5월 27일 현종을 인견한 뒤 6월 3일 과천(果川)에 머물며 윤선도(尹善道)와 조경(趙絅)에게 비방을 받은 일에 대한 소회를 상소하고 다시 소제로 돌아갔다. 《宋子大全 附錄 卷10 年譜》《顯宗改修實錄 2年 5月 27日, 6月 3日》

3 금리(錦里) : 금산(錦山)을 말하는 듯하다. 이유태의 거처 및 강학하던 서재가 있는 곳이다. 《宋子大全隨箚 卷3》《草廬集 年譜 卷2》

4 동춘(同春) : 송준길(宋浚吉, 1606~1672)의 호이다. 본관은 은진(恩津), 자는 명보(明甫)이다. 이이(李珥)와 김장생의 문인으로, 송시열과 함께 노론을 이끌었다.

5 읍호(挹灝) : 충청도 회덕(懷德)의 읍호정(挹灝亭)을 말한다. 선암천(船巖川) 가에 있던 정자이다. 《同春堂集 卷21 先考淸坐窩府君行狀》《宋子大全 卷141 挹灝亭重修記》

지수 단자(祗受單子)[7]는 서울에 있을 때 여러 사람이 하는 것을 보니 장지(壯紙) 전폭에 "아무 물건 약간을 공경히 받았다."라고 쓰고, 그 뒤에 상용하는 이문(吏文)으로 맺습니다. 그리고 편지 끝에 따로 연월일을 쓰며, 단함(單銜)을 쓰고 그 뒤에 '신(臣)' 자를 쓰며, 성 뒤에 서명을 하고 이름을 쓰지 않습디다. 그러나 도성 밖에 있는 경우에도 단자를 올려보내는지는 모르겠습니다. 선왕께서 일찍이 관찰사에게 지시하여 미천한 신에게 물어보신 적은 있지만, 사람들은 이를 남다른 예우라고 하였습니다. 부디 다시 다른 사람에게 물어보고 하시는 것이 어떻겠습니까?

6 부름을 받는 것 : 송시열과 송준길, 이유태 등은 삼수(三水)에 유배된 윤선도를 구하는 상소를 올린 조경을 삭탈관직하고 귀양 보낼 것을 청하였으나 처벌이 삭탈관직에 그치자 벼슬을 그만두었다. 그런데 이때 조복양(趙復陽)과 이민서(李敏敍) 등이 송시열, 송준길, 윤문거(尹文擧), 윤선거(尹宣擧), 이유태 등을 불러 폭우와 전염병으로 흉흉한 민심을 수습할 것을 권하자, 현종이 이들에게 올라와서 생각을 아뢰도록 명하였다.《顯宗實錄 3年 5月 13日, 6月 20日》

7 지수 단자(祗受單子) : 임금이 하사한 물건을 받았다고 보고하는 일종의 문서를 말하는 듯하다.《宋子大全 卷57 與閔大受(丁未十一月)》

이태지에게 답함 임인년(1662, 현종3) 7월 2일
答李泰之 壬寅七月二日

뜨내기가 편지를 전해 오니 그지없이 위로되었습니다. 저는 몸이 편치 않아 날이 서늘해져 조금 소생하기를 우선 고대하고 있는데, 어린 손자의 설사병이 아주 극심하니 몹시 가련하여 심장을 칼로 도려내는 듯합니다. 이 무슨 운명이란 말입니까. 통탄스럽고 통탄스럽습니다. '믿음을 얻었다.'라는 말씀은 작은 착오가 아닙니다. 다시 망발을 하자마자 허물을 근심하고 있으니 어찌 감히 서로 그르치겠습니까.

맏아드님은 이제 거인(擧人 향시(鄕試) 급제자)이니 벼슬하지 않을 의리가 없습니다. 다만 오늘날 소인배가 벼슬하면서 물러나거나 사양하는 자가 한 사람도 없으니, 이것이 바로 아무개가 드높이 팔짱을 끼고 내려다보면서[8] 그 자신이 시장 바닥에 있는 줄도 모르는 까닭입니다. 저의 근심이 이와 같으니 다른 일에 생각이 미치지 못합니다. 교정하는 일은 다만 형과 춘형(春兄)이 서로 의논해서 만나시기를[9] 바랍니다.

8 아무개가……내려다보면서 : 윤휴(尹鑴)를 지적하는 듯하다. 윤휴가 관리 임명장인 고신(告身)을 봉하여 돌려주었기 때문에 이렇게 말한 것이다. 《宋子大全隨箚 卷4》
9 교정하는……만나시기를 : 스승 김장생(金長生)이 지은 《경서변의(經書辨疑)》를 이유태와 송준길(宋浚吉)이 함께 교정하였다. 《宋子大全 卷41 與李泰之(丙午二月十三日)》 춘형은 호가 동춘당(同春堂)인 송준길을 가리킨다.

이태지에게 답함 임인년(1662, 현종3) 11월 23일

答李泰之 壬寅十一月二十三日

찾아오기를 날마다 몹시 기다리고 있었는데 편지가 문득 오니, 사람은 보지 못했지만 편안하다는 소식에 기뻤습니다. 저는 외로이 앉아 날을 보내면서 허물이 줄어들기를 바라지만, 글 짓는 일은 하루도 짬이 없으니 혼자 웃어 마지않습니다.

말씀하신 뜻은 삼가 잘 알았습니다. 그러나 만약 보내오신 뜻과 같이 한다면 불편한 점이 있습니다. 지금 성상께서 형을 그 자리에 두신 것[10]이 존중하지 않은 것이 아니건만 지금 오히려 스스로 존중하지 않는다고 말씀하니, 다시 바라는 것이 있다는 혐의를 받을 수밖에 없습니다. 저의 생각으로는 다만 '신이 이미 나아와 충심을 바쳤으니, 애당초 물러나려는 것이 아니라 그저 저 자신을 높이 드러내려고 했을 뿐입니다. 다만 당초에 전하께서 비변사의 신하들에게 신이 조목별로 아뢰었던 일[11]을 의논하게 하셨고 신 또한 명을 받들어 비변사에 나아갔는데, 신이 아뢴 조목에 대한 여러 신하의 의견은 불가하다는 것이었습니다. 그래서 신은 스스로 세상과 잘 어울리지 못하고 시의(時宜)에 맞지 않은 줄 알았습니다. 이제부터 뜻을 결단하여 물러나 다시는 세상에

10 성상께서……것 : 1662년 이유태는 동부승지, 우부승지 등에 제수되었으나 모두 사양하고 나아가지 않았다. 《承政院日記 顯宗 3年 4月 5日, 11日》《草廬集 卷26 行狀》

11 신이 조목별로……일 : 이유태가 올린 상소를 말한다. 모두 2만여 언(言)이나 되는데, 그 내용은 크게 풍속 교화, 인재 양성, 옛 폐단을 고칠 것 등 세 조목과 그에 대한 세부 사항인 16가지 대책으로 구성되었다. 《顯宗實錄 1年 5月 9日》

대한 생각을 하지 않을 것입니다.……'라고 해야만 합니다. 이렇게 한다면 명분과 의리가 바르고 마땅합니다. 어떻습니까?

승정원이 -원문 결락- 내린 일은 지체하다가 기회를 놓쳤으니, 제생(諸生)이 어리석고 물정을 모르는 것이 이와 같습니다. -원문 결락- 어른이 살펴보아 주신 뒤에야 두서가 있게 될 것입니다. 선생의 유고(遺稿)[12]는 교정하고 싶지 않은 것은 아니지만 홀로 맡기는 참으로 어렵습니다.

○ 만일 다시 벼슬에 나아갈 뜻이 없다면 무엇 하러 굳이 사람들로 하여금 거취에 대해 의심하게 하십니까. 한갓 논의만 많고 사달만 많을 뿐입니다.

○ 경능(景能)[13]이 조금 전에 와서, 나아가지 않을 구실이 없다고 하였습니다. 대개 상께서 이미 "말한 바를 행하고자 한다."라고 하셨으니 다시 무슨 말로 사양하겠습니까.

12 선생의 유고(遺稿) : 김장생(金長生)의 《경서변의(經書辨疑)》를 가리킨다. 《宋子大全 卷41 與李泰之(丙午二月十三日)》

13 경능(景能) : 김만증(金萬增, 1635～1720)의 자이다. 증조부는 김장생, 조부는 김반(金槃), 부는 김익희(金益熙)이다. 송시열의 문인으로, 1663년 사마시(司馬試)에 합격하였다.

이태지에게 답함 임인년(1662, 현종3) 12월 21일

答李泰之 壬寅十二月二十一日

29일 밤에 당신 둘째 형님(이유부(李惟孚))과 베개를 나란히 하고 누워 하고 싶은 말을 다하였습니다. "거취(去就)를 이미 정하였으니 나아가지 않으면 사직하는 글을 올려야 하는데, 아마 반드시 이미 올렸을 것일세."라고 하더니, 이제 보내온 글을 받으니 공사(公私) 간에 몹시 편치 않습니다. 구차하다는 말씀은 저의 생각도 그러합니다. 길보(吉甫 윤선거(尹宣擧))의 말은 또한 이보다 심한 점이 있습니다. 대체로 그다지 실질적인 일은 없고 그저 부질없이 형세나 꾸며 대며 나아가지도 않고 물러나지도 않으면서 영예와 은총만 더하는 것은, 과연 책잡는 자들의 마음에 스스로 해명할 길이 없습니다. 부디 일찌감치 판단을 내리십시오. 그러면 의리에 편안할 뿐만 아니라 일도 줄어들 것입니다. 만일 한번 나가는 것을 피할 수 없다면 언제쯤 나가는 것이 마땅하겠습니까? 이미 나가고 나서 혹시 춘 동인(春同人 송준길(宋浚吉))도 나갈 수 있다면 아마도 가망이 있을 것입니다.

저는 이번 달에 다시 감기를 앓았는데 다행스럽게도 지금은 조금 편안합니다. 오늘 이미 가솔을 동쪽으로 돌려보내고 두 손자만 우선 남아 있는데, 세밑이 되면 아울러 또한 철수하여 돌아갈 것입니다. 그러나 손자며느리는 동쪽이 또한 객지이니 일단 머물 예정입니다. 제가 돌아가고 나서 다시 형세를 살폈다가 이사하거나 제가 와서 보거나 하겠습니다. 길보는 뒤의 계책이 좋습니다. 어떻게 생각하시는지요? 많은 사연은 당신 둘째 형님이 일일이 말해 주리라 생각됩니다.

이태지에게 답함 계묘년(1663, 현종4) 1월 3일

答李泰之 癸卯正月三日

멀리서 보낸 편지를 받아 보고 삼가 무슨 뜻인지 대략 알았습니다. 나머지는 따질 것 없고 거취를 이미 결정하신 듯하니 이는 새해의 제일 기쁜 일입니다. 삼가 세상의 도를 위해 하례드리고 백성들을 위해 하례드리면서, 혼자 외톨이가 된 것을 위로할 뿐입니다. 그러나 조 태후(趙太后)[14]가 연후(燕后)를 보내면서 그 발뒤꿈치를 잡고 울며 서글퍼하면서도 "절대로 돌아오지 마라."라고 하였으니,[15] 오늘날의 일 또한 그러합니다. 예전 무술년(1658, 효종9) 부름에 나아가던 날을 기억하건대 선조의 묘소에 영원히 하직 인사를 드리고 갔으니, 당시의 뜻은 참으로 이러한 점이 있었던 것입니다.[16] 저의 여정은 마땅히 형을 위하여 우선

14 조 태후(趙太后) : 대본에는 '齊大后'로 되어 있다. 《전국책(戰國策)》 권21 〈조태후신용사(趙太后新用事)〉에 근거하여 '齊'를 '趙'로 바로잡아 번역하였다.

15 조……하였으니 : 조 태후가 섭정하자 진(秦)나라가 침공해 왔다. 제(齊)나라에 구원을 청하니 태후의 아들인 장안군(長安君)을 인질로 보내면 군대를 보내겠다고 하였다. 태후가 듣지 않자 좌사(左史) 촉접(觸讋)이, 태후가 제사 때마다 연나라로 시집간 딸 연후가 잘못되어 돌아오는 일이 없기를 기도드린 일이 그 자손이 왕으로 계속 이어지기를 바란 장구한 계책에서 나온 것이듯 장안군을 제나라에 보내서 나라에 공로를 세워 그의 봉록을 지키게 하라고 간하였다. 《戰國策 卷21 趙太后新用事》

16 예전……것입니다 : 송시열은 1657년(효종8) 8월 〈정유봉사(丁酉封事)〉를 올린 뒤 낙향했으나 10월에 효종이 밀유(密諭)를 내리자 조정에 다시 나가서 1658년에는 이조 참의에 이어 이조 판서가 되었다. 당시 서울로 올라갈 때 다시는 낙향하지 않고 조정에서 뜻을 펼치리라 스스로 다짐했다는 뜻이다.

머무를 것이니 부디 지체하지 마십시오. 형은 갖춘 것이 넉넉하지만 오직 글을 짓는 일에 더욱 유의하셔야 합니다. 문장이 껄끄러우면 사령(辭令)에 방해가 되니, 반드시 주자(朱子)의 글을 힘써 보신다면 이치를 따지고 문장을 짓는 데 모두 유익할 것입니다. 많은 사연은 남겨두어 직접 말씀드릴 때를 기다리겠습니다.

이태지에게 답함 계묘년(1663, 현종4) 5월 3일
答李泰之 癸卯五月三日

호숫가에서 멀리까지 뚫어질 듯 바라보고 있었는데 조금 전에 흥(興)이 편에 편지를 받으니 저의 마음이 조금 위로가 되었습니다. 제가 오늘날 당한 상황[17]은 모두 형이 한번 갔기 때문에 일어난 일[18]이라는데, 참으로 그렇다면 서로 만나 보는 것은 또한 지극한 바람은 아닙니다. 저는 어제 고향으로 왔습니다. 절사(節祀)를 지낸 뒤에 즉시 다시 서쪽으로 갈 것이라서 설사 뵙고 싶더라도 어찌할 수가 없습니다. 별지(別紙)에서 말한 근심과 탄식은 어찌 그리도 지극한지요. 오늘날 오직 이 형과 함께 상의할 만한데 이제 또 이러한 일이 있으니 몹시 불행합니다. 모레쯤 인편이 있으면 그를 통하여 물어볼 계획입니다. 저의 아우

17 제가……상황 : 송시열이 1663년 5월 그의 중형(仲兄) 송시묵(宋時默)이게 보낸 편지에 "헐뜯는 말이 서울에서부터 오고, 시기하는 기색이 고장에서 날로 일어났습니다."라는 말이 있다. 1660년 4월 윤선도(尹善道)가 송시열의 예론을 비판하는 내용의 소장을 올렸다가 귀양을 갔는데, 이때에 와서 수찬 홍우원(洪宇遠)이 다시 윤선도의 주장을 옹호하는 상소를 올렸다. 이로 볼 때 1659년(효종10) 발생한 예송 논쟁으로 인해 일어난 조정 안팎의 비난을 두고 말하는 것으로 보인다. 《宋子大全 卷123 上仲氏(癸卯正月十九日)》《顯宗實錄 1年 4月 18日, 4年 4月 19日》

18 형이……것 : 이때 송시열은 고향으로 내려왔고, 이유태도 상소가 받아들여지지 않아 고향으로 내려왔다. 《초려집》에 실린 연보에, 당시 영의정 정태화(鄭太和)가 조정에 나오지 않고 현종이 오래도록 이유태를 인견하지 않았으며 조정 안팎에서 말이 무성해지는 등 기미가 변하였기에 글을 올리고 귀향하였다는 내용이 있다. 《草廬集 年譜 卷2》

는 내일 저녁에 가려고 합니다. 다만 생각건대 형이 이미 남쪽으로 가셨으니 만나지는 못할 것입니다. 마침 어수선하여 이만 줄입니다.

이태지에게 답함 계묘년(1663, 현종4) 6월 22일
答李泰之 癸卯六月二十二日

형의 편지가 두촌(豆村)[19]에서 왔는데 병이 있다는 것을 알고 한없이 염려됩니다. 누누이 하신 말씀은 혹 미처 이해하지 못하겠으니, 정신과 생각이 쇠퇴하여 이 지경에 이른 것이 한탄스럽습니다.

황세정(黃世楨)[20]에게 엄격하게 대하지 않았다고 하신 말씀은, 제가 참으로 그러한 점이 있습니다. 그러나 제가 장차 그를 어떻게 대하였으면 하십니까? 이천(伊川)이 화숙(和叔)에 대해서도 오히려 "정이 두터우니 감히 의심할 수 없다." 하였는데,[21] 후학이 이를 두고 누구를 따르겠습니까. 더구나 "만 조각이 나더라도 한이 없겠다."라는 말[22]이 황세

19 두촌(豆村) : 연산(連山)에 있는 마을로, 오늘날 충청남도 논산에 해당한다. 김장생(金長生)의 아들 김구(金槼)의 거처가 있었다. 《宋子大全隨箚 卷3》

20 황세정(黃世楨) : 1622~1705. 본관은 회덕(懷德), 자는 주경(周卿), 호는 제곡(霽谷)이다. 송시열의 문인으로, 윤휴(尹鑴)와 매우 가까웠으며 예론(禮論)이 일어날 때 윤휴의 주장을 지지하여 송시열과 갈등이 있었다.

21 이천(伊川)이……하였는데 : 화숙은 송(宋)나라 때 간신 형서(邢恕)의 자(字)로, 한때 명성이 있었으나 벼슬에 나아간 뒤로 많은 선량한 사람들을 무고에 빠뜨렸다. 이천은 정이(程頤)의 호이다. 정이가 소성(紹聖) 연간에 당론(黨論) 때문에 사마광(司馬光)에 연좌되어 부주(涪州)에 유배 갔는데, 사양좌(謝良佐)가 사실을 알아본 뒤 "이번 일은 형서와 족자(族子)인 공손(公孫)이 꾸민 짓입니다." 하자, 정이가 "고인(故人)은 정이 두터우니 감히 의심할 수 없고, 족자는 지극히 어리석으니 나무랄 것 없다."라고 하였다. 《宋史 姦臣列傳 邢恕》

22 만……말 : 스승을 배반하는 말이다. 형서가 철종(哲宗)에게 진강(進講)하는 자리에서 정이에 대한 좋지 않은 말이 나왔는데, 정이를 구원하는 말을 할 것이라는 사람들

정에게서 나온 적이 없는 경우이겠습니까. 다만 듣자니 그가 우리 부자(父子)를 몹시 깊이 원망한다고 합니다. 제가 그와 절교하고 싶더라도 오히려 그에게 절교당하기에도 겨를이 없으니, 오래지 않아 아무아무가 의심한 대로 될 것입니다. 최근에 얻은 쪽지를 드립니다. 본 뒤에 돌려주십시오. 저의 병이 오래도록 낫지 않으니 하루아침에 죽는다면 다시 만날 수 있을지 모르겠습니다.

○ 제 아들의 혼사에 대해서는 지금 막 듣고 알았습니다. 그러나 저는 지금 중복(重服) 중이니, 그의 복(服)이 끝나 가고 혼사를 주관하는 자도 종질(宗姪)이지만 행하는 것이 썩 편치 않습니다.[23] 어떤지 모르겠습니다. 헤아려 보고 말씀해 주십시오. 요즈음의 상황을 살펴보건대 이 일은 하루가 급합니다. 그러나 만약 예의에 어긋난다면 어찌 감히 생각을 내겠습니까.

의 예상과 달리 "정모(程某)를 만 갈래로 찢어 죽이더라도 저는 또한 구원하지 않을 것입니다."라고 하였다. 이로써 정이는 만 리 밖 부주로 유배 가게 되었고, 이 말을 들은 사람들은 형서를 비웃었다. 《宋史全文 卷13下 宋哲宗》

23 제……않습니다 : 송시열의 아들 송기태(宋基泰)가 1661년 4월 아내를 잃고 1663년에 막 새로 아내를 맞이하려고 하였는데, 송시열이 1월에 아우 송시도(宋時燾)의 아들 송기억(宋基億)의 상을 당했기에 하는 말이다. 《宋子大全 附錄 卷5 年譜》 중복은 9개월 동안 입는 대공친(大功親) 이상의 상복으로, 사촌 형제, 미혼의 사촌 자매, 기혼한 고모·자매·질녀 및 손자·며느리·조카며느리 등의 상에 모두 입는다. 《가례(家禮)》 권3 〈혼례(昏禮)〉에 "자신과 혼사를 주관하는 사람이 기년 이상의 상이 없어야 혼사를 치를 수 있다."라는 말이 있는데, 송시열 자신이 혼사를 주관하지는 않으나 조카의 복제(服制)로 인해 불편하게 여긴 것이다. 《宋子大全隨箚 卷4》

이태지에게 답함 갑진년(1664, 현종5) 1월 27일

答李泰之 甲辰元月二十七日

뜻밖에 다시 이렇게 편지를 받으니 병든 마음에 몹시 위로가 됩니다. 저의 병은 다만 주(舟)[24]의 약에 의지하고 있는데, 효험이 있을지는 아직 확실히 알 수 없으니 요컨대 질질 끄는 형세입니다.

말씀하신 여러 가지 이야기는 삼가 잘 알았습니다. 형이 나아가더라도 저들(청(淸)나라)과 상관있는 부분에 대해서는 죽어도 감히 따르지 않는다면 그런대로 괜찮을 것입니다. 오늘날 사람들은 모두 이러한 마음이 없기에 점차 짐승이나 오랑캐의 지경으로 들어가서 구원할 수가 없으니, 이것이 우리 효종께서 일찍이 개탄하며 마음 아파하시던 점입니다.

지난번 편지에서 아직 다 말씀드리지 못했던 부분이 있으니 이제 그것을 다 말씀드리려 합니다. 옛날에 형의 집이 변고를 당했을 때[25] 형의 아들들이 박가(朴家 박정(朴珽))와 함께 한자리에 들어가고 싶어 하지 않았습니다. 아들들뿐만 아니라 형 집의 친척들 또한 모두 이와

24 주(舟) : 호가 주촌(舟村)인 신만(申曼, 1620~1669)을 가리킨다. 신만의 자는 만정(曼倩), 시호는 효의(孝義)이다. 영의정 신흠(申欽)의 증손이고 송시열의 문인이다. 의술에 밝아 《주촌신방(舟村新方)》을 편찬하였다. 《宋子大全隨箚 卷4》

25 형의……때 : 금산(錦山) 사람 박정이 김자점(金自點)의 뜻을 받들어, 한 고을의 권세를 함께 쥐었다는 등 모욕하는 말을 하여 이유태 형제를 비난하였는데, 고을 사람이 관아에 고발하여 박정의 죄를 다스린 일이 있다. 《孝宗實錄 2年 4月 17日》《宋子大全隨箚 卷4》

같았으니, 어찌 의연하게 의리가 있었던 것이 아니겠습니까. 이제 소술(紹述)[26]을 논하는 자들 또한 박가와 같은 무리입니다. 벗의 원수라면 오히려 같은 조정에 있지 않는 것이 낫습니다. 이렇게 본다면 오늘날 조정에 들어가는 것은 어찌 전날의 일과 서로 어긋나지 않겠습니까. 형이 모쪼록 이러한 뜻을 지니고 있다면 이미 들어간 뒤라 해도 버려야 할 것은 해진 신처럼 버려야 할 것입니다. 그렇지 않다면 수습하는 것이 어찌 어렵지 않겠습니까.

유현덕(劉玄德)과 조조(曹操)가 대적하지 않았던 것은 분명합니다. 저가 부귀(富貴)로써 하면 나는 인의(仁義)로써 할 뿐입니다. 이렇게 하면서 성패와 이해를 따지지 않다가 하루아침의 근심이 닥쳐온다 해도 나는 아쉬움이 없을 것입니다. 오늘날 서로 권면할 것은 이것뿐입니다. 그러므로 감히 끝에 말씀드립니다. 이만 줄입니다.

26 소술(紹述) : 선인의 전통이나 사업을 물려받아 계승한다는 뜻으로, 여기에서는 효종의 북벌 계획을 계승하는 것을 말한다.

이태지에게 보냄

與李泰之

춘형(春兄 송준길(宋浚吉))이 와서 "노선생(老先生)[27]의 묘표가 들 품질이 거칠고 열등할 뿐만 아니라 글자 모양이 껄끄럽다. 증직(贈職)과 시호는 모두 돌에 새겨서 추록(追錄)할 수 있으므로 여러 번 옥천(沃川)에 청하였으나 끝내 들어주지 않았다.……" 하기에 어제 제가 서둘러 편지로 여쭈니 시원스럽게 허락하셨습니다. 제가 즉시 편지로 의논드리니, 춘형은 "옥천의 역량으로 돌 하나를 고쳐 준비하는 것은 그다지 어렵지 않을 것이다. 그러나 우리도 전혀 아무 일 없다는 듯 있을 수는 없다. 모쪼록 초형(草兄 이유태(李惟泰))과 서로 의논하여 각자 물자로 돕는 것이 일에 마땅하다." 하기에, 답하는 편지에 매우 타당하다고 하였습니다. 이미 이와 같기 때문에 감히 알려 드립니다.

갑사(甲寺)를 말씀하신 것은 몹시 의미가 있습니다. 전날 인경(仁卿)[28]에게 답하면서 용추(龍湫)에서부터 두루 찾아뵙고 돌아가고 싶다 하였습니다. 용추에서 용천(涌泉)을 넘어 갑사로 이르는 길은 거리가

27 노선생(老先生) : 1666년(현종7) 5월 1일 송시열이 옥천 안읍리(安邑里)에서 조헌(趙憲)의 묘표문(墓表文)을 쓴 것으로 보아 조헌을 지칭하는 것으로 보인다. 《宋子大全 附錄 卷5 年譜》

28 인경(仁卿) : 송상엄(宋相淹)의 자이다. 본관은 은진(恩津)이고, 송준길의 문인이다. 《同春堂集 續集 卷12 門人錄》《송자대전》 권153 〈제이초려문(祭李草廬文)〉에 집안의 젊은이 송상엄을 보내어 대신 조문을 한다는 내용이 있는 것으로 보아 송준길의 먼 친척인 듯하다.

얼마쯤 되는지요? 만약 멀다면 결코 생각을 내기 어렵습니다. 다만 새로 건립한 서원[29]은 반드시 약속을 지켜 조금 기다렸다가 가려고 합니다. 부디 편지로 알려 주시는 것이 어떻겠습니까? 병이 조금 덜하고 날이 따뜻해지면 5일쯤에는 출발하려고 합니다.

○ 가만히 생각건대 우리 집에 대해서는 스스로 근심할 겨를이 없으면서 이렇게 형 집을 함께 근심하는 것은 무엇 때문이겠습니까. 말하지 않아도 아시리라 생각합니다. 정평(正平)의 일[30]은 기쁜 마음을 이루다할 수 없습니다. 또 서필원(徐必遠)과 김시진(金始振)의 화[31]를 생각하면 하늘까지 닿을 듯한 홍수보다 심한 점이 있습니다. 감히 현명한 군주께 면직을 바라는 글로 한번 호소하였으니 가만히 생각건대 풍파가 백 층으로 확산될 것입니다. 그러나 오히려 이 일로 인해 성상께서 깨달아 천리와 인륜은 과연 다 없앨 수 없다고 여기신다면 만번 죽더라도 한이 없습니다. 초고를 드리니 보신 뒤에 돌려주시기 바랍니다.

29 새로 건립한 서원 : 죽림서원(竹林書院)을 말한다. 오늘날 충남 논산시 강경읍 황산리에 있는 서원으로, 1626년(인조4)에 건립하여 1665년에 사액을 받았다. 처음에는 이이(李珥), 성혼(成渾), 김장생을 제향하다가 1663년 12월 조광조(趙光祖)와 이황(李滉)을 추가로 제향하였다. 《宋子大全隨箚 卷13》

30 정평(正平)의 일 : 정평은 김만균(金萬均)의 자로, 김장생의 증손이며, 송시열의 문인이다. 병자호란 때 할머니가 강화도에서 청(淸)나라 군의 손에 죽었다는 이유로 청나라 사신이 왔을 때 원접사(遠接使)에 참여시키지 말아 달라고 청하여 해직을 구한 일을 말한다. 《顯宗實錄 4年 11月 6日, 8日, 9日》《宋子大全隨箚 卷4》

31 서필원(徐必遠)과 김시진(金始振)의 화 : 김만균이 청나라 사신과의 면대(面對)를 기피하자, 승지 서필원은 병자호란 때 화를 입은 사람의 자손들이 사신과의 면대를 기피하지 못하게 할 것을 주청(奏請)하였고, 대사간 김시진 등은 김만균을 탄핵하여 파직되게 하였다. 《顯宗實錄 4年 11月 6日, 8日, 9日》

이태지에게 보냄 갑진년(1664, 현종5) 7월 24일

與李泰之 甲辰七月二十四日

품계가 오른 것은 기뻐할 일이 아니지만, 돌아가신 분을 영화롭게 하는 것은 어찌 경하하는 마음을 이루 다할 수 있겠습니까.[32] 퇴지(退之)[33]가 이미 편안히 지낸다면 생각건대 반드시 동쪽으로 올 것이니 한번 만나지 않을 수 있겠습니까. 따로 초형(草兄 이유태(李惟泰))께 아뢰건대, 군자는 남이 곤란한 때를 틈타 괴롭히지 않는 법인데 형은 어찌 그렇게 하십니까. 제가 또한 아무 생질에게 문에 나아가 "지극한 마음을 펴고 싶다."라고 애걸하게 한다면 실로 곧음으로 원한을 갚는 방도[34]입니다만, 저는 이렇게 하지 못하여 성인의 가르침에 죄를 얻었습니다. 우리는 오늘날 굳이 이렇게 할 필요가 없습니다. 어떠하신지요?

32 품계가……있겠습니까 : 1664년 윤6월에 이유태는 이조 참의에 임명되었고, 10월에 이유태의 아버지 월봉(月峯) 이서(李曙)의 묘갈(墓碣)을 세웠다. 《草廬集 年譜 卷4》

33 퇴지(退之) : 이유태의 막내아우 이유겸(李惟謙, 1613~1674)의 자이다. 호는 동가(東嘉)이며, 음직으로 함열 현감(咸悅縣監)을 지냈다.

34 곧음으로……방도 : 나에게 해를 끼친 사람에게 사사로움이 없는 곧음으로 대하는 것을 말한다. 어떤 사람이 공자에게 은혜로 원한을 갚는 것에 대해 묻자, 공자는 "원한은 곧음으로 갚고, 은혜는 은혜로 갚아야 한다."라고 하였다. 《論語 憲問》

이태지에게 답함 갑진년(1664, 현종5) 8월 15일

答李泰之 甲辰八月十五日

여러 분의 편지를 받고 위로되었습니다. 다만 초형(草兄 이유태)이 자세히 알지 못하는 점이 있습니다. 허락을 받은 뒤에 쓰는 것은 의리로는 참으로 그렇지만, 허락을 얻게 하는 것은 듣건대 형의 말 한마디에 달려 있습니다. 그러므로 운운했던 것입니다. 보내온 말씀에서 이른바 격발한다고 한 것이나 강제한다는 것은 저의 뜻과 어긋날 뿐만이 아닙니다. 오직 춘형(春兄 송준길(宋浚吉))이 결심하여 그만둔다면 그 뒤로는 분분한 말이 그칠 것입니다.

어제 계명(季明)[35]의 숙질(叔姪)이 와서 만났는데 신주(神主)와 신주의 독(櫝)을 전하기에 이제 이 인편을 통해 전달해 드립니다. 퇴지(退之 이유겸(李惟謙))가 그동안 보낸 글은 삼가 잘 알았습니다. 서로 바로잡아 주는 가르침이라면 말하지 않더라도 받들 것인데 더구나 이렇듯 은근히 말씀하시는 경우이겠습니까. 생각건대 먼저 술을 절제한다면 절반은 넘게 깨달은 것입니다. 보내 주신 게〔蟹〕는 감사드립니다. 이만 줄입니다.

35 계명(季明) : 김익경(金益炅, 1629~1675)의 자이다. 김장생(金長生)의 손자이며, 김반(金槃)의 아들이다.

이태지에게 보냄 갑진년(1664, 현종5) 12월 6일

與李泰之 甲辰十二月六日

최근에 지내는 형편은 어떠하신지요? 저는 놀란 혼이 미처 안정되지도 않았는데 질병마저 기승을 부립니다. 또 듣자니 이이중(李彝仲)[36] 등이 다시 계교를 부추겨 국구(國舅) 형제가 잇달아 교외(郊外)로 나갔다 하니,[37] 근심과 두려움으로 몸 둘 바를 모르겠습니다.

이 내한(李內翰)이 그의 선친 상국(相國)의 시장(諡狀)을 부탁하였는데,[38] 그 가장(家狀)은 지극히 상세하지만 우리가 알고 있는 일이 그다지 많이 들어 있지 않습니다. 내한은 늦게 태어났으니 사세가 그러합니다. 형이 부디 상세히 기록하여 쓸 만한 것을 말씀해 주시는 것이

36 이이중(李彝仲) : 이민서(李敏敍, 1633~1688)로, 이중은 그의 자이고, 호는 서하(西河)이다. 배청친명(排淸親明)을 주장하던 백강(白江) 이경여(李敬輿)의 아들이다. 벼슬은 대제학, 이조 판서에 이르렀다.

37 국구(國舅)……하니 : 국구 형제는 현종의 장인 김우명(金佑明)과 그의 형 김좌명(金佐明)을 가리킨다. 아버지 김육(金堉)의 장례와 관련된 일로 송시열과 사이가 틀어졌다. 1664년 10월 이단상(李端相)이 상소하여 김좌명 형제와 송시열의 관계가 좋지 않다는 것을 진달하며 송시열이 올라오지 않는 것이 김좌명 때문이라고 하였는데, 이민서가 이를 빌미로 김좌명을 파직할 것을 청하였다. 이러한 일로 국구 형제가 교외로 나갔던 것으로 보인다.《顯宗實錄 5年 10月 28日, 11月 8日·22日》《宋子大全隨箚 卷4》

38 이……부탁하였는데 : 이 내한은 당시 예문관 검열이던 이선(李選)을 말한다. 이선은 본관은 전주, 자는 택지(擇之), 호는 지호(芝湖)·소백산인(小白山人)이다. 그의 선친은 우의정을 지낸 완남부원군(完南府院君) 이후원(李厚源)으로, 1660년에 사망하였다.《宋子大全隨箚 卷4》《淵齋集 卷47 芝湖先生李公行狀》

어떻겠습니까? 형은 이전에도 이러한 일들을 일절 뿌리치셨으니, 수명을 기르는 도이기는 하지만 정주(程朱)의 가법(家法)은 아닌 듯합니다. 더구나 이는 집안일이고 또 차마 이렇게 할 수 없는 경우이겠습니까. 마음 깊이 바랍니다. 이만 줄입니다.

이태지에게 답함 갑진년(1664, 현종5) 12월 12일

答李泰之 甲辰十二月十二日

말씀하신 뜻은 저의 마음과 실로 부합합니다. 다만 남들의 마음이 저의 마음과 같지 않아 귀찮은 일이 생기는 것을 기뻐하니 괴롭고 피롭습니다. "의심을 받았다.……"라는 성상의 말씀[39]은 몹시 황공합니다. 그러나 이러한 처지로는 이보다 더 큰일이 있더라도 어찌 감히 해명하는 상소를 하겠습니까. 오늘날의 도는 다만 입을 다물고 말하지 않으면서 바위틈에서 말라죽어 가는 것뿐입니다. 우재(迂齋)의 시장(諡狀)[40]은 이미 완성되었으니 감히 드려서 증거로 삼도록 하지 않을 수 있겠습니까. 다만 저쪽 집의 재촉이 몹시 급하여 조용하지 못할 듯합니다. 하고 싶은 말은 너무나 많지만 날이 저물어 이만 줄입니다.

39 의심을……말씀 : 《송자대전수차(宋子大全隨箚)》 권4에서는, 김만균(金萬均)의 일로 송시열이 대죄(待罪)하는 소(疏)를 올렸는데 비답에 "군신이 서로 의심한가.〔君臣相疑〕"라는 말이 있었다고 기록하고 있으나, 《현종실록》이나 《승정원일기》에는 그러한 내용을 찾을 수 없다.

40 우재(迂齋)의 시장(諡狀) : 우재는 이후원(李厚源)의 호이다. 아들 이선(李選)이 부탁한 이후원의 시장을 말한다. 이후원이 사망한 지 4년 뒤에 송시열에게 부탁하였다. 41쪽 주38 참조.

이태지에게 답함 을사년(1665, 현종6) 2월 16일

答李泰之 乙巳二月十六日

방금 숭현서원(崇賢書院)에 사람을 보내 안부를 물으려고 하였는데 보낸 심부름꾼이 먼저 오니 감사한 마음 어찌 끝이 있겠습니까. 저의 집이 당한 우환[41]은 차마 말하지 못하겠습니다. 이렇게 괴로움을 견디는 것은 죽는 것만 못합니다. 일로(一老)와 퇴지(退之 이유겸(李惟謙))의 위로 편지에 대해서는 슬픈 마음 끝이 없습니다. 편지에서 하신 말씀은 삼가 잘 알겠습니다. 저는 묘지석(墓誌石)의 일[42] 때문에 여기에 머물게 되었습니다. 그러나 엄숙히 치러야 할 일은 받드는 데 또다시 장벽이 생겼으니 말할 수 없습니다.

청량(淸涼)한 지역으로 들어가고 싶지만 마음이 몹시 긴장되고, 숭현서원은 번잡할 듯합니다. 동학사(東學寺)[43]의 조그만 암자라면 어떻겠습니까? 저 또한 춘형(春兄 송준길(宋浚吉))이 서쪽으로 갈 계획이 있는 줄로 압니다. 이미 이 일로 인편에 의론을 보냈는데 답장을 받지 못하였을 뿐입니다.

41 저의……우환 : 며느리 유씨(柳氏)가 사망한 일을 말하는 것으로 보인다. 유씨는 1664년 11월에 사망하였다. 《宋子大全 附錄 卷5 年譜》

42 묘지석(墓誌石)의 일 : 1665년 2월 아버지 송갑조(宋甲祚)의 묘에 묘지를 묻었는데, 아마도 묘지를 새기는 일을 가리키는 것으로 보인다. 《宋子大全 附錄 卷5 年譜》

43 동학사(東學寺) : 충남 공주의 계룡산에 있는 절인 동학사(東鶴寺)로, 1665년 9월 송시열, 윤선거(尹宣擧), 이유태가 이이(李珥)와 성혼(成渾)의 연보를 교정하는 일로 모였다가 윤휴(尹鑴)에 대해 논쟁을 벌인 곳이다. 《宋子大全 附錄 卷5 年譜》

새 묘를 보수하는 일은 얼마나 할 것이며 어떤 사람을 쓰려는지요? 북쪽을 보수하고 남쪽에 사초를 입히는 일을 동시에 한다는 것을 또한 알려 드립니다. 만약 대단히 위태롭고 다급한 상황이 아니라면 천천히 해야 하지 않겠습니까마는, 저의 집안에서 감히 사초를 운반하는 일을 할 수 없어서이니, 이것이 어찌 제가 원하는 바이겠습니까. 오늘날의 일은 다만 문을 꼭 닫고 일을 줄이는 것이 마땅합니다. 막내아우가 현감이 된 것[44]에 대해서는 대략 들었지만 상세한 것은 잘 모릅니다. 다만 이분이 성품과 기개가 있으니 거취를 어찌할지 모르겠지만 고을이 좋은지 나쁜지에 대해서는 물을 바가 아닙니다. 그가 사은을 하고 돌아간 지 이미 여러 날 되었습니다.

어제 사정(士正)[45]이 지나는 길에 들렀습니다. 노선생(老先生 김장생(金長生))의 유고(遺稿) 일로 몹시 준엄한 꾸지람을 받았는데, 꾸짖는 것이 참으로 옳습니다. 추운 계절이 지나고 병이 없다면 마땅히 책 상자를 지고 집을 떠나 그쪽으로 가서 분부를 따를 것입니다. 이만 줄입니다.

○ 여기서 들은 바를 차마 말하지 못하겠습니다. 그 대략을 들자면 평평한 곳을 움푹 파서 숯과 지게미를 크게 쌓아 불태웠다고 운운하였습니다.[46] 우리는 지금 시운(時運)이 한창 좋지 않아 하늘이 형벌을

44 막내아우가……것 : 이유태의 막내아우 이유겸이 이때 함열 현감(咸悅縣監)이 된 듯하다.

45 사정(士正) : 김규(金槼, 1606~1697)의 자이다. 호는 두계(豆溪)이고, 김장생의 서자이다. 만년에 자여 찰방(自如察訪)을 지냈다. 《明齋遺稿 卷32 跋金僉知家狀》

46 평평한……운운하였습니다 : 당시 충청도에 전염병이 심각했던 것으로 보아 시체를 태운 일을 말하는 듯하다. 《顯宗實錄 2年 10月 4日》

내리고[47] 사람도 재앙을 끼치니, 저는 밤낮으로 아슬아슬하게 지내는 것이 백척간두에 서 있는 것 같을 뿐만이 아닙니다.

듣자니 초형(草兄 이유태)이 동춘(同春)에게 권하여 상소를 넣도록 했다는데, 동춘이라면 저와는 다르다고 여겨서가 아니겠습니까. 대간(大諫) 이경억(李慶億)의 소(疏)에 "복상(卜相)에 든 사람[48]이 몸 둘 곳 없게 하였다."라고 했다는데, 동춘이 만약 말을 하면 이경억은 반드시 매우 놀랄 것입니다. 춘형의 사세가 저와는 다르지만 꺼릴 바가 전혀 없다고는 할 수 없습니다. 어떻게 생각하십니까?

47 하늘이 형벌을 내리고 : 현종 재위 기간 내내 천재지변과 기근이 끊이지 않았는데, 이해 1, 2월 사이만 해도 혜성이 나타나고 태백성이 대낮에 나타나며, 전라도와 충청도에 지진이 일어나는 등 천재지변이 이어졌다. 《顯宗實錄 6年 1月 17日, 24日》

48 복상(卜相)에 든 사람 : 복상은 새로 정승을 제수하기 위해 후보자를 천거하던 일로, 당시 송준길이 복상에 들었다. 《宋子大全隨箚 卷4》

이태지에게 보냄 을사년(1665, 현종6) 4월 11일

與李泰之 乙巳四月十一日

생각건대 형의 마음은 그저 절로 눈물이 흐를 터인데[49] 위로할 수 없어 한스럽습니다. 지금 편지가 왔으니 참으로 굽어살펴 주심을 입었습니다.

온천으로 행차한다[50]는 소식은 어제 겨우 들었습니다. 형이 거처하는 곳이 더욱 가까우니 올라가서 알현하는 것이 무슨 문제가 되겠습니까. 저는 허물이 있는 몸이고, 또 수년 이래로 성상의 뜻을 살피는 것이 변변찮아 늘 미워하고 노여워하는 기색을 보이시니 참으로 나아갈 면목이 없습니다. 행재(行在)의 일로 죄를 논하는 것이 파옹(坡翁)에까지 이르지는 않겠지만,[51] 순유(巡遊) 또한 임진왜란 때와는 견줄 바가 아니니 집에서 석고대죄할 뿐입니다. 만약 편안히 앉아 있는 것이 온당치 않다 여긴다면 그저 중도에서 죄를 비는 글을 올리겠습니다.[52]

49 형의……터인데 : 1665년 4월 1일에 이유태의 아우 이유익(李惟益)이 사망하였다. 《草廬集 年譜3》

50 온천으로 행차한다 : 1665년 4월에 현종은 눈병과 습종(濕腫) 치료에 온천욕이 필요하다는 내의원의 의견에 따라 온양(溫陽)에 갔다. 《顯宗實錄 6年 4月 17日, 21日》

51 행재(行在)의……않겠지만 : 행재는 행재소(行在所)와 같은 말로, 임금이 멀리 거둥할 때 임시로 머무는 곳이다. 파옹은 성혼(成渾)으로, 임진왜란 초 선조가 피난할 때 행차하는 길목에 살면서도 호종하지 않았다 하여 이홍로(李弘老)에게 공격받은 일이 있다. 《宣祖修正實錄 27年 3月 1日》

52 중도에서……올리겠습니다 : 당시 우찬성이던 송시열은 행궁에 오다가 공주(公州)에서 병 때문에 가지 못한다는 이유로 벼슬을 사직하는 소를 올렸다. 《顯宗實錄 6年 4月 23日, 5月 2日》《宋子大全 卷12 詣溫宮待罪疏》

이 두 가지 일 중에 어느 것이 조금 나을지 헤아려 보고 말씀해 주시기를 간절히 바랍니다. 이곳에 사람이 몹시 모자라 심부름꾼을 보내어 여쭙지 못합니다. 부디 이산현(尼山縣) 관아의 종 한 사람을 빌려 알려 주시기를 간절히 바랍니다. 이만 줄입니다.

이태지에게 답함 을사년(1665, 현종6) 4월 15일

答李泰之 乙巳四月十五日

형의 편지가 또 오니 몹시 위로됩니다. 새로 지은 집[53]에 나아갔다고 하셨는데 저의 집과 몹시 가까운 거리라 기뻤습니다. 온양(溫陽)에 나아가거나 나아가지 않는 것[54]은, 나아가도 좋고 나아가지 않아도 좋습니다. 그러나 시의(時議)로써 말하자면 후한 쪽을 따른다는 말이 낫지 않겠습니까. 선후(先後)에 관한 말 또한 그렇습니다. 저는 상소에서 병으로 앞에 나아갈 수 없고 죄가 많아 감히 나아가지 못한다는 뜻만 아뢰었을 뿐입니다. 형과 동춘(同春 송준길(宋浚吉))이 상을 알현한 뒤에 상께서 함께 서울로 돌아가고자 하신다면 장차 어찌하시겠습니까? 이것은 반드시 알현하기에 앞서 결정해야 합니다. 그런 뒤에야 차질이 없을 것입니다. 이만 줄입니다.

53 새로 지은 집 : 이유태는 1664년 2월 어머니 김씨(金氏)를 모시고 충남 은진(恩津)의 화산(花山)으로 이사하였다. 화산은 원래 이유태의 아우 이유겸(李惟謙)의 별업(別業)이 있는 곳인데, 대흥 현감(大興縣監)이었던 맏형 이유택(李惟澤)이 1665년 1월에 벼슬을 그만두고 이곳으로 내려와서 이때 형제가 이곳에 모인 것으로 보인다. 《草廬集 年譜 卷2》

54 온양(溫陽)에……것 : 현종이 행차한 온양으로 나아가 알현할지 말지를 말한다. 《顯宗實錄 6年 4月 6日, 21日》

이태지에게 답함 을사년(1665, 현종6) 6월 18일

答李泰之 乙巳六月十八日

분암(墳菴 묘를 보살피기 위해 세운 암자)에 병으로 누워 있으니 마음이 몹시도 무료하였는데 문득 보내신 글을 받고서 마주 대한 듯 위안이 되었습니다. 오늘날의 경사[55]는 신민(臣民)이 거의 기쁨을 주체 못할 지경이지만 저는 홀로 답답하고 두려워하며 스스로를 가련하게 여길 뿐입니다. 제가 쓴 소(疏)의 부본(副本)을 드립니다. 그 속에 한 말은 지극히 말하기 어려운 점이 있습니다만 두 국구(國舅)가 이미 서로 앞장서서 말하고 있는 만큼[56] 어찌 감히 끝내 말하지 않을 수 있겠습니까. 형이 근심된다고 하신 말씀은 저도 짐작할 수 있습니다. 그러나 신하가 되어 이러한 험한 말을 들으면 자백하고 죄를 청하는 것이 저절로 떳떳한 도리입니다. 나는 떳떳한 도를 행하지만 저 사람[57]은 운운하

55 오늘날의 경사 : 현종의 눈병이 나은 것을 말하는 것으로 보인다. 이달에 현종의 눈병이 나은 것을 종묘에 고하고 백관의 하례를 받았으며, 죽을죄를 지은 죄인 이외에는 사면하는 등의 조치가 있었다. 《顯宗實錄 6年 6月 19日》

56 두……만큼 : 두 국구는 효종 비(妃) 인선왕후(仁宣王后)의 오빠 장선징(張善瀓)과 현종 비 명성왕후(明聖王后)의 아버지 김우명(金佑明)을 말한다. 현종 2년(1661) 원자(元子)가 탄생했을 때 경하하지 않은 송시열의 태도를 비방하는 여론이 있었는데, 그 일에 두 국구가 앞장섰다. 송시열은 온양에 행차한 현종을 알현하였을 때 함께 서울로 가자고 권하는 현종에게 뒤따라가겠다고 하고서, 소를 올려 원자와 관련된 자신의 처신이 불가피한 상황임을 밝히고 가지 않았다. 《顯宗實錄 6年 5月 27日》《宋子大全 卷11 自溫泉赴朝中路退歸仍辨冤誣疏》《宋子大全隨箚 卷4》

57 저 사람 : 윤선거(尹宣擧)를 가리킨다. 《宋子大全隨箚 卷4》

니 어쩌겠습니까. 그는 대개 이해(利害)를 헤아리는 데 거의 익숙한데다 일반적인 범주를 벗어난 독[58]에 중독되기까지 했으므로 논의하는 것마다 이와 같으니 상관할 것이 없습니다.

동춘(同春 송준길(宋浚吉))이 돌아올 뜻이 없다고 하는 것은 아마도 잘못 전해졌을 겁니다. 어제 그의 편지를 받았는데 참최복(斬衰服)의 연제(練祭)[59]를 틈타 오려 한다고 하였습니다. 다만 상께서는 그의 휴가를 허락하지 않으실 듯합니다. 전날 사관(史官)이 와서 전한 것은 이전의 상소에 대한 비답일 뿐입니다. 어제 또 짧은 소를 올려 지난겨울 당한 불행[60]을 이유로 허물을 자인하였습니다. 대개 지난겨울의 일은 청풍(清風) 국구가 팔을 걷어붙이고 말한 것인데[61] 이 또한 어찌 묵묵히 아무 일 없는 것처럼 할 수 있겠습니까. 이 소가 들어가고 나면 성상께서는 반드시 버릴 사람이라 여겨 다시는 거두어 부르지 않으실 것입니다.

58 일반적인……독 : 윤휴(尹鑴)를 지적하여 한 말이다. 주희(朱熹)가 육구연(陸九淵)과 태극(太極)을 논한 편지에서 "당신의 학문은 범주를 벗어나서 세간의 언어로는 의견을 논하여 헤아리기가 쉽지 않습니다."라고 한 데서 나온 말로, 윤휴가 조선 시대 유학자들에게 절대적 위상을 갖고 있던 주희의 주석 대신 독자적인 견해를 제시한 것을 지적하는 말이다. 《宋子大全隨箚 卷4》

59 참최복(斬衰服)의 연제(練祭) : 송준길은 1664년 5월 맏아들인 정랑(正郎) 송광식(宋光栻)을 잃었다. 《宋子大全隨箚 卷4》

60 지난겨울 당한 불행 : 1664년 11월 말경 며느리 유씨(柳氏)의 상(喪)을 당한 것을 말한다.

61 지난겨울의……것인데 : 원자에 대한 송시열의 태도를 두고 국구 김우명이 비난했던 것을 말한다. 《宋子大全隨箚 卷4》

이태지에게 보냄 을사년(1665, 현종6) 8월 25일

與李泰之 乙巳八月二十五日

담쟁이 오솔길에서 비록 간절히 기다리지만[62] 형이 이처럼 얽매여 있으니 조용히 와서 만나는 것이 좋습니다. 저는 손자와 함께 촌집을 한 채 마련하여[63] 서로 마주보며 책을 보다 보니 콸콸 흐르는 물과 푸른 숲을 감상할 겨를이 아직 없었습니다. 따로 대간(大諫)의 행차를 알리는 것은 일찍이 편지로 언급하였습니다. 먼젓번 글은 감영의 인편으로 드렸는데 잘 전달되었는지요? 퍽 답답합니다. 부름에 나아가셨다는 소식을 지금 듣고서 이 시대를 위해 몹시 기뻐 거의 잠들지 못하고 홀로 "평범한 어사[64]로 가는 것이 아니라네.〔不是尋常御史行〕"[65]라는 구절을 읊었습니다. 꼭 가서 인사드리고 싶었으나 산속에 도착하자마자 바야흐로 더 깊이 들어갈 것을 의논하고 있었으므로 하지 못하고, 나그

62 담쟁이……기다리지만 : 벗을 기다리는 것을 말한다. 맹호연(孟浩然)이 업사(業師)의 산방(山房)에 묵으면서 친구 정공(丁公)을 기다렸으나 오지 않는 것을 읊은 시의 "그대 어제 온다 하더니 외로이 거문고 안고 담쟁이 오솔길에서 기다리네."라는 구절에서 유래한다. 《孟浩然集 卷1 宿來公山房期丁大不至》

63 마련하여 : 대본에는 '訪'으로 되어 있다. 두주(頭註)에 근거하여 '討'로 바로잡아 번역하였다.

64 어사 : 《이정문집(二程文集)》 권1 〈송여회숙부하양(送呂晦叔赴河陽)〉에는 '刺史'로 되어 있다.

65 평범한……아니라네 : 나라에 필요한 인재가 벼슬에 임명되었음을 말한다. 송대(宋代)의 명신(名臣) 여공저(呂公著)가 하양(河陽)으로 나갈 때 정호(程顥)가 전송하면서 읊어 준 구절이다.

네의 넋은 부질없이 행차의 먼지를 쫓을 뿐이었습니다. 춘형(春兄 송준길(宋浚吉))께 드릴 편지가 있으니 바라건대 즉시 전달해 주시는 것이 어떻겠습니까?

이태지에게 보냄 병오년(1666, 현종7) 2월 13일

與李泰之 丙午二月十三日

편지로 대략의 일을 알고서 몹시 위로가 되었습니다. 이곳에서는 비석 일[66]을 몹시 속히 끝내고 싶어 합니다만, 산속에 깊이 들어와 있어서 바깥일을 듣지 못하고 힘은 달려 쉽지가 않으니 답답합니다. 70개 읍의 많은 선비들이 한목소리로 함께 일어나 역적죄로 논하였는데[67] 어찌 세상에 스스로 설 수 있겠습니까. 길보(吉甫 윤선거(尹宣擧))를 보거든 저를 위해 거절해 주십시오. 옛날 강해(江海)의 논란[68]이 막 일어났을 때 제가 회옹(晦翁)의 말로 "이 머리가 목 위에 붙어 있다."[69]라고 하였

66 비석 일 : 아버지 송갑조(宋甲祚)의 신도비(神道碑)를 세우는 일을 말한다. 연보에는 이해 3월 1일에 세웠다고 기록되어 있다. 《宋子大全 附錄 卷5 年譜》

67 70개……논하였는데 : 윤휴(尹鑴)가 이산해(李山海)의 손자 이무(李袤)에게 "송시열의 예론(禮論)이 효종(孝宗)에게 종통(宗統)을 돌리지 않은 본의는 종통이 소현(昭顯)의 자손에게 있다는 것이다."라고 하며 고변(告變)하려 하고 또 그의 서형(庶兄)을 영남에 보내 사람들을 종용하자, 유세철(柳世哲) 등 1천여 명이 소를 올려 송시열이 나라의 종통을 빼앗으려 한다고 하였다. 《宋子大全 附錄 卷8 年譜》

68 강해(江海)의 논란 : '강(江)'은 여강(驪江)에 사는 윤휴를, '해(海)'는 해남(海南)에 사는 윤선도(尹善道)를 가리킨다. 기해년(1659) 효종이 승하하자 인조의 계비(繼妃)인 자의대비(慈懿大妃)의 복상(服喪)을 1년으로 할지 3년으로 할지 논쟁이 시작되었다. 윤휴와 윤선도는 효종이 비록 인조의 둘째 아들이나 적자로서 왕위를 계승했기 때문에 장자로 간주하여 삼년상(三年喪)을 치러야 한다고 주장했고, 송시열은 효종이 인조의 둘째 아들이므로 기년상(朞年喪)을 치러야 한다고 주장했다.

69 이……있다 : 매우 위태로운 처지를 말한다. 주희(朱熹)가 위학당(僞學黨)으로 지목되어 당화(黨禍)를 당했을 때 팽귀년(彭龜年)에게 한 말이다. 《朱子語類 卷107》

는데 길보는 매우 잘못된 말이라고 여겼습니다. 그런데 지금 과연 어떻습니까. 재앙과 복은 하늘에 달려 있는 것이지 사람이 관여할 바가 아닙니다. 그러나 그들의 마음은 선의가 있음을 보지 못하였습니다. 《경서변의(經書辨疑)》는 연산(連山)의 젊은이들이 베껴서 이곳으로 보내왔는데, 저는 비석 일 때문에 열람할 겨를이 없어서 보내 드립니다. 한가한 중에 조용히 깨달아 아시기를 바랍니다. 이만 줄입니다.

이태지에게 답함 병오년(1666, 현종7) 2월 17일

答李泰之 丙午二月十七日

연이어 편지를 받으니 몹시 위로됩니다. 영남의 일[70]에 대해서는, 그들이 참으로 애석합니다. 사건의 전말을 만분의 일도 알지 못하면서 남에게 충동질을 받아, 때를 틈타 남을 해치는 함정에 빠진 줄도 몰랐습니다. 그들에게 어찌 죄가 없겠습니까마는 적다고 할 수 있지 않겠습니까. 그러나 모든 것은 제가 알 바가 아닙니다.

글을 지어 보내 드리니 바로잡아 주십시오. 지난 편지 내용에서 바로잡아 주신 글자는 증자(曾子)가 안자(顔子)에게 썼던 것이니 반드시 바르고 아름답다 할 것이라 여겼는데 뜻하지 않게 형께 죄를 지었습니다. 옛날 여강(驪江 윤휴(尹鑴))이 저를 처음 비난했을 때를 기억해 보건대, 형이 "그대가 황(黃) 아무개와 서로 다투는 것은 항왕(項王)이 누번(樓煩)에게 싸움을 거는 것과 다름없다."[71]라는 말씀을 하셨으나

70 영남의 일 : 이익(李翊)이 경상도 관찰사로 있을 때 문경(聞慶)의 읍재(邑宰)인 곽문용(郭文溶)을 시켜 송시열에게 미곡(米穀)을 보내고는 체차되어 떠났다. 송시열은 이를 사양하다가, 청주(淸州), 괴산(槐山), 문경이 맞물리는 지역에 사창(社倉)을 세우고 유생들과 함께 곡식을 대여하고 환수하였다. 이를 두고 권대운(權大運)은 거사(擧事)할 때 군량으로 쓰려는 것이라고 하며 홍씨(洪氏) 성의 청주 목사에게 은밀히 살펴보게 하였는데, 목사가 권대운에게 죽음을 당하는 일이 발생하였고 이 일로 향리가 떠들썩한 일이 있었다. 《宋子大全 卷63 與閔持叔》

71 그대가……다름없다 : 황 아무개는 황세정(黃世楨)을 말한다. 그의 기세가 드세어 송시열이 당해 낼 재간이 없다는 말이다. 항왕은 항우(項羽)를 말한다. 초(楚)나라와 한(漢)나라가 오래 버티면서 싸움이 결판나지 않자 항왕이 장사(壯士)들에게 싸움을

저는 황과 다툰 적이 없습니다. 그러나 저는 웃으며 받아들였으니, 어찌 제가 당시에 화를 내야 하는데도 너무 나약하여 할 수 없었던 것이겠습니까. 우습습니다. 대체로 모두 벌써 그만두었으니 이 뒤로는 아무런 일도 없을 것인데 어찌 마디 위에 마디가 생겨 질질 끌게 하겠습니까.

들은 것을 다 말씀드리려면 붓으로는 할 수 없으니 천천히 직접 대면할 날을 기다립니다. 《경서변의(經書辨疑)》는 부디 조용한 가운데 교정하십시오. 저는 비석 일 때문에 조금도 겨를이 없어 이후의 만남은 또한 미리 점치지 못하겠습니다. 서로 만났을 때 일을 마치지 못한 것에 대해 또한 잘 이해해 두었다가 알려 주시기 바랍니다. 이만 줄입니다.

돋우도록 하였다. 한나라에 활 잘 쏘는 누번이라는 자가 있어 화살로 장사들을 죽이자 항왕이 크게 노하여 직접 갑옷을 걸치고 창을 쥐었더니 누번이 그를 쏘려고 하였다. 그러나 항왕이 눈을 부릅뜨고 꾸짖자 누번은 감히 보지도 못하고 화살을 쏘지도 못하였다고 한다. 《史記 項羽本紀》 황세정에 대해서는 33쪽 주20 참조.

이태지에게 답함 병오년(1666, 현종7) 3월 22일

答李泰之 丙午三月二十二日

그립던 중에 답장을 받으니 몹시 위로되었습니다. 오늘날 나아가고 물러나는 것은 각기 그 뜻에 따라 하는 것입니다. 이른바 의(義)라는 것은 또한 사람에 따라 각기 다르니, 내 마음이 편한 바에 나아간다면 딱 맞지는 않더라도 크게 어긋나지는 않을 것입니다. 이는 영남의 소(疏)[72]에 대해서만 그러할 뿐이 아닙니다. 영남의 소에서 저에 대한 비방이 심하였기 때문에 며칠 지나지 않아 책을 안고 동쪽으로 깊은 산에 들어가려고 합니다. 동학사(東學寺)[73]에 대한 말씀은 따르고 싶지만 이 몸이 벗들을 뒤따를 때가 아니니 어찌하겠습니까. 지난해에 온천으로 나아갔던 일[74]은 이제 생각해 보니 어쩔 수 없어서는 아닙니다. 더구나 오늘날은 죽더라도 감히 움직이지 못합니다. 어찌 군부(君父)의 적통(適統)을 몰래 빼앗고서 천지 사이에 설 수 있겠습니까. 그러나 이곳 사대부들이 그들과 서로 다투는 것은 또한 욕되지 않겠습니까.

72 영남의 소(疏) : 기해년(1659) 송시열이 자의대비(慈懿大妃)의 복상(服喪) 기간을 기년(朞年)으로 주장한 데 대해 유세철(柳世哲) 등 영남의 유생 1천여 명이 상소하여 '왕통을 빼앗으려는 의도'라고 공격하면서 《의례경전통해(儀禮經傳通解)》 가운데 주소(注疏)의 설들을 뽑아 16개 조목에 걸쳐 송시열의 의견을 공박하였다. 《顯宗實錄 7年 3月 23日》

73 동학사(東學寺) : 44쪽 주43 참조.

74 지난해에……일 : 현종이 온양(溫陽) 온천으로 행차했을 때 송시열이 알현하러 갔던 일을 말한다. 《顯宗實錄 6年 5月 7日》

저는 입이 닳도록 힘껏 제지하였으나 듣자니 형은 그만둘 수 없다고 여긴다는데 정말입니까? 어찌 이토록 노성(老成)하지 못하시단 말입니까. 더구나 여강(驪江 윤휴(尹鑴))의 간사하고 독함은 바로 그의 근본입니다. 영남의 일은 그저 슬플 뿐입니다. 바라건대 형께서는 공주(公州) 지역 유생들이 시끄럽게 하지 말도록 힘껏 제지하시는 것이 어떻겠습니까? 이만 줄입니다.

이태지에게 답함 병오년(1666, 현종7) 5월 26일

答李泰之 丙午五月二十六日

보내신 편지와 책 한 상자를 관찰사[75]가 전달해 주셔서 하신 말씀을 모두 잘 알았습니다. 다만 말할 것도 못 되고 들을 필요도 없는 일을 다시 제기하시니, 형이 일이 많은 줄을 자못 알겠습니다. 오늘의 일은 어쩔 수 없어서 하는 말이라도 후회와 부끄러움이 많은데 무엇 때문에 무단히 이렇게 누누이 말씀하십니까. 자세한 내용이 듣고 싶다면 어찌 서로 볼 날이 없겠습니까.

책의 교정은 형이 찌를 붙여 보이신 것만 해도 하루 이틀 만에 끝낼 수 없습니다. 더구나 원래 아직 손대지도 않은 데이겠습니까. 또한 이곳에는 참고할 만한 서책이 없으니 이 일은 참으로 어렵습니다. 부디 다시 관찰사의 종 한 명을 빌려 《상서(尙書)》와 《중용(中庸)》 및 《중용혹문(中庸或問)》을 부쳐 주신다면 찌를 붙인 책 몇 권은 응당 그 사람 편에 부치겠습니다. 형께서 다시 잘못된 것을 바로잡으시고, 잘못을 바로잡은 뒤에는 즉시 베껴 쓰는 사람에게 부쳐 정본(正本)을 만들고 한편으로는 목판에 새기면 될 듯합니다. 반드시 《소학(小學)》을 우선하는 것이 어떻겠습니까? 베껴 적는 일은 제 생각에는 만리(萬

75 관찰사 : 이해 충청도 관찰사는 임의백(任義伯, 1605~1667)이다. 본관은 풍천(豐川), 자는 계방(季方), 호는 금시당(今是堂)이다. 김장생(金長生)의 문인으로, 송시열 및 송준길(宋浚吉) 등과 교의가 깊었다. 당시 임의백은 김장생의 유고를 간행하는 일을 도왔다. 《承政院日記 顯宗 6年 8月 8日》《宋子大全隨箚 卷5》

里), 만성(萬城) 형제가 매우 합당하니, 베껴 쓴 것이 좋지 못한 점이 있으면 그 즉시 고쳐 써서 훌륭하게 되리라 기대할 수 있을 것입니다. 길보(吉甫 윤선거(尹宣擧))에게는 어찌 보여 주지 않습니까? 부디 형의 교정본(校訂本)을 주어 교정을 부탁하는 것이 옳을 것입니다. 요즈음 옛 책 몇 편을 보면서 바깥의 시비와 영욕은 들을 것이 못 된다는 것을 더욱 깨닫습니다.

이태지에게 보냄 병오년(1666, 현종7) 7월 5일
與李泰之 丙午七月五日

지난번 책은 아마 벌써 보셨을 것입니다. 방금 관찰사의 편지를 받아 보고 책을 간행하는 일[76]이 이미 시작되었다는 것을 알았으니 기쁘고 위로됩니다. 관찰사가 교체되어 떠나기는 했지만 이미 시작한 일은 형세로 보아 마땅히 중간에 그만두지는 않을 것이니, 이 때문에 빨리 하려고 교정을 대충 하지는 마십시오. 율곡(栗谷)의 연보(年譜)는 손자들이 언뜻 보고서 오자(誤字)를 집어낸 것이 몹시 많습니다. 또 유감스러운 점이 있으니 이 일은 참으로 어렵다고 할 만합니다. 상중에 있는 김(金)[77]이 글자체가 좋지 못하다고 극언(極言)하였으니, 부디 형께서 글을 베껴 쓰는 사람에게 누차 말하는 것이 어떻겠습니까?

전에 보내온 잡저(雜著) 한 책(冊)은 저의 병 때문에 손대지 못했으니 우선 사정(士正 김규(金槼))에게 있는 것을 기다리겠습니다. 반드시 이 책을 기다리려고 하는 것은 위아래로 참고하고자 해서입니다. 부디 속히 가져다 보내는 것이 어떻겠습니까? 이 여러 가지는 더욱이 장차

76 책을 간행하는 일 : 당시 충청도 관찰사 임의백(任義伯)이 자신의 녹봉을 떼어 김장생(金長生)이 저술한 《경서변의(經書辨疑)》를 간행하려고 한 것을 가리킨다. 《宋子大全隨箚 卷4》

77 상중에 있는 김(金) : 김만준(金萬埈)을 말한다. 자는 군평(君平)이다. 증조부는 김장생, 조부는 김반(金槃), 생부는 김익희(金益熙)로 백부 김익렬(金益烈)의 후사가 되었다. 당시 김익렬을 위한 복을 입고 있었다. 《宋子大全 卷4 金南原挽》《明齋遺稿 別集 卷4 與懷川》

대대적으로 삭제하고 보충할 것이라서 지극히 안심하지 못하는 것입니다. 병합하여 한꺼번에 일일이 아뢰지 못하는 것이 한스럽습니다. 만약 이 일로 관찰사가 남긴 저축이 전임자에 비해 너무 줄어든다면 또한 온당치 않습니다. 부디 형께서는 더불어 상세하게 헤아리시는 것이 어떻겠습니까?

이태지에게 답함 병오년(1666, 현종7) 7월 9일
答李泰之 丙午七月九日

감영의 인편이 또 왔습니다. 계속 보내 주신 편지를 받고서 건강이 평소보다 좋으시다는 것을 알았으니 몹시 위로되고 그립습니다. 저는 어제 낮에 왔으나 교정하는 일은 곁에 도와주는 자가 없고 서책도 없으며, 또 낮에는 흘린 땀이 자리에 가득하여 밤에만 고생스럽게 교감해서 겨우 드립니다. 자세히 참작하여 고쳐 주시는 것이 어떻겠습니까? 미촌(美村) 부자[78]와 상의할 수 있어 매우 다행입니다. 생각건대 이미 각자 돌아갔을 것입니다. 이 형의 처소에는 왕래하는 자가 다소 있으니 뒷날의 인편을 기다려야만 합니다. 베껴 쓰는 사람이 너무 많은 것은 아닙니까? 양식과 반찬은 서원으로부터 도움을 받는다면 좋을 듯합니다. 이미 중초(中草)가 완성되었다면 가장 우수한 한두 사람[79]만 남겨두면 충분합니다. 그런데 베껴 쓴 것이 정밀하지 않은 것은 그다지 상관없지만 교정이 정밀하지 않은 것은 크게 관련이 있고 긴요한 일입니다. 제가 그래서 차라리 간행을 하지 않을지언정 교정을 대충 해서는 안 된다고 말하는 것입니다. 이번에 말씀하신 아름다운 이야기는 아마도 먼저 깨달으신 것이겠지요. 방금 듣자니 저의 형이 벼슬을 그만두고

78 미촌(美村) 부자 : 윤선거(尹宣擧)와 그의 아들 윤증(尹拯)을 말한다. 미촌은 윤선거의 호이다.

79 한두 사람 : 대본에는 '一兩件'으로 되어 있다. 《송자대전수차》 권4에 근거하여 '件'을 '人'으로 바로잡아 번역하였다.

삼산(三山)으로 돌아왔다[80]고 합니다. 지금 가서 안부를 살펴야겠기에 몹시 번거로워 이만 줄입니다.

80 저의……돌아왔다 : 형은 송시묵(宋時默)을 말한다. 삼산은 충청북도 보은군의 옛 이름이다. 송시묵은 1664년 10월 익산 군수(益山郡守)에 임명되었는데, 이해 11월 7일 서용(敍用)된 기록이 있다. 이로 추측건대 당시 송시묵은 익산 군수로 재직하다가 잠시 벼슬을 그만두었던 것으로 보인다. 《承政院日記 顯宗 5年 10月 20日, 7年 11月 7日》

이태지에게 답함 병오년(1666, 현종7) 7월 23일
答李泰之 丙午七月二十三日

저의 집 형편에는 줄곧 단속하고 조심하는 것이 맞으므로 저의 집 형제들은 차례대로 벼슬을 그만두고 있습니다. 지난 10일 움직여 비로소 형님을 맞이하였고, 이어서 병든 누이를 만나려고 드디어 분암(墳菴)에 갔다가 어제저녁에 도로 계상(溪上)[81]에 들어왔습니다.

조금 전 관찰사가 18일 보내 주신 편지를 전해 와서, 여러 가지 하신 말씀을 모두 잘 알았으니 몹시 다행입니다. 《경서변의(經書辨疑)》는 미형(美兄 윤선거(尹宣擧)) 부자가 함께 교열할 것을 허락하였으니 피차 사심 없는 마음이 모두 가상합니다. 변례(變禮)에 관련된 책 한 권을 전적으로 제게 맡기셨는데, 이것은 몹시 큰일입니다. 책을 들고 찾아가서 삼가 분부받고 싶은 마음이 간절하지만 한번 움직이는 것이 몹시 어려우니 어찌하겠습니까. 《근사록석의(近思錄釋疑)》는 형의 염려가 여기까지 미치니 주도면밀하다 하겠습니다. 이것은 이미 수몽(守夢)의 글에 들어 있으니 군이 따로 낼 것은 없습니다.[82] 다만 자세한 것은 《경서변의》의 마지막 편(編)에 작은 발문(跋文)을 붙여서 드러내지 않을 수 없습니다. 어떻게 생각하시는지요?

81 계상(溪上) : 김장생(金長生)이 강학하던 곳을 말한다. 연산(連山), 즉 오늘날의 논산(論山)에 있었다.

82 이것은……없습니다 : 수몽은 정엽(鄭曄)의 호이다. 《근사록석의》는 정엽이 김장생이 차록(箚錄)한 책에서 정수(精粹)한 것을 모아 약간 더 부연한 책이기에 한 말이다. 《宋子大全 續拾遺 附錄 卷2 墓誌》

추석에는 선영(先塋)에 가겠지만 저는 갈 수 없고, 형은 왕림하시겠지만 조용히 이야기 나눌 곳이 없을 듯합니다. 지난번에 8, 9일 동안 그곳에 머물렀으나 어수선하게 만들어 몹시 후회스럽기만 하였습니다.

이태지에게 답함 병오년(1666, 현종7) 10월 7일
答李泰之 丙午十月七日

서신 한 통을 써서 심부름꾼에게 파발 편으로 편지를 보내도록 맡긴 지 며칠이나 되었는데 조금 전에 받은 편지에는 받으셨다는 말이 없어 의아합니다. 저는 제사 때문에 막 나왔고 이어서 작은딸의 혼사[83]가 있어 수십 일을 여기에 있을 예정이지만, 서로 만나는 것은 감히 기약하지 못하겠습니다. 유씨(柳氏)의 글[84]은 보내오신 말씀을 거듭 저버리고 저의 어리석은 견해로 함부로 잣대질하여 다듬어서 드리니 몹시 두렵고 송구합니다. 이 일은 몹시 쉽지 않아서 문장에 아주 능한 자라도 타고난 성품이 서로 비슷하면서 익숙히 아는 자가 아니면 석주(石洲)[85]의 재능을 가지고도 원작자에게 웃음거리가 될 것이므로, 늘 종이를 펴고 붓을 잡을 때면 먼저 손가락에 피가 흐른다는 경계[86]가 있었습

83 작은딸의 혼사 : 송시열의 둘째 딸과 윤문거(尹文擧)의 아들 윤박(尹搏) 사이의 혼사를 말한다. 윤박은 윤증(尹拯)의 사촌 형이다.

84 유씨(柳氏)의 글 : 송시열이 고흥백(高興伯) 유준(柳濬)의 9대 외손이므로 〈고흥유씨족보서(高興柳氏族譜序)〉를 가리키는 것으로 보인다. 서문 끝에 1668년 10월에 작성하였다고 기록되어 있다. 《宋子大全 卷137 高興柳氏族譜序》

85 석주(石洲) : 권필(權韠, 1569~1612)의 호이다. 본관은 안동(安東), 자는 여장(汝章)이다. 정철(鄭澈)의 문인으로 당시에 시문으로 명성이 높았다. 저서로 《석주집》과 한문 소설 〈주생전(周生傳)〉이 있다. 송시열이 묘갈을 지었다. 《宋子大全 卷172 石洲權公墓碣銘》

86 손가락에……경계 : 재능이 부족한 사람이 감당하기 어려운 일을 하는 것에 대한 경계를 말한다. 한유(韓愈)의 〈제유자후문(祭柳子厚文)〉에서 "서투른 목수가 나무를

니다. 더구나 남이 지은 작품은 이미 정해진 형태가 있는데, 윤색하는 자가 대체로 본래의 색채를 잃게 하니 이것이 더욱 어려운 것입니다. 이번에 이 원고를 부디 자세히 살펴 주시는 것이 어떻겠습니까?

깎으면 손가락에 피가 흐르고 얼굴에 땀이 흐른다."라고 한 말에서 유래하였다.

이태지에게 보냄 병오년(1666, 현종7) 11월 11일
與李泰之 丙午十一月十一日

추위가 심한데 어른을 모시고 지내는 형편은 어떠한지요? 《경서변의(經書辨疑)》의 맨 끝 책을 교정해서 보냅니다. 그런데 《예기(禮記)》 부분은 몹시 거칩니다. 형께서 부디 더욱 자세히 수정하여 돈암(遯巖)[87]에 주는 것이 어떻겠습니까?

일찍이 균(均)과 증(增)을 조문하면서[88] 이어서 형의 옛집에 들러 종손녀(從孫女)[89]를 잠시 보았습니다. 듣자니 형이 이미 돌아가서 친정 부모님 뵙는 것을 허락했으며, 아울러 둘째 아드님에게 허락하게 했다고 하니 몹시 다행입니다. 일찍이 지난해를 기억하건대 윤경임(尹景任)[90]이 맏아드님의 아내[91]를 보기를 청하자 시형(市兄)[92]이 "형은 《시

87 돈암(遯巖) : 돈암서원을 말한다. 충남 논산시 연산면에 있는 서원으로, 1634년(인조12) 김장생(金長生)을 추모하기 위해 세웠으며 1660년에 사액(賜額)되었다.

88 균(均)과 증(增)을 조문하면서 : 균과 증은 김만균(金萬均)과 김만증(金萬增) 형제를 말한다. 당시에 백부(伯父) 김익렬(金益烈)의 상을 당했기에 하는 말이다.

89 종손녀(從孫女) : 종형 송시영(宋時榮)의 손녀를 가리킨다. 1653년(효종4) 이유태의 둘째 아들 이적(李頔)과 혼인하였다.

90 윤경임(尹景任) : 윤형성(尹衡聖, 1608~1676)으로, 경임은 그의 자이다. 본관은 남원(南原), 호는 기기재(棄棄齋)이고, 윤호(尹皓)의 아들이다. 유계(兪棨)와 교분이 있었다. 1674년 갑인예송에서 송시열의 의견에 동조하였다가 사헌부의 논핵을 받고 체직되었다. 《承政院日記 肅宗 卽位年 12月 18日》

91 맏아드님의 아내 : 윤문거(尹文擧)의 딸이다.

92 시형(市兄) : 호가 시남(市南)인 유계(兪棨, 1607~1664)를 말한다. 본관은 기계

경》을 읽지 않았습니까? '여자가 시집가면 부모 형제와도 멀어진다.〔女子有行, 遠父母兄弟.〕' 했지요."라고 하자, 경임이 "형은 참으로 《시경》을 읽지 않았습니다. '어느 건 빨고 어느 건 빨지 않으랴, 돌아가 부모님께 문안드리리라.〔害澣害否, 歸寧父母.〕'[93]라고 했습니다."라고 하였지요. 저는 일찍이 그 말이 맛을 지니고 있음을 사랑했습니다. 부디 헤아려 주십시오.[94] 저는 지금 낙산(洛山)을 향하고 있습니다. 올해 안에 만날 길이 있을지 모르겠습니다. 오직 부모님 모시는 즐거움이 더욱 좋으시기를 빕니다.

(杞溪), 자는 무중(武仲), 김장생의 문인이다. 예학과 사학에 정통하였으며, 송시열·송준길(宋浚吉)·윤선거(尹宣擧)·이유태 등과 더불어 충청도 유림의 오현(五賢)으로 일컬어졌다.

93 어느 건 빨고……문안드리리라 : 《시경》 〈주남(周南) 갈담(葛覃)〉에 나오는 내용으로, 여자가 시집갔어도 친정 부모에 대한 효심이 줄어들지 않음을 표현한 것이다.

94 부디 헤아려 주십시오 : 시집간 종손녀를 만난 것에 대하여 윤형성과 유거의 대화를 빌려 이유태에게 양해를 구한 표현이다.

이태지에게 답함 병오년(1666, 현종7) 11월 15일

答李泰之 丙午十一月十五日

막 편지 한 통을 제 아들에게 주며 가서 만나 뵙게 하였는데, 당신 아드님이 문득 와서 편지를 전하니 위로되는 마음 그지없습니다. 저는 산중에 들어와 거처하고 있어[95] 바깥일이 없었습니다. 그런데 뜻하지 않게 성상께서 재해를 만나[96] 놀라 따로 부르는 명을 내리고, 사관(史官)을 보내 타이르셨으니 몹시 황송하였습니다. 《소학중편(小學重編)》을 간행하지 않을 수 없으나 교감하여 바로잡는 것이 쉽지 않을 뿐입니다. 오늘날 우리는 이러한 일[97]에 대해서는 힘을 다할 수 있으나 그 외에는 일절 문을 닫는 것이 마땅할 듯합니다. 그러나 당신은 약간

95 산중에……있어 : 송시열은 1666년 8월 1일 속리산(俗離山) 서쪽 기슭 낙양산(洛陽山) 아래 화양동(華陽洞)에 집을 지어 이사하였다. 《宋子大全 附錄 卷5 年譜》

96 재해를 만나 : 태백성(太白星)이 낮에 나타나는 현상 등이 발생한 것을 말한다. 이 현상은 현종 재위 기간에 300회가 넘게 발생했는데 1665년에는 특히 100회 가까이 발생하였고, 1666년에는 8월 12일 처음 발생하여 11월 12일까지 7회 발생하였다. 태백성이 낮에 나타나는 것을 '주현(晝見)'이라고 하는데, 이는 군주를 상징하는 태양이 약해져서 음성(陰星)인 태백성과 밝음을 다투는 현상으로 해석된다. 또한 1666년 초 발생한 전염병이 12월까지 내내 심각하였고, 겨울에 우레가 치며 11월에는 지진이 여러 지역에서 일어났고, 달무리와 월식이 나타나는 등 기후와 천문의 이상 징후 및 천재지변이 끊임없이 발생하였다. 《顯宗實錄 6年 1月 1日, 7年 8月 11日, 11月 12日・13日》《承政院日記 顯宗 7年 1月 26日, 6月 23日, 12月 16日》

97 이러한 일 : 책의 간행과 관련된 일을 말한다. 10월에 현종으로부터 《소학언해(小學諺解)》를 찬정(纂定)하라는 명을 받았다. 《承政院日記 顯宗 7年 10月 11日》

의 젊은이들을 끊임없이 꾸짖으시니 너무 지나친 듯합니다. 또 한두 가지 남에게 원망을 받는 것은 당신께서도 반드시 온전하지는 못할 것입니다. 그러므로 좋아하지 않는 자는 즐겨 그 일을 말하여, 말이 더욱 많아집니다. 제 아들이 혹 대략이라도 듣고 본 것을 전달하였습니까? 아들이 감히 말하지 못했더라도 이해하실 것입니다.

이태지에게 답함 병오년(1666, 현종7) 12월 23일

答李泰之 丙午十二月二十三日

어제 아들이 동짓달 보름의 편지를 대신하여 가져왔으니 기쁜 마음을 이루 다 말할 수 없습니다. 저는 막 산중에서 세밑을 보낼 계획이었는데 문득 듣자니 누이의 병이 위독하다기에 눈을 무릅쓰고 밤에 돌아오다가 감기가 심하게 들어 한창 괴롭습니다. 끝내 땀이 나지 않는다면 몹시 위태로울 것입니다. 저의 병이 이러하여 세밑에는 실로 중도에 감히 달려가 맞이하지 못하겠고, 설을 쇤 뒤에는 이어서 기일이 있는 까닭에 즉시 마암(馬巖)의 종질 집에 가야 하며, 행사 뒤에 이어서 화양(華陽)에 들어갈 것입니다. 《경서변의(經書辨疑)》에 대해서는 모자란 저는 이미 정력을 다했으니, 다만 형이 젊은이들을 지휘하여 조용히 고쳐 바로잡는 데 달려 있습니다.

형의 거처가 불편하여 늘 저의 생각을 말씀드렸는데 이제야 대략 효험을 보았습니다. 화산(花山)이니 죽림(竹林)이니[98] 하신 말씀은 몹시 좋으니 부디 바꾸지 않는 것이 어떻겠습니까? 별지(別紙)는 감사합니다. 다만 병세가 이러하여 겨우 답장을 드리니 필시 조리가 없는 점이 많을 것입니다. 부디 용서하고 헤아려 주십시오. 이만 줄입니다.

98 화산(花山)이니 죽림(竹林)이니 : 충남 은진(恩津)에 있었던 현의 이름이다. 대조곡면(大鳥谷面)을 중심으로 죽림은 북동쪽에 있고 화산은 남서쪽에 위치한다. 이유태는 공주(公州)의 초외(草外)에서 1664년 은진의 화산으로 이사하였다. 《廣輿圖 忠淸道 恩津縣》《草廬集 年譜 卷2》

별지

별지는 참으로 고맙습니다. 그러나 고요할 때마다 생각해 보면 이전 일은 몹시 후회스럽습니다. 늘 생각하건대 기축년(1649, 효종 즉위년)의 일[99]은 비록 신로(愼老 김집(金集))와 형이 먼저 움직여 불러들여서였지만 집에 꼼짝없이 누워 있었다면 당시의 터무니없는 일은 절대 없었을 것이고, 무술년(1658)의 일[100]은 비록 선왕께서 지성으로 깨우쳐 주셔서였지만 시종 움츠리고 있었다면 어찌 오늘날의 부끄럽고 욕됨[101]이 있겠습니까. 지난 일은 바로잡을 수 없어도 앞으로의 일은 고칠 수 있습니다. 그러므로 줄곧 문을 굳게 닫고 궁벽한 시골에서 말라죽으려 하는 것입니다. 이번에 보내오신 말씀은 정자(程子)나 주자(朱子) 이상이 되어야 할 수 있는 일이며 더욱이 저를 두고 할 말은 아닙니다.

듣자니 길보(吉甫 윤선거(尹宣擧))는 "의리상 갈 필요는 없으나 이미 행조(行朝)[102]에 나아갔다면 이제 와서 가지 않는 것은 변명할

99 기축년의 일 : 송시열이 벼슬길에 나갔다가 다시 사직했던 일을 말하는 것으로 보인다. 1649년 5월 효종이 즉위하여 김상헌(金尙憲)과 김집 등 사림을 대거 등용하였는데, 김집이 공납 제도의 폐단을 혁파하기 위해 대동법(大同法)의 시행을 주장하던 김육(金堉)과의 불화로 낙향하자 송시열은 의리상 홀로 남기 어렵다는 이유로 귀향하였다. 《宋子大全 附錄 卷2 年譜》

100 무술년의 일 : 송시열은 1658년 7월에 6년 만에 다시 찬선에 임명되어 벼슬길에 나왔고, 9월에 이조 판서로 승진하였다. 《承政院日記 孝宗 9年 7月 13日, 9月 18日》

101 오늘날의 부끄럽고 욕됨 : 기해년(1659) 예송 논쟁에서 송시열이 자의대비(慈懿大妃)의 복상(服喪) 기간을 기년(朞年)으로 주장한 데 대해 영남 유생 1천여 명이 상소하여 '왕통을 빼앗으려는 의도'라고 공격한 일을 말한다. 54쪽 주67, 68 참조.

102 행조(行朝) : 임금이 임시로 머물러 있는 곳을 가리키며, 행재소(行在所)라고도

말이 없을 듯하다.……"라고 하였다 합니다. 지금 보내온 말씀 또한 이 말을 가지고 말씀하시니 또한 저를 후회하게 합니다. 그러나 행조에 나아간 것은, 처음에는 또한 군이 사양했지만 이윽고 승지를 보내어 일러 주시는 말씀을 받고는 몹시 두려웠고, 또 양전(兩殿)이 궁을 떠났으며,[103] 또 직무로 부름을 받은 것이 아닌 만큼 한번 달려가서 안부를 여쭙는 것이 어쩌면 하나의 도리라고 여겼습니다. 그래서 애써 명을 받들었을 뿐입니다. 그러나 그때 나아간 일이 마땅하지 않았다면 오늘날 바로 부끄러워 뉘우치기에도 겨를이 없어야 마땅하지, 어찌 이미 잘못한 김에 끝내 벼슬길에 나갈 리가 있겠습니까. 요즈음 "사람들과 상관하지 않고 지내며, 읽지 못한 책 몇 권이나 확실히 이해하겠다."라는 주 부자(朱夫子)의 가르침을 욀 때마다 마음으로 받아들여 감히 조금도 어기지 않으리라 맹세하지만, 역량이 부족하여 또한 이와 같이 할 수 없어 늘 절절하게 서글픕니다.

듣자니 영남의 비방이 더욱 심해져서 관찰사가 혐의를 피할 겨를 없이 그 유생들을 형장(刑杖)으로 대하기까지 하는데 여휴(汝休)[104] 영공(令公)은 오히려 느긋하게 다스렸다는 이유로 경상도 관찰사를

한다. 1666년 4월 현종이 습진 치료를 위해 온양(溫陽) 행궁(行宮)에 거둥해 있었다. 《顯宗實錄 7年 4月 1日》

103 양전(兩殿)이 궁을 떠났으며 : 1666년 3월 현종은 자전(慈殿)을 모시고 온양 온천으로 거둥하였다. 《顯宗實錄 7年 3月 26日》

104 여휴(汝休) : 이상일(李尙逸, 1600～1674)의 자이다. 본관은 성주(星州), 호는 용암(龍巖)이다. 부친은 양천 현령(陽川縣令)을 지낸 이민선(李敏善)이며, 아우는 이상달(李尙達)이다. 1665년에 경상도 관찰사로 있었고 1666년에는 황해도 관찰사로 있다가 파직되었다.

탓한다고 하니, 그 조짐을 알 만합니다. 만약 이러한 시기에 두꺼운 얼굴로 다시 나타난다면 다른 사람이 비웃고 욕할 것은 실로 말할 것도 없고 서로 아끼는 벗들도 어찌 저를 한심하게 여기지 않겠습니까. 저의 생각이 이와 같으니 부디 다시 말씀해 주십시오.

○ 대체로 제가 소소하게 재차 벼슬길에 나아가는 것은 반드시 자신에게 해롭고 시대에 무익합니다. 형은 또한 일찍이 옛사람이 이와 같은 것을 보고서도 버젓이 벼슬길에 나갈 자가 있다고 말하는 것입니까.

이태지에게 보냄 정미년(1667, 현종8) 6월 28일
與李泰之 丁未六月二十八日

장례(葬禮)[105]는 이미 의견을 정하였습니까? 근심이 끝이 없습니다. 일전에 경연(經筵)에 든 신하가 건의하여, 주상께서 본도(本道)로 하여금 상례에 필요한 물건을 지급하게 하였습니다. 온천에 행차할 당시 막 은혜로 내려 주신 것이 있었는데 지금 또 이와 같으니 감히 편히 받을 수 있는 것이 아닌 듯합니다.[106] 퇴계(退溪)는 응당 받을 수 있는 은전임에도 오히려 아들에게 사양하게 하였습니다.[107] 지금 사양하는 소가 있어야 할 듯한데 어떤지 모르겠습니다. 아직 이곳의 벗들과 서로 의논하지 않았지만 마침 저의 견해가 있기에 감히 이렇게 말씀드립니다. 이만 줄입니다.

105 장례(葬禮) : 이유태의 어머니 청풍 김씨(淸風金氏)의 장례를 말한다. 《草廬集 年譜 卷3》

106 온천에……듯합니다 : 1667년 현종이 온양(溫陽) 온천으로 행차했을 때 노모가 있는 이유태에게 음식물을 하사하였고, 어머니의 상을 당하자 장례에 필요한 물건을 지급하게 하였다. 《宋子大全 卷180 孺人淸風金氏墓碣銘》《草廬集 年譜 卷3》

107 퇴계(退溪)는……하였습니다 : 1566년(명종21) 이황(李滉)은 찬성에 임명되었으나 벼슬을 사양하는 상소를 올리고 나아가지 않았다. 명종이 이에 물품을 하사하였으나 이황은 그의 아들에게 편지를 보내어 "찬성에 임명하는 명을 받들지 않았는데 찬성에게 주는 물건을 지레 받는 것은 의리에 편치 않다. 서책은 받아도 좋지만 옷감 같은 것들은 보내지는 말고 뒷날 사직 상소 끝에 아울러 사양하려고 하니 남겨 두었다가 뒤에 편지로 말할 때를 기다려 처리하는 것이 좋겠다."라고 지시하였다. 《退溪集 續集 卷7 答子寯》

이태지에게 답함 정미년(1667, 현종8) 7월 4일

答李泰之 丁未七月四日

두 장의 편지에서 하신 말씀은 삼가 잘 알았습니다. 장례를 치르는 일은 예(禮)를 범하고 의(義)를 해치지 않는다면 편리한 대로 처리하면 될 뿐 남이 관여할 바가 아닙니다.[108] 생각건대 술사들의 말에 너무 구속되어 경학자의 논의가 도리어 경시된다면 편치 않을 듯합니다.

면직을 구하는 상소는 동춘(同春 송준길(宋浚吉))의 뜻인데, 이는 남을 놀라게 할까 염려해서입니다. 그러나 줄곧 이것을 두려워하기만 한다면 어느 때에 자신의 뜻을 펼 자리가 있겠습니까. 수찬 김석주(金錫胄)가 초상에 달려갔을 때 승지가 의원을 보내어 맞이하고 구호하기를 청하자 즉시 윤허하셨는데, 규례를 벗어나 건의하여 청하였다는 이유로 대간(臺諫)이 승지를 추고(推考)할 것을 청하자 또한 즉시 윤허하셨습니다. 앞서는 애써 따랐던 것이지 승지가 옳다고 여기신 것이 아닙니다. 오늘의 일은 또 성상의 뜻이 어떠한지 알 수 없으니 더욱

108 장례를……아닙니다 : 송시열에게는 군수 윤염(尹爓)에게 시집갔다가 자식이 없이 장단(長湍)에서 과부로 지내던 누이가 있었는데, 1667년 4월 21일 세상을 떠났다. 그 장례에 스승 김장생(金長生)이 지은 《상례비요(喪禮備要)》에 두건(頭巾)과 환질(環絰)을 착용한다는 제도가 있음에도 이를 사용하지 않았는데, 《주자가례(朱子家禮)》에 없다는 이유에서였다. 또 시댁에서 모셔온 지 30년이 지난 뒤임에도 윤염의 선산이 있는 장단으로 반구(返柩)하였다. 《宋子大全 附錄 卷5 年譜, 卷18 崔愼錄下》《김남이, 17세기 사대부의 『주자가례』에 대한 인식과 일상에서의 예 실천—우암 송시열의 경우를 중심으로, 정신문화연구소, 2006, 102~103·111~112쪽》

잠자코 함부로 받을 수 없습니다. 소(疏)의 초고를 대략 얽어 드립니다. 그러나 또한 이산(尼山)과 석성(石城)에 있는 벗들[109]의 의견이 어떠할까 하여 소를 완성하지 못했습니다.

109 이산(尼山)과……벗들 : 이산과 석성은 충남 공주(公州) 아래에 있는 지명으로, 이산은 윤휴(尹鑴)가 살던 곳이고, 석성은 윤문거(尹文擧)·윤선거(尹宣擧) 형제가 살던 곳이다.

이태지에게 보냄 정미년(1667, 현종8) 12월 1일

與李泰之 丁未十二月一日

한 해가 이미 저물었습니다. 삼가 생각건대 상중에 계신 형제분들의 슬픔이 배로 더할 것이니 추모하는 마음을 어찌 견딜 수 있겠습니까. 저는 그끄저께 서대(西臺)[110]에 와서 머무르며 바야흐로 노선생(老先生 김장생(金長生))의 유고(遺稿)를 교정하고 있습니다만, 정신과 근력이 모두 옛날처럼 강건하지 않고, 또 곁에 잘 도울 만한 자가 없으니 더욱 생각이 허비됨을 느낍니다. 이어서 나아가 안부를 여쭙고 싶은 마음 간절하여 얼음 낀 벼랑과 눈 덮인 골짜기를 일곱 번 넘어지고 여덟 번 거꾸러지면서 간신히 꼭대기에 올랐으니, 단교승(斷橋僧)의 처지[111]와도 같은 점이 있었습니다. 집으로 돌아갈 때 어쩌면 한가한 틈을 타서 나아가 인사드릴까 합니다.

서울에서 역서(曆書)와 조문하는 글 두 통이 왔습니다. 어제 사산(沙山)[112]에서 왔기에 드리니, 참고하는 것이 어떻겠습니까?《논어》〈팔일(八佾)〉 이하와《예기(禮記)》,《소학(小學)》,《가례(家禮)》 및《가례의절(家禮儀節)》,《오선생예설(五先生禮說)》을 부치니 스님께 드리

110 서대(西臺) : 산 이름이다. 회덕(懷德)과 옥천(沃川)의 경계에 있다.

111 단교승(斷橋僧)의 처지 : 세상과 단절된 처지를 말한다.《송자대전수차》 권4에 "옛날에 다리를 끊어 버리고 참선한 스님이 있었는데, 그를 단교화상(斷橋和尙)이라 불렀다."라는 설명이 있다.

112 사산(沙山) : 동춘당(同春堂) 송준길(宋浚吉)이 은거해 있었던 공주(公州)에 있는 지명이다. 오늘날 대전광역시 동구 이사동에 있다.

는 것이 어떻겠습니까? 믿을 것은 김만준(金萬埈)이 여러 책을 가지고 와서 모이는 것입니다. 그런데 듣자니 마을에 전염병이 들어 약속대로 할 수 없으므로, 사세가 모름지기 상주(김만준)가 계속 구해 준 뒤에야 일을 이룰 수 있을 것입니다. 나머지는 이만 줄입니다.

이태지에게 보냄 무신년(1668, 현종9) 5월 30일

與李泰之 戊申五月三十日

세월이 쉽게 흘러 연상(練祥)[113]의 기일이 이미 다가왔습니다. 삼가 생각건대 형제분들의 효성스러운 생각이 순수하고 지극할 터인데 아픔과 그리운 마음을 어떻게 견디겠습니까. 의리상 직접 가 보아야 하고, 그렇지 않으면 대신할 자가 있어야 합니다. 그런데 아이와 손자 들은 모두 서울에 있고 손자 하나는 병으로 움직이지 못하여 끝내 선대(先代)부터 친한 집이 해야 할 예를 행하지 못했으니, 이 마음이 답답하게 맺혀 무어라 드릴 말씀이 없습니다.

이번 의례 절차는 《주자가례(朱子家禮)》를 쓰시겠습니까, 아니면 《의례경전통해(儀禮經傳通解)》를 따르시겠습니까? 이 두 책이 서로 크게 어긋나지는 않으니 예를 행하는 자는 마땅히 신중히 살펴 남들이 의문을 가지지 않게 하는 것이 좋겠습니다. 지난해에 상례를 엿보러 온 자가 질문하기를 "붉은 종이에 글을 써서 널 밑에 깔아 두는 것은 어느 예에 보입니까?" 하였는데, 제가 대답할 수 없었습니다. 대저 사방의 사람들이 구경하는 것은 비록 작은 일이나 살피지 않을 수 없습니다.

저는 지난여름의 증세가 다시 발작하여 자리에 몸을 맡긴 지 벌써

113 연상(練祥) : 사후 1년 만에 지내는 제사를 말한다. 이유태가 1667년 6월에 어머니 상을 당했던 것으로 볼 때 이유태의 어머니 청풍 김씨(淸風金氏)의 제사를 말하는 것으로 보인다. 《草廬集 年譜 卷3》

10여 일입니다. 이미 여섯 번째 소(疏)를 올려 삭직(削職)에 대한 허락을 받았으니 얼마나 다행인지요. 나머지는 슬픔을 절제하고 변화에 순응하셔서 사우(士友)들의 바람을 위로해 주십시오.

이태지에게 답함 무신년(1668, 현종9) 8월 19일

答李泰之 戊申八月十九日

아침에 원생(院生) 편에 편지 한 통을 보냈는데, 이에 보내신 편지를 받으니 위로되고 감사한 마음 끝이 없습니다. 어가(御駕)를 길가에서 맞이하는 것은 보통의 예로는 당연합니다. 그러나 병들어 있으면서 억지로 하기는 어려워 이미 글을 올려 스스로 죄를 아뢰었습니다. 이 뒤의 일은 광주 부윤(廣州府尹)[114]이 편지에서 "벼슬에서 체차해 주셔야 들어가 뵐 길이 있을 것이라고 청해야 합니다. 그리고 허락해 주시는지에 따라 진퇴를 결정하는 것이 옳을 것입니다." 하였습니다. 어쩔 수 없다면 마땅히 이 계책을 써야 합니다. 어떻게 생각하시는지요?

계상(谿上 김장생(金長生))의 유고(遺稿)는 병이 많아진 뒤로 손대지 못하여 마음이 몹시 어수선합니다. 지난겨울에 빌려주신 책자를 김만준(金萬埈)에게 부쳐 조만간 돌려 드리게 하였습니다. 지금 고운(孤雲)[115]의 분암(墳菴)에 있을 것입니다.

114 광주 부윤(廣州府尹) : 김만기(金萬基, 1633~1687)를 말한다. 김장생의 증손으로, 송시열의 문인이다. 1667년 10월에 임명되어 1669년 1월 이숙(李䎘)이 임명되기 전까지 광주 부윤으로 있었다. 《承政院日記 顯宗 8年 10月 20日, 10年 1月 11日》

115 고운(孤雲) : 《동춘당집(同春堂集)》 권17 〈제신독재김선생문(祭愼獨齋金先生文)〉에 신독재 김집(金集)을 연산군청(連山郡廳) 동쪽에 위치한 고운사(孤雲寺) 북쪽에 장사 지냈다는 것으로 보아, 오늘날의 논산에 있는 고운사를 말하는 것으로 보인다.

이태지에게 보냄 기유년(1669, 현종10) 1월 14일

與李泰之 己酉正月十四日

당신 형님이 끝내 상을 이겨 내지 못하였으니[116] 무엇으로 거상을 잘하는 자에게 권면하겠습니까. 몹시 놀라운 마음을 견디지 못하겠습니다. 삼가 생각건대 우애가 더욱 좋으셨으니 슬픔과 괴로움을 어찌 견디겠습니까. 어쩌면 임시적 편의를 따르는 도[117]에 미진한 점이 있어서 그러하였을 터이니 상중에 계신 형제분들의 살을 베는 듯한 마음은 아마 배로 더할듯합니다. 큰 슬픔이 가시기도 전에 다른 괴로움이 겹쳤으니, 삼가 바라건대 상중인 형제분들은 앞을 경계삼아 뒤를 삼가서 끝까지 효도를 다하는 바탕으로 삼으시기를 눈물을 흘리며 천만 번 빕니다.

저는 남쪽으로 돌아가려고 할 때마다 성상께서 지성으로 만류하시니 차마 결단을 내리지 못하였습니다. 다만 조정에 사사로운 뜻이 하늘을 뒤덮고 속된 논의가 산처럼 높으니, 성상께서 만약 대단히 학문에 힘써서 한결같이 사욕을 극복하고 잘못을 고치는 데 힘쓰지 않는다면 더욱

116 당신……못하였으니 : 이유태의 형 이유택(李惟澤)이 1667년 6월에 70의 나이로 모친상을 치르다 애통함이 지극하여 1년 반이 지난 1668년 12월에 죽었는데, 나중에 효행으로 정려되었다. 《草廬集 年譜 卷3》

117 임시적……도 : 나이 든 사람이 상례를 따르다 몸이 상하는 데까지는 이르지 않도록 하는 방도를 말한다. 《예기(禮記)》 〈곡례 상(曲禮上)〉에 "거상하는 예는 60세인 사람은 지나친 슬픔으로 몸이 상하게 하지 않고, 70세인 사람은 최마복을 입을 뿐 술을 마시고 고기를 먹으며 집안에서 거처한다." 하고, 〈잡기 하(雜記下)〉에 "60세인 사람은 지나친 슬픔으로 몸이 상하게 하지 않고, 70세인 사람은 술을 마시고 고기를 먹으니, 이는 모두 그가 복상(服喪)하다가 죽을까 두려워해서이다." 하였다.

손쓸 수 없게 될 것입니다. 이 부학(李副學)[118]이 형이 말한 한두 논의를 전해 주었으니 이것으로 어진 사람의 마음을 볼 수 있습니다. 다만 제가 재주가 없는 것을 어쩌겠습니까. 그러나 대략 가장 급한 시무(時務)에 대해 대략 말씀해 주시는 것이 어떻겠습니까? 이만 줄입니다.

○ 병조 판서[119]와는 서로 매사를 물어보는데 지난날 선왕의 말씀을 말해 주지 않은 것을 몹시 유감스럽게 여깁니다. 다른 사람은 백천 번 따르지 않더라도 제가 어찌 감히 따르지 않겠습니까. 이제부터 병제(兵制)가 점차 새로워질 것입니다. 당신이 밤낮으로 부지런히 힘쓴 결과 이 사람의 동의를 얻어 냈으니 절반은 목적을 달성한 셈입니다. 예전 당신의 상소 초고를 보여 주시는 것이 어떻겠습니까? 오위(五衛)[120]는 이미 실마리를 끄집어냈습니다.

118 이 부학(李副學) : 당시의 부제학(副提學) 이민적(李敏迪, 1625~1673)을 말한다. 본관은 전주(全州), 자는 혜중(惠仲), 호는 죽서(竹西)·백강자(白江子)이다.《顯宗實錄 10年 1月 4日, 17日》

119 병조 판서 : 홍중보(洪重普, 1612~1671)를 말한다. 본관은 남양(南陽), 자는 원백(遠伯), 호는 이천(梨川)이다. 우의정까지 지냈다.《顯宗實錄 10年 1月 10日, 17日》

120 오위(五衛) : 조선 전기의 군제(軍制)로, 중위 의흥위(義興衛), 좌위 용양위(龍驤衛), 우위 호분위(虎賁衛), 전위 충좌위(忠佐衛), 후위 충무위(忠武衛) 등이다. 임진왜란 이후 붕괴되기 시작하여, 훈련도감을 비롯한 오군영이 설치되면서 유명무실해졌다. 이유태는 오위를 옛 제도대로 회복할 것을 건의하였으며, 송시열은 어영(御營)이 번을 나누어 쉬게 하는 제도를 모방하여 별대(別隊)를 만들 것을 건의하였다.《顯宗實錄 1年 5月 9日, 3年 10月 1日》《肅宗實錄 7年 1月 16日, 29年 1月 10日》

이태지에게 답함 기유년(1669, 현종10) 5월 23일

答李泰之 己酉五月二十三日

전생(全生)이 와서 상중에 계신 당신의 편지를 전해 주어, 체력이 잘 버텨 내고 있다는 것을 알고서 위로되고 기쁜 마음 그지없었습니다. 저는 종가의 분황(焚黃)[121]이 글피에 있기에 아이들을 이끌고 나아갔다가 이어서 산중에 있을 계획입니다. 할아버지의 상중에 아버지가 사망한 경우는 송(宋)나라 때의 의론[122]에 이미 "복을 다시 입어도 된다는 것이 명백하다."라고 단정하였지만 《의례경전통해(儀禮經傳通解)》의

121 종가의 분황(焚黃) : 분황이란 관직이 추증될 경우 사령장(辭令狀)과 누런 종이에 쓴 사령장의 부본(副本)을 주면 그 자손이 추증된 이의 무덤 앞에서 이를 고하고 부본을 불태우는 일을 말한다. 당시 조정에서 아버지 송갑조(宋甲祚)를 의정(議政)에, 조부 송응기(宋應期)를 찬성(贊成)에, 증조부 송귀수(宋龜壽)를 판서(判書)에 증직하였다. 아버지의 분황례는 진산(珍山), 즉 오늘날 충남 금산의 관차(官次)에서 거행하였고, 조부와 증조부의 분황례는 종가에서 거행하였다. 《宋子大全 附錄 卷6 年譜》

122 송(宋)나라 때의 의론 : 송나라 때의 박사 송민구(宋敏求)가 건의한 의절(儀節)을 말한다. 송 인종(宋仁宗) 때 석조인(石祖仁)이 그의 숙부 석종간(石從簡)이 조부의 상례를 치르다 40일 만에 죽자 적손(嫡孫)인 자신이 다시 승중복(承重服)을 입기를 청하였다. 황제가 이 문제를 예원(禮院)에 내려 상정(詳定)하게 하였는데, 송민구는 석조인이 관직에서 물러나 조부의 장례 때 참최복을 만들어 3년을 입어야 한다고 건의하였다. 이는 할아버지의 상을 아직 마치지 못했는데 또다시 아버지의 상을 당하였을 경우에는 장손(長孫)이 할아버지를 위해 추복(追服)을 입음으로써 아버지의 삼년복을 입을 수 있는 근거로 활용되었다. 추복은 사유가 있어 상복을 입지 못하였다가 나중에 상복을 입는 것을 말한다. 대본에는 '宋朝之儀'로 되어 있다. 《송자대전수차》 권4에 근거하여 '儀'를 '議'로 바로잡아 번역하였다.

설은 또 다르니, 다시 복을 입는 것과 입지 않는 것이 모두 근거가 없지 않습니다. 다만 복을 입지 않고 있다가 조부의 제삿날이 되면 어떤 복을 입고서 제사를 주관하겠습니까. 그렇다면 다시 복을 입는다는 설이 나올 듯하지만, 이미 고설(古說)이 있으니 지금 어찌 감히 말을 덧붙이겠습니까.

윤(尹)과 신(申)[123]의 집에 도는 전염병이 몹시 위태롭다고 합니다. 그러나 그렇지 않은 곳이 없어서 이 두 집에만 그치지 않습니다. 듣자니 동춘(同春 송준길(宋浚吉))은 이미 궁궐을 떠나 수원(水原)에 머무르고 있다 합니다. 이만 줄입니다.

123 윤(尹)과 신(申) : '윤'은 이해 8월에 세상을 떠난 윤선거(尹宣擧)를 가리키는 것으로 보인다. 《宋子大全 附錄 卷6 年譜》 '신'은 《송자대전수차》 권13에서 송시열의 문인 신만(申曼)의 사망에 대해 언급한 것으로 보아 신만을 가리키는 것으로 보인다.

이태지에게 보냄 기유년(1669, 현종10) 8월 17일
與李泰之 己酉八月十七日

상제(喪制)를 마친 뒤 즉시 찾아가 뵈어야 했지만 병이 점점 심해져 그럭저럭 미루다가 가서 뵙지 못했으니 그지없이 한탄스럽습니다. 어제 제사 지내는 일[124]로 진산군(珍山郡)의 관아에 도착하였다가 다시 급한 일 때문에 즉시 집으로 돌아오느라 또 만나지 못하였습니다. 며칠 기다렸다가 산에 들어가 거처하려고 합니다. 노형(老兄)은 앞으로 어디에 머무르시렵니까? 제 생각에는 서둘러 강(江)[125]으로 나가 여러 일을 정돈하는 것이 마땅할 듯합니다. 며칠 전에 만청(曼倩)의 서제(庶弟)가 명정(銘旌)[126]을 가져와서 글을 청하였습니다. 젊은이들의 뜻은 '처사(處士)'라고 쓰고 싶은데, 저는 이 일은 반드시 어른들과 의논한 뒤에나 가능하다고 여깁니다.[127] 어제 동춘(同春 송준길(宋浚吉))에게

124 제사 지내는 일 : 송시열 고조부의 기제사를 말한다. 당시 중씨(仲氏) 송시묵(宋時默)의 임지가 진산에 있었기에 관아에 가서 지냈다. 《宋子大全 附錄 卷6 年譜》

125 강(江) : 이유태는 1667년 6월에 어머니의 상을, 이듬해 12월 큰형의 상을 당해 본가(本家)인 금산군(錦山郡) 소재지 서쪽 노동(蘆洞)에 있다가 이달에 복을 벗은 뒤 금강(錦江) 남쪽에 있는 공주(公州) 중동(中洞)의 집으로 돌아갔다. 《草廬集 年譜 卷3》 이로 보아 강은 금강을 말하는 것으로 추측된다.

126 명정(銘旌) : 대본에는 '明旌'으로 되어 있다. 두주(頭註)에 근거하여 '明'을 '銘'으로 바로잡아 번역하였다.

127 만청(曼倩)의……여깁니다 : 만청은 신만(申曼)의 자이다. 신만의 아버지 신익륭(申翊隆)이 병자년(1636, 인조14) 호란 때 빈궁(嬪宮)을 모시고 강화도로 들어갔다가 정축년(1637)에 강화도가 함락되자 스스로 목을 맸는데, 뒷날의 효종인 봉림대군(鳳

물어보니, 이런 일은 반드시 사람들의 말이 없으리라고 보장하기 어렵지만 또한 반드시 안 된다는 논의를 보지는 못했다고 하였습니다. 형의 생각은 어떻습니까? 부디 헤아려 보고 말씀해 주십시오. 나머지는 이만 줄입니다.

林大君)이 직접 풀어 주어 죽지 않았다. 신만은 어머니 한씨(韓氏)가 순절하였으나 아버지가 살아 있어 죽지 못하고 의리상 벼슬하지 않고 평생 폐인으로 지내어 충효(忠孝)를 온전히 하였는데, 그의 사망 당시 사림에서 처사의 칭호를 붙이자는 논의가 있었던 것으로 보인다. 《宋子大全 附錄 卷6 年譜》《김도훈, 신만의 생애와 주촌신방에 관한 연구, 醫史學, 제16권 제2호, 2007, 135쪽》

이태지에게 답함 경술년(1670, 현종11) 한식 전날
答李泰之 庚戌寒食前日

바야흐로 심부름꾼을 보내 안부를 여쭈려 하였는데 이 편지를 먼저 받으니 위로되는 마음 그지없습니다. 저는 화양(華陽)에서 나온 지 벌써 나흘이 되었습니다. 절기 제사를 지낸 뒤 보름 동안 있을 계획인데 마(魔)가 끼지나 않을지 모르겠습니다. 별지(別紙)에 하신 말씀은 삼가 잘 알았습니다. 오늘날의 일은 다른 도리가 없습니다. 다만 사람의 마음과 세상의 도에 유익한지를 스스로 헤아린다면 홀로만 선하게 있고자[128] 하지 않을 것이니, 이것은 진심 어린 마음과 지극히 공정함을 지닌 어진 자의 마음입니다. 다만 회옹(晦翁)이 호적계(胡籍溪)를 위해 시를 지어 "원숭이가 울고 학이 원망해도 부질없는 일, 그저 선생이 수수방관하며 돌아갈까 염려스럽네."라고 하였는데,[129] 증산(甑山)[130]의 근심이 또한 저의 근심입니다.

128 홀로만 선하게 있고자 : 시비를 야기할까 두려워하여 오직 자기 한 몸만 생각하고 다른 일에는 관심을 두지 않으려 하는 것을 뜻한다. 《맹자》 〈진심 상(盡心上)〉의 "곤궁할 때에는 홀로 자기 몸을 선하게 하고, 뜻을 얻으면 천하 사람들과 그 선을 함께한다."라는 말에서 나온 것으로, 본래는 자신의 수양에 중점을 두고 절조를 지키는 것을 말한다.

129 회옹(晦翁)이……하였는데 : 적계(籍溪)는 호안국(胡安國)의 조카이자 주희(朱熹)의 스승인 호헌(胡憲)의 호이다. 그가 1159년 대리시 사직(大理寺司直)에서 비서성 정자(秘書省正字)로 벼슬이 바뀌어 취임하려고 할 때 주희가 지어 준 시이다. 《晦庵集 卷2 送籍溪胡丈赴館供職》《御纂朱子全書 卷66 送籍溪胡文赴館供職》

130 증산(甑山) : 증산 현감을 지낸 윤문거(尹文擧, 1606~1672)를 가리킨다. 자는 여망(汝望), 호는 석호(石湖), 시호는 충경(忠敬)이다. 윤선거(尹宣擧)의 형이다.

민(閔) · 김(金)[131] 운운하신 것은 오늘날 큰 화의 근원이 됩니다. 먼저 이것을 타파하지 않으면 실로 수습하기 어렵습니다. 외부 사람은 마땅히 알 바가 아니기 때문에, 피차가 모두 한집안 같아서 감히 일언반구(一言半句)도 하지 않습니다. 지난해에 대략 죽공(竹公)[132]께 한 말씀 드렸는데, 감히 조정하려고 꾀한 것이 아니라 그저 두 조카[133]를 위해 그들의 답답하고 절박한 마음을 조금 느슨하게 해 주고자 했을 뿐인데 도리어 기세등등하게 떠들어 대는 일을 만났으니, 오늘날의 일은 어렵다고 할 만합니다. 이제 막 스스로 부끄러워하고 뉘우쳐 보지만 어쩔 수 없습니다. 대수(大受 민정중(閔鼎重)) 대감은 듣자니 이미 고향으로 돌아가셨다는데, 짐을 꾸리는 것에 대해 묻지도 않았고 저쪽도 또한 서로 물어보지 않았습니다. 요즈음 호남의 일은 도적을 토벌하는 것과 동일한 점이 있어 사람을 몹시 두렵게 합니다. 여러 편지를 그대로 돌려드립니다. 이만 줄입니다.

131 민(閔) · 김(金) : 《송자대전수차》 권13에 따르면 '민'은 민정중과 민유중(閔維重) 형제를, '김'은 김장생(金長生)의 증손 김만기(金萬基)와 김만중(金萬重) 형제를 지칭하며, 당시 두 집안에 불편한 실마리가 있었다고 한다. 이들은 숙종 초기 3대 외척에 속하는 두 집안의 인물들이다.

132 죽공(竹公) : 《송자대전수차》 권4에서는 '죽(竹)'은 '죽동(竹洞)'으로, 김익경(金益炅) 형제 중 한 사람인 듯하다고 하였고, 권8에서는 김반(金槃)의 둘째 아들 김익희(金益熙)의 아들들을 가리킨다고 하였다. 김반은 김장생의 아들이고, 김익경은 김반의 여섯째 아들이다. 따라서 김장생의 손자 대(代) 인물을 지칭하는 것으로 보이나 정확히 확인하기 어렵다.

133 두 조카 : 김만기와 김만중 형제를 말하는 듯하다. 김만기 형제는 강화도에서 순절한 김익겸(金益兼, 1614~1536)의 아들로, 김익경의 조카이다.

이태지에게 보냄 경술년(1670, 현종11) 6월 24일

與李泰之 庚戌六月二十四日

요사이 근황은 어떠하신지요? 지난번에 보낸 편지는 받아 보았습니까? 저는 병이 심하여 지척에 있으면서도 관찰사(觀察使)를 만나 보지 못하니 큰일입니다. 한탄스럽습니다. 무엇보다도 이산(尼山)의 일[134]은 늘 질문을 받아도 식견이 어두워 대답을 할 수가 없으니, 잘 생각하여 가르쳐 주시면 주선하고 싶은 마음 간절합니다.

서울 젊은이들의 편지를 받아 보았는데, 김씨(金氏)의 일은 그 종말이 한결같이 모 어르신(이유태)의 말같이 되었으니 모 어르신은 신명(神明)한 사람이라 할 만하다고 하였습니다. 이렇게 깊고 궁벽한 곳에서는 김씨의 일도 전혀 듣지 못하는데 더구나 형의 말이겠습니까. 그렇더라도 듣고 싶으니 부디 말씀해 주십시오. 또 듣건대 형이 서울에 들어갔을 때에 제가 편지에서 "여러 김씨-무숙(懋叔) 김익훈(金益勳)과 영숙(永叔) 김만기(金萬基)이다.-가 나를 원망합니다."라고 한 말을 여러 김씨에게 내보였다 하니 매우 괴이하고 의아스럽습니다. 제가 형에게 그런 말을 하였는지 잘 모르겠으나, 비록 했다고 하더라도 형이 어찌 이럴 수가 있습니까. 부디 해명해 주시면 매우 다행이겠습니다.

용담(龍潭)의 편지는 일찍이 이미 보내 드렸으니 부디 답장을 써서 이번 인편에 부쳐 주십시오.

134 이산(尼山)의 일 : 이산에 살았던 윤선거(尹宣擧)를 사당에 향사하자는 논의를 말한다. 《宋子大全隨箚 卷4》

○ 당초에 양호(兩湖 전라도와 충청도) 선비가 반혼(返魂)도 하기 전에 사우(祠宇)를 세우자는 의론[135]을 무성하게 일으켰을 때 제 생각에는 시기가 너무 빠른 것 같았으나 감히 말을 하지 못하였습니다. 두 차례 통문(通文)을 내어 두루 통지한 뒤에 비로소 와서 묻기에 제가 대답하기를 "설사 당초에 와서 물었더라도 나의 대답은 그저 우계(牛溪)가 석담(石潭)에 대해 대답한 말[136]과 같았을 것이다. 어찌 감히 그 사이에 입을 놀리겠는가." 하였습니다. 그 뒤에 상중에 있는 윤증(尹拯)[137]이 그 물음을 여러 번 되풀이하였고 어제 또 편지로 물어 왔습니다. 그 말이 이와 같고 보면 이것은 경솔히 회답할 문제가 아니니 잘 생각하여 말씀해 주셔서 저쪽에 회답하도록 하는 것이 어떻겠습니까?

종전의 서찰은 늘 우편으로 보냈으나 회답을 받지 못하였기에 이번에는 심부름꾼을 보냅니다.

135 사우(祠宇)를 세우자는 의론 : 이성(尼城)에 윤황(尹煌)을 모시는 사우를 세우자는 의론을 말하는 것으로 보인다. 1675년(숙종1)에 김수항(金壽恒)의 발의로 서원이 창건되었고, 1682년에 '노강(魯岡)'이라는 사액(賜額)을 받아 승격되었다. 윤황은 정묘호란과 병자호란에 척화(斥和)를 주장하였고, 차자에 "강화도를 태우고 평양에 머물러야 합니다."라는 등의 말을 했다는 이유로 탄핵을 받아 영동에 유배되었다가 병으로 풀려나서 얼마 후 별세하였다. 《宋子大全 卷14 李喜朝錄》《仁祖實錄 15年 1月 23日, 2月 19日》

136 우계(牛溪)가……말 : 이이(李珥)가 일찍이 해주(海州) 석담에 정사(精舍)를 짓고 문도들을 가르쳤는데, 주희(朱熹)의 사당을 세우고 조광조(趙光祖)와 이황(李滉)을 배향하려 하였으나 끝내 뜻을 이루지 못하였다. 이이가 별세한 지 2년째 되던 해에 문인들이 유지(遺志)를 받들어 사당을 세우고 이이도 함께 배향하였는데, 당시 이이의 문도들이 사우를 건립하는 문제에 대해 자문을 구하자 우계 성혼(成渾)은 '감히 경솔히 논의할 수 없다'고 대답하였다. 《栗谷全書 卷34 附錄 年譜》《宋子大全 卷31 答宋明甫》

137 상중에 있는 윤증(尹拯) : 윤증은 1669년 4월 아버지 윤선거의 상을 당했다. 사림이 사우를 세우자고 논의한 윤황은 그의 조부이다.

이태지에게 답함 경술년(1670, 현종11) 9월 24일
答李泰之 庚戌九月二十四日

강해(江海)[138] 이후로 가면 갈수록 심해져 드디어 오늘날에 이르렀습니다. 비록 못나고 기구한 제가 불러들인 일이지만 또한 세태의 변화를 보기에 충분합니다. 뭇사람의 의론에 내몰리니, 나아가 안성(安城)의 경계에 이르러 소(疏)를 올리고 즉시 돌아가려 합니다.[139]

동춘(同春 송준길(宋浚吉))은 현재 수원(水原)에 있으니 저는 따라 들어가는 것이 마땅하지 않다고 말씀드립니다만 어떤지 모르겠습니다. 성상의 덕스러운 말씀은 참으로 천고에 드뭅니다. 그러나 어떤 사람의 기색은 또한 다르게 여길 만한 점이 있다고 합니다. 소식을 묻는 편지를 주시니 위로되는 마음 그지없습니다. 날씨가 추워지니 모일 길이 없습니다. 부디 몸 건강히 잘 계십시오. 이만 줄입니다.

138 강해(江海) : 여강(驪江)에 살았던 윤휴(尹鑴)와 해남(海南)에 살았던 윤선도(尹善道)를 가리킨다. 54쪽 주68 참조.

139 뭇사람의……합니다 : 이달 초에 송시열의 먼 친척 되는 서얼(庶孼) 이세직(李世直)의 고변(告變)이 있었기에 송시열이 소를 올리고 처벌을 기다렸다. 이세직은 송시열과 송준길, 서필원(徐必遠) 및 청주(淸州) 사람을 끌어댔는데, 조정에서 국문(鞫問)해 보니 모두 허망한 말이었다. 뒤에 이세직은 무고임을 자복하고 죽음을 당하였다. 《宋子大全 卷13 李世直伏法後到安城待罪疏, 附錄 卷6 年譜》

이태지에게 보냄 신해년(1671, 현종12) 5월 29일

與李泰之 辛亥五月二十九日

어떤 사람이 와서 전하기를 "좌의정 허적(許積)이 죽동(竹洞)[140]을 만나 말하기를 '어떤 한 재신(宰臣)이 아무와 서로 친할 것인데 지금 그 말을 듣자니 아무는 몹시 의심스럽다.'[141]라고 하니 죽동이 극력 해명하였다. 그러자 허적이 '내가 지금에야 의심스럽던 것이 크게 풀렸다. 내가 장차 들어가 고하여 승진을 청하겠다.'라고 하였는데, 며칠 뒤에 어전에서 그를 승진시키도록 힘껏 말씀드리면서 '비록 중요하지는 않지만 조정이 선비를 대하는 도는 마땅히 이와 같아야 한다.'라고 하였다." 하였는데, 이 말을 들어 알고 계십니까? 몹시 괴롭습니다.

140 죽동(竹洞) : 93쪽 주132 참조.

141 어떤……의심스럽다 : 재신은 송시열을, 아무는 이유태를 말한다. 당시 송시열은 우의정, 이유태는 이조 참의로 있었다. 《承政院日記 顯宗 12年 5月 13日, 21日》

이태지에게 보냄 신해년(1671, 현종12) 6월 12일

與李泰之 辛亥六月十二日

앞의 두 편지는 모두 받아 보았습니까? 요즈음 객지 생활은 어떠한지요? 이곳은 전염병이 조금 누그러졌으나 아직도 우려할 단서가 있습니다. 어제 사관이 와서 음식물과 소(疏)의 비답을 전하였습니다. 이후로 어떻게 해야겠습니까? 당초에 동춘(同春 송준길(宋浚吉))이 사양할지 받을지를 물었는데 이미 소장(疏狀)을 올렸다고 답하였으니 그쪽 편과는 다릅니다. 지금 또 형과 다르면 안 되는데 형의 뜻이 어디에 있는지 모르겠습니다. 이 때문에 따로 사람을 보내어 여쭈니 부디 명확하게 말씀해 주십시오.

○ 음식은 형이 다시 사양하지는 않는다 해도[142] 저를 위해 그 뜻을 자세히 생각해 보시면 또한 어쩌면 저와 달리해도 무방하지 않겠습니까?

142 음식은……해도 : 송시열과 이유태는 1671년 4월 음식을 하사받았고 송준길은 약물(藥物)을 하사받았으나, 세 사람 모두 상소하여 사양한 일이 있다. 《宋子大全 附錄 卷6 年譜》《草廬集 年譜 卷3》《同春堂集 續集 卷10 附錄5 年譜》

이태지에게 답함 임자년(1672, 현종13) 4월 17일

答李泰之 壬子四月十七日

형의 병[143]을 시중들기 위해 지난 그믐에 삼산(三山)에 들어와 거처하고 있는데, 저의 병세가 문득 도지는 바람에 도리어 형의 근심거리가 되었습니다. 그래서 잠시 화양(華陽)에 들어가 두문불출하며 몸조리하고 있습니다. 이번에 손자가 형이 14일에 보낸 편지를 전해 주어 일러 주신 말씀을 다소 삼가 잘 알았으니 위로되고 감사한 마음 그지없습니다. 다만 듣건대 건강이 편치 않다니 근심이 실로 깊습니다. 봄이 되어 깊은 골짜기로 왜구가 들어왔는데도 와서 말하는 사람이 없으니, 이웃이 싸우는 것이나 정사를 살펴보는 것[144]은 물가에 가서 물어보는 것[145]이 좋을 것입니다.

143 형의 병 : 송시열의 형 송시묵(宋時默)은 1671년 진산 군수(珍山郡守)로 재직하며 진휼(賑恤)하던 중 혼수상태에 이를 정도로 묵은 병이 심해져 벼슬을 그만두었으며, 이해 7월 세상을 떠났다. 《承政院日記 顯宗 12年 4月 9日》《宋子大全 附錄 卷2 年譜》

144 이웃이……것 : '이웃이 싸우는 것'은 참견하지 않아도 될 일을 말한다. 《맹자》 〈이루 하(離婁下)〉에 "지금 한집안 사람의 싸움을 말릴 경우에는 머리카락을 풀어 흩뜨린 채로 갓끈만 매고 가서 말리더라도 괜찮지만, 향리와 이웃에 싸우는 자가 있을 경우에 머리카락을 풀어 흩뜨린 채로 갓끈만 매고 가서 싸움을 말린다면 이는 미혹된 행동이니, 비록 문을 닫고 가만히 있어도 괜찮다."라는 말에서 유래하였다. '정사를 살펴보는 것'은 남의 흠을 엿보는 것을 말한다. 《서경》 〈태서 상(泰誓上)〉에 "너희 우방(友邦)의 총군(冢君)들을 데리고 상(商)나라의 정사를 살펴보니, 수(受)가 고쳐 바로잡을 마음이 없다."라는 말에서 유래하였다. 수는 상나라 주왕(紂王)을 지칭한다.

145 물가에……것 : 직접적인 답을 회피한다는 뜻이다. 《춘추좌씨전(春秋左氏傳)》

계빈(戒賓)과 숙빈(宿賓)[146]에 대한 말씀은 이전에는 부탁을 사양한 적이 없는데 이번에는 갖가지 장애가 있어 결단코 말씀을 따르기 어렵습니다. 부디 다시 사람을 고르시기 바랍니다. 사모(紗帽)[147]는 저의 집에 본래 없습니다.

○ 금수(禽獸)니 오랑캐니 하신 것[148]은 과연 그런 점이 있습니다. 듣자니 서울에서 일종의 의론이 주자(朱子)도 싸잡아 공격한다 합니다. 그러므로 입에서 나오는 대로 말하는 줄도 몰랐습니다. 비록 도를 지키는 것을 엄하게 하지 않을 수 없다고는 하지만 큰 재앙을 불러오리라는 것을 족히 알 수 있습니다.

희공(僖公) 4년 조에 제 환공(齊桓公)이 초(楚)나라를 공격하면서, 포모(包茅)를 바치지 않아 제사에 술을 거를 수 없다는 것과 주(周)나라 소왕(昭王)이 남방을 순수하다가 돌아오지 못한 이유를 추궁하였다. 그러자 초나라는 공물을 바치지 않은 죄는 인정하면서 '소왕이 돌아가지 못한 것은 물가에 가서 물어보라'고 하며 책임을 회피하였다.

146 계빈(戒賓)과 숙빈(宿賓) : 계빈은 주인이 빈객에게 직접 가서 고하는 것을, 숙빈은 자제를 보내 빈객에게 가서 고하게 하는 것을 말하는데, 관례를 행할 때 예를 주관하는 빈(賓)이 되어 주기를 청하는 것이다. 또 친지들에게 관례에 참석해 주기를 널리 청하는 의미도 있다. 《儀禮 士冠禮》《家禮 冠禮》

147 사모(紗帽) : 관례 때 쓰이는 관의 하나이다. 관례에는 세 번 관을 갈아 씌우는 의식이 있는데, 초가(初加)·재가(再加)·삼가(三加)로 나뉜다. 초가에는 단령(團領)과 도아(絛兒) 차림에 갓을 쓰고, 재가에는 단령 각대(角帶) 차림에 사모를 쓰고, 삼가에는 공복(公服) 차림에 복두(幞頭)를 쓴다.

148 금수(禽獸)니……것 : 《송자대전수차》 권4에서는 윤휴(尹鑴)의 일을 지적해 탓한 말이라 하였는데, 윤휴가 주희(朱熹)의 주설(註說)을 고쳐 자기의 견해로 바꾸고 《중용》의 주(註)를 고쳐서 주희가 정한 뜻풀이와 다르게 만들자 송시열이 이단으로 지목한 일을 말하는 것으로 보인다. 《肅宗實錄 13年 2月 4日》

이태지에게 답함 임자년(1672, 현종13) 4월 27일

答李泰之 壬子四月二十七日

길에서 편지를 맡긴 사람을 만나 소식을 들어 이미 기뻤는데, 들아와서 답서를 보고서 성대한 덕을 깊이 우러렀습니다. 사람을 시켜 기꺼이 알리니, 조금 전에 또 어제 보내신 고마운 편지를 받았는데 시(詩)가 있는 것을 보고서 책을 보는 여가에 공부가 여기에까지 미쳤음을 보기에 충분하여 몹시 감탄하였습니다.

저는 일찍이 산속에서 이달을 다 보내려고 하였습니다. 그런데 병든 형님께서 몹시 보고 싶어 하신다는 말을 들었고, 또 증손자의 병이 몹시 심하다 하여 드디어 산문(山門)을 나서서 어제저녁에 소제(蘇堤)로 돌아왔습니다. 형과 동춘(同春 송준길(宋浚吉))이 서로 곤란하게 하는데, 시비가 어디에 있는지 모르겠습니다. 그리고 시사(時事)가 몹시 염려스러운데 어떻게 결말이 나려는지요? 초하루에 일이 없으면 손자를 보내어 예식을 보겠지만, 일은 잘 뒤틀리니 기약하기 어려운 점이 있습니다. 이만 줄입니다.

이태지에게 답함 계축년(1673, 현종14) 4월 9일

答李泰之 癸丑四月九日

연산(燕山)[149]에서 돌아와서는 큰 병으로 거의 죽을 뻔하였는데, 근래에 또 다른 증세를 더하여 한창 이렇게 깊이 자리에 누워 죽을 날만 기다리고 있었습니다. 그런데 문득 보내오신 편지를 받으니 만나서 이야기를 나누는 것만 같아 병든 사람의 마음이 몹시 위로되었습니다. 당신 형님에 대한 글[150]을 또 은근히 부탁받았으니 저를 고루하게 여기지 않으신 것입니다. 그러나 당신 집안의 비지(碑誌)가 모두 한 사람의 손에서 나온다면[151] 이는 실로 한 세상을 심하게 속이는 것이니 더욱 감히 편안히 여기지 못하겠습니다.

또 병의 증세가 이와 같아서 교리 윤성백(尹成伯)이 비갈을 세우는 일을 여기에서 멀지 않은 곳에서 하면서 아침저녁으로 독촉하고 있음에도 부응하지 못하고 있습니다. 당신 집안의 일은 사세로 보아 모름지기 병의 차도가 있은 뒤에 먼저 윤씨의 일을 마치고 나서 해야 합니다.

149 연산(燕山) : 연기(燕岐)를 말한다. 송준길(宋浚吉)의 장지(葬地)이다. 1672년 12월 송준길이 사망하였고, 이해 3월에 장례를 마쳤다.

150 당신……글 : 이유태의 형 이유택(李惟澤)이 1668년 12월 사망하였는데 이때 와서 이유태가 송시열에게 묘갈명을 부탁했던 것으로 보인다. 《송자대전》 권179에 〈대흥현감이공묘갈명(大興縣監李公墓碣銘)〉이 있다.

151 당신 집안의……나온다면 : 송시열이 이유태 어머니의 묘갈명도 썼기에 하는 말이다. 1667년 이유태의 어머니가 사망했는데, 1671년 송시열이 묘표를 짓고 송준길이 글씨를 썼다. 《宋子大全 卷180 孺人淸風金氏墓碣銘》《草廬集 年譜 卷3》

표액(表額)은 더욱이 감히 맡을 바가 못 됩니다. 어찌하여 글씨를 잘 쓰는 사람에게 구하지 않으십니까.

말씀하신 '효자(孝子)'라는 글자는 당신 고장의 여러 사람이 일찍이 벌써 주상께 아뢰었는데 명이 내리기를 기다리지도 않고 지레 이 글자로 새기는 것은 감히 하지 못할 바가 있는 듯합니다. 저의 집안 선조 묘는 성동주(成東洲)[152]가 일찍이 이 글자로 표제를 하였습니다만 저의 집안은 일찍이 주상께 아뢴 적이 없습니다. 동주는 그것이 사라질 것을 안타까워하여 감히 이렇게 표제를 했던 것입니다. 더구나 또 동주는 스스로를 매우 대단하게 여겼고 또 세상의 틀을 벗어난 자로 자처하였으므로, 이렇듯 어긋나는 짓을 하더라도 사람들이 괴이하게 여기며 욕하지 않았습니다. 이것이 어찌 다른 사람들이 감히 본받을 행위이겠습니까.

'치사(致仕)' 두 글자는 주자(朱子)의 고사(故事)에 근거한다면 반드시 책임지고 분명히 밝힌 다음 물러날 것을 아뢰어 조정의 분부를 받은 뒤에야 자처할 수 있습니다. 그리고 요사이의 일로 말씀드리자면 함릉군(咸陵君 이해(李澥))이 소(疏)를 올려 사정을 말하자 상께서 글 짓는 신하에게 명하여 분명하게 교서를 내리셨고, 그 뒤에야 이러한 이름을 두었습니다. 윤강(尹絳)과 조계원(趙啓遠) 두 판서[153]의 경우는 이러한

152 성동주(成東洲) : 성제원(成悌元, 1506~1559)으로, 동주는 그의 호이다. 본관은 창녕(昌寧), 자는 자경(子敬), 시호는 청헌(淸憲)이다. 송시열의 고조부 송세량(宋世良)이 성제원의 딸과 혼인하였다. 보은 현감(報恩縣監)을 역임하였으며, 저서로 《동주유고(東洲遺稿)》가 있다.

153 윤강(尹絳)과……판서 : 윤강(1597~1667)과 조계원(1592~1670)은 모두 만년에 벼슬에서 물러나 고향으로 돌아갔으며, 벼슬에 빈번히 임명하였으나 나아가지 않았다.

모양을 갖추지 않았기 때문에 사람들이 다만 '염퇴(恬退)'라는 말로 명목을 붙였을 뿐입니다. 높은 벼슬아치라 해도 이와 같은데 하물며 그 아래에 있는 사람의 경우이겠습니까. 더구나 치사와 염퇴는 고하(高下)가 없으나 그 실제를 파고들어 보면 염퇴가 더욱 고상하니, 아마 억지로 다른 제목을 쓸 필요가 없지 않을까 하는데 어떤지 모르겠습니다. 얼굴을 뵙고 아뢰지 못해 우울한 마음만 더합니다.

이태지에게 보냄 계축년(1673, 현종14) 7월 13일

與李泰之 癸丑七月十三日

소식이 오래도록 뜸하여 궁금하였습니다. 능을 옮길 때 외관(外官)의 거취(去就)에 대하여 와서 묻는 사람들이 많았을 터인데, 당신께서는 어떻게 말했는지, 저 자신은 또한 어떻게 해야 하는지 듣고 싶습니다. 저는 처음에는 양주(楊州)와 여주(驪州) 사이 길가에서 우러러 곡하고 돌아오려고 하였습니다. 그런데 문득 묘지(墓誌)[154]를 짓고 이어 그것을 쓰도록 명하시어 예관(禮官)이 세 번이나 오고 승지와 사관 또한 거듭 찾아왔습니다. 글을 짓는 것은 외람되게도 신의 집에서 어제 이미 초고를 올렸습니다. 글씨는 반드시 돌에 써야 하기 때문에 총호사(摠護使)[155]가 날마다 서신을 보내와서 재촉하는데, 질병으로 몹시 괴롭고 날씨가 몹시 무더워 감히 생각을 내지 못하고 있습니다. 주상의 뜻은 굳이 저를 기다리고자 하시는 만큼 형세가 반드시 길을 떠나야 하기에 그저 조만간에 서서히 길을 나설 계획입니다.

교정하는 일[156]은 이미 마쳤다고 들었는데 다행입니다. 전날 찌를

154 묘지(墓誌) : 《송자대전》 권181에 〈영릉지문(寧陵誌文)〉과 〈천릉시부지(遷陵時附識)〉가 있다.

155 총호사(摠護使) : 국상(國喪)에 관한 의식을 주관하던 임시 벼슬이다. 1673년 현재의 경기 구리 동구릉(東九陵)에 있던 효종의 능을 여주군(驪州郡)으로 옮겼다.

156 교정하는 일 : 《가례집람(家禮輯覽)》 교정을 말한다. 1672년 6월 연산(連山)의 이곡(梨谷)에서 송시열과 이유태가 1차 교정을, 9월 초오(草塢)에서 2차 교정을, 1673년 5월 돈암서원(遯巖書院)에서 이유태 홀로 3차 교정을 하였다. 《草廬集 年譜 卷3》

붙인 곳은 이미 교감하여 바로잡았는지요? 이 일이 지체된 것은 참으로 저의 잘못입니다. 형께서 잘 수습해 주십시오.

이태지에게 답함 계축년(1673, 현종14) 7월 15일

答李泰之 癸丑七月十五日

서쪽으로 돌아가자마자 진사 김자적(金子迪)[157]이 당신에게 가려고 한다고 들었기에 즉시 편지를 써서 자적에게 부쳐 그가 전달해 주기를 바랐습니다. 어제 자적이 와서 만나지 못했다고 하던데, 아마도 돈암서원(遯巖書院)으로 잘못 전달되었을 듯합니다. 조금 전에 보내 주신 편지를 받았습니다. 기쁘고 위로되는 마음 어찌 말로 다하겠습니까.

저는 이미 제 형의 연사(練事)를 치렀는데 마음 아프고 그리운 마음 문득 배로 절실함을 느낍니다. 슬퍼할 날이 얼마 남지 않은 것을 너무나도 잘 알지만 저절로 슬퍼하지 않을 수 없는 것을 어쩌겠습니까. 돌아오는 길에 누이와 손자의 병이 위독하다는 것을 듣고 더위를 무릅쓰고 빨리 달렸더니 저의 병이 갑자기 심해져 바야흐로 이 때문에 고통스러워 몹시 답답하고 속이 탑니다.

능침의 일이 있은 뒤로 모두 다섯 차례나 성지(聖旨)를 받았고, 또 승지를 보내어 영남 선비의 소(疏)[158] 때문에 참담한 저의 마음을 위로

157 김자적(金子迪) : 김만길(金萬吉, 1645~1697)로, 자적은 그의 자이다. 본관은 광산(光山), 증조부는 김장생(金長生), 조부는 김반(金槃), 부는 김익후(金益煦)이다.

158 영남 선비의 소(疏) : 장현광(張顯光)의 아들 장응일(張應一)의 소를 말한다. 1673년 3월 이익수(李翼秀)가 상소하여 효종 능의 석물에 틈이 생겨 봉분 안으로 비가 샐 염려가 있다고 아뢰자, 조정에서는 천릉(遷陵)을 결정하였다. 이에 장응일은 능을 정할 당시 지술(地術)을 아는 자들이 모두 수원(水原)의 산이 길하다고 하였다는데 송시열이 영릉(寧陵)에 써야 한다고 주장하여 이런 일이 벌어졌다며 송시열을 논핵하였다.《顯宗實錄 14年 6月 14日》

하셨습니다. 처음에는 양주(楊州)와 여주(驪州)의 길가에서 장례 행렬을 맞이하여 곡하고 돌아가려고 했습니다. 그런데 이제 부르시는 명을 이토록 빈번하게 받으니 사세로 보아 가서 일하지 않을 수 없으나 병의 증세와 더위가 이렇듯 극심하니 답답하게도 어찌해야 할지 모르겠습니다. 지문(誌文)의 초고는 어제 이미 올렸지만 성상께서 반드시 제가 글씨를 쓰기를 바라시는 것은 전혀 우연이 아닙니다. 글씨를 쓰는 기일을 알면 삼가 죽음을 무릅쓰고 서울로 갈 것이고, 글씨를 쓰는 것을 완료하면 즉시 교외로 물러나 죽을 날을 기다릴 것입니다. 하지만 거친 솜씨가 있어도 운용하기 어려운 법인데 더구나 없는 경우이겠습니까. 아무아무가 하찮은 일로 쓸데없이 싸우거나 부합하는 것[159]은 모두 저와는 상관없습니다. 여파를 피하지 않고 바지를 걷고 달려가는 것은 풍병(風病)이 든 자가 아니라면 하지 않을 것입니다.

아(丫)[160]와 당신이 만난 당시 나눈 말이 꽤 전해지는데 미담과 흠담이 반반입니다. 위로 신로(愼老 김집(金集))를 헐뜯었다는 말이 있기까지 하니 오늘날의 일은 어렵다고 할 만합니다. 시골에 있는데도 이러한데 더구나 서울에서 더욱 어찌 삼가지 않을 수 있겠습니까. 지문의 초고는 보내는 대로 굳게 봉하여 돌려주시는 것이 어떻겠습니까? 하고 싶은 수많은 말은 누워서 남에게 대신 쓰게 하느라 이만 줄입니다.

159 아무아무가……것 : 장응일과 이익수가 윤휴(尹鑴)와 허목(許穆)의 사주를 받았다는 말이 있었는데, 조정에서 이 일로 장응일을 귀양 보내야 한다는 논의가 분분하였다. 《顯宗實錄 14年 3月 24日, 9月 17日》《淵齋集 卷47 芝湖先生李公行狀》

160 아(丫) : 김익렴(金益廉, 1622~?)을 가리키는 듯하다. 자는 원명(遠明), 호는 적곡(赤谷)이다. 김장생의 가까운 친척이다. 그가 살던 곳의 지명이 아계(丫溪) 또는 아연(丫淵)으로 불렸기 때문에 아공(丫公)이라고 일컬었다. 《宋子大全隨箚 卷3, 卷13》

이태지에게 답함[161] 계축년(1673, 현종14) 6월 21일

答李泰之 癸丑六月二十一日

다시 편지를 받고서 교정하고 있다는 것을 알았습니다. 이 일이 끝을 보게 되니 기쁘고 위로되는 마음 이루 말할 수 없습니다. 전날 보여 주신 것은 이미 교정하였으나 인편이 없어 보내지 못하였습니다. 이제 돌아가는 인편에 부치니 부디 한꺼번에 취사(取捨)하여 교감하여 바로잡고, 이어 젊은이들에게 별본(別本)을 베껴 쓰게 하는 것이 어떻겠습니까? 그 뒤에는 아마 또한 마땅히 한두 번 살펴본 뒤에야 대략 마음에 찰 것입니다.

여러 장의 편지는 삼가 알았습니다. 다만 영남의 소(疏)가 또 올라갔는데 병조 판서가 스스로 의금부에 나아가 죄를 청하였다고 합니다.[162] 생각건대 이렇게 동일한 일로 조사받는 자가 비록 죽고 사는 것을 돌보지 않고 더위를 무릅쓰고 심리를 받지는 못하더라도 또한 어찌 감히 조정의 논의에 간여하겠습니까. 여러 편지를 한꺼번에 모두 돌려 드립니다. 그 외에 하신 말씀도 아울러 잘 알았습니다.

검(檢)[163]의 일은 지난해에 형의 편지를 받고 꾸짖으니 그가 "항가(項

161 이태지에게 답함 : 이 편지는 내용 및 《송자대전》의 체제로 보아 1673년 4월 9일 편지 뒤에 편제되어야 할 것으로 보인다.

162 병조……합니다 : 병조 판서 김만기(金萬基)가 효종의 능을 옮기는 것이 불가함을 극력 아뢰자, 장응일(張應一)이 상소하여 김만기와 송시열을 아울러 비방하여 김만기가 의금부에 가서 처벌을 기다렸다. 《顯宗實錄 14年 6月 21日》《宋子大全隨箚 卷4》

163 검(檢) : 송시열의 외종질인 곽검(郭檢)을 가리킨다.

家)와는 상관없다."라고 하기에 제가 "만약 그렇다면 부디 아무 어른께 자세히 말씀드리고 이사하는 것이 좋겠다."라고 하였습니다. 이윽고 집을 지은 뒤에 형이 김만대(金晩大)를 불러 말하면서 또 여파가 우공(禹公)에게까지 미쳤다고 말했다 들었습니다. 그러므로 연기(燕岐)에 있는 봉암서원(鳳巖書院)에 여쭈니 형이 퍽이나 화난 기색을 보이셨습니다.[164] 그래서 제가 검의 무리에게 "지난해 내가 너희들에게 말한 것은 잘못이다. 이 일을 가지고 말이 아주 길어지는 것은 속히 그치는 것만 못하다."라고 하였습니다. 저들이 급급하게 그 집을 허물었다는 것을 듣고서 제가 또 "옮겨 짓는 날 허물어도 늦지 않다. 그런데 이처럼 서두른 것은 무엇 때문이냐?"라고 꾸짖으니, 저들이 "그 집에 들어가 거처하지도 않고, 지내고 있는 집에 지붕이 없었기 때문에 지붕을 철거하여 옮겼습니다. 이미 지붕을 철거하였다면 재목을 아울러 철거하지 않을 수 없기 때문에 아울러 철거했습니다."라고 하였습니다. 그 말이 그럴듯한데 어떤지 모르겠습니다. 나머지는 멀리 보내는 편지에 감히 많은 말을 하지 못하여 이만 줄입니다.

164 봉암서원(鳳巖書院)에……보이셨습니다 : 봉암서원은 연기의 동진강(東津江)가에 있는 서원으로, 1651년(효종2)에 창건되었다. 1667년 송준길(宋浚吉)이 이민적(李敏迪)에게 보낸 편지에 "퇴락이 너무 심하여 제생(諸生)이 절도사에게 공소(控訴)하고자 하면서 나에게 먼저 서신을 전해 부탁하게 했다."라는 말이 있고, 또 1672년경 송준길이 남이성(南二星)에게 보냈을 것으로 추측되는 편지에 "사계(沙溪) 노선생(老先生)을 모시고서 제향한 지 겨우 6, 7년이 되었다."라는 말이 있다. 이것으로 보아 원래 한충(韓忠)을 모시던 서원에 김장생(金長生)을 함께 모시면서 김장생의 문인들이 퇴락한 서원을 이건(移建)하려고 했던 것으로 추측되며, 일을 추진하는 과정에서 봉암서원과 마찰이 있었던 것으로 보인다. 《同春堂集 卷13 與李惠仲, 續集 卷2 與南仲輝》

이태지에게 답함 계축년(1673, 현종14) 9월 23일

答李泰之 癸丑九月二十三日

어제 다시 살펴보셨는지요? 처음에는 형이 어쩌면 다시 벼슬길에 나아가더라도 노차(路次)[165]에서 곡만 하고 이어서 소를 올리고 돌아오면 일이 매우 간단하다고 여겼습니다. 지금 이미 따라서 조정으로 들어갔으니 반드시 수많은 곡절이 있을 것입니다. 저는 줄곧 두려워 움츠러듭니다.[166] 만약 끝내 비답을 받지 못한다면 신구(新舊)의 신혈(神穴 무덤)에는 끝내 들어가 곡하지 못할 것입니다. 스스로 불러온 일을 뉘우치지만 어쩔 수 없습니다. 이만 줄입니다.

○ 형이 만약 광(廣)으로 나오려고 한다면 서둘러 나오는 것이 옳을 듯합니다.[167]

165 노차(路次) : 여기에서는 장례 행렬이 가는 길에 영구를 멈추어 임시로 마련한 자리를 가리킨다.

166 저는……움츠러듭니다 : 송시열이 새로 옮긴 효종의 능 앞에 표석(表石)을 세울 것을 주장한 데 대해 김우명(金佑明)이 그 잘못을 지적하자, 송시열이 상소하여 죄를 자인하는 한편 민신(閔愼)의 일과 관련하여 자문해 준 자신이 아니라 민신의 집안을 추궁한 김우명의 행위가 부당함을 지적하였다. 민신의 일이란, 교관 민업(閔業)의 상에 그 아들인 민세익(閔世益)이 정신 착란증으로 상복(喪服)을 입으려 하지 않자, 송시열과 박세채(朴世采)가 손자인 민신에게 아버지를 대신하여 복을 입게 한 일을 가리킨다. 부친이 사망하여 조부를 승중(承重)한 것처럼 되었으므로 생존한 부친을 죽은 사람 취급하고 조부를 부친으로 삼은 막대한 변고라는 비난을 초래하여 결국 민신이 귀양가기까지 하였다. 《顯宗實錄 14年 9月 9日, 17日》

167 형이……듯합니다 : 이유태가 1673년 9월 송시열에게 보낸 편지에 "면례(緬禮)에

늦게 참석한 신하들이 처벌을 받게 되었습니다.……광릉(廣陵)의 산 아래에서 조금 쉬다가 날짜가 되어 곡하는 반열에 참석하러 갈 것입니다."라는 말이 있는 것으로 보아 광(廣)은 광릉을 말하는 것으로 보인다. 광릉은 오늘날 광주(廣州)이다. 천릉(遷陵)할 때 도성(都城)에서 출발해야 하는데, 이유태는 도성에 늦게 도착하였기에 처벌을 기다리는 상소를 올리고 도성 밖에서 이틀 머무르다 출발했다. 이달에 주고받은 두 사람의 편지를 종합해 보면, 이유태가 송시열에게 대죄(待罪)하는 상소의 내용을 어떻게 써야 할지 자문을 구하였는데, 송시열은 상소문에 대해서는 언급하지 않고 광릉으로 떠나려면 도성에서 서둘러 떠나라는 말로 충고하였다.《草廬集 卷14 與宋英甫書, 年譜 卷3》

이태지에게 보냄 계축년(1673, 현종14) 9월 28일

與李泰之 癸丑九月二十八日

우리들은 "서로 마주보면 낭패스럽다."[168]라는 이 한 구절을 늘 욉니다. 그러나 누가 여기에까지 오게 하여 이러한 처지로 만들었습니까. 저는 즉시 나아가고 싶으나, 사간원에 내린 비답에 다만 "어찌 국가의 복이겠는가."라고 전교하셨으니[169] 몹시 두려워 감히 한가로이 출입하지 못합니다. 그러나 내일은 능 밑에 나아가 의리와 정을 차마 펴지 않을 수 없습니다. 다만 이른 새벽이라 몸이 상할까 두려워 오늘 저녁에 대수(大受 민정중(閔鼎重)) 대감과 함께 망우현(忘憂峴)[170]으로 돌아가려 합니다. 형이 만약 와서 만난다면 다행이지만 몹시 번거롭게 해 드릴까 봐 말하지 못합니다. 이만 줄입니다.

168 서로 마주보면 낭패스럽다 : 주희(朱熹)가 임성계(林成季)에게 보낸 편지에 나오는 말이다. 남송 영종(南宋寧宗)의 경원(慶元) 연간 초에 주희가 당시 학자들과 더불어 한탁주(韓侂冑)에게 배척당했기에 한 말이다. 《晦庵集 別集 卷1 林井伯》《宋子大全隨箚 卷4》

169 사간원에……전교하셨으니 : 사간(司諫) 최후상(崔後尙)이 능침의 표석과 민업(閔業) 집안의 상례(喪禮)의 일로 면대를 청한 국구(國舅) 김우명(金佑明)을 파직하라고 청한 데 대해 현종이 답한 말이다. 《현종실록》 14년 9월 24일 기사에는 "표석의 일은 비록 대신의 건의로 이미 결정된 명이 있다 하나 만약 이를 핑계로 사람들이 감히 말하지 못한다면 또한 국가의 복이 아니다. 이것이 어찌 대신(臺臣)이 할 말이겠는가."라고 하였다.

170 망우현(忘憂峴) : 도성의 동문 밖 40리 되는 곳에 있다.

이태지에게 보냄 계축년(1673, 현종14) 12월 11일
與李泰之 癸丑十二月十一日

지난번에 형의 조카가 직접 편지를 가지고 왔는데, 그 당시는 병중인데다가 그가 또 바쁘게 돌아갔기 때문에 답장을 하지 못하였으니 지금까지도 아쉽습니다. 일찍이 어떤 사람에게서 듣자니 갑사(岬寺)에 들어간다는데 설 쇠기 전에 그곳에서 보낼 계획입니까? 저의 병은 이제 두 달이나 되었는데도 줄곧 질질 끌고 있으니 마치 동춘(同春)이 겪은 지난해 6, 7월의 징조[171]와 같습니다. 죽지는 않는다 하더라도 예전 근력을 되찾지 못할 것입니다.

이 밖에도 신하로서 변변치 못하여 매우 엄중한 견책을 받았으니[172] 낮이나 밤이나 조심스럽고 두려워 어찌할 바를 모르겠습니다. 어제

171 동춘(同春)이……징조 : 사망하기 전의 증세를 말한다. 송준길(宋浚吉)은 이달에 사망하였는데, 4월부터 병이 시작되어 11월에 위중해졌다는 소식을 듣고 송시열이 병문안을 한 기록이 있다. 6, 7월경에는 노병(老病)이 깊어져 돌이키기 어려운 상태가 되었던 것으로 보인다. 《同春堂集 續集 卷10 附錄5 年譜》

172 매우……받았으니 : 송시열이 1673년 9월 올린 상소문에 대한 현종의 비답에 "경의 상소를 살펴보고 나도 모르게 놀라고 의아하였다. 경이 선조에서 받은 은혜는 보통 사람보다 훨씬 많았으므로 내 생각에는 선릉(先陵)에 대한 일에 경이 물불을 가리지 않을 줄 알았다. 그런데 오늘의 일은 경에게 바라던 바에 크게 어긋날 뿐만 아니다. …… 경의 상소의 내용은 모두 불평한 말이 아닌 것이 없고, 도리어 나의 말을 이토록 심하게 의심하였다. 이는 나의 성의가 경에게 믿음을 주지 못한 소치이므로 나는 부끄럽고 한스러울 뿐이다."라는 등 몹시 강경한 어조로 말하였다. 《顯宗實錄 14年 9月 17日》 《宋子大全 附錄 卷2 年譜》 111쪽 주166 참조.

대수(大受 민정중(閔鼎重)) 대감의 편지를 보았는데, 형이 받은 성상의 비답이 매우 융숭했다[173]고 하였습니다. 그런데 어떤 사람은 형과 자인(子仁)이 민씨(閔氏)의 예에 이견을 제기했기 때문에 이루어진 일[174]이라고 하였습니다. 제가 일찍이 자인과 이 일에 대해 얘기하다가 웃고 말았습니다. 그러나 여러 사람이 배척을 당하는 이때에 황보위명(皇甫威明)의 뜻[175]은 없으신지요? 우습습니다. 임 독우(任督郵)는 여러 해 서로 따르며 정의가 깊었는데 지금 갑자기 돌아간다고 합니다.[176] 마음

173 형이……융숭했다 : 이유태가 효종의 천릉(遷陵) 때 서울에 늦게 도착하여 처벌을 청하는 소(疏)를 올린 것에 대한 현종의 비답을 말한다. "당시에는 병 때문에 이유태를 만나 보지 못하여 서운했다.", "이번에 서울에 올라왔는데도 뜻대로 이루지 못해 한탄스럽다.", "그대는 사양하지 말고 다음 해 봄에 올라와서 나의 바람에 부응하라."라는 등의 말이 있었다. 《草廬集 年譜 卷3》

174 형과……일 : 이유태가 윤증(尹拯)과 대화하면서 "민신(閔愼)이 아버지를 대신하여 할아버지의 상례를 행하는 것은 옳지만 아버지가 살아 있는데 마음에 차마 그렇게 할 수 있겠느냐."라고 하여, 윤증 등의 주장에 동조하고 송시열의 주장에 이견을 제기한 듯한 말을 했는데, 이 말이 김좌명(金佐明)의 뜻과 맞아떨어져 임금에게 알려졌다. 《草廬集 年譜 卷3》 자인은 윤증의 자이다. 민신의 일에 대해서는 111쪽 주166 참조.

175 황보위명(皇甫威明)의 뜻 : 송시열 자신과 진퇴를 함께할 뜻을 말한다. 위명(威明)은 후한(後漢) 때 명장인 황보규(皇甫規)의 자이다. 강직한 성품에 문무를 겸전하였다. 중랑장(中郎將)에 발탁되어 강(羌)을 정벌하였고, 그 공으로 도료장군(度遼將軍)에 승진되었으나 언제나 물러날 뜻을 가지고 있다가 붕당(朋黨) 사건이 크게 일어나 많은 명현(名賢)이 배척당할 때 상소하여 자신도 붕당에 관여하였으니 처벌해 달라고 하였다. 《後漢書 皇甫規列傳》

176 임……합니다 : 임 독우는 임홍망(任弘望)을 말한다. 본관은 풍천(豐川), 자는 덕장(德章), 호는 죽실거사(竹室居士)이다. 숙종 때 정언으로서 송시열의 예론 사건에 대해 적극 옹호하다가 경성 판관(鏡城判官)으로 좌천되었고, 다시 울산 부사(蔚山府使)가 되어 송시열의 적소(謫所)를 자주 왕래하였다. 이유태 아내의 친정 조카이다.

이 몹시도 서운한 것이 늘그막의 이별이어서만은 아닙니다. 나머지는 남에게 대신 쓰게 하느라 이만 줄입니다.

당시에 율봉 찰방(栗峯察訪)이었다가 벼슬이 교체되어 돌아가던 길이었다. 《宋子大全 隨箚 卷4》

이태지에게 답함 갑인년(1674, 현종15) 1월 18일

答李泰之 甲寅正月十八日

해가 바뀌도록 서로의 소식이 막혀 있어 늘 그립고 답답하였는데, 이렇게 반가운 편지를 받으니 위로되는 마음 그지없습니다. 다만 조정이 박대한다는 말씀은 어찌 예물로써 하지 않고 벼슬만 더하기 때문이 아니겠습니까. 우습습니다. 저의 병은 아직도 이렇게 질질 끌고 있는데 이전에는 이러한 적이 없습니다. 혈기가 이미 쇠퇴하여 병과 대적할 수 없으니 이 뒤의 일은 알기 어렵지 않습니다. 당신 형님에 대한 글[177]은 감히 잠시도 잊지 않고 있으나 기운이 마음을 따라 주지 않습니다. 이 병이 낫기 전에는 당신의 생질이 오더라도 다시 부질없이 돌아가야 하니, 우선 움직이지 않게 하는 것이 어떻겠습니까? 남에게 대신 쓰게 하느라 이만 줄입니다.

177 당신……글 : 이유태의 형은 1668년 12월 사망하였는데 1673년 묘갈명을 부탁하였다. 당시 교리 윤성백(尹成伯)이 이유태보다 앞서 비갈명을 청탁하였기에 송시열은 윤성백에게 주는 글을 마치고 나서 하겠다고 약속하였고, 그 뒤에도 송시열이 미처 짓지 못했기에 이유태가 다시 부탁한 것으로 보인다. 102쪽 주150 참조.

이태지에게 답함 갑인년(1674, 현종15) 4월 2일
答李泰之 甲寅四月二日

일찍이 감영(監營)의 비장(裨將)을 보았는데 따라온 자가 지금 막 산중에 있다기에 편지 한 통을 부쳐 안부를 여쭙니다. 나흘 전 사관(史官)이 오는 걸음에 세 차례에 걸쳐 보내신 편지를 받고서, 하시는 말씀을 잘 알았으니 위로되고 후련한 마음 이루 말할 수 없습니다. 편지를 통해, 진작 나아가 사사로운 뜻을 말씀드렸고 또 하루도 기다리지 않아서 바로 처음 가진 마음대로 되었다는 것을 알았습니다. 양쪽으로 서운함이 없으니 상쾌한 마음이 어떠하시겠습니까.

저는 다시 지문(誌文)을 지으라는 명을 받았으나 앞선 소(疏)에 대한 비답을 아직 받지 못하였으므로 감히 다시 면직을 바라는 글을 아뢰지 못하고 다만 사관의 서계(書啓) 속에 감히 받들지 못한다는 뜻을 힘써 아뢰었는데 끝내 어떻게 마무리될지 알지 못하겠습니다.

당신의 막내아우님은 듣자니 장사 지낼 날이 다가온다고 하니[178] 견딜 수 없이 슬퍼 목이 멥니다. 그러나 땅은 멀고 몸은 매여 있어 상여끈 잡는 것을 도와서 전송하지 못하니 평소 생각에 이러할 줄 어찌 기약하였겠습니까. 천하가 몹시 어지럽습니다.[179] 선왕을 추억하건대

178 당신의……하니 : 이유태의 막내아우 이유겸(李惟謙)이 1674년 1월에 사망하였고, 이달에 장사 지냈다.

179 천하가 몹시 어지럽습니다 : 청(淸)나라에서 평서왕(平西王) 오삼계(吳三桂)가 정남왕(靖南王) 경중명(耿仲明), 평남왕(平南王) 상가희(尙可喜)와 함께 모의하여 삼번(三藩)의 난을 일으킨 것을 말한다. 세 사람은 원래 명(明)나라 무장으로서 만주족을

참으로 보내오신 뜻과 같습니다. 이어받아야 하는 뜻을, 뒤를 이은 성상께 누가 말씀드릴 수 있겠습니까. 만나기가 쉽지 않습니다. 날씨가 더워지는데 더욱 몸조심하십시오.

끌어들여 청나라를 세우는 데 협력했으나, 청나라가 안정되면서 그들의 군권이 청나라에 위협이 되었다. 1673년 청나라가 번국을 없애려고 하자 오삼계는 이들과 연합하여 반란을 일으켜 나라 이름을 주(周)라고 하며 스스로 황제의 지위에 올랐으나 그가 죽은 뒤 1681년에 번국은 완전히 진압되었다.

이태지에게 답함 갑인년(1674, 현종15) 8월 11일
答李泰之 甲寅八月十一日

저 또한 여러 차례 편지를 보냈고 오늘 아침에 또 역졸을 통해 보내신 편지에 답했습니다. 이에 다시 인편에 부치신 편지를 보고 외로운 마음이 더욱 위로되었습니다. 제가 여기에 온 것은 수장(壽藏)[180]이 여기에 있기에 꾀하는 것이 있어서이지 성상의 처분이 있기를 바라서가 아닙니다. 의금부와 성 밖, 한강 북쪽과 강 건너로 여러 의견이 제각각이지만 적절한 곳을 찾지 못하였습니다. 화숙(和叔 박세채(朴世采))은 금천(衿川) 낙정(樂靜)[181]의 집이 적절하다고 하고, 아동(丫洞 김익렴(金益廉))은 우상(迂相)[182]의 옛집을 주장하는데, 모든 면에서 이곳보다 적절한 곳이 없기에 죽는 즉시 이 자리에 묻힐 생각입니다. 형이 정한 곳은 어디인지 모르겠습니다. 거처는 부디 마지막을 생각해서 행동하

180 수장(壽藏) : 살아 있을 때 미리 준비한 무덤을 말한다. 《송자대전수차》 권4에 따르면 송시열의 원래 장지는 수원(水原)의 만의(萬義) 무봉산(舞鳳山)에 있었다. 부인의 장사 때 부인의 무덤 오른편을 비워 두게 하여 자신이 묻힐 곳으로 삼았는데, 풍수에 합장하는 것이 산운(山運)에 맞지 않는다 하여 오늘날 충북 괴산군 청천면 청천리로 이장하였다. 《宋子大全 附錄 卷11 年譜》

181 낙정(樂靜) : 조석윤(趙錫胤, 1606～1655)의 호이다. 본관은 배천(白川), 자는 윤지(胤之), 시호는 문효(文孝)이다. 장유(張維)와 김상헌(金尙憲)의 문인으로, 대사성 등을 역임하였다. 저서에 《낙정집》이 있다.

182 우상(迂相) : 호가 우재(迂齋)이며 이조 판서, 우의정 등을 역임한 이후원(李厚源, 1598～1660)을 말한다. 세종의 다섯째 아들인 광평대군(廣平大君) 이여(李璵)의 7세손이며 김장생(金長生)의 문인이다.

십시오. 약간의 말과 성시(聖時)[183]의 글을 대략 갖추었습니다. 열어 보시고 봉해서 가는 것도 무방합니다. 이만 줄입니다.

183 성시(聖時) : 신계징(申啓澄, 1632～?)의 자이다. 본관은 고령(高靈), 호는 은곡(隱谷)으로, 신숙주(申叔舟)의 후손이다. 송시열의 문인이고, 세마(洗馬)와 임실현감(任實縣監)을 지냈다.

이태지에게 답함 갑인년(1674, 현종15) 8월 11일
答李泰之 甲寅八月十一日

이미 전의(全義)에 도착했습니까?[184] 저는 이미 써 둔 글이 있으나 어느 날에나 올리겠습니까. 저의 아우가 와서 보내 주신 편지를 전하니, 위로되는 마음 이루 말할 수 없습니다. 저는 객지 생활 중에 병으로 괴롭습니다. 하루아침에 깜박 죽는다면 바로 여기에 묻힐 것이니 일이 퍽 줄어들 것이라 여깁니다. 다만 벌을 받기 전에 아마 국론에 사죄해야 할 듯합니다. 당신은 타우(打愚)[185]와 서로 지켜보며 강론하는 유익함이 있을 듯하니 참으로 일이 없지는 않을 것입니다. 마침 이 별좌(李別坐) 때문에 이만 줄이고 타우에게는 따로 쓰지 않습니다.

○ 편지를 쓴 뒤에 수령(隋令)[186]이 2일에 당신이 보낸 편지를 전해주니 몹시 기뻤습니다. 저는 그저 이곳에 엎드려 지내면서 끝내 처분하는 명을 받지 못하였으니 장차 이 일의 결말을 기다리다가 이로부터 벼슬에서 물러나 돌아가겠습니다. 형이 중도에 머무르는 일 또한 마땅히 이와 같을 것입니다. 대신과 육조 판서는 응당 아비 없는 사람에

184 전의(全義)에 도착했습니까 : 이유태가 전의에 도착한 것은 1674년 8월 18일이었는데, 같은 날 현종이 승하하여 전의현에 들어가 성복(成服)하였다.

185 타우(打愚) : 이상(李翔, 1620～1690)의 호이다. 본관은 우봉(牛峯), 자는 운거(雲擧) 또는 숙우(叔羽), 시호는 문목(文穆)이다. 송시열을 통하여 김집(金集)의 학통을 이어받았다.

186 수령(隋令) : 수원의 옛 이름이 수성(隋城)인 것으로 보아 수원 부사를 말하는 것으로 추측된다.

대해 관심을 두지 않았던 것처럼 하지 않을 것이니, 우리들은 박화숙(朴和叔)처럼 되지 않을 것입니다.[187] 그러나 또한 어찌 기약할 수 있겠습니까. 들어가지 않으려 해도 절로 어쩔 수 없으니 아마도 이 점을 우리는 힘써야 할 듯합니다. 서울의 벗들은 다들 제가 성 밖에 이르렀을 때 글을 보내리라 여기겠지만 다급하여 우선 손대지 못하고 있습니다.

187 대신과……것입니다 : 아비 없는 사람은 민신(閔愼)을 가리킨다. 화숙(和叔)은 박세채(朴世采)의 자이다. 기해년(1659) 예송 논쟁에서 송시열의 기년설(朞年說)을 지지하며 서인 측의 이론가로 활약하였다. 민신의 일과 관련하여 의금부의 처벌을 여러 달 기다린 적이 있었는데, 끝내 결말이 나지 않자 지레 고향으로 돌아간 적이 있었으므로 이렇게 말한 것이다.《宋子大全隨箚 卷4》민신의 일에 대해서는 111쪽 주166 참조.

이태지에게 답함 갑인년(1674, 현종15) 8월 15일

答李泰之 甲寅八月十五日

12일에 보낸 편지를 받았습니다. 이 편지는 6일에 보낸 것에 대한 답장입니다. 나머지는 무엇 때문에 편지가 제대로 전해지지 못했는지요? 저는 객지 생활 중에 병이 났습니다. 비록 몹시 괴롭지만 노년의 정신은 또한 자랑할 만합니다. 형이 재차 벼슬길에 나서는 것은 도료장군(度遼將軍)이 되려고 하시는 것입니까.[188] 우습고 우습습니다.

서울에서의 의견들은 영숙(永叔 김만기(金萬基))과 택지(擇之 이선(李選)) 외에는 모두 도성 밖이 마땅하다고 말합니다. 다만 제가 아파서 움직이기가 몹시 어려우니 어찌하겠습니까. 게다가 속담에 "상전댁과는 멀수록 좋다."라고 하였습니다. 당초에 형에게 가르침을 받아 모양을 같이하지 못한 것이 한스럽습니다. 《가례집람(家禮輯覽)》에 대해서 말씀해 주신다면 다행이겠습니다. 이만 줄입니다.

188 형이……것입니까 : 이유태가 물러나고 싶은 의사가 없는 것으로 생각하고 핀잔을 주는 말인 듯하다. 도료장군 황보규(皇甫規)가 붕당사건으로 명현(名賢)들이 배척당하는데도 자신은 연루되지 않자 이를 수치로 여겨, 상소하여 자신도 붕당에 관여하였으니 처벌해 달라고 한 일을 가리킨다. 《後漢書 皇甫規列傳》 115쪽 주175 참조.

이태지에게 답함 갑인년(1674, 현종15) 8월 17일
答李泰之 甲寅八月十七日

막 운거(雲擧 이상(李翔))를 통해 답장을 받았는데 심부름꾼을 시켜 보내신 편지를 또 받으니 기쁜 마음 그지없습니다. 예설(禮說)[189]은 삼가 잘 알았습니다. 일찍이 야사(野史)를 보니 기묘사화와 을사사화[190]로 인해 뒷날의 사람들은 《소학(小學)》과 《근사록(近思錄)》을 사람을 죽이는 물건이라고 여겼다[191]는데, 오늘날 예경(禮經) 도한 이와 같습니다. 당신은 그런데도 감히 사람을 죽이시렵니까. 우습습니다. 삼가 몇 구절을 수정하여 돌려 드립니다.

189 예설(禮說) : 이유태가 전의(全義)의 비암사(飛庵寺)에서 지은 기해복제설(己亥服制說)을 말한다. 《草廬集 年譜 卷4》

190 기묘사화와 을사사화 : 기묘사화는 1519년(중종14)에 조광조(趙光祖)를 비롯한 신진사류(新進士類)들이 훈구파(勳舊派)에게 모함을 받아 사사(賜死) 또는 유배당한 일이다. 을사사화는 1545년 명종(明宗)이 12세로 즉위하자 모후(母后)인 문정왕후(文定王后)가 수렴청정을 하였는데, 명종의 외숙인 윤원형(尹元衡) 등이 인종의 외가 세력인 윤임(尹任)・유인숙(柳仁淑) 등이 명종 대신 계림군 이류(李瑠)나 봉성군 이완(李岏)을 추대하여 왕위에 오르게 하려 했다고 모함하여 반역 음모로 몰아 죽인 일을 말한다.

191 소학(小學)과……여겼다 : 조광조의 스승 김굉필(金宏弼)은 소학동자(小學童子)라 불릴 정도로 《소학》을 중히 여겼고, 조광조의 학문은 《소학》과 《근사록》을 받들어 이를 토대로 하여 사서(四書) 등의 경전 연구를 하였기에 하는 말이다.

이태지에게 보냄 갑인년(1674, 숙종 즉위년) 8월 28일
與李泰之 甲寅八月二十八日

통곡하여 마지않습니다. 오히려 다시 무슨 말을 하겠습니까. 앞길을 지나갔다는 소식을 받고 그지없이 놀라고 위로되었습니다. 이번 18일 저녁에 주상께서 병환이 위독하시다는 소식을 막 듣고서 부랴부랴 서울로 달려갔는데, 한강 밖에서 부고[192]를 받은 만큼 그대로 성 밖까지 다가가지 않을 수 없었습니다. 그러나 이미 처벌을 기다리는 몸[193]이라 감히 곧장 대궐 가까운 곳으로 들어가지 못하고, 먼저 판서 자리에 있는 분께 여쭈어 본 뒤에 들어가서 병위(兵衛)의 밖에서 곡하고 곧바

192 부고 : 1674년 8월 18일에 현종이 승하하였다. 《顯宗實錄 15年 8月 18日》

193 처벌을 기다리는 몸 : 갑인년(1674) 2월 효종의 비 인선왕후(仁宣王后)가 승하하자, 인선왕후를 인조의 장자부로 볼지 중자부(衆子婦)로 볼지에 따라 시어머니인 자의대비(慈懿大妃)가 입을 상복을 두고 예송(禮訟)이 일어났다. 처음에는 서인들의 의견대로 대공복으로 결정하였는데, 이는 송시열의 체이부정(體而不正) 논리를 반영하여 인선왕후를 인조의 중자부로 본 것이었다. 그러나 7월 복제 논란이 일어나자, 현종은 기해예송에서 장자와 차자를 구분하지 않는 국제 기년설(國制朞年說)을 채택했다는 이유로 기년복으로 개정하고, 서인 중요 인물들을 송시열에게 빌붙은 죄로 처벌하였다. 현종은 "이 일은 당시 신하들이 효종에 대해 중자(衆子)·서자(庶子)·대공(大功)의 마음을 품은 것이다. 또한 '체(體)이면서 정(正)이 아니다.'라는 말을 주창하였으니, 그것은 선왕의 은혜를 잊어버리고 다른 사람의 논의에 빌붙은 것이다."라고 하며 당시의 예관 및 낭청(郎廳)을 국문하여 중도부처(中途付處)를 명하였고, 송시열은 '다른 사람의 논의'는 바로 자신이 바친 예론(禮論)을 가리킨 것이라 하여 집에 있지 못하고 수원(水原)의 만의사(萬義寺)에서 처벌을 기다렸다. 《宋子大全 附錄 卷7 年譜》《肅宗實錄 6年 5月 12日》

로 성 밖으로 나와 한강 밖으로 돌아가 성복(成服)하려고 하였습니다. 그런데 저의 병이 갑자기 위독하여 어쩔 수 없이 성복한 뒤에 즉시 출발하여 중간에 닷새를 체류하다가 오늘 아침 비로소 도착하였습니다. 돌아오기 직전에 여러 분이 머무를 것을 몹시 권하였으나, 저는 선왕의 조정에서 처벌을 기다리고 있었던 데다 지금 선왕의 자리가 아직 식지도 않았는데 어찌 차마 죄가 없다고 자처하면서 대번에 처벌을 기다리는 곳을 떠나 함부로 서울로 나아가겠습니까. 여러 분이 그다지 헤아리지 못하시겠지만 생각건대 좌의정과 이조 참의[194]는 저의 속마음을 깊이 알고 있습니다. 이조 참의가 와서 말하기를 "이는 실로 지극한 천리(天理)와 인정에서 우러난 마음입니다. 지금 형은 또한 처벌을 기다리는 사람입니다. 그런데 어찌 감히 군이 같이 행동하기를 바랄 수 있겠습니까. 각자 자기의 뜻을 따르는 것이 옳습니다." 하였습니다. 다만 도로 처벌을 기다리던 곳으로 가서 체직을 비는 것이 제 마음이 편안할 듯합니다. 어떠한지요? 이만 줄입니다.

○ 애초에 이전 그대로 처벌을 기다리던 곳에서 처벌을 기다리다가 공제(公除)가 지나면 소를 올려 체직을 청하여 처분에 따라 나아가거나 물러났더라면 마땅하였을 겁니다. 그런데 지금 이미 대궐에 나아가 버렸으니 대략 낭패스러운 듯하지만 서둘러 돌아가지 않을 수 없었습니다.

194 좌의정과 이조 참의 : 당시 좌의정은 김수항(金壽恒)이고 이조 참의는 이단하(李端夏)이다. 참고로 당시 이조 참판은 이유태이다.

이태지에게 보냄 갑인년(1674, 숙종 즉위년) 9월 6일
與李泰之 甲寅九月六日

염야(髥也)[195]가 어제 낮에 지나는 길에 들러 편지를 전해 주었으니, 말씀하신 뜻을 삼가 잘 알았습니다. 그러나 대성인(大聖人)의 일을 사람마다 어찌 배울 수 있겠습니까. 스스로 보잘것없는 의리를 지키고자 할 뿐입니다. 전날 저의 편지에서 말한 뜻은 선왕의 조정에서 처벌을 기다리던 사람은 한 걸음도 옛날 있던 곳에서 나아가거나 물러갈 수 없으며, 나아가거나 물러난다면 들꽃과 지저귀는 새의 뜻[196]이 있을까 두렵다는 것이었습니다. 그러므로 민대수(閔大受 민정중(閔鼎重)) 대감의 뜻은 또한 제가 강을 건너가서 성복(成服)하는 것이 마땅하다고 여겼던 것입니다. 그런데 그 당시 병 때문에 그렇게 하지 못하였으

195 염야(髥也) : 《문암집(文庵集)》에 이상진(李尙眞)이 수염이 많았기에 당시 사람들이 '곰 재상〔熊相〕'이라고 하였다는 말이 있고 《동춘당집(同春堂集)》과 《초려집(草廬集)》에도 '염야'라는 칭호가 많은 것으로 보아, 당시 동문끼리 이상진을 부르던 별명이었던 듯하다. 《宋子大全隨箚 卷4》

196 들꽃과……뜻 : 성급하고 신중하지 못한 행위를 의미한다. 송(宋)나라 소식(蘇軾)이 벼슬에서 물러나 쉬고 싶다는 내용의 글을 올려 허락을 얻고 양주(揚州)에서 의흥(宜興)으로 돌아오는 길이었는데 마침 신종(神宗)이 승하했다. 그럼에도 한가롭게 지내게 되리라는 기쁨에 겨워 "절에서 돌아와 좋은 소식을 들으니 들꽃과 지저귀는 새도 기뻐하네.〔山寺歸來聞好語, 野花啼鳥亦欣然.〕"라는 내용의 시를 지은 일이 있었다. 그 뒤 8년이 지나 시어사(侍御史)인 가이(賈易)가 이 시를 들어 선제(先帝)의 장례를 마치기도 전이라 신하들이 피눈물을 흘리고 사모하는 마음이 한창일 때에 소식이 논을 사서 기뻐 펄쩍 뛰는 마음이 이러했다며 탄핵하였다. 《續資治通鑑長編 卷462》

니, 생각건대 식견이 있는 자들은 불만스러워할 것입니다. 그러나 그저 저의 마음이 편안하다는 것일 뿐이지 어찌 사람마다 모두 제가 처신하는 바와 같기를 바라겠습니까. 이만 줄입니다.

이태지에게 답함 갑인년(1674, 숙종 즉위년) 9월 9일
答李泰之 甲寅九月九日

일찍이 한자강(韓子强)이 갈 때 편지 한 통을 부쳤습니다. 미처 도착하지 않았을 터인데 내리신 글이 먼저 이르렀으니 위로되는 마음 그지없습니다. 저의 병은 날로 더욱 괴로운데 은혜로운 성지(聖旨)가 날로 더하여 사관이 역로(驛路)에서 달리느라 피로하니 이 또한 감히 편하지 못할 바입니다. 그러므로 한강 밖으로 조금 나아가서 절박하고 간절한 마음을 다 말씀드리고자 합니다. 이렇듯 버티는 사이에 신하들의 일[197]이 절로 마땅히 결론이 날 것이니, 이 뒤로 묘지(墓誌)를 지으라는 명은 받들든 받들지 않든 자연히 뜻대로 할 수 있을 것입니다. 뒤를 이으신 성상께서 처음 정사를 하는 경사가 있으니 저의 마음이 기뻐 손뼉을 칩니다. 이제 효묘(孝廟)까지 미루어 언급하시는 말씀을 받으니 또한 저는 피눈물이 흐릅니다. 거처할 곳에 대한 계획은 만약 동호(東湖)[198]에 계시다면 가는 날 마땅히 들러 인사드리겠습니다. 나머지는 누워서 남에게 대신 쓰게 하느라 이만 줄입니다.

197 신하들의 일 : 갑인년(1674) 예송으로 처벌하라는 현종의 명이 있었던, 예(禮)를 의논하던 신하들의 일을 말한다. 《宋子大全隨箚 卷4》 126쪽 주193 참조.

198 동호(東湖) : 서울에 있는 이유태의 거처를 가리킨다.

이태지에게 보냄 갑인년(1674, 숙종 즉위년) 9월 24일

與李泰之 甲寅九月二十四日

청한 것을 허락받았다[199]는 것을 막 듣고 기쁘기 그지없습니다. 저는 병으로 거의 죽게 된 상태에서 다시 한강을 건너려 합니다. 다만 한스러운 것은 당초에 쉽사리 다시 벼슬길에 나갔다가 스스로 낭패를 당했다는 것입니다. 당신의 웅대한 계획[200]과 계주(季周)의 태괘(泰卦)[201]를 아직 시행할 수 있겠습니까? 저는 돌아와 만의(萬義)[202]에 이르렀습니다. 며칠 동안 유배하라는 명이 없으면 곧 화양(華陽)으로 돌아갈

199 청한 것을 허락받았다 : 이유태가 파직을 청하였는데 1674년 9월 14일 체직(遞職)하도록 윤허받았다. 《草廬集 年譜 卷3》

200 당신의 웅대한 계획 : 이유태가 송시열에게, 어린 군주가 새로 즉위해서 매우 정성스럽게 옛 신하들을 부르는 것은 공연한 일이 아니니 도성에 들어왔으면 곧바로 헤어지지 말고 머물러 대신과 함께 큰일을 도도하자고 한 것을 말하는 것으로 보인다. 이에 송시열이 한강의 교외에 도착해서 소(疏)를 넣으려고 할 즈음, 진주(晉州)의 유학(幼學) 곽세건(郭世楗)이 상소하여 송시열에게 지문(誌文)을 올리도록 한 일은 잘못이라고 논척하였으므로 송시열이 물러났다. 《草廬集 年譜 卷3》《肅宗實錄 卽位年 9月 25日》

201 계주(季周)의 태괘(泰卦) : 붕당을 초월하여 관대하게 포용하고자 한 이단하(李端夏)의 포부를 말한다. 계주는 이단하의 자이다. 이단하는 《주역》〈태괘 구이(九二)〉에 나오는 "거친 것을 포용해 주고, 황하(黃河)를 맨몸으로 건너는 용맹을 발휘하며, 멀리 있는 것을 버리지 않고, 붕당을 없애면 중도에 합치되리라.〔包荒, 用馮河, 不遐遺, 朋亡, 得尙于中行.〕"라는 말 중의 '포황'으로 자처했다고 한다. 《宋子大全隨箚 卷4》

202 만의(萬義) : 만의사(萬義寺)를 말한다. 오늘날 경기도 화성시 동탄면의 무봉산(舞鳳山)에 있다. 송시열은 거주지 회덕(懷德)에서 서울로 왕래할 때 만의사에 늘 머물렀다.

것입니다. 당신은 장차 어찌할 것인지요? 앞의 말[203]이 받아들여지지 않았기 때문에 지금 감히 다시 나아가지 못하는 것입니다. 이만 줄입니다.

203 앞의 말 : 현종이 승하하고 숙종이 보위에 오르자마자 송시열에게 현종의 지문을 지으라고 명하였는데, 송시열이 상소하여 현종 임종 직전의 예론(禮論)으로 인해 처벌을 기다리는 몸이라는 이유로 명을 거두어 줄 것을 청하였다. 《宋子大全 附錄 卷7 年譜》

이태지에게 답함 갑인년(1674, 숙종 즉위년) 11월 18일
答李泰之 甲寅十一月十八日

길에서 보내신 편지에 위로받았습니다. 다만 돌아가는 것이 너무 지체되어 남의 비방을 불러들인 것이 한스럽습니다. 저는 화(禍)의 기미가 점차 닥치기에 행장을 꾸려 견책을 기다리던 즈음 문득 정상(鄭相)이 차자(箚子)를 올려 스스로 탄핵하였다[204]는 것을 들었습니다. 궐 밖에서 머리를 진흙에 대고 대죄하고자 하였으나 병 때문에 그러지 못하였으니 죄안(罪案)을 하나 더하였습니다. 어찌하겠습니까.

어떤 사람이 글을 보내와서 어수선한 일이 생긴 줄 참으로 알게 되었습니다. 차마 침묵하지 못하여 충절의 마음을 일으켰는데 원한을 조성한 것이 군왕에게만 그러할 뿐만이 아니니 너무나 한탄스럽습니다. 이만 줄입니다.

204 정상(鄭相)이……탄핵하였다 : 정상은 좌의정 정치화(鄭致和)를 가리키는 것으로 보인다. 숙종이 즉위한 뒤 송시열에게 현종의 지문을 짓게 하였는데, 진주(晉州)의 유학(幼學) 곽세건(郭世楗)이 송시열에게 지문을 지어 올리라고 한 명을 거두어 줄 것을 청하는 상소를 올린 일이 있었다. 그 뒤 11월 숙종이 "송시열 등의 의례(議禮)가 어긋나서 선왕이 늘 그에게 속임을 당한 것을 통탄스럽게 여겼다."라고 하자, 정치화가 차자를 올려 지난날 곽세건을 죄주기를 청한 적이 있다는 이유로 사직을 청하였다. 《顯宗實錄 15年 5月 12日》《肅宗實錄 卽位年 9月 25日, 11月 11日・15日》

이태지에게 답함 갑인년(1674, 숙종 즉위년) 11월 29일

答李泰之 甲寅十一月二十九日

그동안 보내 주신 편지를 받고 모두 다 위로가 되었습니다. 당신 형님의 글은 겨우 틈을 내어 초고를 드립니다. 국상(國喪) 때의 거취는, 당초에는 곽세건(郭世楗)이 오히려 정계(停啓)되었으니 주상께서 몹시 진노하시지는 않았으므로 서울에 있는 여러 분이 모두 물러나서는 안 된다고 여겼고, 저의 뜻도 그러하였습니다. 그런데 이미 "선조(先朝)께서 속임을 당한 것을 통탄스럽게 여겼다."라는 말씀이 있었던 만큼 그 죄는 이미 천지 사이에 용납되지 못하는 것입니다. 그리고 지금에 와서 화숙(和叔)을 사판(仕板)에서 삭제하고 민신(閔愼)을 법대로 처벌하며[205] 민 판서가 스스로 논핵한 뒤[206]에 일의 기미가 수도 없이 변하자, 여러 분이 모두 처벌을 기다리는 것이 옳다고 합니다. 오늘 행장을 재촉하여 장차 진천(鎭川) 땅에 이르러 엎드릴 것이니, 이는 경기 지역 사람들은 곽세건의 일을 죄안(罪案)이라고 여기는데 성상께

205 화숙(和叔)을……처벌하며 : 장령 남천한(南天漢)이, 박세채(朴世采)가 민신에게 조부의 상을 대신 입게 한 것은 주희(朱熹)의 본의를 어겼으므로 사판에서 삭제하기를 청하였는데, 숙종이 이를 따랐다. 또한 민신은 유(流) 3000리(里)에 처해졌다. 《肅宗實錄 卽位年 10月 15日, 11月 20日》 111쪽 주166 참조.

206 민……뒤 : 민 판서는 지중추부사로 있던 민정중(閔鼎重)을 말한다. 그는 민신의 조부 민업(閔業)이 사망한 뒤 그 집에서 글을 보내어 변례(變禮)에 대한 것을 물어왔을 때 "박세채가 말한 것이 이미 주자(朱子)의 정론(定論)에 의거한 것이라면 의심할 것이 없을 듯하다."라고 답했는데, 이제 민신과 박세채의 죄가 소급하여 처벌되었으므로 자신도 사직한다는 소를 올렸다. 《肅宗實錄 卽位年 11月 23日》

서는 곽세건의 소(疏)를 충언이며 지극한 논의라고 여기시기 때문입니다. 그렇다면 전적으로 경기 고을의 일을 지적한 것은 아니라 해도 또한 감히 다시 함부로 건드릴 수 없습니다. 당신이 비록 나와는 차이가 있지만 또한 일찍이 예론(禮論)에 있어서는 아마도 처벌을 기다리는 것이 마땅할 것입니다. 이 이치는 매우 명백합니다. 그리고 장차 성 밖의 전송하는 대열[207]에 나아가려고 하는 것에 대해서는 제가 감히 알 바가 아닙니다. 이만 줄입니다.

207 성……대열 : 현종의 국장 행렬을 전송하기 위한 대열을 말한다.

이태지에게 보냄 갑인년(1674, 숙종 즉위년) 12월 3일
與李泰之 甲寅十二月三日

앞서 보낸 답장은 받아 보았습니까? 말씀드린 망언(妄言)은 어떻습니까? 저는 호남의 경계가 끝나는 곳에 와 있습니다. 석고대죄(席藁待罪)한 지 여러 날 만에 질병이 발작하여 어떻게 결말이 날지 모르겠습니다. 이미 이렇게 석고대죄한 만큼 한 걸음도 감히 움직일 수 없을 듯하므로 국장을 치를 때 감히 나아가기를 꾀할 수가 없습니다. 서울의 벗들은 다들 감히 능 밑에 가까이 나아갈 수는 없더라도 서로 바라보이는 먼 곳에서 바라보며 곡하는 것은 그만둘 수 없을 듯하다 합니다. 향리의 크고 작은 말들도 모두 그러한데, 오직 제 아우의 견해만 저와 서로 부합합니다. 그러므로 우선 처음의 계획을 바꾸지 않았습니다. 손자가 전날 길에서 하신 말씀을 전하였는데, 그때와 오늘은 일의 기미가 크게 변하였고 일이 변하면 의리 또한 변합니다. 부디 다시 말씀해 주십시오. 간절히 따로 사람을 보내어 아뢰고 싶지만 객지에서 사람이 모자라 감히 감영의 인편을 통합니다. 이만 줄입니다.

이태지에게 답함 갑인년(1674, 숙종 즉위년) 12월 7일
答李泰之 甲寅十二月七日

두 차례의 편지를 한번에 받으니 저의 마음에 몹시 위로됩니다. 또한 처신이 서로 부합하고, 더욱 다행히도 견해가 어긋나지 않음을 알았습니다. 이즈음 날이 갈수록 저를 위해 도모하는 벗들은 하는 말이 여러 가지입니다. 그중에는 집에서 석고대죄하는 것을 말한 자도 있습니다. 어제 택지(擇之 이선(李選))의 편지를 받아 보니 죄를 논하는 계(啓)가 졸곡(卒哭) 뒤에 나온다고 합니다. 비록 집을 나와 대죄하고 있으나 화숙(和叔)이 여러 해 동안 일 없이 지낸 것[208]과는 반드시 다를 것입니다. 주자(朱子)가 "떠도는 자가 끝내 어찌 될 것인가." 한 것[209]이 참으로 오늘날의 일입니다. 이렇게 몹시 추운 겨울에는 산에 고사리도 없습니다. 움산〔于音山〕[210]이 있다 한들 가서 무엇을 먹겠습니까. 우습고

208 화숙(和叔)이……것 : 박세채(朴世采)가 민신(閔愼)의 일로 형조(刑曹)에서 명을 기다리고 있었으나 여러 해가 지나도록 처결되지 않아 진퇴를 정하지 못했던 것을 말한다. 《宋子大全隨箚 卷4》 자세한 내용은 123쪽 주187 참조.

209 주자(朱子)가……것 : 처신하기 어려운 처지를 한탄한 말이다. 주희(朱熹)가 황호(黃灝)에게 준 글에, 진번(陳蕃)과 서치(徐穉)가 둘 다 높은 풍도(風度)를 지녔지만 처신이 달랐다며 "방황하는 이 몸은 마침내 어찌 될지 모르겠다."라고 하였다. 서치는 조정의 부름을 받고도 벼슬길에 나가지 않았고, 진번은 후한 영제(後漢靈帝) 때 재상에 올라 나라를 어지럽히는 환관(宦官)을 제거하려다가 도리어 화를 입었다. 《晦庵集 卷46 答黃商伯》

210 움산 : 김식(金湜) 집 여종의 남편이다. 김식의 본관은 청풍(淸風), 자는 노천(老泉), 호는 사서(沙西)・동천(東泉)・정우당(淨友堂), 시호는 문의(文毅)이다. 기묘사

우습습니다. 그러나 형이 중동(中洞)의 부자(夫子)[211]가 되지 못했는데, 비방하는 말이 괴로워 장차 옮겨 갈 계획을 하더라도 어찌 여수(驪水)의 부자[212]가 될 수 있겠습니까. 또 하나 말씀드릴 것이 있습니다. 형은 청풍(淸風) 주인 형의 말 때문에 괴로워하는 듯합니다. 만약 그것이 괴롭다면 어찌 움산의 이야기를 저들에게 들려주지 않으십니까. 반드시 몹시 화가 나 통렬히 교제를 끊을 것입니다.[213] 어느 때나 서로 마주보며 한번 크게 웃을지요. 이만 줄입니다.

화 때 절도안치(絶島安置)의 처벌이 내려졌으나 정광필(鄭光弼) 등의 비호로 선산(善山)에 유배되었다. 신사무옥으로 다시 절도로 이배(移配)된다는 말을 듣고 지리산(智異山)으로 피하여 솔잎으로 요기하였다. 《중종실록》 15년 5월 29일 움산의 공초에 따르면, 거창(居昌)의 산골짜기에서 움산에게 며래(蓀萊)를 꺾어 오라 하고는 목을 매어 자결하였다. 한편 《송자대전수차》 권4에는 고사리를 요리하기 위해 불을 구해 오라고 하고는 자결하였다고 하였다.

211 중동(中洞)의 부자(夫子) : 이유태를 가리킨다. 그가 공주(公州) 중동곡(中洞谷)에 살았기 때문에 하는 말이다.

212 여수(驪水)의 부자 : 여강(驪江)에 살았던 윤휴(尹鑴)를 말한다. 남인의 대표적 인물로, 주희의 해석을 비판하고 경전을 독자적으로 해석하여 송시열을 중심으로 주자학을 맹신하던 학계에 파문을 일으키고 사문난적(斯文亂賊)으로 몰렸으며, 예송 논쟁이 일어났을 때에도 송시열과 대립하였다.

213 형은……것입니다 : 청풍은 현종의 비 명성왕후(明聖王后)의 아버지인 청풍부원군 김우명(金佑明)을 말한다. 교관 민업(閔業)의 상에 손자인 민신이 아버지 대신 복을 입는 문제에서 이유태가 송시열과 다른 의견을 내세웠는데, 김우명이 이 일로 송시열을 공박할 때마다 이유태의 말을 인용하였기에 이유태가 괴롭게 여겼다. 김우명은 김식(金湜)의 후손이므로 김식이 달아났던 일을 김우명 쪽에 거론하면 저절로 그들에게 절교를 당할 것이라는 말이다. 《宋子大全隨箚 卷4》 민신의 일에 대해서는 111쪽 주166 참조.

이태지에게 답함 갑인년(1674, 숙종 즉위년) 12월 15일

答李泰之 甲寅十二月十五日

안부를 묻는 편지가 계속 오니 강산이 서로 멀리 떨어져 있는 줄을 모르겠고, 또 여러 가지 농담은 적적함을 달래 주기에 충분합니다. 그런데 제가 들은 바로는 굳이 당화(黨禍)가 일어나리라 두려워할 필요는 없습니다. 저 당고(黨錮) 때의 사람을 두고 주자(朱子)가 대현(大賢)의 자질이 있다고 여겼는데[214] 오늘날 보건대 이러한 사람이 있습니까. 8일에 아무 대감이 급히 사람을 보내어 밤낮없이 길을 떠날 것을 권하였습니다. 이는 일종의 사람들이 제가 복토(復土)하는 데 달려가지 않아서 죄안을 하나 더하기를 바라기 때문입니다. 그러나 저의 뜻은 이미 정해졌기 때문에 끝내 따르지 않았습니다. 이제 당신이 나와 거취를 함께하면서 아울러 왕보(王甫)와 조절(曹節)[215]의 손에 심리받는다면 참으로 대현의 자질이 있다는 이름을 얻을 것이니, 이것은 당신을 위해 축하할 만합니다. 몹시 우습습니다. 그러나 이러한 농담은 바로잡

214 저……여겼는데 : 《송자대전수차》 권4에는 "정이(程頤)가 동한(東漢) 때 당고를 당한 사람들을 두고 대현의 자질이 있다고 한 말이 있다."라고 하여, 주희(朱熹)의 말이 아니라 정이가 한 말임을 밝히고 있다. 《이정유서(二程遺書)》 권18에 "동한의 선비들이 명예와 절개를 숭상했지만 이치에 밝지는 못했다. 만약 이치에 밝았다면 오히려 모두 대현일 것이다."라고 하였다.

215 왕보(王甫)와 조절(曹節) : 모사(謀事)를 꾸미는 사람들을 말한다. 둘 다 후한 영제(後漢靈帝) 때의 환관으로, 대장군 두무(竇武)와 태부(太傅) 진번(陳蕃)을 죽이고 발해왕(勃海王)의 모반 사건을 꾸며 냈다. 《後漢書 曹節列傳》

아 주고 유익하게 해 주는 것과는 관계가 없습니다.

외람되지만 한마디 말씀을 드려 현위(弦韋)의 도움[216]이 되도록 해도 되겠습니까? 옛날부터 오늘날까지 분노를 참지 못하여 군대를 일으켰다가 패하지 않은 자를 보지 못했습니다. 당신은 시험 삼아 근래에 마음속에 간직한 것과 말로 드러낸 것을 스스로 점검해 보시고 분노의 뿌리와 그루터기를 통렬히 끊으십시오. 그렇게 되면 의혹을 분별해 내고 덕에 나아가는 도에 대하여 둘 다 얻었다 할 수 있을 것입니다. 그렇게 하지 않으신다면 우리는 아마 덤불 속으로 굴러 들어가서 스스로 벗어날 수 없을 것이니 어쩌겠습니까. 아량을 깊이 믿고 이렇게 말씀드렸으니 몹시 송구합니다. 이만 줄입니다.

216 현위(弦韋)의 도움 : 단점을 보완하도록 돕는 것을 말한다. 현위는 활시위와 부드러운 가죽으로, 옛날 서문표(西門豹)는 성격이 급하여 부드러운 가죽을 허리에 두르고서 느긋한 마음을 가지려 했고, 동안우(董安于)는 성격이 느긋했기 때문에 활시위를 차고서 긴장된 마음을 가지려 했다는 고사에서 유래하였다. 《韓非子 觀行》

이태지에게 답함 을묘년(1675, 숙종1) 1월 6일

答李泰之 乙卯正月六日

당신 아드님이 멀리 찾아와서 이에 편지를 받았으니 이루 말할 수 없이 위로되었습니다. 오늘날의 일은 말할 필요가 없습니다. 다만 재앙의 싹을 스스로 만들어 수많은 훌륭한 분들을 망쳐 거의 사람이 없는 나라를 만들었으니, 이는 용서받지 못할 죄입니다. 고개[217]를 넘는 걸음은 조만간에 있을 것입니다. 이렇게 노쇠한 때가 어찌 이별할 때이겠습니까. 오직 몸을 잘 간수하시기를 바랍니다. 이만 줄입니다.

217 고개 : 송시열은 1675년 1월 함경남도 덕원(德源)에 유배되었다. 덕원으로 유배 가는 길에 지은 시에 철령(鐵嶺)이 언급된 것으로 보아 철령을 말하는 것으로 보인다. 《宋子大全 卷1 登鐵嶺吟, 附錄 卷7 年譜》

이태지에게 보냄 을묘년(1675, 숙종1) 1월 12일

與李泰之 乙卯正月十二日

외부에서 찾아오는 재앙이야 무슨 말할 만한 것이 있겠습니까. 생각건대 여러 번 귀에 거슬리는 말씀을 드렸으나 한결같이 입 다물고 침묵하는 것을 덕으로 삼으시니, 이것은 필시 새롭고 묘한 방법이라 제가 배울 수 없는 점이 있습니다. 동춘(同春 송준길(宋浚吉))은 추탈(追奪)되었는데, 이미 그 일에 대해 아뢰는 것이 정지되었습니다. 당신은 아직 아닙니다만, 어찌 이 사람이 연루된 것만 특별히 심하겠습니까. 이만 줄입니다.

이태지에게 답함 을묘년(1675, 숙종1) 3월 8일

答李泰之 乙卯三月八日

지난달 25일 보내신 편지를 받고 그지없이 기쁘고 흐뭇하였습니다. 다만 좋아 보인다는 말씀이 있었는데, 어찌하여 서로 어울려 지낸 뒤로 덕망을 더 쌓지 않으셨습니까. 붓을 잡고 글을 쓰시되 미움받을 만한 두서너 구절만 지으시면 자연히 이러한 일을 겪을 것입니다. 우습습니다. 여러 달 설사로 죽을 뻔하다가 겨우 소생하였습니다. 굴원(屈原)이 바랐던 것처럼 세상을 벗어나 신선이 되어 오늘날 사람들의 결말을 볼 수 있다면 다행이겠습니다.[218]

218 굴원(屈原)이……다행이겠습니다 : 자신을 해친 사람들의 종말이 어떤지 볼 수 있다면 다행이겠다는 뜻이다. 전국 시대 초(楚)나라 굴원이 소인들에게 참소당해 조정에서 축출된 뒤에 신선과 함께 천지를 두루 돌아다니는 내용의 《초사(楚辭)》〈원유(遠遊)〉를 지었는데, 그중 "신선을 따라 단구(丹丘)에서 노니나니, 죽지 않는 옛 고장에 머물렀도다."라는 표현이 있다. 단구는 밤낮이 없이 항상 밝은 땅으로, 선인이 산다는 곳이다. 《회암집(晦庵集)》 속집(續集) 권4 〈답유덕수(答劉德修)〉에 "굴원이 과거의 일은 미치지 못하고 미래는 또 들을 수가 없어서 선인처럼 불로장생하는 소원을 발하였습니다. 이것 역시 당시 사람들의 망녕된 행태를 견디지 못한 나머지 그들의 종말이 어떻게 결판날지 보고 싶어서 그랬을 터인데, 매번 읽다가 여기에 이르면 나도 모르게 웃음이 크게 터져 나오곤 합니다."라고 하였다.

이태지에게 보냄 을묘년(1675, 숙종1) 3월 28일
與李泰之 乙卯三月二十八日

일찍이 두 차례의 편지를 보았습니다. 이곳(함경남도 덕원부(德源府))은 때때로 검은 안개가 방에 가득한데 여름쯤에는 더욱 심할 것입니다. 바닷가에서 먼 산간으로 조금 옮기고 싶지만 구동(狗洞) 사람들[219]이 저를 두고 망명(亡命)하였다고 말할까 봐 두렵습니다. 전날 함부로 바른말을 해 드린 것은 분통 터지는 기운이 아직도 어쩌면 다 사라지지 않아 더욱 곤란하고 후회스러운 일을 불러올까 염려해서였습니다. 만일 일찍이 모 재상에게 편지를 썼다면 지금 어떠하리라 여기십니까? 장공예(張公藝)의 '인(忍)' 자[220]를 처음에는 쉬운 일이라고 여겼는데 지금 보건대 이는 지극히 어려운 것이니, 주자(朱子)가 《소학(小學)》에 넣은 것도 마땅합니다. 말하고 싶은 것은 정작 멀어서 감히 언급하지 못하겠습니다.

219 구동(狗洞) 사람들 : 구동은 윤휴(尹鑴)가 살던 마을 이름으로, 윤휴 일파를 뜻한다.

220 장공예(張公藝)의 인(忍) 자 : 장공예는 당(唐)나라 사람으로 9대가 한집에 살며 우애가 돈독하다고 알려졌다. 고종(高宗)이 그의 집을 방문하여 그 비결을 묻자 인(忍)자만 100여 번을 써서 올렸다고 한다. 《小學 善行》

이태지에게 답함 병진년(1676, 숙종2) 5월 11일

答李泰之 丙辰五月十一日

4월 6일 편지가 강현(江縣)에서 왔는데 얼굴을 뵙는 듯하여 이루 말할 수 없이 위로되었습니다. 또 병이 없다는 말씀을 들으니 유원성(劉元城)이 광동(廣東)에서 광서(廣西)까지 만 리 길을 갔지만[221] 끝끝내 건강을 유지하고서 스스로 말하기를 "하나의 '성(誠)'일 뿐이다." 하였는데, 당신도 반드시 여기에서 힘을 얻었을 것이니 탄복하지 않을 수 없습니다. 저는 앓지 않는 날이 없습니다. 요즈음 또 학질까지 겹쳤으니 저는 밖에서 난데없는 액운이 닥칠 겨를도 없이 이 몸이 없어지고야 말 것입니다. 조용히 그때를 기다릴 뿐입니다. 별지는 일소에 부치겠습니다.[222] 이만 줄입니다.

221 유원성(劉元城)이……갔지만 : 원성은 북송(北宋)의 명신인 유안세(劉安世)의 호이다. 유안세는 사마광(司馬光)의 문인인데, 철종(哲宗) 즉위 후에 사마광이 집권하자 그의 천거로 관직에 나갔으나 간신인 장돈(章惇)에 의해 광동과 광서 등 멀고 험악한 곳으로 일곱 번이나 유배 가면서도 굽힐 줄 몰랐다. 직간(直諫)으로 이름이 높아 조정 신하들이 그를 대궐의 호랑이라는 뜻을 지닌 전상호(殿上虎)라 불렀다. 《宋名臣言行錄 後集 卷12》

222 별지는 일소에 부치겠습니다 : 이유태는 세상의 비방이 송시열의 문하에서 나왔다고 의심하여 송시열에게 편지를 보내어 대단한 기세로 꾸짖고 욕하였는데, 송시열은 말로 논쟁하기 어렵다고 여겨 그저 일소에 부친다고 답한 것이다. 《宋子大全隨箚 卷4》《宋子大全 附錄 卷6 年譜》

이태지에게 답함 경신년(1680, 숙종6) 9월 26일

答李泰之 庚申九月二十六日

둘째 형님께서 찾아오셔서 이에 편지를 받으니 위로되는 마음 말로 할 수 없습니다. 저의 병은 더욱 절로 심해지는데, 최근에는 10리 밖 묘소를 수리하느라 여러 번 바람과 안개를 맞았더니 설사 증세가 심하게 발작하여 근력이 쇠약해지고 지쳐 괴로움을 이루 말할 수 없습니다.

동학사(東鶴寺)[223]에 대한 말씀은 듣고서 몹시 기뻤습니다. 다만 옛날 한두 사우(士友)와 산수 속에서 이야기 나누었던 것을 가지고 역모를 꾀했다고 조정에 말하여, 조정에서 사람을 보내 넌지시 살펴보기까지 했던 일이 있었습니다. 이번 중추(仲秋)에 또한 여러 사람이 와서 옛날의 유람을 이어서 하기로 약속하였으나 극력 거절하였으니, 이는 이전에 있었던 일을 경계한 것입니다. 더구나 지금 대궐을 범하려 했다고 한 일에 대한 국문[224]을 저들이 막 벌이고 있는데, 다시 산중의 모임을 가지는 것은 안 되지 않겠습니까. 부디 이 말을 헤아려 보고 다시 말씀해 주시는 것이 어떻겠습니까? 옛날의 우의를 이을 수 있다는 말

223 동학사(東鶴寺) : 44쪽 주43 참조.

224 대궐을……국문 : 1679년 윤휴(尹鑴)가 호남 유생 채범하(蔡範夏)·이지린(李之麟) 등을 사주하여 "송시열이 외국의 도적을 불러다 기일을 정하여 대궐을 범하려 한다."라는 요지의 상소를 올리게 하고는 허적(許積) 등이 송시열을 빨리 주살(誅殺)할 것을 청하였으나 숙종은 윤허하지 않았으며, 오히려 이지린은 국문을 받고 채범하와 함께 유배되었다.《宋子大全 卷131 雜錄, 附錄 卷7 年譜》《承政院日記 肅宗 5年 5月 22日, 7年 6月 17日》《肅宗實錄 7年 7月 18日》

씀은 저를 깜짝 놀라게 합니다. 처음대로 잘 지내며 끊어지지 않았다면 어찌 이을 수 있다는 말이 있겠습니까.[225] 여러 번 남의 비방을 불러들였으면서도 오히려 이러한 말씀을 하는 것은 어째서입니까?

225 옛날의……있겠습니까 : 현종 말년에 송시열이 이유태가 예에 대한 입장을 바꾸었기 때문에 자급(資級)이 오른 것으로 여기고 '벗을 팔아 작위를 얻었다'는 말을 하여 둘 사이에 틈이 생겼다. 그러다 1674년에 남북으로 유배되어 서로 멀리 떨어져 의사소통이 원활하지 않은 상황에서 이유태의 아들 이적(李頔)이 진천(鎭川)으로 송시열을 찾아갔는데, 송시열의 아들 송기태(宋基泰)가 "김주일(金宙一)이 '내가 초려를 보자마자 초려가 「송시열은 지극한 벌을 받는 것이 마땅하지만 나는 전혀 상관없으니 화를 면할 것이다.」 하더라.'라고 하였는데, 또 권기(權愭) 형제도 이 말을 서울에서 하더라." 하였다. 이 말이 이유태에게 전해지면서 오해가 쌓여 회복하기 어려운 지경으로 갈라졌고, 1676년 4월 마침내 이유태가 송시열에게 절교 편지를 보내기에 이른다. 1679년 남인(南人)에 속한 오시수(吳始壽)가 이유태의 석방을 촉구하며 "이유태가 지난날의 예설을 반성하고 이를 송시열에게 권하였으나 송시열이 거절하여 송시열과 이유태가 절교하였다. 따라서 예설을 고친 이유태는 해배(解配)해야 한다."라는 등의 말을 함으로써 이유태가 먼저 석방되었다. 그 뒤 이유태가 숙종에게 "효종을 적자(嫡子)로 여기는 것은 송시열과 같다."라고 하여 송시열의 위리(圍籬)를 거두고 청풍(淸風)으로 이배(移配)하라는 명이 있었으나, 송시열이 "천은이 망극하나, 태지와 이익을 같이 받을진대 차라리 섬에서 말라 죽는 것이 낫습니다."라는 극언을 한 것으로 보아 두 사람의 관계는 이미 돌이킬 수 없는 상태가 되었던 것으로 보인다. 《한기범, 이유태의 예송 참여, 초려 이유태의 삶과 선비정신, 한남대충청학연구소, 2009, 51~56쪽》《宋子大全 附錄 卷8 年譜》《草廬集 年譜 卷4》《肅宗實錄 5年 7月 13日》

이태지에게 보냄 경신년(1680, 숙종6) 12월 15일
與李泰之 庚申十二月十五日

한 해가 다 저물어 갑니다. 멀리서 생각건대 고요히 지내시는 안부가 더욱 좋으실 터이니 우러러 그리운 마음 그지없습니다. 저는 일찍이 지문(誌文)을 지으라는 명을 받들었고, 지어서 올린 뒤에는 즉시 선조의 묘역 가까운 서쪽 교외로 나갔습니다. 이는 성은이 더해질수록 처지는 더욱더 몹시 불안하여 서울을 떠나서야 저의 마음이 조금 편하기 때문이었습니다.

그리고 드릴 말씀이 있습니다. 택령(擇令)이 구성(龜城)에 있을 때[226] 더불어 오갔던 서찰을 서울의 젊은이들을 통해 보았는데, 어리석은 제가 이해할 수 없는 것이 참으로 많았습니다. 그중에서 '동모제(同母弟)' 한 단락은 그 구두를 한 것이 틀린 듯한데 또 《가례집람(家禮輯覽)》에서의 구두도 이와 같다고 하니,[227] 이것이 관계된 바는 개인끼리

226 택령(擇令)이……때 : 택령은 이때 강화부 유수(江華府留守)였던, 자가 택지(擇之)인 이선(李選)을 말한다. 구성은 이선의 귀양지로, 오늘날 경북 영주(榮州)의 옛 이름이다.

227 동모제(同母弟)……하니 : 동모제 부분의 오류와 관련된 내용은 이유태의 《초려집》과 이선의 《지호집(芝湖集)》에 실린 서간에는 보이지 않는다. 《초려집》 〈연보〉 권4에 1681년 3월 이유태가 송시열에게 보낸 편지가 실려 있는데, 이를 참고하면 주희(朱熹)가 "종자(宗子)는 적자(嫡子)만 세울 수 있고, 서자(庶子) 중의 장자(長子)라도 세울 수 없다. 적자가 없다면 서자를 세운다."라고 말한 조목을 두고 벌어진 논의와 관련된 것으로 보인다. 이 편지에서 이유태는 '송(宋)나라 영종(英宗)이 복왕(濮王)의 아들로서 인종(仁宗)의 뒤를 이었던 것과 효종이 인조의 둘째 아들로서 왕위에 오른

주고받는 득실일 뿐만이 아닙니다. 부디 《가례부주(家禮附註)》를 다시 점검해 보십시오. 옛날의 견해가 타당하지 않다면 다시 《가례집람》을 헤아려 보시는 것이 어떻겠습니까? 마침 유 수재(柳秀才)를 만났기에 대략 이렇게 말씀드립니다.

것은 같은 경우로 영종과 효종이 적자가 된다는 자신의 주장과 송시열의 주장에 차이가 없다고 여겼는데 전하는 말에는 서로 다르다고 한다'면서 만약 자신과 생각이 다르다면 왜 만의사(萬義寺)에서 편지를 주고받을 때 바로잡아 주지 않았느냐고 하였다. 《가례집람》의 오류에 대해서는, 이유태가 영변(寧邊)에 있을 당시 책이 없었고 송시열과 길이 멀어 물어보지 못하여 글자에 오류가 있었다는 말이 보인다. 《朱子語類 卷90》《宋子大全 卷26 大王大妃服制議》《肅宗實錄 5年 6月 14日, 10月 2日》

이태지에게 보냄 신유년(1681, 숙종7) 추석
與李泰之 辛酉秋夕日

전날의 답장은 그지없이 위로되었습니다. 요즈음 가을 기운이 점점 높아지는데 몸 건강 외에도 모든 일에 신명이 돕고 계시는지요? 사모하여 당신에게로 달려가는 마음 날로 간절합니다. 전에 지난겨울에 보낸 답장이 있었다는 말씀을 들었는데 젊은이들이 잃어버렸으니 너무나 개탄스러웠습니다. 대개 서울의 젊은이들을 통해서 당신과 강화부유수(江華府留守 이선(李選))가 주고받은 편지를 얻어 보았는데, 일이 사문(師門)의 논의와 관계된 점이 있고 젊은이들은 여전히 시비를 따질 단서가 있었습니다. 그래서 노선생(老先生)의 이 말이《가례집람(家禮輯覽)》의 어디에서 나오는지 알고 싶어 감히 여쭈어 보았던 것입니다. 지난날 답해 주신 편지에는 반드시 명백한 말씀이 있었을 것입니다. 다시 말씀해 주시기를 간절히 바랍니다. 마침 관청의 인편을 통하게 되었으므로 대략 이렇게 말씀드립니다. 이어 청컨대 강화부 유수에게 답장을 받아 말씀해 주시기를 더욱 바랍니다. 부디 대수롭지 않게 여기지 마십시오.

이태지에게 답함 신유년(1681, 숙종7) 8월 23일

答李泰之 辛酉八月二十三日

답장을 받으니 이루 말할 수 없이 위로됩니다. 서울에 있을 때 젊은이들이 기록해 둔 것을 받아 보니 당신의 편지에 《가례집람》에 보인다고 했다는 말이 있었기 때문에 돌아가 살펴보았으나 발견하지 못하여 몹시 답답하고 울적하였기에, 감히 지난 편지에서 말씀드렸던 것입니다. 편지 끝에 운운하신 말씀은 장난으로 하기는 했지만 남들은 장난으로 보지 않을 것이니 또한 남들이 많은 말을 하도록 하기에 충분합니다.

봄 무렵 내려올 때, 청상이 된 딸이 병이 심해 거의 죽게 생겼다고 하므로 가서 영결하려고 곧장 부여(扶餘)로 향했습니다.[228] 당시에 한 행동이 정당한 도리가 아니었는지 모르겠습니다.

228 봄……향했습니다 : 청상이 된 딸이란 윤박(尹搏)에게 시집간 작은딸로, 1685년 8월에 사망하였다. 송시열은 1681년 3월 5일 숙종의 원비(元妃)인 인경왕후(仁敬王后) 김씨(金氏)의 졸곡이 있어 천안(天安)에 있는 군정(郡庭)에서 망곡례(望哭禮)를 행한 뒤 거처인 소제(蘇堤)로 돌아오는 길에 딸이 살고 있는 부여에 들렀다.

이태지에게 보냄 신유년(1681, 숙종7) 9월 16일

與李泰之 辛酉九月十六日

지난번에 보낸 답장은 이미 보셨으리라 생각합니다. 그 당시 공주 목사(公州牧使)에게 부탁하여 당신의 답장을 받기를 바랐는데 지금까지 답장이 오지 않았으니 공주 목사가 알려 주지 않은 것입니까? 대개 서울의 젊은이들이 "노선생(老先生)이 《가례(家禮)》의 소주(小註)에 대해 이와 같이 변정(辨正)하고서 《가례집람(家禮輯覽)》에 저록까지 해 놓았으니, 우리의 견해가 잘못된 것이 아니겠는가.……"라고 고충 어린 말을 하는데, 이는 작은 일이 아닙니다. 만일 《가례집람》에 보이지 않는다면 당신이 깨우침을 주는 한 말씀을 하여 그 의혹을 풀어 주시기를 바랐습니다. 그러므로 지난 편지에서 부탁하였던 것입니다. 최근에 《가례집람》을 두루 살펴보건대 없었으니,[229] 당신이 택지(擇之)에게 준 편지에 우연히 잘못 쓴 듯합니다. 한마디 말씀을 얻어 서울에 답하고 싶습니다.

○ 가만히 살피건대 선정신(先正臣)이 우연히 살피지 못한 실수가 어찌 한정이 있겠습니까. 비록 당신이라 하더라도 반드시 필기의 오류가 없다고는 보장하기 어렵습니다. 또 노선생께서 실로 잘못했다 하더

229 최근에……없었으니 : 이 당시 송시열은 이유태 및 이유태 문인들과 예법과 관련하여 갈등이 심한 상황이었다. 추측건대 이유태의 문인들이 자신의 주장을 합리화하기 위해 김장생(金長生)의 《가례집람》을 인용한 것으로 보이며, 송시열은 《가례집람》에 그러한 내용이 있는 것조차도 부정하고 있다.

라도 문하의 제자가 대신 그 잘못에 대한 질책을 받는 것도 무방한데, 더구나 노선생이 잘못하지 않은 경우이겠습니까. 심사숙고해 보십시오. 이는 실로 진정에서 우러나온 것입니다.

이태지에게 답함 신유년(1681, 숙종7) 9월 21일

答李泰之 辛酉九月二十一日

보내 주신 답장을 받으니 기쁜 마음 그지없습니다. 지난겨울 서울에 있을 때 후생(後生)이 당신이 택지(擇之)에게 준 편지를 베꼈는데, 그중 분명히 "《가례집람(家禮輯覽)》에 보인다.……"라고 한 오류가 있었습니다. 산에 들어갔을 때 《가례집람》을 여러 차례 점검하여 보았으나 끝내 찾지 못하였기 때문에 지난 편지에서 여쭈었던 것입니다. 이번에 보내오신 말씀이 이와 같으니, 그렇다면 저 후생이 베껴 쓸 때 잘못이 있었던 것입니다. 만일 《가례집람》에 있지 않다면 이는 다행입니다. 어찌 광성부원군(光城府院君)에게 묻기까지 했습니까. '차중(借重)'이라는 말이 과연 저의 글에 있었는지는 기억하지 못하겠습니다.[230]

230 어찌……못하겠습니다 : 광성부원군은 김만기(金萬基)를 가리킨다. '차중'은 남의 이름이나 역량을 빌려 자기의 위세를 더하는 것을 말한다. 1681년 9월 이유태가 송시열에게 보낸 편지에 "영변(寧邊)에 있을 때 차적(次嫡)과 관련된 말을 서간으로 질문하는 자가 있었습니다. 저는 그 내용을 보고 나서 '적자가 없으면 또한 서자를 세운다.〔若無適子, 則亦立庶子.〕'라고 한 것을 '세자의 동모제'라고 잘못 알았습니다. 그런데 그 내용이 광성(光城)에게 전해져 광성이 제 아들을 만났을 때 '내 증조부께서 그 구절의 해석 또한 이처럼 보셨네만 본의가 아닌 듯하네.'라고 하며 《주자어류(朱子語類)》의 본문을 베껴 주었습니다. 그러므로 김만기 형제가 아니었다면 착오를 피할 수 없었을 것이라고 여겼습니다. 노선생께서 그 구절을 해석한 것을 저는 애초에 받아서 읽어 본 적이 없고, 여기에 와서도 또한 남에게 말한 적이 없습니다. 제가 보잘것없는 사람이기는 하지만 제가 잘못 본 글자를 가지고 스승을 끌어대어 차중하려 했겠습니까." 라고 하였다. 송시열은 이유태가 김만기에게 직접 물어본 것으로 여겨 이유태에게 '차중'이라는 표현을 한 것으로 보인다. 《草廬集 卷14 答宋英甫書(辛酉九月)》

만약 다시 살펴보시고 과연 이러한 말이 있다면 몹시 어그러지고 망녕된 일이니 대단히 송구합니다.

이태지에게 보냄 임술년(1682, 숙종8) 3월 21일

與李泰之 壬戌三月二十一日

막 두촌(豆村)[231]의 편지에 답하면서 두촌의 인편에 알아보니 길을 떠난 행차가 오늘 저녁에 진산(珍山)[232]의 읍에 머물 것이라고 하였습니다. 저는 내일 아침 검동(檢洞)[233]의 옛집으로 돌아가서 기다리겠습니다. 이번 기회를 놓치면 뒤에 기약하기 어렵기 때문에 이와 같이 합니다.[234] 두촌의 답은 뜯어보시니 어떻습니까? 이만 줄입니다.

231 두촌(豆村) : 김장생(金長生)의 서자 김규(金槼)가 살고 있는 곳이다. 《宋子大全隨箚 卷10》

232 진산(珍山) : 오늘날 충청남도 금산(錦山)에 있는 옛 지명이다. 1914년 행정구역 개편 때 진산군(珍山郡)과 금산군(錦山郡)이 통합되어 금산군이 되었다.

233 검동(檢洞) : 진산에 있는 마을 이름으로, 진산과 금산의 중간 지점에 있다고 한다. 《송자대전》 연보에 따르면 1682년 3월 17일 검동촌에 가서 이유태를 기다렸으나 만나지 못하고 돌아왔는데, 뒤에 이유태가 듣고 그의 자제들이 길을 막은 것을 꾸짖었다는 기록이 있다. 이 편지와 연보 중 하나는 날짜 고증에 착오가 있는 듯하다. 《宋子大全附錄 卷8 年譜》《草廬集 年譜 卷4》

234 이번……합니다 : 1682년 당시 이유태와 송시열이 76세로 연로한 데다 송시열은 지병(持病)이 있었고 이유태는 노병(老病)이 있었기에 하는 말이다. 이 뒤로는 교유가 뜸하여 이유태는 1684년 7월 1일 마지막 편지를 보냈고 송시열은 같은 달 8일 이유태가 사망하기 이틀 전 마지막 편지를 보냈다. 이유태가 귀양에서 풀려난 것이 예론(禮論)을 고쳤기 때문이라는 추측으로 인해 우의에 틈이 생겼고, 이를 봉합하기 위해 이유태는 자신의 예론을 밝히는 상소를 숙종에게 올리기도 하고 송시열과 편지를 주고받아 해명하고 만남을 주선하기도 하는 등 노력하였으나 성사되지 않았고, 갈등과 오해가 완전히 풀어지지 않은 채 이유태가 먼저 사망하였다. 《草廬集 年譜 卷4》《肅宗實錄 10年 7月 17日》《한기범, 이유태의 예송 참여, 초려 이유태의 삶과 선비정신, 한남대충청학연구소, 2009, 47~57쪽》

이태지에게 보냄 임술년(1682, 숙종8) 3월 24일

與李泰之 壬戌三月二十四日

피차 어수선하여 둘 다 허사로 돌아갔습니다. 사람 뜻대로 되지 않는 것이 으레 이와 같으니 몹시 한탄스러움이 어찌 끝이 있겠습니까. 돌아온 뒤에 다시 계획해 보니 중반(中半)이라는 말씀이 몹시 좋습니다. 그러나 반드시 뜻대로 이루어졌어야 할 오늘의 일이 어긋나고 말아서, 기한에 늦게 편지가 전해질 줄 생각지 못하였으니 어찌 꼭 만나기를 기필할 수 있었겠습니까.[235] 더욱 고요히 몸조리 잘하여 저의 마음에 부응하시기를 바랍니다. 이만 줄입니다.

235 중반(中半)이라는……있었겠습니까 : 김장생의 서자 김구(金榘) 형제의 주선으로, 분황례(焚黃禮)를 행하러 금산으로 가던 이유태에게 송시열이 두촌(豆村)에서 만나자는 편지를 보냈다. 이에 이유태가 두촌으로 갔으나 송시열은 손자가 아파서 가지 못한다며 다시 진산의 검동 마을에서 만나기로 약속했다. 병든 몸으로 길을 나섰던 이유태는 비 때문에 떠나지 못하고 진산의 읍에서 하루를 묵었고, 다음 날 검동으로 갔으나 송시열은 전날 이미 회덕(懷德)으로 돌아가면서 계령(鷄嶺) 마을에 머무른다는 편지를 남겼다. 이유태는 조카를 계령에 보내어 그가 남아 있는지 탐문하였으나 송시열은 이미 소제(蘇提)로 떠난 뒤였다. 이렇게 하여 생애 마지막으로 두 사람이 만나기로 한 약속은 성사되지 않았다. 《草廬集 年譜 卷4》

이태지에게 보냄 갑자년(1684, 숙종10) 7월 8일
與李泰之 甲子七月八日

어제 조명세(趙鳴世)[236] 군을 통해서 당신의 몸이 편치 않다는 말을 들었는데 참말인지 모르겠습니다. 과연 어떤 증세이며, 경중(輕重)은 또한 어떠한지요? 삼가 이 심부름꾼을 보내니 부디 시중드는 사람에게 명하여 자세히 말해 주시는 것이 어떻겠습니까? 저는 여름 초반부터 심한 병마에 휘감겨 있어 조석으로 목숨이 다하기만을 기다립니다. 세상을 살아갈 뜻이 전혀 없으니 죽느니만 못한 지 오래된 것을 어찌겠습니까. 병석에 누워 겨우 입으로 부르느라 이만 줄입니다.

236 조명세(趙鳴世) : 본관은 양주(楊州), 자는 선백(善伯)이다. 송준길(宋浚吉)의 문인이다.

김태숙[237] 극형 에게 답함 신사년(1641, 인조19)

答金泰叔 克亨○辛巳

〔문〕 성(性)은 체(體)이고, 인의예지(仁義禮智)는 용(用)입니다. 용인데 성이 되는 까닭은 무엇입니까? 대개 성으로부터 말하면 그 이(理)는 하나이지만 인의예지로부터 말하면 그 구분이 또한 어찌 다르지 않을 수 있겠습니까. 그러므로 인(仁)이니 의(義)니 예(禮)니 지(智)니 하는 것은 그 용으로 인하여 그 체를 이름한 것이니, 이것이 용이 되는 까닭입니다. 그러나 그 네 가지는 모두 하나가 작용하는 것이니 이것이 성이 되는 까닭입니다.

제가 일찍이 우연히 구부렸다 폈다 하는 손가락 하나를 통하여 그 설(說)을 얻었는데, 대개 손가락은 체이고, 구부리고 펴는 것은 용입니다. 한 번 구부리고 한 번 펴는 것은 같은 손가락이지만 구부리거나 펴기에 앞서 이미 이 구부리고 펴는 손가락이 있으니, 체가 둘이 되는 까닭이며, 이것은 곧 한 근본〔一本〕이 온갖 다른 점〔萬殊〕을 지니고 있는 까닭입니다. 또 구부리면 구부린 것이지 편 것이 아니고 펴면 편 것이지 구부린 것이 아니지만, 편 손가락은 곧 구부렸던 손가락이고 구부린 손가락은 곧 폈던 손가락이니, 용이 하나가

237 김태숙(金泰叔) : 김극형(金克亨, 1605~1663)으로, 태숙은 그의 자이다. 본관은 청풍(淸風), 호는 사천(沙川)·운촌(雲村)이다. 송시열과 성선체용설(性善體用說)에 대해 편지로 논쟁을 벌였는데, 뒤에 자신의 논리가 그릇됨을 알고 고치고 싶어 했으나 미처 하지 못했다. 《南溪集 卷73 工曹正郎贈戶曹參判金公墓碣銘》

되는 까닭이며, 이것은 곧 온갖 다른 점이 한 근본이 되는 까닭입니다. 대체로 그렇다면 체가 둘이 되는 것은 용이고 체가 아니기 때문이며, 용이 하나가 되는 까닭은 체이고 용이 아니기 때문입니다. 그러므로 주자(朱子)가 곤괘(坤卦)의 순음(純陰)을 논하면서 말하기를 "곤(坤)은 비록 양(陽)이 없으나 양이 본디 없는 것은 아니다." 하였으니, 그것은 바로 이 음에서 곧 양을 알며, 양이라는 것이 따로 있는 것이 아니라는 말입니다. 아, 이 설을 아는 사람은 인의예지의 설을 알 것이고 성의 설을 알 것입니다.

〔답〕 주자가 말하기를,

"성(性)은 태극(太極)의 오롯한 체이다. 다만 그 가운데 온갖 이치를 갖추었으나 큰 강령(綱領)이 넷이 있다. 그러므로 그것을 명명하여 인의예지라고 한 것이다. 비록 고요하여 움직이지 않으나 그 가운데는 저절로 조리가 있고 구역과 한계가 있어, 두루뭉술하게 전혀 한 물체도 없는 것이 아니다. 그 때문에 외부로부터 느껴지자마자 가운데에서 곧 응하는 것이다. 어린아이가 우물에 들어가는 일을 느끼면 인의 이치가 곧 응하여 측은(惻隱)한 마음이 여기서 나타나고, 사당이나 조정을 지나는 일을 느끼면 예의 이치가 곧 응하여 공경하는 마음이 여기에 나타나니, 이는 그 가운데 온갖 이치가 모두 갖추어져 있으며 각각 분명하기 때문에 외부에서 만나는 것마다 느낌에 따라 응하는 것이다. 그러므로 맹자(孟子)가 그것을 갈라서 넷으로 만들어 배우는 자에게 보여서 오롯한 가운데 이와 같이 분명하게 조리가 있다는 것을 알도록 하였으니, 성이 선함을 알 수 있다. 성의 이치는 비록 형상이 없으나 단서(端緖)가 나타날 때 가장 잘 증험할 수 있기 때문에 측은으로 말미암아 반드시 인이 있는 것을 알게 되며……시비(是非)로 말미암아 반드시 지가 있는 것을 알게 되는 것이다. 본디 이 이치가 안에 없다면 어떻게 이 단서가 밖에 있겠는가."

하였습니다.

이러한 주자의 설에 따르면 인의예지는 성이고 체이며, 이것이 발동하여 측은과 수오(羞惡)가 된 다음에 비로소 정(情)이고 용이라고 말할 수 있습니다. 대체로 합쳐서 이름하기 때문에 성이라 하고 갈라서 말하기 때문에 인의예지라고 할 뿐, 다만 하나입니다.

그러므로 주자가 또 말하기를 "인의예지는 곧 성의 큰 조목이니 이것을 둘로 나눌 수는 없다." 하였던 것입니다. 만일 보내오신 말씀같이 성은 체이고 인의예지는 용이라고 한다면, 이것은 인의예지 부에 따로 조리도 없고 명칭도 없는 한 물체가 있어서 성이 되고 체가 되었다가 용과 관계된 다음에 비로소 인의예지 네 가지가 서로 차례대로 나온다는 것입니까? 그렇다면 어느 때에 이른바 성이 체가 되어 득립하며, 어느 때에 이른바 인의예지가 용이 되어 무슨 일을 합니까? 또 어느 때에 이른바 측은과 수오가 무슨 일을 하며 무슨 명목에 해당합니까?

또 보내오신 말씀에서 이른바 용으로 그 체를 이름한다는 것은 바로 주자가 측은으로 그 인을 안다고 한 설인데, 주자는 용으로써 그 체를 소급하였고 존형(尊兄)은 반대로 체-인의예지입니다.-를 가지고 그 체-성(性)입니다.-를 이름 지었으니 천하에 어찌 체의 체가 있겠습니까. 형이 또 인의예지로써 용의 명칭과 지위를 빼앗는다면 이른바 측은과 수오라는 것은 장차 일컬을 말이 없을 것입니다. 만일 부득이하여 또 장차 용으로 일컫는다면 천하에 또 어찌 용-형이 인의예지는 용이라고 한 것입니다.-의 용이 있겠습니까. 대체로 주자가 인의예지를 성과 체로 삼고 측은과 수오를 정과 용으로 삼은 것이 아주 명백한데, 지금 까닭

없이 성과 인의예지를 갈라서 체와 용으로 삼아 측은과 수오가 영영 명칭과 지위를 잃어버렸습니다. 그 때문에 존형은 측은과 수오를 말하기를 꺼려 제거해 버렸으니, 불완전하지 않습니까.

게다가 손가락으로 비유한 설은 또한 온당치 못합니다. 만일 주자의 주장을 손가락으로 비유할 경우, 손가락 하나를 성이라 한다면 마땅히 구부릴 수 있고 펼 수 있는 것을 포함하여 손가락이라 하고, 구부리고 펴는 것을 가리켜 손가락의 용이라고 해야 할 것이며, 피부와 뼈만 있고 구부리거나 펼 수 없는 것은 하나의 죽은 살점일 뿐 손가락이라고 할 수 없습니다. 그렇다면 이는 이른바 '성은 다만 명칭도 없고 조리도 없는 한 물건이고 이른바 인의예지는 없다'는 것과 같으니, 이것은 노씨(老氏)나 불씨(佛氏)가 말하는 성이지 우리가 말하는 성은 아닙니다.

또 이른바 체라는 것은 본디 오롯이 모든 이치를 갖추었기 때문에 삶이 있고 나서 죽기 전까지는 일각도 체가 없는 때가 없으나 용의 경우는 반드시 외부에서 느낀 다음에 일어나기 때문에 측은한 마음이 일어날 때면 수오의 정(情)이 일어나지 않고 사양할 때면 시비의 정이 일어나지 않으니, 바로 형이 말한 "손가락을 구부리면 구부린 것이지 편 것이 아니고 펴면 편 것이지 구부린 것이 아니다."라는 것과 같습니다. 구부리고 펴는 것을 측은과 수오에 비유한다면 괜찮겠지만, 인의예지에 비유한다면 이것은 성 가운데 인은 있고 의가 없는 때가 있으며 예만 있고 지가 없는 때가 있는 것입니다. 만일 그렇다면 이른바 "오롯이 모든 이치가 갖추어져 있다."라는 것은 장차 무엇을 가리키겠습니까. 비유하자면 마치 태극은 다만 원형이정(元亨利貞)이고 원형이정 밖에 따로 태극이 있지 않은 것과 같습니다. 그러므로 주자가 또 도면을 그려 배우는 사람에게 밝혔던 것입니다. 만약 태극을 원형이정의 체로 삼고 원형이정을 태극의 용으로 삼는다면 어찌 틀리지 않겠습니까.

음양(陰陽)의 설에 대해서는 용의 유행(流行)만 논할 수 있고 성을 논할 수 없으니, 바로 손가락의 굴신(屈伸)과 동일한 구법(句法)입니다. 만일 그 말씀대로라면 공자가 마땅히 "음양이 도(道)이다."라고 하였지 "한 번 음이 되고 한 번 양이 되는 것을 도라 한다."라고 하지 않았을 것입니다. 아마도 형이상(形而上)과 형이하(形而下)의 구분을 살피지 못한 것 같은데, 어떻게 생각하십니까? 아무쪼록 정밀하게 분석하여 저의 어두운 생각을 열어 주시기 바랍니다. 명도(明道) 선생이 "개보(介甫)에게 보탬이 되지 않으면 반드시 모(某)에게 보탬이 있을 것이다."[238]라고 한 뜻을 진정 오늘에 바라지 않을 수 없습니다.

〈주자태극도(朱子太極圖)〉

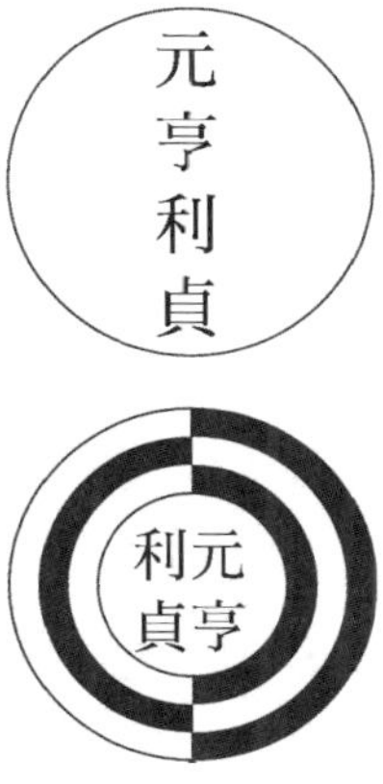

238 개보(介甫)에게……것이다 : 다른 의견이 있다면 서로 거리낌 없이 주고받아서 분명히 밝히자는 의도로 한 말이다. 개보는 왕안석(王安石)을 말한다. 정호(程顥)가 오사례(吳師禮)에게 왕안석의 학문이 가진 오류를 말해 주면서 한 말이다. 강영(江永)의 주석에 따르면 왕안석은 자신이 옳다고 여겨 정호의 허심탄회한 말에도 불구하고 끝내 고치지 않았다고 한다. 《近思錄集註 卷10》

김태숙에게 답함
答金泰叔

7월에 편지를 보내면서 제 생각으로는 성명(性命)의 설(說)은 감히 경솔하게 의논할 수 없으니 십수 년을 기다린 뒤에 혹 대강 한 점이라도 엿볼 수 있을 때 다시 질문해야겠다고 여겼습니다. 그런데 정면으로 매우 엄중하게 책망하여 저를 스스로 만족하고 거만해서 남에게 선뜻 말하려고 하지 않는 자처럼 여기셨으니[239] 자신을 돌아볼 때마다 부끄럽고 위축되어 몸 둘 곳을 모르겠습니다. 그러나 제가 어찌 감히 그러겠습니까. 참으로 어둡고 미련하여 가르침을 받을 바탕이 없는 줄을 스스로 알기 때문에 그렇게 말한 것입니다. 얼마 뒤에 또 생각하니 존형이 영남(嶺南)으로 가 버리고 나면 마침내 연락이 막혀서 끝내 저의 견해를 아교나 옻칠처럼 고수하여 계발(啓發)할 날이 없겠기에 지난날의 경계를 깨뜨리고 다시 답답한 마음에서 우러나온 말씀을 드립니다.

존형께서 그동안 보내 주신 여러 통의 편지는, 비록 감히 학문의 테두리를 엿볼 수가 없으나 그 대략은 '이(理)는 하나일 뿐이고 성(性)도 하나일 뿐인데 지금 만약 인의예지(仁義禮智)를 성이라 한다면 이것은 네 개의 이〔四理〕가 되니, 이는 성이 하나의 근원〔一本〕이 되는 묘한 이치를 잃게 되는 것'이라고 주장하는 데 지나지 않습니다. 그러

239 저를……여기셨으니 : 송시열이 자신을 왕안석(王安石)에게 비유했기에 하는 말이다. 자세한 내용은 163쪽 주238 참조.

므로 늘 사리(四理) 오체(五體)의 설(說)[240]을 논박하여 바로잡아야 하는 정론(定論)으로 삼은 것입니다. 그러나 저의 생각에 성과 이가 비록 하나라고 하지만 본디 공허한 것이 아니기 때문에 스스로 조리가 있고 한계가 있으며, 비록 조리와 한계가 있으나 또한 동서로 딱 나누어 놓은 형체 있는 물건과 같지 않고 다만 뒤섞여 있는 덩어리〔渾然〕일 뿐이요 텅 비고 고요하여 형체가 없을〔沖漠〕 뿐이니, 또한 하나라는 것에 무엇이 방해되겠습니까.

또 형은 "성은 다만 인의예지가 되는 까닭이고 애당초 이른바 인의예지라는 것은 없다."라고 하시는데, 제 생각으로는 만일 그 인의예지가 되는 원인을 논한다면 원형이정(元亨利貞)뿐이고 그 이름은 태극(太極)입니다. 지금 다만 '측은(惻隱)·수오(羞惡)·사양(辭讓)·시비(是非)가 되는 것, 이것이 이른바 인의예지이고 이것을 종합하여 성이라 한다.'라고 해야 합니다. 만일 형의 말과 같다면, 측은·수오·사양·시비가 되는 것은 인의예지이고 인의예지가 되는 것은 바로 이른바 성이니 그 단계가 너무 많지 않습니까? 아니면 인의예지를 측은·수오·사양·시비에 합하여 이것을 총칭하여 이발(已發)의 정(情)이라고 한 것입니까?

지난번에 인용한 〈주자태극도(朱子太極圖)〉가 대단히 분명한 것 같은데, 형이 또 말하기를 "첫 번째 원(圓) 안의 원형이정은 다만 원형이

240 사리(四理) 오체(五體)의 설 : 송시열이 주장한 설로, 사리는 인의예지를, 오체는 인의예지에 신(信)을 더한 오리(五理)를 말한다. 김극형은 송시열의 주장에 대하여 "성은 곧 이인데 그렇다면 사리라 하는 것이 옳겠는가?……일리(一理)니 만리(萬理)니 하는 말은 들었어도 사리라는 말은 듣지 못하였다."라는 반론을 제기하였다. 《宋子大全 卷131 看書雜錄》

정이 되는 까닭이고, 두 번째 원에 가서야 비로소 원형이정이 된다." 하였습니다. 만일 그렇다면 주자가 첫 번째 원에 마땅히 한 글자도 쓰지 말고 다만 주자(周子)의 옛 그림을 따르는 것이 옳았을 것이니, 어찌 굳이 다시 새로운 설을 덧붙여서 앞사람보다 잘하기를 구했겠습니까. 제 생각에는 첫 번째 원의 사덕(四德)은 태극의 본체(本體)이고 두 번째 원의 사덕은 태극의 용(用)으로서 흘러 움직여 일음(一陰) 일양(一陽)의 기축(機軸)이 되는 것입니다. 그러므로 첫 번째 원에는 원형이정을 곧게 내리쓰고 두 번째 원에는 왼편에 원형(元亨), 오른편에 이정(利貞)을 썼으니 그 은미한 뜻을 볼 수 있습니다.

또 일찍이 주자의 설을 보니,

"일찍이 한자(韓子 한유(韓愈))의 설(說)에 '성(性)이 되는 것이 다섯이다.'라는 말을 사랑하니, 학자들 가운데 가장 이치에 가깝다. 성의 본체란 곧 인의예지의 실체(實體)일 뿐이다. 불씨(佛氏)와 노씨(老氏)의 말은 '먼저 한 개의 공허한 성이 있은 다음에 비로소 이내 이 네 가지가 생겨난다.'라고 하고, 그렇지 않으면 또 '성이란 일개 공허한 것인데 그 속에 네 가지를 포함하고 있다.'라고 말한다. 또 네 가지가 성의 체가 된다고 말하자마자 곧 실지로 이 네 덩어리의 물체가 울퉁불퉁하게 그 속에 있는 것처럼 여기니, 이것은 모두 잘못 본 것이다. 모름지기 성의 체(體)는 이 네 가지를 떠나지 않으며, 또 잡거나 만질 수 있는 형태나 범위가 있는 것이 아님을 알아야 한다. 다만 혼연한 하나의 이치 속에 어떤 생각이나 상황이 한계가 있는 것 같지만 사실은 가리거나 구분을 지은 담이 있는 것이 아님을 알 수 있다."

하고, 또 말하기를,

"다섯 가지가 성 가운데 존재하여 각각 본체가 있으니 구분하여 섞이지 않도록 해야 하며, 사물에 감응하지 않은 때에는 전혀 분별이 없고 사물에 감응한 뒤에 비로소 분별이 있다고 말해서는 안 된다. 정 선생(程先生)의 충막무짐(沖漠無朕)[241]이라는 한 단락을 보면 알 수 있다."

하였습니다. 주자의 이 설과 전에 인용한 진기지(陳器之 진식(陳埴))에게 회답한 편지가 과연 존형의 뜻과 같은 점이 있습니까?

하늘에 비유하면 대롱을 가지고 엿보는 자도 있고, 우물에 앉아서 보는 자도 있고, 물에 비친 하늘을 만져 보는 자도 있으니 하나의 하늘일 뿐이지만 그것을 보는 자는 대소(大小)와 친소(親疎) 등 아주 다른 점이 있는 법인데, 어찌 감히 주자의 뜻이 이렇기만 하고 저렇지는 않다고 단정 지을 수 있겠습니까. 하나하나 자세히 증명하여 어리석은 의견을 깨우쳐 주기를 삼가 간절히 빕니다.

그건 그렇고 여기에 한 가지 더 할 말이 있습니다. 네 가지를 성의 체로 삼을 경우, 설사 형이 말씀하신 것처럼 근본이 복잡한 병통이 있을지라도 성선설(性善說)이 되는 데는 방해되지 않지만, 형의 말과 같다면 한 근본[一本]이라는 설에는 깔끔하고 간단하겠지만 성을 공허하여 아무것도 없는 것으로 여겨 불씨의 논설로 귀결되어 버리지 않겠습니까. 이 점 아울러 자세히 가르쳐 주시기를 빕니다.

241 정 선생(程先生)의 충막무짐(沖漠無朕) : 정 선생은 정이(程頤)를 말한다. 충막무짐은 지극히 고요하여 아무런 조짐이 없는 상태로, 본연의 성(性)을 표현한 것이다. 정이는 《근사록(近思錄)》 권1 〈도체(道體)〉에서 사람의 성(性)에 이(理)가 본래 갖추어져 있음을 말하여 "충막무짐한 가운데 만상(萬象)이 빼곡히 갖추어져 있다."라고 하였다.

○ 대체로 요즈음 붕우(朋友) 간의 폐단이 서로 잘못을 감싸고 그대로 넘기는 버릇이 있고 충고하고 선을 권장하는 내실이 퍽 없으니, 이것이 어찌 정 부자(程夫子)가 "그 허물을 고해 주지 않으면 충(忠)이 아니다."라고 말씀하신 뜻이겠습니까. 제가 세상에 태어난 지 30여 년인데 그동안 병통의 뿌리를 직접 공격하는 말을 전혀 듣지 못하였으니, 제가 비록 착한 것을 받아들이는 아량이 없고 고쳐 주는 것을 꺼리는 병통이 있어서 그렇겠지만 또한 어찌 오늘날의 후한 풍속 때문이 아니겠습니까. 그런데 형이 모른 척하지 않고 곧장 잘못에 대하여 따끔한 충고를 해 주시니 매우 감사합니다. 장차 깊이 살펴보고 바로 반성하겠으며 감히 그저 "내가 무엇을 믿고 남에게 거만하겠느냐."라고만 말하지 않겠습니다.

송자대전

제42권

書서

조 상서[1] 계원 에게 답함 정해년(1647, 인조25) 3월
答趙尙書 啓遠○丁亥三月

우러러보는 마음 간절하였지만 사이가 뜸하여 책 속의 사람처럼 친하기 어렵더니, 뜻밖에 이번에 존엄한 신분을 굽혀 보내 주신 편지를 받았습니다. 장려하고 가르쳐 주시는 뜻이 말씀 밖에 넘치니 못난 제가 어떻게 밝은 당신께 이러한 대우를 받는지 모르겠습니다. 다만 말씀이 너무 겸손하고 끌어 비유한 것이 실정에 넘쳐 참으로 감히 감당할 수가 없으니, 부끄럽고 송구함이 더할 뿐입니다.

저는 실로 궁벽한 시골의 후진이고 일개 보잘것없는 사람입니다. 스스로 쓸모없는 줄을 알고 궁색하고 굶주리는 분수를 달게 여겨 오직 어버이를 모시고 농사에 종사하며 일생을 보낼까 생각했는데 불행하게도 동료들이 그르쳤습니다. 사랑하는 정 때문에 저의 나쁜 점을 알지 못하고 차례로 추천하여 밝은 시대를 심하게 속이기에 이르렀으므로 늘 부끄러운 마음 간절하였습니다. 그런데 뜻밖에 도량과 안목이 보통 사람들보다 뛰어난 당신께서도 또한 이 헛소문을 믿고 넓은 아량으로 맞아 주시니, 실로 분수를 벗어난 일입니다. 저는 족히 말할 것이 없지만 식견이 있는 사람들이 당신의 안목이 얕은지 깊은지를 의논할까 두렵습니다. 그러나 혹시라도 하늘의 신명함을 힘입어서 문을 닫고

1 조 상서(趙尙書) : 조계원(趙啓遠, 1592~1670)으로, 본관은 양주(楊州), 자는 자장(子長), 호는 약천(藥泉)이다. 1647년에는 전주 부윤(全州府尹)으로 있었고, 현종(顯宗) 때 형조 판서를 지냈다.

뜻을 추구하여 못나고 고집스러우며 시세에 어두운 자질이 만에 하나라도 변화된다면, 가르쳐 주고 격려해 주신 고마운 마음에 보답할까 합니다.

사돈집의 도망간 노비가 사실 당신의 관할 지역에 있으나 얼굴을 뵌 적이 없기 때문에 감히 선뜻 저의 성명을 소개하고 당신을 번거롭게 하지 못하였는데 이처럼 주의를 기울여 힘껏 돌보아 주셨고, 면주(緜州)와의 편지[2]에서도 애써 지도해 주셨으니 감사한 마음 무어라 말할 수 없습니다.

한원(漢原) 대감[3]은 젊었을 때 남의 뒤를 따라서 그 모습을 바라본 적이 있었는데 불행히도 갑자기 세상을 버리셔서 문하에서 배우고 싶은 소원을 이루지 못했습니다. 이번에 소상(小祥)이 지났다는 말씀을 들으니 슬픈 마음 그지없습니다.

늦은 봄 사찰에서 만나기로 한 약속은 실로 영해(嶺海)에서의 좋은 일입니다. 다만 20여 년 같이 고생한 아내가 지금 전염병에 걸려 운명이 조석지간에 달려 있으니 어찌 물소리, 산 경치에 생각이 미칠 수 있겠습니까. 외람되게도 고마운 말씀을 받았으니 달려갈 생각만 간절합니다. 그 밖에는 그저 시대를 위해 건강을 잘 보살펴서 우러러보는 마음에 부응하시기를 빕니다.

2 면주(緜州)와의 편지 : 면주는 무안(務安)의 옛 이름이다. 당시 무안 군수였던 유계(俞棨)와 주고받은 편지를 가리키는 것으로 보인다. 《宋子大全隨箚 卷42》

3 한원(漢原) 대감 : 조창원(趙昌遠, 1583~1646)을 말한다. 본관은 양주, 자는 대형(大亨), 호는 오은(悟隱)이다. 직산 현감(稷山縣監), 인천 부사(仁川府使) 등을 지냈으며, 딸이 인조의 계비(繼妃)인 장렬왕후(莊烈王后)로 간택되어 한원부원군(漢原府院君)에 봉해졌다.

○ 지난번에 친구 송명보(宋明甫 송준길(宋浚吉))가 자기가 받은 편지를 보여 주어서, 장차 《의례통해속도(儀禮通解續圖)》를 간행하려고 하는데 당신께서 처음부터 끝까지 그 책임을 맡았다는 것을 삼가 알았습니다. 황면재(黃勉齋)와 양신재(楊信齋)의 처지에서 말하자면 후세의 양자운(揚子雲)을 만나지 못했다고 말하지는 못할 것입니다.[4] 일이 얼마나 추진되었습니까? 미루다가 기회를 놓치는 폐단이 있을까 두렵습니다. 사우(士友)들의 뜻이 모두 그러합니다.

4 장차……것입니다 : 조계원처럼 뛰어난 학자가 《의례통해속도》의 간행을 책임지고 있으니 황간(黃幹)과 양복(楊復)이 자신을 알아주는 사람을 만났다고 할 수 있다는 말이다. 황면재는 《의례경전통해속(儀禮經傳通解續)》을 편찬한 황간을, 양신재는 《의례도(儀禮圖)》를 다시 편찬한 양복을 말한다. 양자운은 한(漢)나라 때의 학자인 양웅(揚雄)이다. 그가 《태현경(太玄經)》을 지어 놓고 "후세에 나 같은 학자가 나오면 알 것이다."라고 하였다. 《漢書 揚雄傳下》

정 상국[5] 유성 에게 답함 기해년(1659, 현종 즉위년) 12월 5일
答鄭相國 維城○己亥十二月初五日

늘 찾아뵙고 가르침을 받으며 보잘것없는 저의 마음을 다 기울이고 싶었지만 질병이 질질 끌고 있는 데다 자연 속에 한가로이 사는 성품이 쉽게 놀라는 법이라서 머뭇거리며 이루지 못하고 있는 것이지 제가 훌륭한 덕을 감히 외면하는 것이 아닙니다. 이제 삼가 보내 주신 편지를 받으니 말씀하시는 뜻이 간곡하였고, 선왕에 대해 언급하신 데 이르러서는 몹시 슬프고 목이 메어 저도 모르게 눈물이 주르르 흘러내렸습니다.

저는 심히 부득이한 일은 없지만 어찌 감히 이러한 때에 차마 나이 어린 주상을 잊고 스스로 편하게 지낼 생각을 하겠습니까. 이조 판서의 경우는 일의 체모가 남다르니 한 발자국도 움직일 수 없을 듯합니다. 저 또한 목석이 아니니, 돌아갈 계획을 둔 이래로 마음이 슬퍼 밤새도록 잠을 이루지 못하고 눈물이 가슴을 적시고 있습니다. 보잘것없는 이 마음은 귀신만이 알고 있을 것입니다. 제가 비록 알고 지낸 지 10년이 안 되지만 평소 당신의 덕(德)과 의(義)를 우러러 사모해 왔습니다. 이제 은근하게 하신 말씀에 대해 의리상 마땅히 저의 정성스러운 마음을 다 기울여야 하지만, 끝내 감히 하지 못할 바가 있어 당신을 향하는

5 정 상국(鄭相國) : 정유성(鄭維城, 1596~1664)으로, 본관은 영일(迎日), 자는 덕기(德基), 호는 도촌(陶村), 시호는 충정(忠貞)이다. 현종이 즉위한 다음 곧바로 우의정에 임명되었다. 《顯宗實錄 卽位年 6月 5日》

마음은 그저 가슴속에 쌓아 둘 뿐입니다. 나머지는 잠자리와 식사가 더욱 좋으셔서 저의 정성을 위로해 주시기만을 빕니다. 이만 줄입니다.

정 상국[6] 태화 에게 답함 경자년(1660, 현종1) 3월 17일
答鄭相國 太和○庚子三月十七日

오래도록 스스로 엎드려 지내느라 감히 답장을 써서 대감께 문안을 드리지 못하였습니다. 그런데 이번에 파발 편에 보내신 편지를 받고서 무릎을 꿇고 읽어 본 뒤에 죄송스러움을 견딜 수 없었으니 제가 당신께 이러한 대접을 받는 까닭을 모르겠습니다. 이어 봄 날씨가 화창한데 당신의 건강이 신령의 도움을 받아 일상생활이 두루 평안하시다는 것을 알았으니 또 몹시 축하드립니다.

지난번 근심으로 마음 졸이던 때는 떠올려 보아도 간담이 떨리니, 오늘날 기뻐 뛰는 마음을 이로부터 알 수 있을 것입니다. 저의 병이 갈수록 괴로워서 끝내 문안하는 자리에 나아가지 못했으니 허물이 깊습니다. 성상께서 어질고 너그러워 관대히 사면하셨을 뿐만 아니라 새로운 명을 또 내리셨으니, 이러한 시기에 떨리는 마음을 어찌 감당할 수 있겠습니까. 보내 주신 말씀을 삼가 받아 보니 조정으로 돌아오라는 뜻으로 타이르셨습니다. 미천한 저의 마음에 이러한 뜻이 없는 것은 아닙니다. 그러나 스스로 기력을 헤아려 보건대 조석을 믿기 어려워 끝내 여론에 죄를 얻어 나라의 법에 저촉될까 두려우니, 마음이 위태위태하여 골짜기를 굽어보는 듯할 뿐만이 아닙니다. 삼가 밝고 지혜로운

6 정 상국 : 정태화(鄭太和, 1602~1673)로, 본관은 동래(東萊), 자는 유춘(囿春), 호는 양파(陽坡), 시호는 익헌(翼憲)이다. 영의정 정광필(鄭光弼)의 5대손이다. 1651년(효종2)에 영의정이 되었다.

아량으로 애달프고 가련히 여겨 포용해 주시리라 생각합니다. 봄이 다하려 합니다. 삼가 바라건대 나라를 위해 더욱 몸조심하여 많은 사람들의 소망을 위로하시기 바랍니다. 이만 줄입니다.

정 상국에게 답함 경자년(1660, 현종1) 5월 그믐날
答鄭相國 庚子五月晦日

직접 쓰신 편지를 삼가 받고서 감격스러운 마음 견딜 수 없었습니다. 또 훌륭하신 덕이 사물에 두루 미쳐 소원하다 해서 혹시라도 내버려 두지 않으신 줄 알고서, 공경하고 우러르는 마음 더욱 깊지만 무어라 말해야 할지 모르겠습니다. 세월이 마치 네 마리 말이 달리는 것과 같아 초나흗날[7]이 다시 다가오는 것을 차마 보게 되니, 멀리 외지에서 대궐을 바라보고 곡하며 비통한 마음이 배나 절실하였습니다.

삼가 듣자니 대감께서 연이어 글을 올려 청급(請急)[8]하셨는데 성상께서 곤란해하는 마음[9]을 지니신 것은 실로 말할 것도 없고 조정과 재야가 목말라 하고 답답해한다고 하니, 어떻게 막힌 것을 풀 수 있을까 하는 깊은 걱정을 또한 견딜 수 없습니다. 요즈음의 일은 죄가 실로 저에게 있는데 아직껏 형벌을 피해 전원에서 편안히 쉬고 있으니 천지를 우러러보고 굽어보건대 부끄러워 실로 살고 싶지 않습니다. 당시에

7 초나흗날 : 효종의 기일이다. 효종은 1659년 5월 4일 승하하였다.

8 청급(請急) : 급한 일로 조정에 나오지 못할 경우 사유를 올려 조회를 면제받는 것을 말한다.

9 곤란해하는 마음 : 재상이 벼슬을 버리고 떠나는 것을 곤란하게 여기며 만류하는 마음을 말한다. 《서경》 〈낙고(洛誥)〉의 "공(公)은 나를 곤궁하게 하지 말지어다. 나는 백성을 편안히 하는 일을 싫어하지 않을 것이니."라는 구절에 대하여 공안국(孔安國)의 전(傳)에서 "공은 반드시 머물러, 떠나서 나를 곤란하게 하지 말라."라는 뜻이라고 풀이하였다.

대감께서는 이미 근심하셨으나[10] 소인의 생각으로는 그렇지 않다고 여겼으니, 지혜가 있고 없음을 어찌 그저 30리[11]로 비교할 수 있겠습니까.

이번에 불러서 타이르신 뜻을 대략 받드니 황공하여 더욱더 진땀이 납니다. 저의 질병은 이미 고질이 된 것이 분명하지만, 아직은 붓을 잡고 글을 쓸 수 있으니 때로 대감께 문안을 드려 그리워하는 마음을 바치고 싶습니다. 그러나 지체도 현격하고 나눈 정도 별로 없는 사이라서 감히 경솔하게 하지 못하였을 뿐입니다. 이제 살뜰하게 안부를 물어봐 주셔서 평소 품어 왔던 마음을 펼칠 수 있으니, 사적으로 다행스러운 마음 더욱 절실합니다. 무더위에 내리는 비로 찌고 후덥지근합니다. 음식을 더 많이 드시고 건강하여 모든 사람들의 바람을 위로해 주시기를 삼가 빕니다.

10 당시에……근심하셨으나 : 기해예송(己亥禮訟) 당시 송시열이 제기한, 승중(承重)을 했어도 삼년복을 입지 못하는 네 가지 경우에 대한 주장〔四種之說〕인 "첫째는 정(正)이며 체(體)이지만 전중(傳重)을 하지 못한 경우, 즉 적자가 폐질(廢疾)이 있어서 종묘를 주관하지 못한 경우, 둘째는 전중은 하였으나 정도 아니요 체도 아닌 경우, 즉 서손(庶孫)이 후사가 된 경우, 셋째는 체이면서 정이 아닌 경우, 즉 서자(庶子)가 후사가 된 경우, 넷째는 정이면서 체가 아닌 경우, 즉 적손(嫡孫)이 후사가 된 경우"에 대하여, 영의정 정태화가 만일 간사한 사람이 세 번째의 '체이면서 정이 아닌 경우'의 말로 재앙의 기틀을 얽어내면 나랏일이 어떤 지경에 놓이겠느냐며 제지하였던 일을 말한다. 《儀禮注疏 卷11 喪服》《宋子大全隨箚 卷5》

11 30리 : 재주에 차이가 있다는 말이다. 후한(後漢) 말엽 조조(曹操)가 양수(楊修)와 함께 길을 가다가 조아비(曹娥碑)에 "황견유부외손제구(黃絹幼婦外孫虀臼)"라는 8자의 은어(隱語)가 있는 것을 보았는데, 양수는 그 말의 뜻을 바로 깨달았으나 조조는 30리를 더 가서야 깨달았다는 고사(故事)가 있다. 《世說新語 捷悟》

정 상국에게 답함 경자년(1660, 현종1) 8월 8일

答鄭相國 庚子八月八日

선왕의 능에 발생한 사고[12]는 슬프고 두려워 어찌할 바를 모르겠습니다. 이러한 시기에 분에 넘치게도 영상(領相)께서 직접 편지를 써서 안부를 물어보시니 몹시 두려워 무어라 말해야 할지 모르겠습니다. 이번에 새로운 명이 다시 뜻밖에 나왔습니다. 영상께서 저를 그다지 업신여기지 않고 그릇만큼 부릴 수 있다고 여기시어 이렇게 훈도(薰陶)하신 줄 알겠으니 감사하고 영광스러운 마음 지극합니다. 말씀을 받들어 달려가서 부리시는 데 대비하고 싶습니다만 여러 번 차질을 일으켜 여유를 부릴 처지가 못 되니, 몹시 헐떡거리며 목말라 죽을 뿐임을 알겠습니다. 게다가 저의 병이 날로 더욱 고질이 되어 대궐에 나아가 면직(免職)을 빌려고 해도 그럴 방법이 없어 스스로 황공하여 밤낮으로 안절부절못할 뿐입니다. 또 생각건대 관직이 한가하고 쓸데없는 자리가 아니라서[13] 한번 사직하였는데 교체되지 않으면 반드시 직무를 잘 살피지 못하는 일이 많아질 것이니 작은 일이 아닙니다. 삼가 바라건대 이러한 사정을 헤아리셔서 정사를 토론할 때 주상께 잘 아뢰어, 버티면서 시일을 끄는 폐단을 면하게 해 주십시오. 그렇게

12 선왕의……사고 : 봄에 효종의 능인 영릉(寧陵)의 대석(臺石)과 상석(裳石), 석물과 병풍석(屛風石)·가석(駕石) 등을 연결한 부분에 틈이 벌어지고 정자각(丁字閣)의 기와 위에 바른 석회도 떨어졌다.《顯宗實錄 1年 7月 20日》

13 관직이……아니라서 : 송시열은 1660년 8월 병조 판서로 전임(轉任)되었다.《顯宗實錄 1年 8月 1日》

만 된다면 사적으로도 저에게 갚을 수 없는 은혜를 주시는 것일 뿐만 아니라 공사(公事)에서도 흠이 생기기 전에 허물을 보충할 수 있으니, 간절히 바라는 저의 절실한 마음 견딜 수 없습니다. 옛날 돌보아 주신 은근한 마음을 믿고 감히 이렇게 번거롭게 해 드려 떨리는 마음 더욱 더합니다. 날씨가 이미 서늘해졌습니다. 삼가 바라건대 음식을 더 많이 드시고 건강하여 모든 사람들의 바람을 위로하십시오.

정 상국에게 답함 경자년(1660, 현종1) 9월 14일

答鄭相國 庚子九月十四日

자주 안부 편지를 받으니 비천한 자가 자못 감당할 바가 아닌 듯하여 스스로 두려운데, 또 겸손하고 성대한 덕을 우러르게 되었습니다. 이어서 이러한 시기에 영상(領相)의 일상생활이 두루 평안하심을 알았으니 또 두 손 모아 깊이 축하드립니다. 지난번에 삼가 듣자니 능행(陵幸)이 머지않았다 하기에 신하로서 몹시 근심스러운 마음을 견딜 수 없었는데, 곧이어 성상의 건강이 편안하시다는 것을 알았습니다. 비록 모든 신령이 부지하고 도와서라고 하겠지만, 또한 어찌 영상께서 정성스럽게 보호하신 덕분이 아니겠습니까. 참으로 저도 모르게 지극히 송축(頌祝)하며 기뻐 손뼉을 쳤습니다.

하찮은 저의 자질은 보통 사람만 못하지만 쇠약하고 병든 몸을 지탱하기 어려운 것은 혈기를 지닌 사람이라면 모두 같습니다. 이 때문에 책임을 회피하고 게을리한 죄를 오래도록 지고 있었는데, 이번에 의원과 약물(藥物)을 하사하는 명이 죄지은 신에게까지 미치니 더욱 죽을 곳을 모르겠습니다. 생각건대 일이 많고 바쁜 부서를 오래도록 비우는 것에 대한 저의 고민은 말할 것도 못 되나 그동안 애달픈 간청에 대하여 군왕과 정승에게 신뢰를 얻지 못하였으니 스스로 반성하며 슬퍼하지 않을 수 없습니다. 돌보아 주고 아껴 주신 깊은 은혜를 입어 감히 속내를 드러냈으니 두려운 마음 더욱 더합니다. 얼음이 언 날씨에 서리가 연이어 내렸습니다. 이러한 시기에 몸을 더욱 잘 보호하셔서 우러러 기도하는 마음에 부응하시기를 빕니다. 이만 줄입니다.

정 상국에게 보냄 임인년(1662, 현종3) 6월 보름날

與鄭相國 壬寅六月望日

무더위에 비가 내려 날씨가 찌고 후덥지근한데, 영상의 건강이 좋으며 일상생활이 평안하시리라 생각합니다. 심한 가뭄 뒤에 이러한 장마가 져서 압사하는 백성들이 아주 많고 강가에 심은 곡식들이 물에 잠겨 거의 다 죽어 버렸습니다. 초야에 있는 천한 저 같은 자라도 근심을 절로 그칠 수가 없는데, 더구나 대감께서는 직무가 임금을 도와 자연의 섭리(燮理)를 조절하는 것이니 겉으로 드러나지 않는 많은 근심을 어찌 감당하시는지요.

듣자니 성지(聖旨)를 받들어 다시 연산(燕山)으로 향한다지요.[14] 비록 신명께서 충성과 부지런함을 위로할 것이므로 근심할 것이 전혀 없다 해도 무더운 길은 아득히 멀고 임무를 제대로 수행하지 못할까는 근심하실 것이니, 이러한 때 염려스러운 마음 이루 다 비유하기 어렵습니다. 다만 조사를 받고 있는 무고한 사람은 다시 살아날 길이 있음을 기뻐할 것입니다.[15] 초야에서 한적히 지내기를 좋아하는 성품

14 성지(聖旨)를……향한다지요 : 연산은 중국 북경(北京)이다. 1662년 조선에서는 진하사(進賀使)로 정사(正使) 정태화, 부사 허적(許積), 서장관 이동명(李東溟)을 파견하였다. 2월에 청(淸)나라는 명나라를 회복하려던 반청(反淸)의 3대 본거지 중 하나인 대만(臺灣)을 쳐서 승리하여 귀속하였으며, 6월에는 명나라 영력황제(永曆皇帝)가 살해되는 등 두 가지 큰일이 있었다. 《顯宗實錄 3年 7月 26日, 11月 20日》

15 조사를……것입니다 : 영의정 정태화 등이 진하사로 청나라에 갔던 실질적인 목적은, 국경을 넘어 벌목(伐木)한 백성을 규제하지 않은 일로 청나라가 관원을 파견하여

에다 미천한 몸에 병마저 들어 서쪽 교외에서 전송하는 자리에 나아갈 길이 없습니다. 가시는 길이 편안하며 여행 중에 음식을 잘 챙겨 드셔서 조야(朝野)의 기대를 달래 주시기를 빕니다. 저의 정성은 몹시 외람되지만 감히 이 편지로 대신 말씀드리니, 지극히 두려운 마음 견딜 수 없습니다.

조사한 데 대응하기 위해서였다. 진하사의 노력으로 당시 의주 부윤(義州府尹) 이시술(李時術)은 죽음을 면하고 직책만 해직되었으며 의주 사람들도 유배되거나 장형을 받는 데 그쳤다. 《顯宗實錄 3年 11月 20日》

정 상국에게 보냄 임인년(1662, 현종3) 11월 17일
與鄭相國 壬寅十一月十七日

가셨던 행차[16]가 동쪽으로 돌아와 조정에서 지내고 계시다 들었습니다. 또 길을 왕복하는 동안에 몸이 평안하셨다 하니 매우 기쁜 마음 이루 말할 수 없습니다. 또 죄수들이 석방된 것은 마치 재가 다시 타는 것과 같으니 이는 실로 큰 은덕과 불쌍히 여기는 마음으로 애써 구출하신 것입니다.[17] 먼 외지에서 듣는 그 누구인들 감격하며 축하하지 않겠습니까. 삼가 생각건대 문익공(文翼公)의 가법(家法)이 본래부터 이와 같으니,[18] 후생이 믿고 의지하여 두려워하지 않는 마음이 또한 장차 어떠하겠습니까. 깊이 사모한 나머지 분수를 잊고 함부로 이렇게 말씀드리니, 두려운 마음 그지없습니다. 저는 아직도 벼슬이 교체되지 않아 밤낮으로 근심하고 두려워하고 있습니다. 동지가 지나 봄기운이 생긴 이때 삼가 나라를 위하여 더욱 건강을 보전하여 많은 사람의 소망을 위로하시기를 빕니다.

○ 사사로이 간청할 것이 있어 감히 별지로 말씀드립니다. 규암(圭菴) 송 선생(宋先生)[19]은 을사(乙巳)의 영수(領袖)로서 매우 참혹한

16 가셨던 행차 : 진하사(進賀使)로 청(淸)나라에 다녀온 일을 말한다. 《顯宗實錄 3年 11月 20日》

17 죄수들이……것입니다 : 183쪽 주15 참조.

18 문익공(文翼公)의……같으니 : 문익은 중종 때 영의정을 지낸 정광필(鄭光弼)의 시호이다. 정태화가 정광필의 5대손이기에 하는 말이다.

19 규암(圭菴) 송 선생(宋先生) : 송인수(宋麟壽, 1499~1547)로, 규암은 그의 호이

화를 입었습니다. 공론이 있고 난 뒤에 비록 관작은 회복되었으나 시호를 내리는 은전은 끝내 빠졌습니다. 어제 경연(經筵)에 입시한 신하가 건의하여 비로소 시행하라는 상의 명이 있었는데, 이내 듣건대 담당 부서에서는 의논하여 결정한 지가 이미 오래되었으나 의정부의 심리를 거치지 않았기에 아직 입계(入啓)하지 못하였다 하니 한스러운 마음 그지없습니다. 지금 세상에 시호의 은전에 조금이라도 응할 만한 사람이라면 은전을 입지 않은 자가 없는데 오직 선생만이 홀로 자손이 영락(零落)한 까닭에 지금까지 매몰되었고 이미 결의했는데 또다시 지연되고 있으니, 저는 우물쭈물 미루다가 마침내 천고의 한이 될까 두렵습니다. 삼가 대감께서는 특별히 이 점을 살피고 서둘러 주선하여 사문(斯文)을 도와주시기를 천만 번 간절히 빕니다. 돌보아 주심을 믿고 감히 말씀을 올리니, 더욱 황공합니다.

다. 송시열의 종증조(從曾祖)이다. 1545년(명종 즉위년) 을사사화(乙巳士禍)가 일어났을 때, 한성부 좌윤(漢城府左尹)에서 파직되어 청주(淸州)에 은거하다가 윤원형(尹元衡) 등에 의해 사사(賜死)되었다. 성리학의 대가로 선비들의 존경을 받았다. 《圭菴集 卷3 諡狀》

정 상국에게 답함 병오년(1666, 현종7) 4월 13일
答鄭相國 丙午四月十三日

지난해에 손수 쓰신 안부 편지를 받고 내내 황송하였는데 못나고 미천한 제가 다시 번거로운 말씀을 드립니다. 일이 종묘사직과 정승의 체모에 관계되고, 또한 죄지은 이름[20]으로는 함부로 나아갈 수 있는 바가 아니기에 그저 마음을 가라앉히고 묵묵히 감사한 마음만 지닌 채 벌써 한 해가 지났습니다. 비록 큰 덕과 넓은 도량을 지니신 영상(領相)께서 곡진하게 살피고 용서해 주셨으나 불손한 죄가 깊습니다. 지난번 윤 정자(尹正字)[21]의 걸음에 글을 부쳐 안부를 물어보셨고, 이제 다시 편지를 보내어 분수에 넘치게도 보살펴 주고 가련히 여겨 주시니, 참으로 이러한 은혜를 입는 까닭을 모르겠습니다. 이번 일[22]은 우리 군왕과 대신이 아니었다면 소인은 몸이 죽고 종족이 다 죽어 필시 요행이 없었

20 죄지은 이름 : 1665년 4월 현종이 온양(溫陽) 온천으로 행차한 때에 올린 소(疏)를 통해 추측하면, 원자(元子)가 태어났을 때 송시열이 하례하러 가지 않았던 일로 장선징(張善瀓) 및 국구(國舅) 형제인 김우명(金佑明)·김좌명(金佐明)을 비롯한 여론의 비방을 받았던 일을 말하는 듯하다. 현종은 당시 송시열에게 함께 조정으로 돌아가 보필할 것을 권하였으나 송시열은 소를 올리고 나아가지 않았다. 《宋子大全 卷11 自溫泉赴朝中路退歸仍辨冤誣疏》《宋子大全隨箚 卷4》

21 윤 정자(尹正字) : 승문원 부정자에서 정자로 막 승진한 윤지완(尹趾完, 1635~1718)을 말하는 것으로 보인다. 《承政院日記 顯宗 7年 3月 6日》

22 이번 일 : 기해예송에서 송시열이 자의대비(慈懿大妃)의 복상(服喪) 기간을 기년(朞年)으로 주장한 데 대해 유세철(柳世哲) 등 영남의 유생 1천여 명이 상소하여 '왕통을 빼앗으려는 의도'라고 공격하였던 일을 말한다.

을 것이니 '하늘과 땅 같은 성은〔天地仁恩〕'이라는 네 글자는 오히려 표현하기에 부족한 말입니다. 미천한 저의 병이 조금이라도 억지로 움직일 수 있는 처지라면 삼가 마땅히 조금 더 궁궐 가까이 나아와 울며 사죄를 청할 터이지만 어찌 감히 꼭 그러하리라 기약하겠습니까. 몹시 황공합니다. 이만 줄입니다.

정 상국에게 보냄 신해년(1671, 현종12) 5월 20일
與鄭相國 辛亥五月二十日

삼가 듣건대 대감의 건강이 좋지 않아 자리에서 떠나기까지 하였다니 지극한 우려를 견딜 수 없습니다. 더구나 지금의 시세는 이미 백척간두에 이르렀는데 대감께서 마침 이러하시니, 공사(公私) 간에 불행스러움이 어찌 끝이 있겠습니까. 바로 이러한 시기에 어진 군자를 구하여 정승의 지위에 두지 않고 이렇게 지극히 어리석고 못나서 전혀 자격이 없는 자로 충당하니,[23] 이는 지혜로운 사람이 아니더라도 두려워서 마음이 오싹해질 것입니다. 그런데 조정에서는 한마디 하여 바로잡지를 않으니, 이는 이해할 수 없는 일입니다. 믿는 것은 오직 좌의정 대감께서 주선해 주시는 것입니다. 오래도록 돌보아 주신 은혜를 입었는데 감히 이렇게 함부로 말씀드리니 더욱더 몹시 황송합니다.

23 이렇게……충당하니 : 송시열을 우의정에 임명하였기에 하는 말이다. 《顯宗實錄 12年 5月 13日》

정 상국에게 답함 신해년(1671, 현종12)

答鄭相國 辛亥

일전에 대감의 건강이 조금 좋지 않다는 소식을 멀리서 듣고 신명(神明)이 도울 것으로 믿기는 했지만 그래도 깊은 우려가 없지 않았습니다. 지금 멀리서 보내 주신 편지를 받고 건강이 아직도 완전히 회복되지 않았음을 알게 되니, 이미 살뜰한 보살핌에 감사하던 터인지라 지난날의 근심이 갑절이나 더합니다. 어찌 직무를 수행하느라 수고하고 애태우다 몸조심하지 못한 결과가 아니겠습니까. 삼가 바라건대 한층 더 몸을 아껴서 위아래의 소망에 부응하시는 것이 어떻겠습니까.

생각건대 성상의 자애롭게 덮어 주는 인자한 덕으로도 이와 같은 큰 재앙을 만나 국가의 명맥이 거의 위태로우니,[24] 하늘을 믿기 어려운 것이 과연 이 지경에 이르렀단 말입니까. 이러한 때는 진정 사방으로 훌륭한 인물을 구하여 밤낮으로 국가를 보전할 방도를 도모해야 하는데, 세상 물정을 모르고 어리석어 볼품이 없는 이 몸을 구차스레 재상의 직책에 충원하였습니다. 그런데 성심으로 나라를 걱정하는 대감으로서 바로잡는 말씀은 한마디도 하지 않고 오히려 다시 지지하고 끌어

24 큰……위태로우니 : 소빙기로 인한 기상이변 때문에 경술년(1670)과 신해년에 대기근(大飢饉)이 있었다. 한국 역사상 전대미문의 기아 사태로 조선 팔도 전체에 흉작이 발생했으며, 신해년에는 전국적으로 사람과 가축에 전염병마저 돌아 당시 조선 인구의 대략 10분의 1이 사망하는 큰 피해를 입었다.《이준호·이상임, 조선시대 기상이변에 따른 재해 발생과 공옥(空獄) 사상의 교정적 의미 고찰—소빙기 '경신대기근'을 사례로, 교정담론, 2017, 269~296쪽》

당기는 말씀을 하시니, 이것은 소인의 생각으로는 감히 알 수 없는 일입니다.

오랫동안 알아주고 돌보아 주심을 받아 이같이 함부로 말씀드리니 몹시 황송합니다. 날씨가 찌는 듯 후덥지근하니 시국을 위하여 더욱 건강을 보살피십시오. 이만 마칩니다.

홍 도위[25] 주원 에게 답함 경자년(1660, 현종1) 7월 7일

答洪都尉 柱元○庚子七月七日

안부를 묻는 편지를 삼가 받았으니 놀라고 감사하기 그지없습니다. 다만 듣건대 다시 형제를 잃은 슬픔을 당하셨다니, 놀랍고 슬픈 마음 말로 다 할 수 없습니다. 찢어지는 듯한 아픔을 어찌 견디시겠습니까. 덕망 있는 집에 이런 일이 벌어져서는 안 되는데, 이 이치는 참으로 따져 볼 길이 없습니다. 궁벽한 산골에 살고 있으면서 친척에 대해 걸핏하면 추복(追服)[26]을 입고 있고, 게다가 처지가 여느 사람과 비교하기 어려워 조문과 축하를 하지 않는 것이 실로 마땅하니, 저의 마음을 잘 헤아려 주시리라 삼가 생각하면서도 그지없이 부끄럽습니다.

지난번의 해소(海疏)[27]는 스스로 돌이켜 보니 허물이 많습니다. 잘못이 어찌 남에게 있겠습니까. 생각건대 함부로 의론을 언뜻 올려 태평성대에 북쪽으로 유배되는 사람[28]이 있게 하였고, 경연에 참석했던 옛

25 홍 도위(洪都尉) : 부마도위(駙馬都尉) 홍주원(洪柱元, 1606~1672)을 말한다. 1623년(인조1) 선조의 딸 정명공주(貞明公主)에게 장가들어 영안위(永安尉)에 봉해졌다. 예조 참판 홍령(洪靈)의 아들이며, 이정귀(李廷龜)의 외손이다.

26 추복(追服) : 상례(喪禮) 의식의 하나로, 상(喪)을 당했을 때 부득이한 사정으로 성복(成服)하지 못한 사람이 뒤에 상복을 입는 것을 말한다.

27 해소(海疏) : 효종의 상례에 대한 송시열의 주장을 반박한 윤선도(尹善道)의 상소를 말한다. 윤선도의 본관이 해남(海南)이고 해옹(海翁)이라는 호가 있다. 《宋子大全隨箚 卷5》

28 북쪽으로 유배되는 사람 : 윤선도를 가리킨다. 효종의 장지(葬地)와 자의대비(慈懿大妃)의 복상(服喪) 문제로 송시열과 대립했다가 함경남도 삼수군(三水郡)에 유배

신하도 이어서 역시 자취를 감추고 돌아갔으니,[29] 일을 그르친 죄는 아홉 번 죽더라도 어찌 속죄할 수 있겠습니까. 선왕의 연일(練日)에 멀리 도성 밖에서 예를 행할 때 곡하면서 목이 메었습니다. 옥체(玉體)가 편찮아[30] 일상생활을 하기가 까마득히 어려우시니, 참으로 죽는 것만 못한 지 오래되었습니다. 말씀하신 세상의 도에 대한 책임은 절로 적합한 사람이 있을 것이니, 대감께서는 이 점에서 어쩌면 실언하신 듯합니다. 송구하고 부끄럽습니다.

구양수(歐陽脩)의 문집은 당시에 일을 아직 마치지 못했기 때문에 감히 함형(咸兄)[31]의 도움을 빌렸습니다. 지금 곧장 문책받기를 청하지는 않으나 이미 죄를 잘 알고 있습니다. 그러나 융통성 없는 선비의 평상적인 태도로는 당신께 감히 직접 통할 길이 없었으니 오늘날에 괴이하게 여겨지는 것도 마땅합니다. 가령 융통성 없는 것이 아니라 거만하다고 말한다 해도 또한 대장군에게 읍만 하는 객[32]이 되기에는

되었다. 《顯宗實錄 1年 4月 30日》

29 경연에……돌아갔으니 : 우윤(右尹) 권시(權諰)를 말한다. 윤선도를 구원하는 소를 올렸다가 탄핵을 받자 시골로 내려갔다. 《顯宗實錄 1年 4月 25日》

30 옥체(玉體)가 편찮아 : 현종은 1660년 2, 3월 사이에는 안질(眼疾)이, 6월에는 머리의 종기가, 7월에는 발에 부스럼이 있어 치료를 받았다. 《顯宗實錄 1年 2月 8日, 6月 1日, 7月 6日 · 16日》

31 함형(咸兄) : 자가 함경(咸卿)인 이일상(李一相, 1612~1666)을 말한다.

32 대장군에게……객 : 자신의 신념대로 행동하는 것을 말한다. 한(漢)나라 대장군 위청(衛靑)이 막부를 열었을 때 급암(汲黯)이 읍만 하고 절을 하지 않자 그 이유를 물으니 "대장군에게 읍하는 객이 있다면 그것이 오히려 대장군을 중하게 해 주는 것이 되지 않겠는가."라고 하였는데, 위청이 그 말을 듣고는 더욱 그를 어질게 여겼다고 한다. 《史記 汲黯列傳》 읍은 서서 두 손을 모으는 예이고, 절은 양팔이 땅에 닿는 예이다.

무방할 것이니 우습습니다. 돌보아 주시는 은혜를 믿고 감히 할 말을 남김없이 하였으니 공손하지 못한 죄를 지었습니다. 늦더위가 몹시 심합니다. 곱절로 몸조심하여 우러르는 마음을 위로해 주시기를 빕니다.

홍 도위에게 답함

答洪都尉

도성에 있을 때는 서로의 거리가 백 보도 되지 않았는데, 산천에 묻혀 자유롭게 살고 싶은 소심한 성격이라서 찾아뵙겠다는 바람을 이루지 못했습니다만 덕과 의를 공경하고 우러르는 마음은 참으로 가지고 있었습니다. 이제 멀리 사람을 보내어 길 떠나는 사람을 위로하시니 편지를 보내 준 지극한 뜻에 보답할 길이 없습니다. 이번 일은 처음 보는 일이라 놀라시는 것이 실로 또한 마땅합니다. 그러나 스스로 평생을 돌아보건대 크고 작은 놀랍고 괴상한 일이 아닌 것이 없었으니 오늘날만 그러한 것이 아닙니다. 말씀하신 '조야(朝野)' 등의 글자는 대감께서 문장력이 풍부하기 때문에 이처럼 글자를 선택하는 데 아끼는 바가 없으시다는 것을 우러러 알고는 있습니다만, 떠돌아다니는 천한 거지 같은 저로서는 천금의 무게를 견디지 못할 듯합니다.

사탕(砂糖)은 깊이 감사드립니다. 산간에서 차를 마신 뒤 사탕으로 쓴 입을 달래겠습니다. 댁을 방문하여 한가한 틈에 모실 길이 없으니 상중에 더욱 몸조심하기만을 빕니다. 나머지는 떠날 때가 임박하여 이만 줄입니다.

홍 도위에게 답함 신축년(1661, 현종2) 10월 2일
答洪都尉 辛丑十月二日

시열은 아룁니다. 저의 집이 흉한 재앙을 만나 며느리가 요절하니 슬프고 괴로운 마음을 절로 참기 어렵습니다. 대감께서 위문하는 말씀을 해 주시고 또 부의(賻儀)를 주시니 상중에 감동한 마음 지극하여 무어라 말씀드릴 길이 없습니다. 대감께서 사행(使行)을 떠나실 때 보내고 맞이하는 편지가 있어야 마땅하였지만, 그 당시 얻은 죄의 제목이 자못 적지 않았습니다. 이윽고 또 입으로 한 말 때문에 정승에게 죄를 지어[33] 두문불출하며 허물을 생각하느라 감히 저의 성명(姓名)을 스스로 서울에 통할 수 없었으니, 아마 대감께서 헤아려 살펴 주시리라 생각합니다.

며느리의 장지(葬地)는 처음에는 경기와 호남의 접경에 정하고 병을 무릅쓰고 영결할 계획을 하였으나 마귀의 장난을 만나 서둘러 임시로 장례를 치렀는데,[34] 객지에서 장사를 지내는 것은 몹시 슬프고 괴로움

33 입으로……지어 : 1661년 4월 조경(趙絅)이 삼수(三水)에 유배된 윤선도(尹善道)를 변호하는 소장을 올렸다. 대각(臺閣)에서 조경을 엄히 책망하자, 구언(求言)에 응한 경우이므로 처벌해서는 안 된다며 대신(大臣)은 조경을 변호하였다. 이에 대해 송시열이 전유하러 온 사관을 통해 아뢴 내용 중에 '대신과 대각이 서로 배척한다'는 말이 있었는데, 이 때문에 영의정 정태화(鄭太和)와 좌의정 심지원(沈之源)이 물러나기에 이르렀다. 《宋子大全隨箚 卷5》《顯宗實錄 2年 4月 21日・24日, 9月 23日》《承政院日記 顯宗 2年 7月 28日》

34 며느리의……치렀는데 : 며느리는 송기태(宋基泰)의 부인으로, 완산 이씨(完山李氏) 이정한(李廷漢)의 딸이다. 전염병으로 사망하였고 아들도 당시에 전염병에 걸려 중태였기에 임시로 장례를 치렀던 것으로 추측된다. 1661년 9월 수원(水原) 만의(萬義)

을 더할 뿐만이 아니었습니다. 함부로 경기로 들어갔다가 아슬아슬하게 쌓여 있는 나무 위에 앉아 있는 것처럼 탈이 날까 몹시 두렵습니다. 공조(工曹)의 문종(文宗)은 최근에 몹시 견디기 어려운 고생을 하고 있습니다.[35] 그러나 문로공(文潞公)이 송(宋)나라의 이름난 사람이 되는 데 방해되지 않았으니[36] 이는 벗의 마음을 위로하기에 충분합니다. 날씨가 추워집니다. 잠자리와 식사를 더욱 조심하여 우러르는 마음에 부응해 주십시오. 이만 줄입니다.

에 장사 지냈다. 《宋子大全 附錄 卷4 年譜》

35 공조(工曹)의……있습니다 : 문종은 문장(文章)의 대종사(大宗師)라는 뜻으로, 1661년 6월 공조 판서에 임명된 이일상(李一相)을 말하는 것으로 보인다. 홍주원과 내종(內從) 관계이다. 《宋子大全隨箚 卷5》 이일상과 부친 이명한(李明漢), 조부 이정귀(李廷龜) 삼대가 홍문관 대제학을 지냈다. 1660년 정언 이지익(李之翼) 등이, 전남우수사 이동현(李東顯)이 이조 참판 이응시(李應蓍)에게 뇌물을 보냈는데 이응시가 받지 않고 전임 이일상에게 보냈으며 그도 받지 않았다는 소문이 있으니 이를 추궁할 것을 청하였는데, 증거가 없어 일이 그대로 묻혔다. 《顯宗實錄 1年 6月 11日, 2年 6月 21日 · 9月 15日》

36 문로공(文潞公)이……않았으니 : 탄핵을 받는다고 해도 이름난 인물이 되기에 충분하다는 위로의 말이다. 문로공은 북송 때의 명신인 문언박(文彦博)으로, 노국공(潞國公)에 봉해진 인물이다. 인종(仁宗) 때 전중어사(殿中御史) 당개(唐介)가 문언박이 촉(蜀) 땅을 다스릴 때 비빈(妃嬪)에게 뇌물을 바치고 집정(執政)이 되었다며 탄핵하여, 문언박을 파직하고 자신도 영주 별가(英州別駕)로 좌천되었다. 뒤에 문언박이 다시 재상이 되자 황제에게 청하여 당개를 조정으로 불러들였다. 《宋史 文彦博列傳, 唐介列傳》

홍 도위에게 답함
答洪都尉

어제 동부승지공[37]을 뵙고 안부 편지를 대략 써서 부쳤는데 지금 편지를 받으니 위로되고 감사한 마음 그지없습니다. 제가 이렇게 하지 않으면 어찌 이 사람을 생각해 주시겠습니까. 방금 죽은 벗 완남(完南)[38]의 집에 도착하였는데, 서주(西州)의 탄식[39]을 견딜 수 없지만 산속은 고요하고 적적하였습니다. 파공(坡公)은 큰 술잔에 술을 마시려고 하다가[40] 더욱 고향 산천에 대한 감흥을 일으킬 뻔하였으니 "시장의 가게가

37 동부승지공 : 홍주원의 맏아들 홍만용(洪萬容)을 말하는 것으로 추측된다. 《顯宗實錄 9年 2月 7日》

38 완남(完南) : 완남부원군 이후원(李厚源, 1598~1660)을 말한다. 김장생(金長生)의 문인이며, 김집(金集), 조속(趙涑), 송준길(宋浚吉) 등과 교류하였다.

39 서주(西州)의 탄식 : 자신을 아껴 주던 사람의 죽음에 대한 슬픔을 나타내는 말이다. 진(晉)나라의 이름난 재상 사안(謝安)이 서주에 살았는데, 그가 평소 생질 양담(羊曇)을 애지중지하였기 때문에 사안이 죽자 양담은 차마 서주의 길을 가지 못하였다. 하루는 몹시 술에 취해 서주의 성문을 지나게 되자 생전의 사안을 생각하며 비통한 눈물을 흘렸다 한다. 《晉書 謝安列傳》

40 파공(坡公)은……하다가 : 시속의 시시비비는 잠시 내버려 두고 호쾌하게 술을 마시고 싶다는 말이다. 파공은 호가 동파(東坡)인 소식(蘇軾)을 말한다. 왕안석(王安石)의 신법(新法)이 시행되면서 부작용이 나타나던 때에 소식이 운사(運司)에 차임(差任)되어 수리(水利)를 시찰하러 호주(湖州)에 갔다가, 벗인 호주 지주(湖州知州) 손각(孫覺)에게 지어 준 시에 "아, 나와 자네는 오랫동안 무리를 떠났기에, 아무 일도 듣지 않아 귀와 맘이 다 식었네. 청산을 마주하고서 세상일을 말하거든, 큰 술잔으로 자네에게 벌주를 먹이리라."라고 한 구절이 있다. 《蘇詩補註 卷8 贈孫莘老七絶》

숨을 만하다."라는 말이 회옹(晦翁)에게 비웃음을 당한 것[41]도 마땅합니다.

기문(記文)[42]은 길 떠나는 채비를 하는 중에 겨우 허술하게 써서 드리니 어찌 볼만하겠습니까. 장독 덮개로나 사용하십시오. 앞서 보여주신 후토(后土)에 대한 글은 넉넉하고 평이한 것이 드넓은 바다를 보는 듯하여 문득 길 떠나는 수고를 잊게 합니다. 삼가 소매 속에 잘 간직하겠습니다. 참으로 이번 걸음이 헛되지 않게 되었습니다. 이만 줄입니다.

41 시장의……것 : 벼슬에 연연하는 것을 비난했다는 말이다. 주희(朱熹)가 임용중(林用中)에게 주는 편지에서, 이영(李泳)의 시 "시장의 가게가 숨을 만해서 창주에 배 띄울 겨를 없었네."라는 구절이 머뭇거리며 유예하는 생각이 있는 것이라며 비난하였다. 《晦庵別集 卷3 林擇之》

42 기문(記文) : 홍주원의 재사(齋舍)인 추원당(追遠堂)의 기문을 말한다. 《宋子大全 卷141 追遠堂記》

홍 도위에게 답함 기유년(1669, 현종10) 11월 12일

答洪都尉 己酉十一月十二日

깊디깊은 산골이라 도깨비를 만난다고 하더라도 놀랍고 반가울 지경인데 홀연히 지체 높은 집 심부름꾼이 와서 당신의 명으로 왔다고 하였습니다. 처음에는 매우 의아스러웠으나 봉함을 뜯어 편지를 받아 들고 보니 제가 사람 곁을 아직 멀리 떠나지 않았으며 또 아예 세상 밖에 있지 않다면 사람으로서 해야 할 일이 완전히 없을 수는 없다는 것을 비로소 알았습니다. 편지를 보고서 추운 계절에 건강이 좋고 온 가족이 두루 평안하심을 알고 나니 위안이 되는 마음을 무어라 말할 수 없습니다. 다만 이조(吏曹)에 있는 둘째 아드님[43]이 병으로 근심을 끼친다고 하니, 비록 왕성한 운에는 사소한 병이 재앙이 되지 못할 줄을 알지만 염려하지 않을 수 없습니다.

유능(幼能)[44]은, 제가 그의 청아한 명망을 일찍부터 흠모하였고 만

43 이조(吏曹)에……아드님 : 홍주원의 둘째 아들 홍만형(洪萬衡, 1633~1670)으로, 자는 숙평(叔平), 호는 약헌(藥軒)이다. 1662년 증광 문과에 급제하여 한림이 되었고, 1669년 5월 이조 좌랑에 임명되었으며, 11월에는 헌납으로 있었다. 1670년 1월 38세로 요절하였다. 《宋子大全 卷180 校理洪君墓碣銘》《顯宗改修實錄 9年 12月 21日, 10年 5月 6日, 11年 1月 14日》

44 유능(幼能) : 이단상(李端相, 1628~1669)의 자이다. 본관은 연안(延安), 호는 정관재(靜觀齋)·서호(西湖), 시호는 문정(文貞)이다. 1649년(인조27) 문과에 급제하여 이조와 병조의 정랑을 거쳐 대간에 들어갔다. 송준길(宋浚吉) 등이 학문과 덕행을 인정해 경연관에 추천했으나 사양했다. 이조 판서에 추증되었다. 송시열이 지은 신도비문이 있다. 《宋子大全 卷170 靜觀齋李公神道碑銘》

년에 세운 절개 또한 오늘날 세상에서 찾아볼 수 없습니다. 또 외롭고 천한 저 같은 사람을 더럽게 여기지 않고 외람되게도 장려해 주는 은혜를 받았기 때문에 보통 사람에 비할 수 없을 정도로 깊은 교분을 쌓았는데, 지금 갑자기 세상을 떠났으니 애통한 마음이 갈수록 더욱 간절합니다. 지금 대감이 그 일을 언급하시니 저도 모르게 바람결에 눈물이 흐릅니다.[45] 너무도 슬픕니다.

지난봄 일은 말씀하신 깊은 뜻을 알겠습니다. 다만 도망치는 행동은 남이 진정 알 수 없는 일이고 또 남에게 알릴 것도 없습니다. 또 고기를 도둑질했다고 시어머니에게 의심을 받은 사람이 아니니, 어찌 감히 동네 아낙에게 고하여 불을 빌려서 남도록 주선해 주기를 바라겠습니까.[46] 그저 우스울 뿐입니다.

고봉(高峯)의 글[47]은 결국 장독 덮개로나 쓰지 않고 장차 새겨서 건다고 하니 더욱 송구합니다. 지난날 주제넘게도 요구에 응했던 글씨

45 저도……흐릅니다 : 아까운 인재가 세상을 떠난 것이 가슴 아프다는 말이다. 주희(朱熹)가 아끼고 존경하던 벗 장식(張栻)이 세상을 떠났을 때 한 말이다. 《晦庵集 卷34 答呂伯恭》

46 고기를……바라겠습니까 : 벼슬을 그만두고 나왔기 때문에 누구에게 다시 있게 해 달라고 부탁할 이유가 없음을 비유한 말이다. 옛날에 어느 시어머니가 고기를 잃어버리고서 며느리를 의심하여 내쫓았다. 그러자 그 동네 아낙이 솜을 묶어 그 시어머니에게 불을 빌리면서 "밤에 개가 고기를 얻고서 서로 싸우는데 이를 말리려고 한다."라고 하자 시어머니가 깨닫고서 며느리를 돌아오게 하였다고 한다. 《古今事文類聚 續集 卷18 里母束緼》

47 고봉(高峯)의 글 : 고봉은 홍주원의 재사(齋舍)가 있는 곳의 지명이며, 재사의 이름은 추원당(追遠堂)이다. 송시열이 〈추원당기(追遠堂記)〉를 지어 준 일이 있다. 《宋子大全隨箚 卷5》

들이 혹시 글씨를 잘 쓰는 사람의 수중에 들어간다면 그의 코를 막는 휴지[48]가 되고 말까 늘 두려워하고 있는데, 지금 대감께서는 저의 못난 솜씨를 감싸 주려고 도리어 저의 못난 글씨를 요구하셨습니다. 오늘 부탁하신 일은 참으로 제가 바라던 것이니 감히 승낙하지 않겠습니까. 다만 보내 주신 지필묵을 욕되게 할까 두려울 뿐입니다.

털수건은 잘 받았으나 세 가지 별미는 채식하는 위장에는 너무 맞지 않습니다. 양(羊)이 정강성(鄭康成)의 채소밭을 밟는다[49]는 말은 실로 오늘을 위하여 준비된 말입니다. 끝으로 양덕(陽德)이 차츰 회복되니[50] 그 기운을 잘 받아 누리시기를 빕니다. 이만 쓰겠습니다.

48 코를 막는 휴지 : 남당(南唐)의 송제구(宋齊丘)는 자신이 비갈(碑碣)을 쓸 때마다 한희재(韓熙載)에게 글씨를 구하였는데, 한희재는 종이로 코를 막고서 "그대의 글 두루마리는 어찌 이리도 냄새가 심한가."라고 하였다 한다. 《說郛 卷54 江南野錄》

49 양(羊)이……밟는다 : 남이 주는 선물을 사양할 때 겸사로 하는 말이다. 강성(康成)은 한(漢)나라 때의 경학자(經學者) 정현(鄭玄)의 자이다. 그가 늘 채소만 먹자 태수가 양고기를 보내 주니 "양이 채소밭을 밟습니다."라고 하면서 사양하였다 한다. 《宋子大全隨箚 卷5》

50 양덕(陽德)이 차츰 회복되니 : 11월이 되었음을 말한다. 음력 10월은 순음(純陰)인 곤괘(坤卦)에 해당하고, 동지가 되면 양효(陽爻) 하나가 아래에서 다시 생겨나 11월에 해당하는 복괘(復卦)가 되는데, 동짓날 자정을 기점으로 겨울에서 봄으로 바뀐다.

이 상국[51] 완 에게 보냄 계묘년(1663, 현종4) 7월 19일

與李相國 浣○癸卯七月十九日

지난번에 멀리서 보낸 편지를 받으니 기쁘기 한량없었습니다. 다만 보내 주신 붓이 제가 처음에 보내 드렸던 것보다 더 많으니 송구스럽습니다. 요즘 비가 내린 뒤에 대감의 건강은 어떠하신지 염려되는 마음 간절합니다. 선대감(先大監 이수일(李守一))의 묘지명(墓誌銘)을 저의 고질병 때문에 이제야 비로소 써서 바치니 사용 여부는 대감의 재량에 달려 있습니다.

저는 묵은 병이 깊이 들어 이제나저제나 명이 다하기를 기다리고 있는 상황으로, 옛날 교유하던 즐거움을 다시 기약하기 어려우니 매우 저를 슬프게 합니다. 동봉한 별지는 유념하시기 바랍니다. 족인(族人) 육재원(陸載元)[52]이 대감의 관할하에 있다고 들었는데, 우물 안 개구리가 대방가(大方家)에 들어가 놀라고 두려워 잘못하는 일은 없는지요? 끝으로 남은 더위에 한층 건강에 유의하시길 바라며 이만 씁니다.

51 이 상국(李相國) : 훈련대장 이완(李浣, 1602~1674)으로, 본관은 경주(慶州), 자는 징지(澄之), 호는 매죽헌(梅竹軒)이다. 인조 2년(1624) 무과에 급제하였고, 효종의 북벌계획에 깊이 관여하였다.

52 족인(族人) 육재원(陸載元) : 육재원에 대한 기록은 찾기 어렵다. 족인이라는 말은 송시열의 외할머니 정씨(鄭氏)의 외할아버지가 육씨(陸氏)이므로 하는 말이다. 《宋子大全隨箚 卷5》

별지

돌아가신 부모의 형제로는 다만 홀로 사시는 누이 한 분이 계셨는데 지난해에 마저 돌아가셨고 그 자손은 더욱 심하게 영락하니, 마음 아프고 슬픕니다. 이번에 그 아들이 품은 원통함이 특히 심하여 장차 격쟁을 하여 죽기로 풀고자 하니, 비록 극히 민망하기는 하나 그의 처지로는 의리상 그리하여야 마땅하겠기에 감히 말리지 못하였습니다. 그러나 그 또한 어찌 헛된 죽음을 원하겠습니까. 만에 하나라도 성과를 얻어 돌아와 조상의 산소에 절하고자 하는 것입니다.

생각건대 이 일이 형조(刑曹)에 관계되는 것 같은데 대감께서 아직 그 부서에 계십니까? 설사 이미 체임되었다 하더라도 어찌 힘쓸 여지가 없겠습니까. 그러므로 그에게 곧장 대감께 찾아가도록 지시하였으니, 바라건대 불러 보아서 곡절을 자세히 물어보소서. 일이 만일 옳지 않거든 장대를 들고 몰아내시더라도 조금도 유감이 없을 것입니다. 그러나 의로운 일인데도 오히려 조처하지 않으신다면 우공(于公)의 문[53]이 공연히 높고 크기만 할 뿐일 것이니 다시 사실을 자세히 따져 밝혀 주시기를 간절히 빕니다.

그러나 저의 오늘날 상황이 어찌 남에게 서찰을 보내 청탁을 할 수 있겠습니까. 비록 사정(私情)이 다급하여 조심해야 할 경계를

53 우공(于公)의 문 : 한나라 우공이 옥사(獄事)를 공정하게 처리하여 억울한 사람들을 많이 구제하였으므로 사람들이 생사(生祠)를 세우기까지 하였다. 우공이 일찍이 집을 수리하면서 "내가 음덕을 많이 쌓은 만큼 우리 자손 중에 고관이 많이 나올 테니 좁은 문을 개조해서 사마(駟馬)의 수레가 드나들 수 있도록 크게 만들어야겠다."라고 하고는 대문을 높이 세웠다. 그런데 과연 그의 아들 우정국(于定國)이 승상이 되고 나서 그 뒤를 이어서 대대로 자손들이 후(侯)에 봉해졌다고 한다. 《漢書 于定國傳》

깨뜨리고 함부로 하였지만 남이 본다면 죄가 적지 않을 것이니, 바라건대 대감은 깊이 생각하여 불쌍히 여기고 흔적이 남지 않게 해 주시는 것이 어떻겠습니까? 대감이 아니라면 이보다 더 큰일이 있더라도 감히 입을 열어서 말할 수가 있겠습니까. 이 점 아울러 살펴 주시면 매우 감사하겠습니다. 이 편지는 즉시 불에 태워 버리시기 바랍니다.

정 상국[54] 지화 에게 답함 병진년(1676, 숙종2) 1월 2일
答鄭相國 知和○丙辰正月二日

북쪽으로 가고 남쪽으로 올 때면 안부를 묻는 편지가 반드시 오니 이 마음을 어찌 갚겠습니까. 저의 병은 위태롭고 괴로우니 동파(東坡)를 본받아 장차 먼저 관을 만들고 그다음에 묘를 만들려고 합니다.[55] 다시 동쪽으로 가고 서쪽으로 가서 성상의 덕음을 듣고 싶어도 그럴 수 없습니다. 새봄을 맞아 경사가 깃들어 일상생활이 더욱 좋으시니, 축하하는 마음 끝이 없습니다. 백설탕은 마치 신령스러운 가루나 신선의 약을 얻은 듯하여 감사한 마음 이루 말할 수 없습니다. 나머지는 이만 줄입니다.

54 정 상국(鄭相國) : 당시 행 판중추부사(行判中樞府事)로 있었던 정지화(鄭知和, 1613~1688)를 가리킨다. 현종 때 영의정을 지냈던 정태화(鄭太和)와는 사촌 간이다.

55 동파(東坡)를……합니다 : 송(宋)나라 소식(蘇軾)이 만년에 왕안석(王安石)의 신법(新法)에 반대하다 해남(海南)의 담주(儋州)에 유배되었을 때 살아서 돌아갈 가망이 없다고 여겨 왕고(王古)에게 편지를 보내어, 먼저 관을 만들고 다음으로 묘를 만들 것이라고 하였다. 《東坡全集 卷77 與王敏仲》

정 상국에게 답함 병진년(1676, 숙종2) 한식 뒷날

答鄭相國 丙辰寒食後日

공인(公人)이 지난번에 보내신 글을 주기에 즉시 답장을 써서 그 사람에게 주었는데, 바로 지금 현풍현(玄風縣)의 우편을 통해 다시 보내신 편지를 받았고, 또 담증(痰症)을 막는 여러 종류의 약제가 있었습니다. 지난여름에 어떤 사람이 산곡(山谷)의 시 중에 "지금의 재상이 죽이려 해서이네.〔時宰欲殺之〕"라는 구절[56]을 주면서 "대감이 지금의 재상이 아닌가. 어찌 살려 두는가."라고 하였습니다. 이 속에서 '죽이다〔殺〕'라는 한 글자는 늘 귀에 들어오니, 아무 일이 없는 것은 아닙니다. 이만 줄입니다.

56 산곡(山谷)의……구절 : 산곡은 송(宋)나라 황정견(黃庭堅)의 호이다. 도잠(陶潛)이 지은 의고시(擬古詩)에 소식(蘇軾)이 화답한 〈화도연명의고(和陶淵明擬古)〉에 대한 발문(跋文)에 "자첨이 영남으로 귀양을 가니 지금의 재상이 죽이려고 해서인데, 혜주의 밥을 배불리 먹고 도연명의 시에 자세히 화답했네.〔子瞻謫嶺南, 時宰欲殺之. 飽喫惠州飯, 細和淵明詩.〕"라고 한 구절이 있다. 《山谷集 卷7 跋子瞻和陶詩》

정 상국에게 답함 정사년(1677, 숙종3) 1월 28일

答鄭相國 丁巳正月二十八日

대감에게 얻은 죄[57]가 많아 깊이 절교를 당했을 것으로 스스로 생각하였는데 이처럼 멀리 편지를 보내고 아울러 다섯 권의 책력까지 보내셨으니 삼가 가물 때 비에 흠뻑 젖은 것처럼 융숭한 덕에 우러러 감복하였습니다. 해가 바뀌어 더욱 복을 받으셨으니 축하하여 마지않습니다. 죄인은 여전히 목숨을 보전하고 있을 뿐 나머지 일은 번거롭게 말씀드릴 만한 것이 없습니다. 병으로 몹시 고달파 입으로 불러서 겨우 작성하고 보니 더욱 황송합니다.

별지

지난날 유세철(柳世哲)이 상소하였을 때[58] 서울의 친지들이 기해년(1659, 현종 즉위년)의 곡절을 알고자 급히 편지를 보내 묻기에 대강 갖추어 회답하였습니다. 그런데 뜻하지 않게 그 사람[59]이 잘 간수하

57 대감에게 얻은 죄 : 송시열이 기해년 예송논쟁에 관해 묻는 사람의 말과 자신의 의견을 대략 기록해 두었다가 정태화에게 편지로 보낸 적이 있었다. 그 뒤 1676년에 정태화를 현종의 묘정(廟庭)에 배향하려고 하자 조사기가 상소하여, 송시열이 정태화에게 보낸 글을 근거로 송시열과 함께 예를 그르쳤으니 배향할 수 없다고 하였다. 이에 정태화의 아들 정재숭(鄭載嵩)이 상소하여 송시열의 기록은 허망하게 꾸며댄 것이라는 등의 말로 자기 아버지를 비방하는 말에 변명하려고 했던 일이 있었다. 《宋子大全 附錄 卷8 年譜 庚申年》《宋子大全隨箚 卷5》 정지화가 정태화와 사촌 간이기에 하는 말이다.

58 유세철(柳世哲)이 상소하였을 때 : 187쪽 주22 참조.

지 못하고 다른 사람에게 누설하는 바람에 조사기(趙嗣基)의 상소가 있게 되어 끝내 말할 수 없는 변고에까지 이르렀으니, 그 당시의 죄를 생각해 보면 스스로 속죄하기 어렵습니다. 그러나 "정 대감(鄭大監 정태화(鄭太和))의 힘을 의지하려고 했다."라거나 "비방을 나누기 위하여 속셈이 좋지 못했다."라고 한 것은 참으로 사실이 아닙니다. 죄인은 늘 아무개의 아버지(정태화)가 살아 계셨다면 오늘날 일은 반드시 이 지경에 이르지는 않았을 것이라 생각합니다. 저의 마음이 이같이 공을 우러러 따르니 비록 공의 가마를 메는 일이라 해도 원할 터인데, 하물며 감히 자기가 범한 죄를 가지고 성덕(盛德)에 누를 끼칠 리가 있겠습니까. 절대로 그렇지 않습니다.

지난가을에 그 사람이 또한 매우 황공해하여 편지를 보내와 사과하고, 또 조사기의 소(疏)에서 말한 것이 당초의 본문(本文)과 서로 다른 점이 있다고 하였는데 과연 그러한지는 모르겠습니다. 구구하게 스스로 변명하자는 것이 아니라 다만 사랑해 주시는 당신의 마음에 감동하여 감히 소회를 숨기지 못하는 것이니, 용서해 주시리라 생각합니다.

59 그 사람 : 이선(李選, 1631~1692)을 말한다. 우의정 이후원(李厚源)의 아들이고 송시열의 문인이다. 《宋子大全隨箚 卷5》

정 상국[60] 치화 에게 보냄 계축년(1673, 현종14) 9월 9일

與鄭相國 致和○癸丑九月九日

지난달에 부름을 받고 서울에 들어왔는데 산중에 있을 때부터 이미 대감이 견책을 당하여 도성 밖으로 나갔다고 들었습니다. 이곳에 와서는 얼굴을 뵙지 못하였을 뿐만 아니라 곧 효종(孝宗)을 여주(驪州)로 이장하는 일에 매여 아직 하인을 보내 안부를 묻지도 못하였으니, 저의 마음은 밤낮으로 그리워할 따름입니다. 삼가 여쭙건대 서리 내리는 추위에 건강은 좋으신지요? 참판의 둘째 아들[61]은 몇 년 전에 한두 번 보았는데 반드시 크게 성공하리라 생각하였더니, 이처럼 갑자기 세상을 떠날 줄이야 어찌 생각이나 하였겠습니까. 너무도 자애로운 마음에 그 슬픔을 어찌 견디시겠습니까. 백씨(伯氏 정태화(鄭太和)) 대감은 손님을 사절한 지 오래되었다는 소문을 듣고 감히 찾아뵙지 못하니 염려되는 마음 더욱 간절합니다.

갖가지 변고가 오늘날 같은 때가 없는데 물의(物議)가 모두 저를 맨 먼저 주벌해야 한다고 했기 때문에 산릉(山陵)의 일이 끝난 뒤에 감히 조금도 지체하지 않고 곧바로 도성 밖으로 나가 능을 열어 보는 날을 기다리고 있습니다. 만일 재궁(梓宮)에 변고가 있으면 곧 이 몸이

60 정 상국(鄭相國) : 정치화(鄭致和, 1609~1677)를 말한다. 당시 판중추부사로 있다가 효종의 능인 영릉(寧陵)에 문제가 발생하자 효종의 산릉도감 당상을 맡았다는 이유로 1673년 5월에 파직되었다. 영의정 정태화의 아우이다. 《顯宗實錄 14年 5月 1日》

61 참판의 둘째 아들 : 참판은 정치화의 아우로 예조 참판을 지낸 정만화(鄭萬和)를 말한다. 그의 둘째 아들은 정재한(鄭載漢)이다. 《宋子大全 卷169 禮曹參判鄭公神道碑銘》

죽는 때이니,[62] 이 때문에 숨도 크게 쉬지 못하고 스스로 갇혀 있습니다. 감히 나아가 안부를 묻지 못하고 또 감히 시종일관 묵묵히 그대로 있을 수도 없어서 편지로 대신 말씀드리니, 양해하리라 믿습니다. 날씨가 점점 차가워지니 한층 더 건강을 조심하여 우러러보는 마음을 위로하시길 빕니다.

62 재궁(梓宮)에……때이니 : 1673년 3월 이익수(李翼秀)가 상소하여 효종 능의 석물에 틈이 있어 봉분 안으로 비가 샐 염려가 있다고 하자 천릉(遷陵)을 결정하였다. 장응일(張應一)의 상소에서 능을 정할 당시 지술(地術)을 아는 자들이 모두 수원(水原)의 산이 길하다고 했는데 송시열이 영릉(寧陵)에 써야 한다고 주장하여 이러한 일이 벌어졌다고 하였으므로, 송시열이 염려하였던 것으로 보인다. 파묘(破墓)하였을 때 능의 내부에는 이상이 없었다. 《顯宗實錄 14年 3月 24日, 6月 14日·7月 2日》

민 정랑[63] 평 에게 답함 을해년(1635, 인조13) 5월

答閔正郞 枰○乙亥五月

외롭고 천하며 어리석은 저는 몹시 못난 사람이라 문하에서 청소하고 가르침을 받으며 선친의 우호를 다진 적이 없으니, 한창 제가 변변치 못해서라고 슬퍼하고 있었습니다. 그런데 뜻밖에 어른께서 제가 모자란 사람인 줄 모르고 연세와 덕을 낮추고 굽혀, 먼저 편지를 보내어 관례의 빈(賓)이 되어 줄 것을 명하셨습니다. 저처럼 못난 사람이 감히 명을 따름으로써 가르쳐 주신 뜻을 그르치지 못하겠기에 당신 아드님께 절하고 사양하였습니다. 그런데 정(情)으로 사양하는 것을 애써 허락하지 않으시니, 감히 일찌감치 댁에 나아가지 않겠습니까. 그러나 가득 쌓인 죄송한 마음은 언제 그칠지 모르겠습니다. 나머지는 만나뵐 때를 기다리겠습니다. 이만 줄입니다.

63 민 정랑(閔正郞) : 민평(閔枰, 1582~1646)으로, 본관은 여흥(驪興), 자는 형숙(衡叔), 호는 언시(言尸)이다. 향시(鄕試)에 합격하였으나 중풍을 앓았으므로 회시(會試)에 나아가지 않았다. 효성이 지극하여 호조 정랑에 추증되었다. 송시열이 쓴 묘갈명이 있다. 《宋子大全 卷176 贈戶曹正郞閔公墓碣銘》《沙溪全書 卷47 門人錄》 정랑은 추증된 벼슬이고 당시에는 벼슬하지 않았으므로, 여기서 정랑이라는 호칭은 문집 편집 당시에 붙인 것으로 보인다.

이 정[64] 성연 에게 답함

答李正 聖淵

오래도록 얼굴을 뵙지 못하니 당신을 향한 그리움 더욱 은근합니다. 이번에 편지를 받고, 보여 주시는 많은 뜻을 삼가 알고서 깊이 감사한 마음 무어라 말할 수 없습니다. 시생(侍生)은 궁벽한 시골에 칩거하면서 병과 이웃하고 있어, 때에 맞추어 안부를 여쭙지 못하여 행실이 부끄럽고 한탄스럽습니다. 관동(關東)에서는 예부터 이선(吏仙)에 대하여 들었는데, 신선에게도 비방을 하는 것을 보면 진실로 세간의 비난이 이르지 않는 곳이 없음을 알겠습니다. 우습습니다.

정숙(靜叔)[65]과는 만남과 이별이 몹시 갑작스러워 저를 서글프게 하였습니다. 북백(北伯)은 떠나신 지 벌써 한 해가 지났는데[66] 어른께서는 헤어져 지내는 아쉬움을 어떻게 견디시며, 저쪽에서는 누구와 보내며 어울리시는지요? 이 나머지는 붓으로는 저의 뜻을 다 쓰지 못합니다.

64 이 정(李正) : 장악원 첨정(掌樂院僉正)을 지낸 이성연(李聖淵, 1586~1662)을 말한다. 편지에서 신선으로 비유한 말로 보건대 1662년(현종3) 장악원 첨정 자리에서 파직된 뒤 강원도에서 은거하였던 것으로 보인다.《宋子大全 卷176 原州牧使李公墓碣銘》《顯宗實錄 3年 4月 19日》

65 정숙(靜叔) : 이태연(李泰淵, 1615~1669)의 자이다. 호는 눌재(訥齋), 본관은 한산(韓山)이다. 송시열의 처남이며, 이성연과는 사촌 간이다. 벼슬은 정언(正言), 지평(持平)을 거쳐 이조·병조 참의를 역임하고, 평안도 관찰사 재임 중에 죽었다.

66 북백(北伯)은……지났는데 : 북백은 이태연을 가리킨다. 이태연이 평안도 관찰사에 임명된 것은 1668년 5월 25일이고《현종실록》10년 4월 19일 기사에 그에 대한 졸기(卒記)가 있다. 이로 보아 이 편지는 송시열이 이태연의 사망 소식을 듣기 전에 썼고 1669년 4월경에 보냈다고 추정할 수 있다.

소 감사[67] 동도 에게 보냄 계사년(1653, 효종4) 윤월[68] 3일

與蘇監司 東道○癸巳閏月三日

“평생 충성과 신의만 지켜 오다가 오늘날 풍파에 이 몸 맡겼네.〔平生仗忠信, 今日任風波.〕”[69]라는 말은 옛날부터 있어 온 말입니다. 시생이 관찰사 어른께서 가까이 여겨주실 줄 어찌 생각이나 했겠습니까. 시생이 어버이를 모시고 그럭저럭 지내고 있는 것은, 실로 멀리서 보살펴 주셔서입니다. 나머지는 하늘이 우리 황제를 위해 사직을 부지해 주기를 빌 뿐입니다.

67 소 감사(蘇監司) : 소동도(蘇東道, 1592~1671)로, 본관은 진주(晉州), 자는 자유(子由), 호는 면와(眠窩)이다. 익산(益山) 출신이다. 1653년 담양 부사(潭陽府使)로 있었고, 1659년 황해도 관찰사에 임명되었다. 문집을 편집할 당시 편지를 보낸 시기와의 상관관계를 놓친 듯하다. 뒤의 편지도 마찬가지이다. 《承政院日記 孝宗 3年 9月 4日, 10年 2月 9日》

68 윤월 : 1653년에는 7월에 윤달이 들었다.

69 평생……맡겼네 : 북송(北宋) 때의 직신(直臣) 당개(唐介)의 시 〈적관도회풍욕복주이작(謫官渡淮風欲覆舟而作)〉에 나온다. 《宋詩紀事 卷13》

소 감사[70]에게 답함 정유년(1657, 효종8) 5월 23일
答蘇監司 丁酉五月二十三日

매번 사신(士臣)의 형제분들을 통해 멀리서 안부를 듣고 있습니다. 이번에 두 상사(上舍)의 걸음에 손수 쓰신 편지를 삼가 받으니 감사한 뜻을 헤아릴 길 없습니다. 시생은 죄를 지었음에도 죽지 않고 흉한 데서 벗어나 길한 데로 나아갔으나[71] 이 세상을 마칠 때까지 지독한 슬픔이 다시 끝날 길이 없을 것이니 오히려 무슨 말을 하겠습니까, 오히려 무슨 말을 하겠습니까.

말씀하신 제문(祭文)[72]은 원래 재주가 모자랍니다. 더구나 슬픔과 병에 시달린 몸으로 어찌 미덕을 칭송하여 많은 선비의 성대한 바람에 부응할 수 있겠습니까. 다만 벗 중에 강하고 힘이 있는 자들이 한결같이 모두 미루어 맡기니, 이제는 담장 꼭대기를 좇는 형편이라[73] 낭패를

70 소 감사(蘇監司) : 소동도는 1657년 능주 목사(綾州牧使)로 있었다. 《承政院日記 孝宗 7年 10月 13日》

71 죄를……나아갔으나 : 삼년상을 마쳤다는 말이다. 죄는 부모를 잃은 것을 말하며, '흉한 데서 벗어나 길한 데로 나아갔다'는 것은 흉복인 상복을 벗고 길복인 평상복으로 갈아입었다는 말이다. 송시열은 1655년 3월에 모친상을 당해, 1657년 5월 1일 복을 벗고 10일에 신주를 사당에 모시기 위해 지내는 길제(吉祭)를 행하였다. 《宋子大全 附錄 卷2 年譜》

72 제문(祭文) : 익산의 화산서원(華山書院)에 김장생(金長生)을 향사할 때의 제문을 말하는 것으로 보인다. 《宋子大全隨箚 卷5》

73 담장……형편이라 : 담장 꼭대기에 난 풀이 바람에 이리저리 넘어지는 것처럼 자기의 주장이 없이 세정(世情)에 따라 태도가 바뀌는 형편이 되었다는 말이다.

당하게 될까 두렵습니다. 게다가 힘이 부족하여 끝내 사양하지 못하고 거칠게 대충 써서 올리니, 다만 여러 분께서 취사(取捨)하시는 데 달려 있습니다.

시생은 병이 날로 심하니 결국 죽어서 다시는 얼굴을 뵐 날이 없을 듯합니다. 약수(若水)[74] 존형(尊兄)께서는 가까운 곳에 지내신다고 들었습니다. 지난해에 기꺼이 안부를 물어 주셔서 지금까지도 감사하게 여기고 있습니다.

스승의 시호는 문경(文敬), 문원(文元), 문의(文懿)로 추천하였다가 이번 달 16일 문원으로 비답이 내렸습니다. 이는 명보(明甫 송준길(宋浚吉)) 형이 상소하여 문원을 얻기를 청하였는데 마침내 상소한 대로 허락을 받은 것입니다. 이제 귀원(貴院)[75]의 사판(祠版)에 드러내어 쓰는 것이 마땅하므로 제문에 언급하였습니다.

74 약수(若水) : 이징(李憕)을 말한다. 본관은 연안(延安)이다. 조부는 연평부원군(延平府院君) 이귀(李貴), 부는 이시담(李時聃)이다. 운산(雲山), 임천(林川) 등의 군수를 거쳐 목사를 지냈다.

75 귀원(貴院) : 회덕(懷德)에 있는 숭현서원(崇賢書院)을 말한다. 1646년(인조24) 사계(沙溪) 김장생(金長生)을 배향하였고, 1657년에 시호를 받자 8월 16일 위판(位版)을 고쳐 쓰는 예를 거행하였다. 《宋子大全 附錄 卷2 年譜》

임 영암 □□ 에게 답함 병술년(1646, 인조24) 12월 5일

答林靈巖 □□○丙戌十二月五日

답장을 일찍 받아서 아주 기쁘고 흐뭇했는데, 이어서 심부름꾼을 통해 받은 편지는 더욱 절실히 감사하였습니다. 오늘날 문서 더미 끝이 앉아 있으면서 이따금 주인이 그윽하게 지내는 맑은 정취에 대해 하는 말을 들으니 저의 마음은 가볍게 벌써 책상 사이에서 대나무 벗〔竹友〕과 마주하고 매화 형〔梅兄〕을 가까이 둔 듯했습니다. 내일 아침에 주인과 모시는 자리에 함께 나아가기로 약속하였으니, 날은 더디 저물고 밤이 정작 긴 것이 한스러웠습니다. 그런데 문득 조물주가 방해하여 주인 아내의 병이 몹시 위독해져 속광(屬纊)을 하려다 다행히 소생하였습니다. 한바탕 멋진 일이 무산되려 하니 혀를 찬들 어쩌겠습니까. 그러나 시생이 홀로 가서 만나 뵈려고 생각하고 있으니 저 조물주가 끝내 방해하지는 않을런지요. 대대로 이어온 의리의 두터움에 대해서는 못난 제가 이미 일찍부터 말씀드렸는데 이제 일깨워 주시니 더욱 슬픈 마음 견딜 수 없습니다. 나머지는 내일 나아가 모시면서 말씀드리겠습니다. 우선 이만 줄입니다.

임 영암에게 답함 병술년(1646, 인조24) 12월 16일

答林靈巖 丙戌十二月十六日

어제 장차 나아가서 윤우(尹友)의 슬픔을 함께 풀려고 하였는데 갑자기 일이 생겨서 저의 정성을 저버렸으니 음식물이 목에 걸린 것처럼 마음에 잊히지 않습니다. 심부름꾼을 통해 보내신 안부 편지를 삼가 받으니 더욱 몹시 송구합니다. 윤우의 일은 말하자니 목이 멥니다. 아마도 벗들이 모두 이와 같겠지만 어른과 시생이 슬픔이 배로 절절한 이유는 죽은 뒤의 쓸쓸함이 그와 다를 것이 없어서가 아니겠습니까.

가만히 생각건대 호수에 있는 누각은 청아하고 한가하여 세속 일이 도달하지 않으니, 고요히 몸을 요양하는 중에 나날이 남은 알지 못하지만 스스로는 아는 것이 있을 것입니다. 아침저녁으로 곁에서 모시면서 현묘(玄妙)함 속의 흥취를 여쭈어보지 못하는 것이 아쉽습니다. 나머지는 붓으로는 다 말씀드리지 못해 우선 이만 줄입니다.

임 영암에게 보냄 정해년(1647, 인조25) 12월 17일
與林靈巖 丁亥十二月十七日

당신을 전송한 뒤로 1년 남짓 되었으니 저의 그리운 마음이 어찌 일찍이 계신 곳을 왕래하지 않았겠습니까. 계절이 바뀌려는데 한가하고 편안히 지내는 중에 몸은 가볍고 건강하며, 고요히 요양하는 효험은 음식을 먹는 것보다 훨씬 좋으시리라 생각합니다. 시생은 산울타리에 우두커니 거처하면서 스승이나 벗이 전혀 없이 어버이를 모시는 여가에 문장이나 음미하면서 가난과 고달픔을 달랠 뿐 나머지는 말할 것이 못 됩니다.

이번에 갔던 종질 송기륭(宋基隆)은 곧 숙부인 평사(評事)[76]의 손자입니다. 일 때문에 남쪽으로 내려온 김에 어른을 뵈려고 하였으니, 이는 그가 부모를 잃고 의지할 데 없는 사람으로서 대대로 의리가 두터웠던 것을 익히 알고 있기에 얼굴을 뵙고 한마디 말씀을 받고 싶어서입니다. 삼가 바라건대 앉아서 절을 받고 가르침을 주시는 것이 어떻겠습니까? 문안드리러 갈 길이 없어 종이를 대하니 서글픕니다. 다만 새해를 맞이하여 더욱 신의 보살핌이 있으시기를 빕니다.

76 숙부인 평사(評事) : 평안도 병마평사(平安道兵馬評事)를 지낸 송방조(宋邦祚)를 말한다. 《宋子大全 附錄 卷5 年譜》

김오자옹[77] 약 에게 보냄 기묘년(1639, 인조17) 1월 18일

與金五者翁 簎○己卯正月十八日

봄추위가 요즈음 매서워 찬 바람이 사람을 찌르는데 산속의 차가운 집에서 어떻게 냉담한 생활을 하고 계십니까? 1년이 넘도록 가 뵙지 못하였으니 늘 마음속으로만 오가며 잊지 못합니다.

저는 깊은 산중에 엎드려서 세상과 동떨어져 있으므로 바깥소식을 듣지도 못하고 또 들으려고 하지도 않았습니다. 그런데 가만히 듣건대, 존장(尊丈)께서 정기(正氣)를 짊어지고 큰일을 담당하여[78] 아주 미미한 도움도 없이 요사스러운 무리와 싸워 붉은 깃발을 한번 세우자 어진 사람들이 뜻을 함께하여 20년 짓눌렸던 기운이 이제 이미 십중팔구는 펴게 되었다고 하니 아, 장합니다. 이것은 참으로 이른바 "사람이 아무리 많아도 어진 사람에게는 당해 낼 수가 없어서, 왕공(王公)이 존귀함을 잃고 진초(晉楚)가 부유함을 잃게 된다."라는 경우입니다. 선생의 혼령이 어찌 높고 편안하지 않겠으며 사림(士林)의 분함이 어찌 씻기지 않겠습니까.

77 김오자옹(金五者翁) : 김약(金簎, 1568~1643)으로, 오자옹은 그의 호이다. 조헌(趙憲)의 문인이다.

78 존장(尊丈)께서……담당하여 : 김약과 조헌이 옥천(沃川)의 표충사(表忠祠)에 봉향되었던 전팽령(全彭齡)과 곽시(郭詩)에 대해 생전에 정자(程子)를 배척하였다고 항소(抗訴)하여 출향(黜享)하게 하였다. 이 일은 원래 송시열의 스승 김장생(金長生)이 주청하였으나 병자호란이 발생하여 시행되지 못하다가, 이때 와서 김약이 주장하여 실현하였다. 《宋子大全 卷214 金五者翁傳》

선군자(先君子)께서도 저승에서 눈을 감으실 것이며 나약한 저 같은 자도 감동되어 분발할 줄을 알겠습니다. 저는 말씀드릴 만한 것이 없는 사람으로 나이는 들고 학문은 퇴보하여 스승이 기대하시던 뜻을 저버렸으니, 이 점에 생각이 미칠 때마다 늘 땀이 흘러 등을 적십니다. 이번 일에 대하여 감히 용기를 내서 열변을 토하여 그 기풍의 만분의 일이라도 돕고 싶지 않았겠습니까마는 그 소식을 이미 늦게 들었고 또 유적(儒籍)에 해당하지 않아 손을 거두고 입을 봉한 채 편안히 앉아서 누가 이기는가를 관망하는 것처럼 하였으니, 변변치 못하다는 책망을 무슨 말로 피하겠습니까. 지금 마땅히 몸소 집으로 찾아가 안부를 살피고 축하드려야 하겠으나 깊은 산중에 엎드려 있고 병고가 잦아서 머리를 내밀 도리가 없기에 감히 편지로 대신 정성을 아뢰니, 용서하시기 바랍니다. 삼가 이만 줄입니다.

김오자옹에게 답함 기묘년(1639, 인조17) 1월 27일
答金五者翁 己卯正月二十七日

한창 좋은 소식을 기다리고 있었는데 문득 어른의 손자를 만나 답장을 받고, 분기(憤氣)가 속에 꽉 차서 스스로 억제할 수 없으시다는 것을 삼가 알았습니다. 그러나 하늘이 만약 송씨를 돕는다면 반드시 쥐새끼 같은 무리들이 뜻을 얻게 하지는 않을 것입니다. 아무리 일을 바르고 곧게 하더라도 늦추다가 놓치는 점이 많은 법이니, 다시 바라건대 노력하셔서 먼저 움직여 남을 제압하는 것을 계책으로 삼는 것이 어떻겠습니까? 뒤따라가서 어른을 돕고 싶은 마음은 절실하나 제가 지금의 시기에 상황이 기구하여 사람을 만나고 싶지 않습니다. 또 듣자니 관찰사가 근래에 저의 이름을 성상께 아뢰었다고 하니 더욱 간여할 수 없습니다. 어른께서는 또한 반드시 이해하실 것입니다.

바칠 글은 삼가 초고를 올립니다. 다만 지난해에 아들을 잃은 뒤로 생각이 시들해져 문장 꼴이 형편없습니다. 부디 이것으로 유 장문(庾丈門)께 바로잡아 달라고 하고 첨삭하여 쓰시는 것이 어떻겠습니까? 이미 정서(正書)했지만 고쳐 써도 무방합니다. 다시 우물쭈물하다가 실수하는 일이 없기를 지극히 바랍니다. 부디 바삐 서두르십시오. 이만 줄입니다.

송택지[79] 국택 에게 보냄 무술년(1658, 효종9)

與宋澤之 國澤○戊戌

세월이 빨라서 대상(大祥)이 문득 지나갔으니 멀리서 생각건대 효심이 무궁하여 남은 슬픔이 깊고 간절할 것입니다. 마음속으로 늘 애달프고 염려되던 차에 보내 주신 편지를 받으니 한결 위안이 됩니다.

저는 성상의 병환이 오래 회복되지 않아서 지금까지 머물러 있었을 뿐입니다. 그러나 하루라도 직책에 있으면 최선을 다하지 않을 수 없어, 서연(書筵)에서 문자상의 뜻 외에 마음을 다하여 올바로 지도하고 있지만, 학식이 얕고 말주변이 없어서 도움이 되지 않을까 봐 두렵습니다. 사성(思誠 권시(權諰))과 명보(明甫 송준길(宋浚吉)) 두 형은 모두 혐의가 있다는 이유로 경연에 들어오지 못합니다. 오늘 강연한 뒤에 이 문제를 아뢸 생각입니다. 오직 성상의 병세가 오래 끌어서 세자가 서연을 아주 드물게 여는 것이 대단히 염려됩니다.

오래전부터 편지하여 문안을 드리려고 하였으나, 서울에 올라온 뒤로 집안에 초상과 병환이 연이어 한꺼번에 몰아닥쳐서 그 때문에 이루지 못하였으니 죄송하기 이를 데 없습니다. 넓은 아량으로 용서하시리라 생각합니다.

79 송택지(宋澤之) : 송국택(宋國澤, 1597~1659)으로, 택지는 그의 자이다. 본관은 은진(恩津), 호는 사우당(四友堂)이다. 송시열의 먼 일가로, 김장생(金長生)의 문인이며, 송준길과 교유하였다.

송택지에게 보냄 무술년(1658, 효종9)

與宋澤之 戊戌

그동안 보낸 편지는 잘 받아 보셨습니까? 이러한 시기에 지내시는 안부는 어떠한지요? 그리운 마음 끝이 없습니다.

저는 성상의 건강이 평소대로 회복되기를 기다렸다가 돌아오려고 하였습니다. 그런데 뜻하지 않게 이번에 이렇게 잘못된 은총을 받았으니,[80] 이조 판서의 직임을 이렇게 모자란 사람이 어찌 감당할 수 있겠습니까. 이미 두 번의 소(疏)를 올렸으나 비답이 더욱 간절하였으니, 이제 장차 이어서 상소하여 반드시 체차되기를 기약할 뿐입니다. 성상의 건강이 거의 평소대로 회복되었고 그저께 어떤 도위(都尉) 하나가 내전에서 나와, 이미 시험 삼아 땅을 밟아 보셨다고 말하였으니 기뻐 손뼉 치는 마음 참으로 절로 가눌 길 없습니다.

잠상(潛相)[81]이 갑자기 고인이 되어 버렸습니다. 이 재상이 하셨던 모든 일이 이치에 맞았는지는 비록 모르겠으나 나라를 근심한 정성은 어찌 다시 이와 같은 분이 있겠습니까. 듣자니 김 부평(金富平)은 손가락을 잘라[82] 사람들을 마음 아프게 하였다 합니다. 정자(正字) 댁이

80 이렇게……받았으니 : 송시열은 1658년 9월에 이조 판서에 임명되었다. 《承政院日記 孝宗 9年 9月 18日》

81 잠상(潛相) : 호가 잠곡(潛谷)이며 재상 자리에 있었던 김육(金堉, 1580~1658)을 말한다. 《효종실록》 9년 9월 5일 기사에 졸기(卒記)가 있다.

82 손가락을 잘라 : 일반적으로 부모님의 생명이 위태로울 때 손가락을 잘라서 그 피를 먹이는 일을 말한다.

높이 굽어보시니 한 가문의 크고 작은 사람들이 비호(庇護)하며 우러렀는데, 비록 그 이치가 마지막이 있다고는 하지만 아픈 마음 견딜 수 없습니다.

국운이 불행하여 이러한 큰 침해를 당하였으니 백성을 구원하는 대책을 급히 행하는 것이 마땅한데, 일을 맡은 신하가 경비를 아끼기 일쑤이니 백성의 세금을 크게 줄이지는 못할 것입니다. 제가 이미 대궐에 들어가 고하고 아래에서 떠들면서 마음과 힘을 다해 보았지만 뜻대로 되지 않으니 나름 애태울 뿐입니다. 이만 줄입니다.

정군평[83] 두경 에게 보냄 신해년(1671, 현종12) 8월
與鄭君平 斗卿○辛亥八月

도성 문에서 작별한 지 3년이 지났으나 생각하는 마음은 늘 간절합니다. 요즈음 가을 날씨가 서늘한데 기거(起居)가 평안하십니까? 돌아가신 중봉(重峰) 조 선생(趙先生 조헌(趙憲))의 유문(遺文)이 세상에 간행된 지 몇 해가 지났으나 서문(序文)을 부탁할 곳이 없었습니다. 지금 선생의 후손이 먼 길을 걸어 형을 찾아가니, 바라건대 뛰어난 문장과 건장한 필치로 선생의 덕을 드러내고 추존하여 환히 빛나게 해 주시는 것이 어떻습니까?

그리고 소동파(蘇東坡)는 양공(楊公)의 돌에 대해서도 오히려 억지로 화양(華陽)을 인용하여 기발한 문장을 지었는데,[84] 지금 저는 진짜 화양을 소유하고 있는데 아직도 빛나는 한마디 말씀을 아끼시니 어쩌면 형의 문장력이 동파보다 조금 못한 것입니까. 아니면 제가 화양동 주인이 되기에 부족해서입니까? 부디 한 말씀을 하여 이 의혹을 풀어 주시는 것이 어떻습니까? 할 말은 많지만 낱낱이 쓰지 못합니다.

83 정군평(鄭君平) : 정두경(鄭斗卿, 1597~1673)으로, 군평은 그의 자이다. 이항복(李恒福)의 문인으로, 시문과 서예에 뛰어났고 대제학에 추증되었다.

84 소동파(蘇東坡)는……지었는데 : 소식(蘇軾)이 술에 취한 도사(道士)처럼 생긴 괴석(怪石)을 두고 지은 〈양강공유석상여취도사위부차시(楊康功有石狀如醉道士爲賦此詩)〉라는 고시(古詩)에 "화양동으로 잘못 들어가 신선의 술을 훔쳐 마셨다.〔誤入華陽洞, 竊飮茅君酒.〕"라고 한 구절이 있다. 화양은 양(梁)나라 도홍경(陶弘景)이 벼슬에 뜻을 두지 않고 은거하던 곳이다.

이여휴[85] 상일 에게 보냄 무술년(1658, 효종9) 6월

與李汝休 尙逸○戊戌六月

지난번에 댁에 도착하신 뒤 보내신 편지와 아울러 연적(硯滴)을 받았으니 만나 뵙고 담소를 나누는 듯하였습니다. 지금 청(靑)의 인편에 다시 답장을 받았고, 겸하여 보여 주시는 그림 한 점을 받으니 몹시 감사한 마음 이루 다 말하지 못하겠습니다.

저는 사세(事勢)로 말하자면 한번 나아가 사은하지 않을 수 없을 듯하니, 조만간에 궐에 이르러 마땅히 이 일을 아뢰겠습니다. 그러나 폐단은 끝이 없고 그중에 또한 경중(輕重)과 완급(緩急)의 순서가 있으니 부디 모름지기 다시 생각하고 헤아려 분명히 말씀해 주시는 것이 어떻겠습니까? 제가 이 일을 시행하지 못한다 해도 마땅히 요직에 있는 자가 채택하여 쓸 것입니다. 군자가 마음을 쓰는 공정함은 남과 자신 사이에 틈이 없는 것입니다. 가장 중요한 군대를 다스리는 일은 오늘날의 제일 급선무인데 병사들의 원망이 이렇게 극도로 깊으니 몹시 한심합니다. 형이 외지에 있은 지 오래니 반드시 이러한 일에 대처하는 방법을 알 것입니다. 아울러 부디 자세히 생각해 주십시오.

민대수(閔大受)[86]가 서계(書啓)하여, 장관(將官) 중에 실지로 재주

85 이여휴(李汝休) : 이상일(李尙逸, 1600~1674)로, 여휴는 그의 자이다. 본관은 벽진(碧珍), 호는 용암(龍巖)이다. 송시열과 교분이 깊었다. 이 당시 안동 부사(安東府使)로 있었다. 《承政院日記 孝宗 6年 12月 19日》

86 민대수(閔大受) : 민정중(閔鼎重, 1628~1692)으로, 대수는 그의 자이다. 본관은 여흥(驪興), 호는 노봉(老峯)이다. 송시열의 문인으로, 1658년 5월 3일 집의에 임명되

가 있는 자를 발탁해서 등용할 것을 청한 것은 조금이나마 위로가 되는 듯한데 어떠십니까? 나머지는 청의 인편이 급하다고 하므로 바빠서 이만 줄입니다.

었다가 인평대군(麟坪大君) 이요(李㴭)의 상에 폐지된 지 오래된 불제(祓除)를 행할 것을 주청한 일로 28일 동래 부사(東萊府使)로 좌천되었다.《孝宗實錄 9年 5月 15日, 28日》

이여휴에게 보냄 신축년(1661, 현종2) 8월

與李汝休 辛丑八月

저의 집이 흉한 재앙으로 며느리가 요절하였습니다.[87] 그 사람의 네 가지 덕[88]으로 보면 복이 적은 집에 있기에 마땅하지 않으니 이치로는 당연하겠지만, 대여섯 살의 아이들이 좌우로 부르짖으니 이를 어찌 감당해 내겠습니까. 영감과 할미가 마주 보며 눈물이 마를 때가 없습니다. 매장을 계획하여 안성군(安城郡) 남쪽에 막 자리를 잡았는데 이런 큰 흉년을 만나 막막하게도 상을 치를 계책이 없으니 슬플 뿐입니다.

노형(老兄)은 돌아가 쉬며 날로 맑은 복을 누리고 계신데, 이번에 이성미(李聖彌)[89] 형제와 이틀 밤 나란히 누워 용암(龍巖)의 아름다운 산수에 대하여 듣다 보니 훌훌 떠나 모든 일을 내버리고 따르고 싶었습니다. 저는 몸은 시골집에 있으나 남은 허물이 다하지 않았는지, 듣자니 두 정승이 물러나면서 저를 이유로 대었다고 하니[90] 두려워 어쩔

87 며느리가 요절하였습니다 : 연보에 1661년 4월 24일 며느리 이씨(李氏)의 부고를 받았다는 내용이 있다. 이씨는 아들 송기태(宋基泰)의 부인으로, 이정한(李廷漢)의 딸 완산 이씨(完山李氏)를 말한다. 《宋子大全 附錄 卷4 年譜》

88 네 가지 덕 : 부인이 갖추어야 할 네 가지 덕성으로, 부덕(婦德), 부언(婦言), 부용(婦容), 부공(婦功)을 말한다. 《周禮 天官 九嬪》

89 이성미(李聖彌) : 송시열의 문인 이석견(李碩堅)으로, 성미는 그의 자이다. 음직(蔭職)으로 현감을 지냈다. 여러 문인 중에 가장 먼저 송시열을 사사하였다.

90 두……하니 : 영의정 정태화(鄭太和)와 좌의정 심원지(沈之源)가 송시열의 계사에 있던 말로 인혐한 일을 말한다. 자세한 내용은 196쪽 주33 참조.

줄 모르겠습니다. 장차 글을 올려 스스로 논핵하지 않을 수 없을 텐데 이러한 시기에 저의 성명이 자주 성상을 번거롭게 하는 것이 어찌 마땅하겠습니까. 너무나 답답합니다. 어떻게 해야 대면하여 조용히 이 마음을 탁 틔워 보겠습니까? 가을이 이미 저물었습니다. 부디 몸조심하십시오.

이여휴에게 보냄 무신년(1668, 현종9) 5월 14일

與李汝休 戊申五月十四日

편지를 가지고 오는 심부름꾼이 연이어 와서 보내신 편지를 받고 누누이 하신 말씀을 삼가 알았으니 덕스러운 목소리를 듣는 것만 같아 위로되는 마음 이루 말할 수 없습니다. 저는 새로 내린 명을 받고부터 밤낮으로 근심하고 두려워, 쌓아 놓은 나무 위에 있듯 골짜기를 굽어보듯 위태롭기만 합니다. 벌써 다섯 차례나 상소하여 벼슬이 삭탈되기를 간절히 청하였으니, 혹시라도 주상께서 굽어보고 속히 허락해 주신다면 얼마나 다행이겠습니까. 밤낮없이 마음으로 기도할 뿐입니다.

그곳의 기근에 대해 듣자니 가슴 아픕니다. 부지런히 구원하여 살리는 일에는 아마 급히 달려가는 것도 꺼리지 않으시겠지요. 지금 당장 보리와 밀을 수확하면 조금이나마 근심이 풀릴 것입니다. 운운하신 그 사람은 원래 사납고 괴팍합니다. 이번에는 또 조그만 일에 화가 나서 남을 해칠 것만 생각하고 다른 것을 돌아보지 않으니 이는 작은 근심이 아닙니다. 어찌해야겠습니까? 저는 지난여름에 앓은 병이 장차 다시 발작하려는 조짐이 있는데 이와 같으면 요행이 없을 듯하니, 그저 조용히 기다릴 뿐입니다.

책자와 약재, 두서너 가지 좋은 음식을 보내 주셨는데 보살펴 주시는 마음 감사히 받았습니다. 노년의 회포를 함께 나눌 길이 없으니, 주무시고 드시는 것이 편안하고 알맞기만을 바랍니다. 이만 줄입니다.

이여휴에게 보냄 무신년(1668, 현종9) 9월 23일

與李汝休 戊申九月二十三日

황량한 마을에서 나눈 하룻밤의 대화는 쌓이고 막힌 마음의 만분의 일도 쏟아 내지 못했고, 이별 뒤의 그리움은 더욱 형용할 수 없습니다. 요즈음 서리가 찬데 고요히 지내는 생활은 어떠하신지요? 저는 여러 노형(老兄)의 권면하는 말씀 덕분에 함부로 한 발을 내디뎌 일고여덟 달 버틴 죄를 벗어났으니 이는 다행입니다. 그러나 이 좁은 길에 들어서면 벗어나 돌아오기가 쉽지 않으니 노형께서는 부디 다시 좋은 계책을 말씀해 주셔서 일찌감치 돌아올 수 있게 하는 것이 어떻겠습니까?

얼핏 들으니 회연(檜淵)의 일[91]은 성균관의 통문(通文)까지 있었다고 하니 경악스러움을 견딜 수 없습니다. 당초에 이러한 방도는 경박함을 면치 못할 듯하였으니 사달을 불러온 것도 괴이하지 않습니다. 마음을 가라앉히고 살펴보면 그 질책을 나누어 받는 것이 옳은데 지금은 곧 한쪽만 질책을 받으니 이미 공정함을 잃었습니다. 더구나 사소한 일로 끝도 없는 일을 야기하여 멈추지 않으니, 이것이 무슨 도리인지 모르겠고 한탄스러움을 견딜 수 없습니다. 오직 노형께서 힘껏 조정하여 마디 위에 가지가 생겨나는 데까지는 이르지 않게 하는 것이 어떻겠

91 회연(檜淵)의 일 : 성주(星州)의 회연서원(檜淵書院)에 정구(鄭逑)를 모시면서 김우옹(金宇顒)을 배향하고 있었는데, 송시열이 방문한 적이 있었다. 당시 조근(趙根)이 따라갔다가 "한강(寒岡) 선생을 절하고 뵈었다."라고 썼는데, 뒤에 비방하는 말이 떠들썩해지자 조근이 모든 허물을 송시열에게 돌렸다.《宋子大全 附錄 卷14 李喜朝錄》 한강은 정구의 호이다.

습니까? 근본이 이제 편안하고 고요해지면 난쟁이가 놀이판을 구경하는 듯한 폐단[92]은 저절로 없어질 것입니다. 부디 간절히 바랍니다.

92 난쟁이가……폐단 : 키가 작은 사람이 큰 사람 틈에 끼여 놀이판을 구경할 경우 놀이 장면을 제대로 보지 못하여 앞에 선 사람들이 웃으면 따라 웃는다는 뜻으로, 자신이 제대로 모르면서 남을 좇아 아는 척하는 주견(主見) 없는 사람을 비유하는 말이다.

이여휴에게 답함 경술년(1670, 현종11) 9월

答李汝休 庚戌九月

보내신 편지를 받아 보니 근심과 걱정이 있을 때 서로 보살펴 주는 의리를 알겠습니다. 저는 운명이 험악하여 종전에 받은 말이 불경(不敬) 부도(不道)의 조목 아닌 것이 없었고, 지금 또 망극한 변[93]이 있는데도 죽어 사라지지 않으니, 남들이 무어라 하겠습니까. 부끄럽고 가슴 아프니 어찌하면 좋겠습니까.

생각건대 감영(監營)에서 자세히 보고했겠지만 어쩌면 빠진 것이 있을까 염려되어 지면(紙面) 두어 장을 보내 드리니, 차후 곧바로 돌려주시는 것이 어떻겠습니까? 이것은 하늘 같은 성은(聖恩)이 죽은 목숨을 살리고 뼈에 살에 붙여 주신 정도일 뿐만이 아니니, 이 몸이 만번 가루가 된들 어떻게 만분의 일이라도 갚을 수 있겠습니까. 듣기에 동춘(同春 송준길(宋浚吉))이 수원(水原)에 머물고 있다고 하니 거취가 마침내 어찌 될는지 모르겠습니다. 나머지는 일일이 쓰지 못합니다.

별지

훈련도감의 군사가 지금 7000명에 이르는데 이 기관은 임진왜란 뒤

93 망극한 변 : 1670년 9월 초에 송시열의 먼 친척 되는 서얼(庶孼) 이세직(李世直)이 송시열과 송준길, 서필원(徐必遠) 및 청주(淸州) 사람을 끌어대어 고변(告變)하였는데, 조정에서 국문(鞫問)을 벌여 보니 모두 허망한 말이었다. 뒤에 이세직은 무고임을 자복하고 죽음을 당하였다. 《宋子大全 附錄 卷6 年譜》《宋子大全 卷13 李世直伏法後到安城待罪疏》

에 창설되었습니다. 매달 양식을 지급하니 이것이 바로 주자(朱子)가 말한 "날마다 싸우지 않는 때가 없다."라는 경우입니다. 국가에서 받아들이는 세미(稅米)가 10여만 섬인데 훈국 군사에게 소비하는 것이 7만여 섬이니, 나라가 가난하고 백성이 곤궁한 까닭은 오직 이 때문입니다. 또 늘 편안히 앉아 있으므로 타성에 젖어서 급할 때에도 힘이 되지 못하니 상의 거둥 때면 그것을 볼 수 있습니다. 또 교만하여 제재할 수 없는 데다 궁중의 사정에 자세하고 익숙한 군사가 항상 성궐(城闕)에 머무르니 커다란 근심거리이고, 또 선발해서 올려보낼 때 각 고을에 몹시 폐가 되기 때문에 지난겨울에 어전에서 건의하기를,

"훈련도감의 군사를 선발하고 양성하는 규정을 점차 변통하여 한결같이 어영청의 제도와 같게 하소서. 그렇게 되면 오래 서울에 살면서 자손을 키울 것이므로 반드시 갑자기 시골로 돌아가려고 하지 않을 것입니다. 다만 이제부터는 다시 선발하여 올려보내지 말며, 결원이 있어도 보충하지 말고, 결원을 어영청의 규정대로 보충한다면 10년이 지나지 않아서 그러한 폐단은 제거되고 좋은 제도가 이루어져서, 국가와 개인이 모두 편하고 또 매우 실제에 부합하게 될 것입니다."

하니, 성상도 매우 옳게 생각하였습니다. 그 뒤 신에게 이르시기를,

"내가 훈련도감의 군사를 변통할 방도를 생각하였다."

하시므로, 신이 듣기를 원하니,

"지방의 관찰사와 병사(兵使) 이하 여러 영문(營門)에 군관(軍官)으로 이름이 붙어 있는 자를 삭제해 버리고자 한다."

하셨고, 신이 아뢰기를,

"대단히 좋은 방법입니다. 바라건대 성상의 마음을 굳게 정하셔서 유종의 미를 기약하소서."

하였습니다.

대체로 제가 아뢴 뜻은 훈련도감에 있는 군사의 묵은 제도를 제거하고 어영청의 제도를 따라 쓰자는 것이었는데, 지금 들으니 훈련도감 별대(別隊)의 선발은 과연 저의 계책을 썼지만 해마다 선발하여 올려보내는 규정은 그대로 두고 고치지 않았다 합니다. 이같이 하면 묵은 폐단을 제거하지 못할 뿐 아니라 새로운 폐단만을 더하는 것입니다. 어떤 사람이 당초 성상의 생각이 어디 있는지 헤아리지 않고 이러한 어수선한 일을 만들어 냈는지 모르겠습니다. 성상께 아뢰고 싶은 마음 간절하지만 지금 비난을 받는 도중에 국사를 말하는 것이 불편하기에 감히 그렇게 하지 못합니다. 형이 혹 상소하여 성상을 위해 내용을 자세히 아뢸 수 있겠습니까?

이여휴에게 보냄

與李汝休

의지할 데 없는 여생에 이렇게 지극한 아픔[94]을 안으니 참으로 살고 싶지 않습니다. 다만 남은 날이 많지 않아 슬픔도 장차 거의 다할 때가 되었으니 늘 이것으로 자신을 달랩니다. 시사(時事)가 이 지경에 이르렀으니 식견이 있는 자는 한심하게 여깁니다. 그러나 물러나 전원에 엎드린 자가 입을 다물지 못해 마구 사달을 돋우니 훗날의 사람이 보면 어떻다고 여길지 모르겠습니다. 어제 승지가 전유(傳諭)하여 소(疏)에 대한 비답을 삼가 받았으니 황공하고 두려워 참으로 어찌해야 좋을지 모르겠습니다. 그런데 일전에는 덕음(德音)이 내리면 반드시 아무 형을 아울러 언급하셨는데, 지금은 이렇듯 쓸쓸하니 더욱 송구한 마음이 더합니다. 조사기(趙嗣基)의 소[95]는 그 대략을 들었는데, 참으로 나라를 위태롭게 하는 작태입니다. 우리는 모두 오래가지 않을 사람들이고 서로 만날 기약도 없으니, 어떻게 하면 한번 회포를 풀겠습니까? 다만 서글피 기대할 뿐입니다.

94 지극한 아픔 : 1672년(현종13) 7월에 둘째 형 송시묵(宋時默)의 상(喪)이 있었다. 《宋子大全 附錄 卷6 年譜》

95 조사기(趙嗣基)의 소 : 《송자대전수차》에서는 조사기가 정언(正言)으로서 당시의 폐단에 대해 진술하면서 기해년(1659)의 복제(服制)에 대해 논하였다고 하였으나, 실록에서는 그의 벼슬을 전 제용감 정(濟用監正)이라고 밝히고 있다. 현종이 예송에 대하여 더는 언급하지 말도록 금령을 내린 뒤에 올린 글이라 논란이 있었다. 《宋子大全隨箚 卷5》《顯宗實錄 13年 3月 4日》

이정백[96] 홍연 에게 답함 경자년(1660, 현종1) 6월

答李靜伯 弘淵○庚子六月

헤어진 지 벌써 오래되었습니다. 셋째 아드님이 급제한 것[97]과 우상(迂相)[98]이 세상을 떠난 것에 대해 마땅히 경조사를 챙겨야 하지만 요즈음 형편[99]이 스스로 감히 여느 사람에 비할 수 없어 지금까지 금하고 있습니다. 그러나 마음의 왕래는 하루도 그친 적이 없습니다. 지금 인편으로 손수 쓰신 편지를 받고 두 번 세 번 반복해서 읽다 보니 참으로 직접 가르침을 듣는 것만 같아 한없이 위로되었습니다. 셋째 아드님이 젊은 나이에 벼슬에 올랐으니 참으로 아버지보다 뛰어난 아들이라 벗의 기쁨을 이루 말할 수 없고, 형께서 염려해서 하시는 말씀은 참으로 어진 부형(父兄)의 마음이니 몹시 우러러 공경합니다. 우로(迂老 이후원(李厚源))는 벌써 두터운 땅으로 들어가 버리셨으니 생각할 때마다 저도 모르게 눈물이 흐릅니다. 오늘날 계신다면 얼마나 좋은 말로 몇

96 이정백(李靜伯) : 이홍연(李弘淵, 1604～1683)으로, 정백은 그의 자이다. 본관은 한산(韓山), 또 다른 자는 이정(而靜), 호는 삼죽(三竹)이다.

97 셋째……것 : 이홍연의 셋째 아들 이광직(李光稷)이 1660년 문과에 급제하여 예문관 검열(藝文館檢閱)에 임명되었다.

98 우상(迂相) : 호가 우재(迂齋)인 이후원(李厚源, 1598～1660)을 말한다. 김장생(金長生)의 셋째 아들 김반(金槃)의 사위이다.

99 요즈음 형편 : 당시 기해년(1659) 예송논쟁과 관련하여 자의대비(慈懿大妃)의 복제(服制) 문제가 다시 대두되어, 윤선도(尹善道)가 송시열의 기년설을 '효종을 낮추고 종통과 적통을 이분화한 것'이라는 요지로 반박하였다. 《顯宗實錄 卽位年 5月 5日, 1年 4月 16日・18日》

번이나 깊은 깨우침을 주실지 모르겠습니다. 오늘날 어디에서 세상에 다시 이러한 사람을 얻을 수 있겠습니까.

저는 주요한 사안을 돕우어 마침내 시사(時事)를 무너뜨렸으니 현륙(顯戮)을 당하더라도 어찌 만분의 일이라도 속죄할 수 있겠습니까. 그간 또한 평생 거짓으로 꾸며 대다 오늘날 다 드러난 일에 대해서는 우상이 누차 미리 말하였는데,[100] 그 앞에 재배(再拜)하며 사람을 알아보지 못한 죄에 사죄하지 못하는 것이 한스럽습니다. 슬프고 슬픕니다. 가만히 듣자니 이제 막 생겨난 말이 점점 새로워진다기에 감히 집에서 누워 쉴 수가 없어 산의 서재에 칩거하면서 오직 선사(禪師)와 마주하고 있으니 오히려 일이 줄어드는 것 같습니다. 부디 살펴 주십시오. 이만 줄입니다.

100 오늘날 다…… 말하였는데 : 《송자대전수차》 권5에서 윤휴(尹鑴)의 일을 가리킨다고 하였는데, 윤휴가 주희(朱熹)의 주석에 매이지 않고 독자적인 경서 주석을 한 일을 말하는 것으로 추측된다. 우상 이후원이 "윤휴가 뜻을 얻는다면 사림(士林)에 해를 끼칠 것이다."라는 등의 말을 한 적이 있다. 《宋子大全 附錄 卷3 年譜2》

이정백에게 보냄 무신년(1668, 현종9) 8월 2일

與李靜伯 戊申八月二日

당신 사위의 일[101]에 대하여 보내오신 말씀에 이른바 "백이(伯夷)와 숙제(叔齊)[102]만 못하다는 것으로 꾸짖는다면 그가 또한 달게 받아들일 것이다."라고 하신 것은 참으로 좋은 말씀이고 지극한 논리입니다. 사헌부의 계(啓)가 과연 이 일이 심상(沈相 심지원(沈之源))이 별세한 뒤에 나온 것이라 했다면 사실을 아주 잘못 안 것입니다. 심상이 살아 있을 때 한 말은 저도 들었습니다. 대체로 사위가 당한 일은 참으로 이른바 변고를 만난 것이니 왕년에 대간(臺諫)의 계사에서 힘써 논쟁했습니다. 가만히 생각건대 성상께서 고쳐 바로잡도록 허락하셨다면 처리하기 어려운 점이 없으니 실로 심씨 집안의 복입니다.[103] 지금의

101 당신 사위의 일 : 이홍연의 사위는 심지원의 아들 심익상(沈益相)이다. 심지원에게 이미 후사로 삼은 양자가 있었는데 심지원이 죽자 차자였던 심익상이 제사를 주관함으로써 대간의 논핵이 일어난 일을 말한다. 《宋子大全隨箚 卷5》

102 백이(伯夷)와 숙제(叔齊) : 고죽군(孤竹君)의 아들들이다. 고죽군이 생전에 숙제를 후사로 삼으려 하였으나 고죽군이 임종할 때 숙제가 형인 백이에게 왕위를 사양하였다. 백이가 아버지의 명령이라 하고 도망가 버리고, 숙제 또한 왕위에 오르지 않고 도망가 버리자 고죽국 사람들이 가운데 아들을 왕으로 옹립하였다. 《史記 伯夷列傳》

103 왕년에……복입니다 : 심지원이 후사가 없어 심지택(沈之澤)의 아들 심익선(沈益善)을 양자로 삼았는데, 이후 후처 해평 윤씨(海平尹氏)에게서 심익상 형제가 태어났다. 심지원이 죽자 심익상은 아버지의 뜻이라 하여 제사를 주관하며 대를 이었고, 양자 심익선은 강등되어 중자(衆子)와 같아졌다. 이 일로 물의가 일어나 1662년 9월 13일 대사간 민정중(閔鼎重)이, 후사를 세운 뒤에 다시 친자(親子)를 적자(嫡子)로 삼아

상황으로 보자면 저의 짐작이 몹시 망녕되지는 않은 듯합니다.

전 부인 권씨(權氏)[104]를 따로 제사 지낸다는 말에 대해서도 일찍이 들었는데, 이는 기평(杞平)[105]과 거의 다르지 않다고 여겨 적이 놀랐습니다. 오늘 보내 주신 말씀을 받고서 옛날의 의심이 얼음 녹듯 풀렸으니 몹시 다행입니다. 또 이 일은 한번 생질 권 아무개[106]에게 언급하기만 하였다면 허실이 즉시 판별되었을 터인데, 무엇 때문에 이렇듯 의심을 쌓아서 오래도록 사람을 애매한 채로 놔두었는지 스스로 괴이하게 여깁니다.

김생(金生)이 운운한 것이 과연 이와 같으니, 형께서 몹시도 저를 아끼셨군요. 다만 젊은 사람들의 말은 물론 저의 본래 뜻을 놓친 점이 있습니다. 그러나 이것은 제가 일찍이 김생과 함께 주고받은 말이 있었

제사를 받들게 한다면 부자(父子) 관계가 임시로 맺어진 셈이 되니 인륜을 무너뜨리는 일이라고 상소하였다. 이에 현종은, 후사를 세운 뒤라도 친자를 낳으면 친자를 적자로 삼되 후사로 세웠던 아들을 중자로 삼아 파계하지 못하게 한 명종조의 수계를 규식(規式)으로 삼도록 하였다. 그러나 이후 1668년 7월 11일 정언 윤경교(尹敬教)가 심익상이 적통을 빼앗은 죄에 대해 논핵하자, 그 말을 따라 고쳐 바로잡으라고 명하였다. 《顯宗實錄 3年 9月 13日, 9年 7月 11日, 10年 1月 4日》《萬家譜 冊12 青松沈氏》

104 전 부인 권씨(權氏) : 심지원의 전 부인인 권득기(權得己)의 딸 안동 권씨(安東權氏)이다. 후실은 윤종지(尹宗之)의 딸 해평 윤씨이다. 《萬家譜 冊8 安東權氏》

105 기평(杞平) : 기평부원군(杞平府院君)에 봉해진 유백증(兪伯曾, 1587~1646)을 말한다. 후처에게 미혹되어 전처의 아들 유훈(兪櫄)을 아들로 여기지 않아, 유훈이 미쳐 도망쳐서 행방을 몰랐다. 죽을 때가 임박해서 후사가 없자 조카를 후계로 삼고 유서(遺書)에 전처의 아들이 제사를 받들지 못하게 하였는데, 이 때문에 사헌부에서 탄핵하였다. 《仁祖實錄 24年 8月 2日》《宋子大全隨箚 卷5》

106 생질 권 아무개 : 심지원의 아내는 권득기의 딸이고, 송시열의 맏사위 권유(權惟)는 권득기의 손자이므로 서로의 관계를 미루어 보건대 권유를 말하는 것으로 보인다.

고, 또한 '백이와 숙제가 행한 것 외에 더 좋은 계책은 없다.……'라고 여겼습니다. 이 일을 제외하고 애초에 심상(沈相)이 정의(正義)를 돌보지 않았고, 중간에는 성상이 대간의 계사에 대해 윤허하지 않았으며, 마지막에는 권씨를 따로 제사 지낸다는 뜬구름 같은 말이 돌고 돌아 이 지경에 이르렀으니 몹시 탄식할 만합니다.

다만 손뼉 칠 일이 있으니, 우선 형이 한번 웃는 데 내기를 걸어 봅니다. 세상이 당신 사위에게 백이숙제 같기를 바라는 것은 형의 가문을 위해 그 선조의 밝은 덕을 기리느라 그런 것이지만, 형의 따님이 함께 산속에서 굶주리는 것은 작은 일이 아닙니다. 형은 일찍이 가난한 집의 아내가 춥고 주리는 것을 한스러워하였습니다. 그런데 오늘은 이것을 생각할 겨를이 없고 백이숙제 같기를 바라는 생각이 더욱 절실하시니 웃음을 견디지 못하겠습니다.

이정백에게 답함 무신년(1668, 현종9) 8월

答李靜伯 戊申八月

창장(滄丈)[107]이 갑자기 고인이 되었습니다. 효성과 우애가 독실하면서 곤궁한 생활에도 의리를 지켰으니 세상에 어찌 다시 이런 사람이 있겠습니까. 벗으로서는 저만 애통한 것이 아니지만, 저 같은 경우에는 분에 넘치게 알아주고 장려해 주셔서 의지한 것이 얕지 않았으니 오늘날 어디에서 이러한 사람을 얻어 오겠습니까. 이제 보내신 편지를 받으니 더욱 마음 아픕니다.

제가 어찌 길가에서 어가를 맞이하고 싶지 않겠습니까. 그렇지 않다면 또 어찌 들어가서 행궁(行宮)에 조회할 줄 모르겠습니까. 다만 묵은 병 외에도 산증(疝症)과 곽란(癨亂) 기운이 더하여 몹시 위태로운 것을 어쩌겠습니다. 이미 소(疏) 한 통을 올려 스스로 논열하였으니, 혹시라도 성상께서 불쌍히 여겨 살펴 주신다면 얼마나 다행이겠습니까. 이러한 시기에 마침 형이 가까이 있다고 들었으니, 이처럼 한가한 날이면 어찌 옛날 신원사(神院寺)[108] 시절같이 한번 채찍질하여 달려가 뵙지 않을 수 있겠습니까. 목을 빼고 멀리 바라보며 그리운 마음만 있을 뿐입니다. 이만 줄입니다.

107 창장(滄丈) : 호가 창강(滄江)인 조속(趙涑, 1595~1668)을 말한다. 본관은 풍양(豐壤), 자는 희온(希溫)이다. 정백 이홍연에게는 외숙(外叔)이 된다.

108 신원사(神院寺) : 충청남도 공주시 계룡면 양화리 계룡산(鷄龍山)에 있는 절이다.

이정백에게 답함 신해년(1671, 현종12) 9월 20일
答李靜伯 辛亥九月二十日

그저께 답장을 대략 써서 역졸에게 부쳤는데 이제 다시 19일에 보내신 편지를 받으니 참으로 아침저녁으로 만나는 것만 같습니다. 누가 편지는 얼굴을 직접 대하는 것만 못하다고 말하겠습니까. 형이 면직(免職)되기를 바랐던 마음은 제가 익히 아니, 오늘날 어찌 형의 기쁨을 기쁨으로 여기지 않겠습니까. 다만 노쇠한 때에 멀리 헤어져 있으니 저의 마음이 몹시 괴로워, 저도 모르게 슬픔과 암담함이 깊어집니다.

이번에 본현(本縣)[109]의 아전이 와서 사통했다는 혐의[110]를 받았다고 말하였으니, 염려해 주신 지극한 뜻을 가만히 우러릅니다. 다만 이 일에 대해 생각해 보건대 형이 계신 곳에서 곧장 보내신 것이라면 훌륭하고 많더라도 사절할 필요는 없겠지만, 이번처럼 각 읍을 경유하는 것은 마음에 실로 편하지 않고 또 듣는 이를 놀라게 하니 제가 비록 뼈만 남아 여위어 죽더라도 결코 감히 받지 못하겠습니다. 부디 형께서 서둘러 통지한 글을 거두어 남의 귀에 오랫동안 들리게 하지 않으신다면 이보다 다행스러움이 없겠습니다. 종소가(宗少家)가 맡아서 전달한 것은 사세가 마침 그러한 것을 어찌겠습니까. 종질(從姪) 송기후(宋基

109 본현(本縣) : 당시 송시열이 화양동(華陽洞)에 있었는데, 화양동은 당시 청주(淸州) 청천현(靑川縣)에 속하였다.

110 사통했다는 혐의 : 이홍연이 당시 충청도 관찰사였는데, 송시열을 돌보아 준 것이 있었기에 하는 말이다. 《宋子大全隨箚 卷5》

厚)가 또한 여러 차례 말하였지만 제가 감히 번거롭게 하지 못했던 것은 진실로 이러한 까닭이 있었습니다. 나머지는 누워서 남에게 쓰게 하느라 이만 줄입니다.

이정백에게 답함 신해년(1671, 현종12)
答李靜伯 辛亥

매섭게 몰아치는 풍설 속에 텅 빈 골짜기에서 쓸쓸하게 지내는데 홀연히 장군(將軍)이 문을 두드려 관찰사의 귀한 편지를 주고 겸하여 급한 처지를 구제하는 곡식 세 항아리까지 주었으니, 어린아이와 아내의 얼굴빛에 찬 골짜기 속에서 따뜻한 기운이 감돌았습니다. 다만 평소에 이천(伊川 정이(程頤))이 여 급공(呂汲公 여대방(呂大防))이 보내 준 비단을 사양한 말을 익히 읽으면서 '「어찌 나만 가난하겠는가. 천하에 가난한 사람이 많다.」라고 한 말씀은 참으로 격언이다.'라고 생각하였는데, 오늘날 저 자신이 선물을 받고 사양하지 않는 것은 어찌 형이 한 도(道)의 백성을 다 구원하여 야윈 사람이 없어서이겠습니까. 아니면 제 집안의 처자가 불쌍하여 미처 다른 사람을 돌아보지 못해서이겠습니까. 참 우습습니다.

형이 요청한 일들은 상께서 처음엔 비록 어렵게 여기셨으나 나중에는 들어주셨습니다. 백성이 혜택을 받게 된 것을 다행으로 여기면 될 뿐이지 어찌 처음에 잘 들어주지 않은 것을 혐의하겠습니까. 대저 밝은 정치는 거의 물 샐 틈이 없도록 해야 굶주린 백성들이 살아날 희망이 있는 것입니다. 만일 주 선생(朱先生 주희(朱熹))이 한 것처럼 그중에 몇몇 태만한 자를 제거하여 그 외의 사람을 경계시킨다면 반드시 모두 마음을 다할 것입니다.

관직에 있으면서 녹을 먹는 우리 집 형제들은 집 안에 저축해 둔 식량이 있을 것 같지만 삼산(三山 보은(報恩))의 흉년은 특히 더 심하고 집을 지키고 있는 남녀 종들까지 모두 모여서 관가의 녹을 먹기 때문에 모든 식구가 항상 주린 기색이 있습니다. 오직 익산(益山 익산 군수 송시도(宋時燾))이 다달이 제가 먹을 쌀과 콩을 보내옵니다.

○ 이후징(李厚徵)이 성환 찰방(成歡察訪)입니다. 이혜중(李惠仲 이민적(李敏廸))이 관찰사로 있으며 외숙(外叔) 윤노직(尹魯直 윤순거(尹舜擧))을 위해 성환 찰방에게 역마를 내어 서울 가는 행차를 돕게 하였습니다. 그러나 성환 찰방이 그 말을 따르지 않았을 뿐 아니라 관찰사에게 보고하는 장문(狀文)에 노여워하는 말을 하였습니다. 그런데도 이혜중은 노하지 않았을 뿐 아니라 도리어 권장하였습니다. 그대 저는 이혜중이 사리와 체면을 대단히 얻었다고 여겼으니, 그것은 그가 법을 지키고 흔들리지 않은 것이 가상하였기 때문입니다.

일전에 저의 아내가 유점사(楡岾寺)에서 들어올 때 형이 짐꾼 두 사람을 빌려주셨는데, 저의 생각에 만일 이후징을 만나면 형이 반드시 곤란할 것입니다. 지금 율봉 찰방(栗峯察訪)이 만일 성환 찰방의 풍도를 듣는다면 감히 노여운 보고서를 올리지는 못하더라도 마음속으로 형과 저에 대해 논하기는 할 터이니 매우 두렵습니다. 옛날에 소동파(蘇東坡 소식(蘇軾))가 서촉(西蜀)에서 과거를 보러 갈 때 영신마(迎新馬)[111]를 타고 경사에 이르렀습니다. 매우 사소한 일이지만 뒤에 왕형공(王荊公 왕안석(王安石))의 도당(徒黨)이 이것을 죄목으로 삼자, 송(宋)나라 유현(儒賢)들이 일찍이 이것을 이야기하며 서로 경계하기를 "사람은 남에게 허점을 제공하면 안 된다." 하였습니다. 오늘 우리 모두 이것을 모르면 안 됩니다. 어떻게 생각하십니까?

111 영신마(迎新馬) : 지방에서 새로 부임하는 관리를 맞이할 때 부리는 말이다.

이정백에게 답함
答李靜伯

보내 주신 편지를 받고 위로되었습니다. 사천(沙川) 운운한 것은 실없는 말 중에서도 실없는 말입니다. 그러나 이러한 일은 참으로 이름을 나란히 하고 싶지 않습니다. 부역을 줄이는 일에 대해서는 시원한 말이 없습니다. 형은 장의문(莊義門)[112] 밖 나무꾼들의 모임에 대하여 들어보지 못하셨습니까? 요 몇 해 사이 나무꾼들이 비변사의 좌기(坐起)를 하는 양 모여서 한가로이 잠시 눈을 붙였다가 남초(南草 담배)를 한 대 피우고는, 뒤에 또 하인에게 식사를 마치고 돌아왔는지 묻고는 바로 인사하고 헤어지니, 이 사람들의 진짜 모습입니다. 그러나 그 자리에 앉은 자들은 일찍이 백성을 위해 수령이 되고 관찰사가 되어 혀를 차며 탄식하던 자들이니 한 번 크게 웃을 만합니다.

112 장의문(莊義門) : 서울 서북쪽 백악산(白岳山) 오른쪽 기슭에 있었던 문이다. 《霞谷集 卷7 蕩春臺記》 서울 성곽의 사소문(四小門) 가운데 하나인 창의문(彰義門)을 가리킨다. 속칭 자하문(紫霞門)이라고도 한다.

이정백에게 답함 임자년(1672, 현종13) 3월 21일

答李靜伯 壬子三月二十一日

노형(老兄)이 관찰사로 있을 당시 열흘 동안 편지를 보지 못하면 곧 서글픈 마음이 들었는데, 그 뒤 1년이 지나도록 소식이 막힌 것을 어떻게 견뎠겠습니까. 지금 우편으로 안부를 묻는 편지를 받았으니, 노년에 이러한 편지를 받는 것은 참으로 작은 행운이 아닙니다. 지금 진장(賑場 기민을 위한 임시 구호소)의 일로 수고하고 계시니, 삼가 생각건대 형께서 남들을 보는 시선이 또한 남들이 지난해에 형을 보던 시선과 같을 것입니다. 사람이 살면서 한가한 때와 자식이 있음을 기뻐한다는 말은 진실입니다. 저 같은 경우 한가한 때를 얻지 못했다고는 말할 수 없으나, 듣건대 다시 재궁(梓宮)과 복제(服制)에 관한 소(疏)가 있다고 하니 놀라고 걱정되어 마음이 조금도 한가할 수가 없습니다. 그리고 장래에 글을 쓰면 한가할 수 없을 것이니 어쩌겠습니까. 서로 마주하여 한바탕 웃을 수 없는 것이 한스럽습니다. 이 뒤로 소식이 온다면 의당 금옥(金玉)을 얻는 것 같을 것입니다. 더욱 건강 조심하셔서 멀리서 보내는 정성에 부응하시기를 빕니다.

이정백에게 답함 을묘년(1675, 숙종1)

答李靜伯 乙卯

생전에 받는 벗의 편지는 실로 늘그막에 보고픈 것입니다. 더구나 이러한 처지[113]에서 보게 되는 경우이겠습니까. 형이 탈이 없다는 것을 이미 알았으니 형께서도 제가 죽지 않았음을 아는 것으로 충분합니다. 이에 많이 언급하지 않겠습니다. 오직 세한(歲寒)의 마음[114]을 기약하며 서로 권면하지 않을 수 없습니다. 이만 줄입니다.

113 이러한 처지 : 송시열은 1675년에 삭탈관직되어 장기(長鬐)에 유배되었다.

114 세한(歲寒)의 마음 : 어려운 처지가 된 사람에 대한 변함없는 마음을 말한다. 《논어》〈자한(子罕)〉에 "날씨가 추워진 뒤에야 소나무와 잣나무가 시들지 않는 줄을 안다.〔歲寒然後知松柏之後彫也.〕"라고 한 말에서 유래하였다.

이정백에게 답함 정사년(1677, 숙종3) 11월 21일
答李靜伯 丁巳十一月二十一日

당신 누이동생의 상에 대하여 1년이 다 가도록 위문하지 못하였는데, 우환을 막기 위해서는 겁을 내는 것이 중요하다고 할 만하니 한번 웃지 않은 적이 없습니다. 지금 -원문 결락- 편지를 보니 몹시 위로되고 그립습니다. 일찍이 형이 정배되었다는 것[115]을 듣고 퇴도(退陶 이황(李滉))의 시를 암송하였는데, 마주하여 크게 웃을 수 없는 것이 아쉬웠습니다. 그러나 똑같이 그물 속에 갇혀 있다 하더라도 조만간 처형을 당할 자와 어찌 현격한 차이가 있지 않겠습니까. 일찍이 듣자니 정상(鄭相)이 아산(牙山)에 있으면서[116] 몹시 훌륭한 소문이 있었다는데, 이번에 형께서 또 오시니 저세상에서 반드시 아산을 위해 축하하는 자가 있을 것입니다. 이곳은 바다의 장기(瘴氣)와 세작(細作)이 번갈아 와서 깔

115 형이 정배되었다는 것 : 이홍연이 1677년 겨울에 과거를 관장하였는데, 박태보(朴泰輔)가 《춘추좌씨전(春秋左氏傳)》 중 "보기 좋은 발진(發疹)이 나쁜 약만 못하다.〔美疢不如惡石〕"라는 구절을 제목으로 삼았다. 유생들이 제목의 뜻이 시휘(時諱)에 크게 저촉되므로 글을 지을 수 없다고 거부하여 제목을 바꾸어 시험을 치렀고, 이 일로 시관들이 모두 처벌을 받았다. 이홍연은 이때 아산에 정배(定配)되었다가 74세이니 법률에 따라 용서하는 것이 옳다는 허적(許積)의 말에 따라 숙종이 명을 거두었다. 《宋子大全隨箚 卷5》《肅宗實錄 3年 10月 5日・22日, 11月 5日, 8年 1月 22日》

116 정상(鄭相)이 아산(牙山)에 있으면서 : 정상은 영의정을 지낸 적이 있는 정광필(鄭光弼, 1462~1538)을 말한다. 연산군(燕山君) 10년(1504) 갑자사화(甲子士禍) 때 왕에게 극간(極諫)하였다가 아산에 유배되었다. 중종반정(中宗反正)으로 복직되었으며 중종 11년(1516)에 영의정이 되었다.

보니, 저는 그들이 하는 대로 맡길 뿐 나머지는 할 말이 없습니다.

○ 퇴옹(退翁 이황)의 시에,

한 마리 새 숲을 떠나 그물에 걸리자　　一鳥辭林被網羅
숲속의 새 한 마리 껄껄 웃었네　　林間一鳥笑呵呵
어찌 알았으리 다시 그물 벌린 자 있어　　那知復有張羅者
문득 그 둥지 취하는 것이 어쩔 수 없을 줄　　掩取巢巢不奈何

했는데, 이 시는 단장취의할 만합니다. 우습고 우습습니다.

임계방[117] 의백 에게 답함 경자년(1660, 현종1) 11월 그믐날

答任季方 義伯○庚子十一月晦日

보내 주신 편지는 거의 저세상 사람의 소식과 같으니 기쁜 마음 어찌 끝이 있겠습니까. 품계를 올려 중대한 임무를 맡기셨으니 성상의 뜻이 반드시 우연이 아닙니다. 멀리서 밝은 명(命)에 대하여 듣고서 그지없이 축하드립니다. 저는 질병이 이와 같으니 스스로 헤아리건대 세상에 오래 있기 어려운 것을 어찌겠습니까. 가슴속에 대략 일을 간직해 두었다가 지하에 뒤따라가서 우상(迂相 이후원(李厚源))과 셋이서 다주하여 털어놓고 말할 날을 기대합니다. 다만 형이 아주 건강한 것을 생각하면 이러한 일은 백 년 안에는 없을 것입니다. 껄껄. 시국을 위해 몸조심하여 멀리서 그리는 마음을 위로해 주시기를 빕니다.

117 임계방(任季方) : 임의백(任義伯, 1605~1667)으로, 계방은 그의 자이다. 호는 금시당(今是堂)이다. 김장생(金長生)의 문인으로, 송시열, 송준길(宋浚吉) 등과 교의가 깊었다. 1660년 11월 9일 평안도 관찰사에 임명되었다. 《顯宗實錄 1年 11月 9日》

임계방에게 답함
答任季方

어제 편지는 참으로 멍하게 하였습니다. 스스로 생각건대 충성스럽고 믿음직함이 평소 모자라서 정 중승(鄭中丞)[118]과 마주하여 속마음을 자세하게 드러냈음에도 그의 마음을 움직일 수 없었습니다. 더구나 신을 신고 발바닥을 긁는 경우[119]이겠습니까. 한스러워할 만한 것은 형의 변론으로도 끝내 돌이킬 수 없었다는 것이고, 또 한스러운 것은 우리 두 사람의 정신이 끝내 정 부자(程夫子)의 시 한 구절[120]에도 미치

118 정 중승(鄭中丞) : 사헌부 집의 정양(鄭瀁, 1600~1668)을 가리킨다. 정철(鄭澈)의 아들이다. 송시열과 교분이 깊었으며, 그의 아들 정보인(鄭普演)은 송시열의 문인이었으나 요절하였다. 정양은 현종 1년(1660)에 금구 현감(金溝縣監)으로 있었는데 8월에 아들의 장례를 위해 휴가를 얻지 않고 직무를 떠났다가 파직되었으며 12월에 서용(敍用)되었다. 현종 2년(1661) 11월에 사헌부 지평이 된 기록이 있으니, 추측건대 이 편지는 현종 1년 8월에서 12월 사이에 보낸 것인 듯하다. 《承政院日記 顯宗 1年 8月 26日·12月 12日, 2年 11月 10日》

119 신을……경우 : 일을 하느라 애를 쓰기는 하지만 정곡을 찌르지 못해 헛수고만 한다는 뜻으로 쓰이는 말이다.

120 정……구절 : 송(宋)나라 사마광(司馬光)이 신종(神宗) 때에 왕안석(王安石)의 변법(變法)을 반대하여 추밀 부사(樞密副使)를 사양하고 낙양(洛陽)으로 물러났다. 이때 여공저(呂公著)가 낙양에 살면서 사마광과 한가로이 왕래하다가 하남 윤(河南尹)으로 부임하자, 정호(程顥)와 사마광이 그를 복선사(福先寺)에서 전송하였다. 이 자리에서 사마광과 여공저가 출처(出處) 문제로 격론을 벌이자, 정호가 그들을 화해시키려는 목적으로 〈증사마군실(贈司馬君實)〉이라는 시를 지어 주었는데, 그 시에 "두 마리 용이 맑은 낙수에 한가로이 누웠더니, 오늘 도성 문에서 홀로 그대를 전송하네. 어진

지 못하여 한가히 누워 있는 사람을 일으킬 수 없었다는 것입니다.

저의 병세는 날이 갈수록 나빠져서 돌아갈 생각이 더욱 절실합니다. 오늘 아침에는 또 벼슬에서 물러날 것을 청하는 글을 올렸으니, 며칠 지나면 강을 건너는 사람이 될 것입니다. 밝은 군주가 다스리는 시대를 저버리는 것에 대해서는 더욱 다시 마음에 걸립니다. 보내 주신 약은 몹시 감사합니다. 이만 줄입니다.

사람 얻어 출처를 함께하기 바랐더니, 깊은 뜻이 백성에게 있었다는 걸 비로소 알았네. 〔二龍閑臥洛波清, 今日都門獨餞行. 願得賢人均出處, 始知深意在蒼生.〕"라는 내용이 있다. 《二程文集 卷1》《宋子大全隨箚 卷5》 두 마리 용은 사마광과 여공저를 가리킨다.

임계방에게 답함
答任季方

그립던 중에 보내신 편지를 삼가 받았습니다. 편지 가득 농담을 하셨고, 농담 중에 실로 뜻이 있었습니다. 그러나 친하게 지내는 것은 형과 여휴(汝休 이상일(李尙逸))가 다름이 없어 몹시도 마음과 힘을 썼지만 끝내 허사가 되었습니다. 여휴는 저의 뜻을 알고 있으니 친한 사람이 사이가 멀어지려고 하는 것은 두려워할 바가 아닙니다. 형을 위해 또한 착수해 보았으나 부질없이 낭패만 당했습니다. 형께서 이러한 뜻을 아신다면 형의 친애하는 뜻이 오늘보다는 더하실 것입니다. 껄껄.

지난번에 여휴와 동문(東門)에서 헤어졌는데 심사가 몹시 괴로웠습니다. 길 떠나는 사람을 따라서 장쾌하게 넓은 바닷가를 유람한다면 이 깊은 시름을 씻을 수 있을 터인데 그럴 수 없는 것을 어쩌겠습니까. 말씀하신 천장(遷葬)할 때의 우제(虞祭)는 과연 신주(神主)를 받들고 가는 예(禮)가 없으니 허위(虛位)를 설치해야 합니다. 가까운 때에 편지를 한번 보내어 겹겹이 쌓인 저의 마음을 펴려고 합니다. 이만 줄입니다.

임계방에게 답함 을사년(1665, 현종6) 11월

答任季方 乙巳十一月

보내 주신 편지와 별지(別紙)는 그지없이 기쁘고 위로되었습니다. 소본(疏本)은 삼가 고쳐 써서 바쳤는데, 장차 한 차례 말만 번지르르하게 하는 것을 면하였으니 실로 형 덕분입니다. 그러나 오늘날 말해서는 안 되는데도 말하였기 때문에, 모난 점을 제거하여 말하는 듯하면서 말하지 않는 데 힘써야 합니다. 이렇듯 말할 만하다 해서 말하면 반드시 입에서 나오는 대로 말하여 가리는 것이 없습니다. 정자(程子)가 일찍이 진언(進言)하기를 "선황(先皇)의 유골을 천균(千勻)이나 되는 바위 밑에 짓눌리게 합니다."[121] 하였고, 주자(朱子)는 상소에서 "초야(草野)가 어지러우면 의(義)를 부르짖으며 일어나고, 오랑캐가 밖에서 침략할 때는 죄를 묻는 군사를 일으킵니다."[122]라고 하였습니다. 만약

121 선황(先皇)의……합니다 : 송(宋)나라 신종(神宗) 때 인종(仁宗)의 비(妃) 태황태후(太皇太后) 조씨(曹氏)가 사망하여 능을 영건(營建)할 일이 있자 정이(程頤)가 인종의 영소릉(永昭陵)을 영건할 당시 거목(巨木)과 가석(架石)으로 지붕을 만들어 무너질 위험이 컸고 능 안의 쇠 덮개는 철이 몇만 근이나 되는데 나무로 골조를 하는 등 허술한 계획으로 이루어졌음을 밝히면서 "훗날 억만 균(鈞)이나 되는 무게의 돌이 높은 곳에서 떨어지면 장차 어떻게 되겠습니까." 하며 태황태후를 인종과 합장하고 이어서 인종의 능을 수리할 것을 건의하였다. 《二程文集 卷6 代富弼上神宗皇帝疏稿》

122 초야(草野)가……일으킵니다 : 송나라 광종(光宗) 때 간사한 사람들이 중간에서 말을 꾸며 대어 상황(上皇)과의 사이를 이간질하니, 이에 광종이 의심하고 두려워하여 아침저녁 문안을 뜸하게 하였고 궁중 사람들도 상황을 꺼리고 피하였다. 이 때문에 인심이 흉흉하였기에 주희(朱熹)가 이렇게 극언하였다. 《晦庵集 卷12 甲寅擬上封事》

오늘날 사람이 본다면 반드시 온몸이 다 새파래질 것이니, 이를 통해 송(宋)나라 조정의 어짊과 후덕함을 알 것입니다. 그런데 오늘날 말을 아뢰는 자는 다만 시집온 지 사흘 된 신부의 모습과도 같습니다.

'영원한 벗' 운운하셨는데, 이는 반드시 형께서 내면에 부족한 점이 있기에 이처럼 누누이 말씀하신 것입니다. 저의 마음은 말을 하지 않아도 상대방이 분명 알고 있고, 상대방 또한 말하지 않아도 제가 알고 있다고 여겼으므로 줄곧 말로 드러낸 적이 없었던 것입니다. 우습고 우습습니다. 필력(筆力)을 말씀하신 것은 너무도 한탄스럽습니다. 늙어 다 죽게 되니 하나도 믿을 것이 없기에 이렇게 넉넉히 위로됩니다. 만약 혈기가 왕성한 시절이었다면 이 말이 어찌 귓가에 이르렀겠습니까. 그러나 저 또한 보내 주신 말씀이 실제의 말이 아니라는 것을 압니다. 만약 이와 같다면 우군(右軍 왕희지(王羲之))과 송설(松雪 조맹부(趙孟頫))이 아직도 죽지 않았겠습니까. 껄껄.

지난번에 온 두 통의 편지에 대해서는 며칠 밤 동안 조용히 이치를 살펴보고서 당신께서 간직하신 바를 알았습니다. 양민(良民)이 흉악한 무리보다 위태위태한 것은 실로 오늘날의 큰 근심거리입니다. 그러나 서둘러 백성의 고통을 보살피지 않는다면 따르는 자들이 점점 많아져서 말단으로 흐르는 재앙은 양민에 그치지 않을 것입니다. 이러한 형세가 이미 이루어졌으니 한마디로 이것을 언급하면서 간담이 떨어집니다.

저는 어제 익산(益山)의 관아에서 돌아왔는데 내일 다시 연산(連山)의 고운(孤雲)으로 들어가서 한 달을 보내고 이어서 판교(板橋)에 있는 선친의 묘소로 돌아가 늙은 누이와 함께 수세(守歲)하고 제사를 올릴 것입니다. 말린 음식과 편지를 보내 주시니 몹시 감사합니다.

임계방에게 보냄 을사년(1665, 현종6) 11월 24일

與任季方 乙巳十一月二十四日

추위가 심한데 안부는 더욱 좋으신지요? 저는 날마다 초형(草兄 이유태(李惟泰))과 적막한 곳에서 서로 마주하고 있으니, 몹시 곤궁하고 쓸쓸하지만 오히려 쓸데없이 다툴 일이 없습니다. 조만간에 노선생(老先生 김장생(金長生))의 유고를 교정할 것이니 전연 일이 없지는 않을 것입니다.

하사받은 경서(經書)가 바로 춘형(春兄 송준길(宋浚吉)) 것과 동일하다고 일찍이 들었는데, 현재 어디에 있는지 모르겠고 또 수송해 올 길도 없습니다. 이렇게 지체하는 것은 온당치 못한 줄을 참으로 잘 아니, 부디 당신께서 아우를 위해 공무에 쓰이는 우편을 통해 찾아서 주실 수 있겠습니까? 승정원이나 의정부 혹 시강원(侍講院)의 하리(下吏)에게 물어본다면 그 소재를 알 것입니다. 다만 생각건대 권수가 거의 6, 7십에 이르니 한 사람의 어깨에 멜 수 있는 양이 결코 아닙니다. 이것을 장차 어쩌겠습니까. 또 종전에는 하사받은 서책이 많지 않으면 관례상 현(縣)의 인편으로 부쳤는데, 단지 짚자리로만 싸기 때문에 손으로 한번 만져 보기도 전에 벌써 파손되어 버려 군왕이 하사하신 것을 공경하는 의리가 매우 없습니다. 당신께서는 부디 운반해 가는 사람에게 만져서 훼손하지 않도록 경계하는 것이 어떻겠습니까? 상자나 기름을 먹인 두껍고 질긴 종이를 주어 보내면 이러한 근심을 면할 것입니다.

끝으로 양기(陽氣)가 자라는 때에 몸을 잘 간수하시기를 빕니다.

임계방에게 답함 을사년(1665, 현종6) 11월 25일
答任季方 乙巳十一月二十五日

어제 보낸 편지가 그곳에 도착하기도 전에 보내신 편지가 먼저 오니, 기쁘게도 양기가 자라나는 이때에 백성을 다스리면서 여유가 많다는 것을 알겠습니다. 저는 일찍이 노선생(老先生 김장생(金長生))의 가르침을 받았으나 실천에 힘쓰지 않아 늙어서도 알려지지 못했으니, 한번 생각이 미칠 때마다 땀이 나서 옷을 적시지 않은 적이 없습니다. 그런데 선도(禪道)에 비유하는 말씀을 받드니 서글픈 마음을 더욱 견딜 수 없습니다. 회옹(晦翁)이 일찍이 "옛날의 노숙한 선승(禪僧)은 도가 전해지지 못하는 것을 슬퍼하여 눈물을 흘리기까지 했는데, 오늘날 이러한 지경을 보게 될 줄 어찌 생각이나 했겠는가."라고 하였는데[123] 우리가 참으로 이러한 한을 노선생의 영령에 끼쳤으니 어찌해야 하겠습니까.

유고(遺稿)는 막 교열하고 있습니다.[124] 계획대로라면 열흘 만에 마칠 것이니, 마친 뒤에 마땅히 아뢰겠습니다. 그러나 스스로 헤아리건대 비용으로 쓰이는 쌀로 삼기에는 부족한데, 뒤늦게 와서 삭감한다면 어찌 감히 도움을 바라고서 스님에게 권할 수 있겠습니까. 우습습니다.

123 회옹(晦翁)이……하였는데 : 주희(朱熹)가 황간(黃幹)에게 보낸 편지에 나오는 말이다. 《晦庵集 續集 卷1 答黃直卿》

124 유고(遺稿)는……있습니다 : 당시 임의백이 충청도 관찰사로 있으면서 힘을 써서 김장생의 유고를 간행하는 일을 도왔다. 《宋子大全隨箚 卷5》

보내 주신 선물은 모두 감사합니다. 붉은 자루 붓은 더구나 일상에 절실합니다. 부디 잘 지내십시오. 온 사람이 서서 독촉하니 이만 줄입니다.

임계방에게 답함 을사년(1665, 현종6) 11월 29일
答任季方 乙巳十一月二十九日

이어서 보내 주신 편지를 받으니, 마주한 것처럼 몹시 위로되었습니다. 별지를 읽고 나니 황홀하게도 형벌을 두고 쓰지 않던 세상[125]에 들어가는 것만 같은데, 어찌 날마다 도적을 다스린다는 소리가 들리는 것입니까. 우습습니다. 요컨대 상서로움을 아뢰지 않는 것[126]은 실로 《소학(小學)》에 있는 분명한 가르침입니다. 그러나 형은 변이(變異)라면 꺼릴 것이 없다고 여기는 듯한데, 어떻게 보는가에 달려 있을 뿐입니다. 참으로 무지한 나무꾼에게도 물어보는 훌륭한 마음에 감동하여 감히 이렇게 혀를 놀립니다만, 나름으로는 눈 쌓인 빈산에서 파공(坡公)의 정령(精靈)이 큰 술잔에 술을 마신다면 또한 나쁜 일은 아닐 것이라 여깁니다.[127]

해직(解職)을 청하고 명을 기다린다는 소식을 들었습니다. 다만 생

125 형벌을……세상 : 태평성대를 말한다. 《사기(史記)》 〈주본기(周本紀)〉에 "성왕(成王)과 강왕(康王)의 시대에는 천하가 평안하여 형벌을 놓아두고 40여 년간 쓰지 않았다."라고 하였고, 《한서(漢書)》 〈문제기(文帝紀)〉에, 문제(文帝)의 시대에는 범법자가 없었으므로 "거의 형벌을 쓸 일이 없었다."라고 하였다.

126 상서로움을……것 : 《소학》 권6 〈선행(善行)〉에 나오는 말로, 상서로움을 아뢰는 것이 윗사람에게 아첨하는 것이 될까 염려하기 때문이다.

127 파공(坡公)의……여깁니다 : 번다한 공무(公務)를 내려놓고 한번 후련하게 술을 마시는 것도 나쁘지 않다는 말이다. 파공은 호가 동파(東坡)인 소식(蘇軾)을 말한다. 198쪽 주40 참조.

각건대 내년 봄 이전이면 금시당(今是堂) 앞은 3천 리 약수(弱水)[128]일 뿐만 아닐 것이니, 어찌 군이 그렇게 허비할 필요가 있겠습니까. 약을 달이는 것은 집에 병든 누이가 있어서입니다. 은혜에 감사합니다. 이애(李哀)의 편지가 오지 않는 것이 어찌 시사(侍史 사헌부 정4품 벼슬)가 잊었기 때문이겠습니까. 영 학사(永學士)[129]와는 어쩔 수 없이 왕복할 것이 있습니다. 여기 작은 편지를 적합한 인편에 부치니, 이어서 답장을 받아 내어 보내 주시는 것이 어떻겠습니까? 이만 줄입니다.

128 3천 리 약수(弱水) : 약수는 서해(西海) 가운데 위치한 봉린주(鳳麟洲)를 둘러싸고 있다는 강(江) 이름인데, 이 강은 기러기 털조차 뜨지 않아 건널 수가 없다고 한다. 《蘇東坡詩集 卷26》《海內十洲記 鳳麟洲》

129 영 학사(永學士) : 《송자대전수차》 권5에서는 김장생(金長生)의 증손 김만기(金萬基, 1633~1687)의 자가 영숙(永淑)이기에 그를 지목하고 있다. 김만기는 1665년 11월 홍문관 부응교에 임명되었다. 《顯宗實錄 6年 11月 3日》

임계방에게 답함 을사년(1665, 현종6) 12월 24일
答任季方 乙巳十二月二十四日

산중에 들어앉아 있어 산새도 날아오지 않는데 뜻밖에 순찰사의 장수가 문을 두드려 편지를 전하니, 이것은 마땅히 산중의 한 고사(故事)가 될 것입니다. 여러 가지로 말씀하신 뜻은 좋게 보아 주셔서 더욱 감사합니다. 도내의 역사(役事)를 덜어 달라는 계사는 성상의 인자한 마음으로 어찌 윤허하지 않으실 리가 있겠습니까. 도적이 개미 떼처럼 모이지 않는다면 양민(良民)의 복입니다. 다만 하늘에서 견책을 보이는 것이 갈수록 더욱 참담하니 비록 몸이 산중에 있는 자라도 어찌할 줄을 모르겠습니다.

별지

주상께서 하사하신 서책은 이달 16일 회덕(懷德) 하리(下吏)의 고목(告目)에 "관아의 종이 올 때 경주인(京主人)이 부쳤다.……"라고 하였는데, 얇은 기름종이로 싸고 거친 끈으로 묶었기 때문에 모두 망가진 데다가 내용물이 반이 넘게 없어졌습니다.

《춘추(春秋)》는 한 책뿐이고, 《시경》과 《서경》은 대여섯 책뿐이고, 《주역》, 《논어》, 《맹자》도 그러하니 너무도 놀랍습니다. 또 경주인이 반드시 관아의 종에게 부쳐서 감히 따져 묻지도 못하게 하였으니 더욱 괘씸하지만 또한 어찌할 수 없습니다. 일찍이 들으니 옛날에 회덕의 어떤 유생이 무슨 일 때문에 유서경(柳西坰 유근(柳根))을 찾아가서 앉아 있을 때, 마침 하리가 납제(臘劑)를 바치는데 포장한 종이가 얇고 볼품이 없자 유서경이 노하여 꾸짖기를 "네가 광창(廣昌)과 문창(文昌)[130]에게라면 반드시 감히 이렇게 못하였을 것이다." 라고 하였다고 합니다. 저는 늘 마음속으로 웃으며 '어찌 이렇게 일이 많았을까.'라고 생각하면서 이어 명도(明道) 선생의 미후시(獼猴詩)[131]-원숭이는 매우 영리하다더니, 정승의 수레가 오니 온 산 가득히 나와 맞이했다지. 여윈 말 타고 이곳에 왔을 때 어디에 원숭이 모습 보이던가, 짐승이 세상 물정 더욱 잘 아는 줄 비로소 깨달았네.〔聞說獼猴性最靈, 相車來便滿山迎. 鞭羸到此何曾見? 始覺毛蟲更世情.〕-를 외웠으니, 유공(柳公)이 이것을 들었으면 싶었습니다. 그러나 오늘 일은 남모르는 숨은 근심이 있습니다. 이 책은 성상께서 은총으로 하사하신 것인데 그 즉시 알지 못하였으며, 또 즉시 찾지 못하여 이러한 지경에 이르렀다는 점입니다. 예전에 청음(淸陰 김상헌(金尙憲))의 고신(告身)이 이조 하리의 집에 체류되어 있었는데, 이 일을 청음은 알지 못했는데도 이계(李烓)와 유석(柳碩) 무리가 이것을 죄안(罪案)으로 삼았으니, 이것이 어찌 후일의 귀감이 아니겠습니까. 부디 당신께서는 너무 지나치게 염려하지 말고 엄하게 책임을 규명하여 주십시오. 비록 잃어버린

130 광창(廣昌)과 문창(文昌) : 광해군 때 세도가였던 광창부원군(廣昌府院君) 이이첨(李爾瞻)과 문창부원군(文昌府院君) 유희분(柳希奮)을 가리킨다.

131 명도(明道) 선생의 미후시(獼猴詩) : 산속의 절에 있는 승려가 "안수(晏殊)의 수레가 오니 원숭이가 산에 가득하다."라고 하였는데 정호(程顥)가 이 말을 듣고 시를 지었다. 《宋子大全隨箚 卷5》 이 시의 제목은 〈유호산시십이수 미후(遊鄠山詩十二首獼猴)〉이다. 안수는 송(宋)나라 인종(仁宗) 때 정승으로, 한기(韓琦)와 부필(富弼) 등을 조정에 추천하였고, 범중엄(范仲淹)과 공도보(孔道輔) 및 구양수(歐陽脩) 등을 양성하였다.

책은 찾지 못하더라도 오히려 그 일을 바로잡을 수는 있을 것입니다.

보내 주신 납육(臘肉)은 홍역을 치르지 않은 아이들에게 좋으니 대단히 기쁩니다. 일력(日曆)에 대한 말씀은 우습기 짝이 없습니다. 예양(豫讓)이 조양자(趙襄子)의 옷을 벤 것[132]도 오히려 부질없는 일인데, 하물며 책력의 책가위를 찢는 것[133]이 무슨 소용이 있겠습니까. 그러나 서필원(徐必遠)과 이경억(李慶億) 등의 의론[134]에 비교하면 사람의 마음을 각성시킬 뿐만이 아니니 매우 공경하여 우러릅니다.

132 예양(豫讓)이……것 : 예양은 전국 시대(戰國時代) 진(晉)나라의 협객으로 지백(智伯)의 신하였다. 조양자가 지백을 죽이자 복수하기 위해 스스로 몸에 옻칠하여 문둥병 환자처럼 변신하였고, 숯을 삼켜 벙어리가 되었으며, 시장에서 걸식하며 거지 행세를 하였다. 하지만 결국 복수에 실패하고 조양자의 옷을 세 번 벤 뒤 자결하였다. 《史記 刺客列傳 豫讓》

133 책력의……것 : 임의백이 책력의 책가위가 청(淸)나라 연호로 되어 있다는 이유로 잘라 내어 버린 일을 편지에 언급했기 때문에 송시열이 이렇게 말한 것이다. 《宋子大全隨箚 卷5》

134 서필원(徐必遠)과……의론 : 김만균(金萬鈞)이 병자호란으로 조모가 죽은 일 때문에 청나라 사신이 올 때 공무를 행하지 못하겠다고 상소하자, 서필원은 김만균의 상소를 반려하도록 청하였고, 송시열은 피혐하는 것이 마땅하다며 김만균을 옹호하였다. 이와 관련하여 이경휘(李慶徽)·이경억 형제 및 이두악(李斗岳)의 아우 이선악(李宣岳), 이경휘의 아들 이인혁(李寅爀) 등 유생이 서필원의 주장을 적극적으로 지지하고 김만균을 배척하였다. 《宋子大全隨箚 卷3, 卷5》

임계방에게 답함
答任季方

공암(孔巖)의 편지는 감사합니다. 일전에 뵌 것은 몹시 위로되었지만, 오히려 누를 끼쳤다는 생각이 듭니다. 음식물과 관련된 계사에 '감히 상소하지 못한다'는 등의 말을 넣으셨는데, 말뜻은 매우 충분합니다. 형은 일에 노련한 분이라고 말할 만하지만, 이 사람을 위해 이렇듯 주선하면서 연좌될 것을 염려하지 않으시니 또한 사려가 짧다고 할 수 있습니다. 우습습니다. 유능(幼能 이단상(李端相))의 편지에 답장을 드리니 부디 전해 주십시오. 별지는 몹시 우습습니다. 율곡(栗谷 이이(李珥))과 우계(牛溪 성혼(成渾))는 대현(大賢)이니 죄명이라 한들 어찌 감히 함부로 갖다 붙일 수 있겠습니까. 아무개를 방문하신 것은 형의 뜻이 두터워서인데, 어찌 가벼이 이러한 일로 사람을 의심할 수 있겠습니까. 이만 줄입니다.

임계방에게 답함 병오년(1666, 현종7) 3월 22일
答任季方 丙午三月二十二日

막 편지 한 통을 본현(本縣)의 아전에게 부쳤는데 곧바로 보내신 편지를 받고 아울러 초고를 받으니 퍽 기쁩니다. 조 판서(趙判書)는 아직 곡절을 모르지만, 몹시 경악스럽습니다. 부디 듣는 대로 알려 주십시오.

저는 며칠 사이에 동쪽으로 속리산(俗離山)에 들어갑니다. 여기는 보은(報恩)의 북쪽이고 청주(淸州)의 동쪽이며 상주(尙州)의 서쪽입니다. 산이 감싸고 물이 돌아 흐르며 사람 사는 일과 멀리 끊어지고 복사꽃과 버들 솜만 물을 따라 나옵니다. 앞의 편지는 보내온 심부름꾼을 시켜 찾아서 바치게 했으니 부디 서둘러 회답해 주시는 것이 어떻겠습니까? 영남 지역의 소(疏)[135]를 얻어 본 뒤에야 자책하는 글을 올릴 수 있으니 곧바로 말씀해 주시는 것이 어떻겠습니까? 이만 줄입니다.

135 영남 지역의 소(疏) : 187쪽 주22 참조.

임계방에게 보냄 병오년(1666, 현종7) 4월

與任季方 丙午四月

영남의 소는 처음에는 반드시 다른 의견이 있으리라 생각했는데, 언뜻 보건대 일찍이 한 번 웃을 거리도 되지 못하고 그저 김수홍(金壽弘)과 윤휴(尹鑴)가 하고 남은 말[136]을 주워 모았을 뿐입니다. 제일 먼저 백읍고(伯邑考)와 무왕(武王)의 일[137]을 증거로 삼았는데, 백읍고가 죽었을 때 문왕(文王)은 굳이 그를 위해 복을 입지 않고 끊었으니 이는 세자가 되지 않았기 때문입니다. 우리 인조대왕은 소현세자(昭顯世子)에 대해 참최(斬衰)의 의리가 있으나 《대명률(大明律)》로써 강복(降服)을 하였으니 이 일은 백읍고의 일과 조금도 상관이 없습니다.[138]

136 김수홍(金壽弘)과……말 : 윤휴와 김수홍은 송시열의 기년설에 반대하여 삼년복을 입어야 한다고 주장하면서 '성서탈종'을 말했는데, 이는 원래 한나라 매복(梅福)이 "제후는 종통을 빼앗고, 성서는 적통(嫡統)을 빼앗는다.〔諸侯奪宗, 聖庶奪嫡.〕"라고 한 데서 유래하였다. 서자(庶子)라도 천자나 제후 같은 통치자의 지위에 오르면 적실(嫡室)의 대종(大宗)이 그에게 돌아간다는 말이다. 《漢書 梅福傳》

137 백읍고(伯邑考)와 무왕(武王)의 일 : 문왕이 장자인 백읍고를 두고 차자인 무왕을 후사로 책립(冊立)한 일을 말한다. 무왕이 어질었기 때문에 그를 태자로 삼았으며, 백읍고는 무왕이 즉위하기 전에 죽었다. 《禮記 檀弓上》

138 인조대왕은……없습니다 : 강복은 오복(五服)의 복제(服制)에 따라 복 입는 등급을 내리는 것을 말한다. 맏아들이 죽으면 부모는 삼년상의 참최복(斬衰服)을 입게 되어 있으나 《대명률》에는 임금의 맏아들이든 둘째 아들이든 모두 1년의 상기(喪期)인 기년복(朞年服)을 입게 되어 있다. 《大明律直解 附錄 服制》 기해년(1659) 예송논쟁에서 논란이 되었던 자의대비(慈懿大妃)의 복상 문제가 이때 다시 대두되었기에 하는 말이다. 《顯宗實錄 卽位年 5月 5日, 7年 3月 23日》 백읍고는 세자가 되기 전에 사망하였

옛사람이 말하기를 무왕은 성서탈종(聖庶奪宗)이 된다고 하였으니, 왜 성(聖)이라 합니까? 무왕이 성인의 덕이 있기 때문입니다. 왜 서(庶)라 합니까? 문모(文母)[139]의 소생이라도 다음의 적자〔次適〕가 되기 때문입니다. 왜 탈(奪)이라 합니까? 본래의 분수로 보아서는 즉위하기에 마땅한 사람이 아니기 때문입니다. 왜 종(宗)이라 합니까? 문왕의 종통(宗統)을 이었기 때문입니다. 듣건대 이쪽에서 저들을 공격하는 의론 또한 이러한 것을 가지고 공파(攻破)하지 못하고 지엽적인 것에만 얽매여 있다고 합니다. 가만히 듣고 있자니 또한 우스움을 견딜 수 없습니다.

고 소현세자는 세자가 된 뒤에 사망하였으므로 장자를 위해 복을 입는 동일한 예로 볼 수 없다는 말이다.

139 문모(文母) : 문덕(文德)이 있는 어머니란 의미인데, 무왕의 어머니이자 문왕의 후비(后妃)인 태사(太姒)를 지칭한 말이다.

임계방에게 답함 병오년(1666, 현종7) 4월 10일

答任季方 丙午四月十日

일시에 여러 장의 편지를 한꺼번에 받았는데 이성(二聖)[140]이 편안하시다니 기쁜 마음 견딜 수 없습니다. 그 나머지는 모두 실소할 만한 것입니다. 대체로 영형(令兄)이 매우 간절하게 하신 말씀은 오직 제가 조정에 나아가기를 바란 것인데, 제가 다시 조정에 나가는 것이 어려운 것이 아니라 장경(長卿)[141]이 구속될까 두려울 뿐입니다. 우습습니다. 화산(華山)을 나누자는 말씀[142]은 물새에게 비방받을 것이니 부디 이렇게 이랬다저랬다 하게 하지 마십시오.

별지

〈영소정기(靈沼亭記)〉[143]는 열람해 주고 또 초고를 구하여 거두어

140 이성(二聖) : 현종의 할머니가 되는 인조(仁祖)의 계비(繼妃) 장렬왕대비(莊烈王大妃)와 현종의 어머니 인선대비(仁宣大妃)를 말하는 것으로 보인다.

141 장경(長卿) : 이은상(李殷相, 1617～1678)의 자이다. 조부는 이정귀(李廷龜), 부는 이소한(李昭漢)이다. 효종 때 문과에 급제하였으며 대제학을 지냈다. 1666년 4월 대사간으로 있었으며, 2월에 김수홍(金壽弘)의 사판(仕版)을 삭거(削去)할 것을 청한 일이 있다. 《顯宗實錄 7年 2月 19日》

142 화산(華山)을 나누자는 말씀 : 함께 호젓한 곳에서 유유자적하며 보내자는 말이다. 송(宋)나라 장영(張詠)이 포의(布衣)로 있던 시절 화산에 은거하고 있는 진단(陳摶)을 만나 "화산의 반을 나누어 살고 싶은데 되겠습니까?"라고 하자, 진단이 "공에게는 당연히 그렇게 해 줄 수 있지."라고 하였다. 《夢溪筆談 卷20》

143 영소정기(靈沼亭記) : 현종이 1665년 온양(溫陽) 온천에 행차하였을 때 직산(稷

간직하시니 황송함을 어찌 이루 말할 수 있겠습니까. 다만 그 안에는 경계하는 말이 없지 않으니, 만약 성상의 마음에 든다면 하찮은 정성이나마 바치려는 신의 바람이 이루어진 것이니 죽어도 유감이 없겠습니다. '성서탈종(聖庶奪宗)'은 다시 원래의 글을 고찰하건대 종(宗)은 적(適)이 되어야 합니다. 회령(會寧) 문생[144]의 쌀은 그저께 보은(報恩)의 관원이 수송해 주었습니다. 이충갑(李忠甲)이 몹시 속히 보고 싶어 합니다. 상소를 삼가 받았는데 "시강(侍講)이 배양한 효험……"이라고 하신 말씀은 매우 감당하지 못하겠습니다.

이어서 기억하건대 무술년(1658, 효종9) 7월에 소명을 받고 청주(淸州)에 이르니, 사헌부 집의 이정(李程)[145] 씨가 예관(禮官)으로서 명을 받들고 와서 대군(大君) 친제(親祭) 때의 의절(儀節)을 물어보았습니다. 헌의(獻議)하는 글을 보내자마자 성상이 편찮으시다는 소식을 슬쩍 들었습니다. 진위(振威)의 희도원(希道院)에 도착해서는 경기 관찰사가 급히 승정원 여러 분의 편지를 주었는데, 이는 성상께서 몹시 편찮으시어 입진(入診)할 때 신의 행차를 재촉하도록

山)의 동헌(東軒)에 머물렀는데, 그곳에 작은 못이 있어 연꽃을 심었다. 얼마 뒤 연꽃이 피자 고을 사람들이 그곳에 정자를 지었는데 송시열이 영소(靈沼)라 이름을 붙이고 기문을 지었다. 《宋子大全 卷141 稷山縣靈沼亭記》

144 회령(會寧) 문생 : 회령에 거주한 최신(崔愼, 1642～1708)을 말한다. 송시열의 문인이다. 유필명(柳弼明)의 무고(誣告)를 당했을 때 송시열의 무죄를 주장하다가 혹형(酷刑)을 받았다. 《肅宗實錄 1年 閏5月 23日》

145 사헌부 집의 이정(李程) : 1618～1671. 본관은 덕수(德水), 자는 운장(雲長), 호는 남곡(南谷)이다. 당시 이정은 사간원 사간으로 재직 중이었으므로 직명에 오류가 있는 듯하다. 《顯宗實錄 7年 2月 26日》

명하셨기 때문이었습니다. 그 편지는 매우 비밀스러웠으니, 듣는 사람들을 놀라게 하고 싶지 않아서였습니다. 당시 진위의 시냇물이 불어나 읍 사람을 대대적으로 동원하여 겨우 가마를 메고서 지났습니다. 그날 저녁에 수원(水原)에서 묵고 이튿날 오전에 도성에 들어갔습니다.

그 당시의 일이 이와 같을 뿐인데 경자년(1660) 윤선도(尹善道)의 상소는 곧 '잘 도와서 이끌지 못하여 선왕이 세상을 떠나는 근심을 초래하였다'고 하였으니, 대체로 일이 사실과 맞지 않습니다. 선왕께서 편찮으신 것은 신이 부름에 달려가기 전이었는데, 죄주려 하다 보니 이러한 말로 결론을 내린 것입니다.

성상이 학문에 나아가는 것이 재야에 있는 저와 무슨 상관이 있습니까. 그런데 관찰사께서 공로로 삼으려 하시다 보니 또한 이 말로써 결론을 내리신 것입니다. 죄주는 것이나 공로로 삼는 것이나 그 마음은 다르지만 실상을 놓쳤다는 점은 동일합니다. 피차간에 호오를 편벽되게 하지 않는다면 왕도(王道)가 넓게 펼쳐질 것입니다. 이만 줄입니다.

임계방에게 답함 병오년(1666, 현종7) 6월

答任季方 丙午六月

편지가 있으리라 생각하였는데 지금 받아 보니 기쁩니다. 교정한 책자 네 건은 와 있는 심부름꾼에게 가다가 춘형(春兄 송준길(宋浚吉))에게 드려서 그가 본 뒤에 그대에게 가져다 드리라고 하였습니다. 등사하는 작업은 형의 말씀대로 하는 것이 매우 좋겠습니다. 다만 앞일을 알 수 없으니 간행하는 일을 빨리 착수하고, 또 여러 지방에 나누어 주지 않는 것이 어떻습니까? 《상서(尙書)》와 《중용》은 유두(流頭) 무렵에 즉시 사람을 보내 가져가십시오. 《중용혹문(中庸或問)》은 춘형이 찾아서 부칠 것입니다. 서원(西原)[146]에서 《상서》는 오지 않았고 《중용》만 왔습니다.

서원에 있는 감영(監營)의 쌀은 일찍이 현감이 보내왔는데 현재 이것으로 밥을 지어 먹고 있습니다. 서북쪽의 선비 또한 그 쌀을 얻었을 것입니다.

노선생(老先生 김장생(金長生))의 묘표(墓表)는 저쪽 젊은이들에게 여러 번 독촉하였는데도 끝내 보내오지 않았습니다. 매번 형에게 부탁하고 싶었으나 두 작업을 같이 시행하기가 어렵고 또 사람들이 형에게 스승의 일로 공금을 너무 소모한다고 할까 봐 염려되기 때문에 주저하

146 서원(西原) : 청주(淸州)의 옛 이름이다. 1658년(효종9)에 현으로 강등되었다가 1667년 1월 다시 청주목(淸州牧)으로 회복되었다. 이 편지를 쓴 때는 청주목으로 회복되기 전이므로 서원으로 번역하였다. 이하의 '서원'도 동일하다.

고 감히 부탁하지 못하였는데, 지금 하신 말씀을 받고 나니 매우 위안이 됩니다. 일찍이 영남을 보니 사문(斯文) 일이 매우 방대하더라도 사람들이 어렵게 여기지 않았고 보는 사람도 괴이하게 여기지 않았는데, 여기에서는 어렵습니다. 그러나 차라리 규모가 작은 것이 낫지 않겠습니까. 이 지사(李地師)는 이미 돌아왔습니까? 아마도 묏자리를 찾는 일만 하지는 않을 것입니다. 다만 저는 드나드는 것은 어렵지 않으나 정밀하고 착실하게 하기가 어렵습니다. 저보(邸報)는 봄부터 보내왔는데 열람한 뒤에는 도로 보냅니다.

말씀하신 "회옹(晦翁)은 국화를 심고 서책을 독파하면서도 오히려 세상을 잊지 않았다."[147]라는 말은 진정 그렇습니다. 그러나 형은 제가 아니니, 제가 세상을 근심하지 않는 줄 어찌 알겠습니까. 《시경》에 "마음에 근심함이여 그 누가 그것을 알랴.〔心之憂矣, 其誰知之.〕"라고 하였는데 참으로 저의 마음을 먼저 생각해 낸 말입니다. 다만 제가 그런 것을 입 밖에 내지 않았기 때문에 보내오신 말씀이 있었는데, 지금은 대강 그 전의 경계를 깨뜨려도 좋겠습니다. 생각건대 중초(仲初 조복양(趙復陽))는 성실하고 질박하며 곧은 사람으로 처음에 무중(武仲 유계(兪棨))과 함께 왕실을 도왔는데, 무중은 이미 죽어 버렸고 이제는 한 사람의 설거주(薛居州)[148]마저도 있지 않으니, 비록 맑은 시내와

147 회옹(晦翁)은……않았다 : 1188년 남송 효종(南宋孝宗)이 주희(朱熹)를 강서 제형(江西提刑)으로서 병부 낭관(兵部郎官)에 임명하였으나 발에 생긴 질병으로 인해 부임할 수 없는 상황이었기에 진량(陳亮)에게 사면(辭免)에 협조해 달라고 부탁한 편지에 나오는 말이다. 《晦庵集 卷28 答陳同父書》《宋史 林栗列傳》

148 설거주(薛居州) : 전국 시대 송(宋)나라의 현신(賢臣)이다. 《맹자》〈등문공 하(滕文公下)〉에, 설거주는 어진 신하지만 설거주 한 사람이 조정에 있다 하더라도 다른

흰 돌이 눈 안에 가득 즐길 만하더라도 이 근심을 어찌 잊을 수가 있겠습니까. 경륜(經綸)이란 말씀은 참 우습습니다. 세상에 그러한 사람은 따로 있을 것입니다.

물고기 두 마리는 매우 감사합니다. 다만 정강성(鄭康成)이 아침저녁으로 채소만 먹는데 그 고을 태수가 양고기를 주니 "양이 채소밭을 밟는다."라고 하며 사양하였으니[149] 이것은 이미 기발한 말이었지만, 지금 저의 채소밭에서는 물고기가 헤엄치는 것을 보겠으니 강성보다 낫다고 하겠습니다. 다만 강성은 여종까지도 모두 시서(詩書)를 외웠는데 지금 저는 자신부터 캄캄하니 이것이 부끄럽고 두렵습니다. 이만 줄입니다.

사람들이 모두 선하지 않다면 설거주 한 사람의 힘만으로는 임금을 선한 쪽으로 인도할 수 없다고 하였다.

149 정강성(鄭康成)이……사양하였으니 : 정강성은 정현(鄭玄)을 말한다. 자세한 내용은 202쪽 주49 참조.

임계방에게 답함
答任季方

낙산(洛山)에 돌아왔으니, 서로 바라보아도 싫증 나지 않는 것[150]을 사랑합니다. 이러한 때에 문득 보내 주신 편지를 받으니 위로되는 마음을 말로 하기가 쉽지 않습니다. 돌아갈 생각을 재촉한다는 것은 말씀하시지 않아도 이미 알고 있습니다. 다만 여러 번 요청하여 윤허를 받아 사무를 인계하는 만큼, 또한 시기가 무르익은 것입니다. 제가 이전에 말씀드린 잎이 누렇게 되어 떨어지는 시기가 바로 가까워졌습니다. 간행하는 일은 지금 유생들이 인쇄한 몇 쪽을 보건대 모양이 퍽 좋으니 다행스럽습니다. 변례(變禮)와 관련한 모든 책과 초고는 보내신 대로 받았습니다. 왕손(王孫)의 명부(命婦)가 소송한 일에 대해서는 어째서 "그대 조부가 안찰사(按察使)였어도 사람을 죽일 수 없었는데 어떤 여자이기에 도리어 이처럼 하는가."라고 하지 않습니까. 껄껄. 하고 싶은 말은 많지만 마침 어수선하여 이만 줄입니다.

150 서로……것 : 당(唐)나라 이백(李白)의 〈독좌경정산(獨坐敬亭山)〉에서 "서로 바라보며 둘 다 싫증 내지 않는 건, 오로지 경정산뿐이라네.〔相看兩不厭, 只有敬亭山.〕"라고 하여 자신의 심정을 이해할 수 있는 것은 저 경정산뿐이라고 한 의미를 가져왔다.

임계방에게 보냄 병오년(1666, 현종7)
與任季方 丙午

돈암서원(遯巖書院) 유생들이 판단하여 결정을 내려 주기를 청해 놓고 죄는 제게 돌린 것이 무엇이 이상하겠습니까. 이는 듣는 사람들이 제가 비주이종(卑主貳宗)[151]의 죄로 온 영남 사람들의 상소에서 논박당했다고 여기는 것에 지나지 않으니, 이러한 작은 일은 장차 꺼리지 않으리라고 말할 수 있습니다. 그렇지만 정해진 수 외에 외람된 경우가 있다면 형이 정사를 보는 체모에서 마땅히 엄히 다스려야 하니 다시 무엇을 의심하겠습니까.

이생(李生)이 있는 곳에서 이미 오겠다는 뜻을 서둘러 알려 왔습니다. 이상한 것은 형이 도(道)를 맡은 지 열흘도 안 되어 이 고을에서

151 비주이종(卑主貳宗) : 임금을 비하하고 종통(宗統)과 적통(嫡統)을 둘로 나누었다는 말이다. 기해년(1659) 효종이 승하하자 인조의 계비(繼妃) 자의대비(慈懿大妃)의 복상(服喪) 기간을 1년으로 할지 3년으로 할지 논쟁이 시작되었다. 남인(南人)은 효종이 비록 인조의 차자이나 적자로서 왕위를 계승했기 때문에 장자로 간주하여 삼년상(三年喪)을 치러야 한다고 주장했고, 서인(西人)은 효종이 인조의 차자이므로 기년상(朞年喪)을 치러야 한다고 주장했는데, 결국 서인의 주장에 따라 기년복으로 결정하였다. 남인 허목(許穆) 등이 상소하여, 기년으로 하는 것은 종통과 적통을 둘로 나누어 임금을 비하한 것이라며 서인을 공격하였는데, '비주이종'이라는 말은 윤휴(尹鑴)가 경자년(1660) 봄에 허목에게 보낸 편지에서 "천자는 천하의 종주이고 제후는 일국의 종주로서 더없이 높고 존귀한데, '서자이기 때문에 강복(降服)해야 한다.'라고 말한다면 이것은 '정통을 둘로 하고 임금을 낮추는 것〔貳其宗而卑其主〕'이 아니겠는가."라고 한 데서 처음 나온다. 《白湖集 卷14 答許眉叟》

효자 세 사람이 한꺼번에 정려(旌閭)되는 일이 가능하였으니,[152] 풍속의 교화가 이처럼 신묘하였습니다. 그런데 어찌하여 10개월이라는 오랜 기간이 지나 도리어 이러한 인륜의 큰 변고가 생겼습니까. 형이 일찍이 저를 나무라면서 어찌하여 가까이 영남을 교화하여 멀리 서북쪽의 사람이 사모하게 하지 않느냐고 하였는데, 이는 참으로 노위(魯衛)의 정치[153]와 같습니다.

감영(監營)의 곡식은 이미 두 가지 큰일에 경비로 지출하였으니, 지난번보다 줄어드는 것을 어찌 피하겠습니까. 굳이 전부 보충하려고 한다면 아마 도리어 문제가 될 듯합니다. 끝부분에 시를 읊는다는 말씀은 몹시 통탄하게 합니다. 군주가 걱정하는데도 신하가 죽지 않으니[154] 우리가 이 세상에 무슨 면목이 있겠습니까. 박생(朴生)이 행장을 짓는 것은 그에게는 선을 넘었다 하겠습니다. 건물을 짓는 일에 대해 번거롭게 청하고 싶지 않다는 뜻에 대해서는, 세상 경험에 익숙한 형이 어찌

152 형이……가능하였으니 : 임의백은 1664년 윤6월에 경상도 관찰사가 되어 절효(節孝)가 남다른 사족(士族) 10인, 상한(常漢) 14명 및 재행(才行)이 있어 녹용(錄用)할 만한 자 7인을 기록하여 계문(啓聞)한 일이 있으며, 그중 영천(榮川)의 사인(士人) 정도창(鄭道昌)은 1665년 10월 조정에서 정려하였다.《顯宗實錄 5年 閏6月 25日, 6年 9月 6日·10月 5日》

153 노위(魯衛)의 정치 : 두 사람이 행한 처사가 몹시 비슷하다는 말이다.《논어》〈자로(子路)〉에 "노(魯)나라와 위(衛)나라의 정사는 형제처럼 비슷하다."라고 하였는데, 노나라는 주공(周公)의 후손이고, 위나라는 강숙(康叔)의 후손으로서 원래 형제의 나라였으며, 똑같이 국력이 쇠약해지고 어지러워져 정사도 흡사하였으므로 한 말이다.

154 군주가……않으니 : 춘추 시대 때 월왕(越王) 구천(句踐)이 신하들에게 "임금이 걱정하면 신하는 욕되게 여기고, 임금이 욕을 당하면 신하는 임금을 위해 목숨을 바쳐야 한다고 들었다."라고 탄식한 말이 있다.《吳越春秋 卷5 句踐陰謀外傳》

하여 살피지 못하였습니까. 오늘날의 세상은 옛날과 다른데 또 일을 보는 것이 어찌 그리 늦었습니까. 1400명의 유생이 연명(聯名)으로 대궐에 호소하여 일개 한가한 사람을 죄줄 것을 청하였는데,[155] 옛날에도 이러한 일이 있었는지 모르겠습니다. 어제 이미 절도사와 서원(西原)에 보내는 편지를 작성하여 의론을 중지하기를 청하였습니다.

집에 병든 사람이 있어 날마다 우각구법(牛角灸法)[156]을 시행하는데, 하루에 거의 쑥 한 묶음을 사용하고 있습니다. 일찍이 듣자니 감영 안에 쑥이 들보에까지 쌓일 정도로 많다는데, 돌아오는 인편에 은혜를 베풀어 주시는 것이 어떻겠습니까? 서재가 이루어지고 이루어지지 않고 간에 일을 담당하는 중은 벌써 주관하고 있습니다. 저의 서실은 이번 27일 공사를 시작할 터인데 가장 어려운 것은 목공입니다. 만일 끝내 얻지 못하면 나무를 얽어 만들어서 태고(太古)의 제도를 숭상해도 무방할 것입니다. 고령(高靈)의 조봉원(趙逢源)[157]이라는 사람을 아십니까? 별지를 살펴보시는 것이 어떻겠습니까?

155 1400명의……청하였는데 : 187쪽 주22 참조.

156 우각구법(牛角灸法) : 뜸쑥을 소뿔 모양으로 만들어 뜸을 뜨는 방법이다. 이 방법으로 뜸을 뜨면 고질(痼疾)도 금방 효과가 난다는 등의 기록이 있다.《成宗實錄 20年 1月 25日, 11月 5日》

157 조봉원(趙逢源) : 1608~1691. 본관은 함안(咸安), 자는 사달(士達), 호는 파서(坡西)이다. 김상헌(金尙憲)의 문인이다. 한성부 판관, 고령 현감(高靈縣監) 등을 지냈다.

임계방에게 답함
答任季方

저쪽은 강이 바다 같고 이곳은 시내가 강과 같음을 알겠습니다. 형의 편지 또한 뚫고 오지 못하니, 이는 당초 이곳에 온 본래 의도입니다. 그러나 여러 장의 편지를 보고서 인기척만 듣고도 반기듯이 기뻐하였으니, 어찌 사람 마음이 자연스럽게 그렇지 않겠습니까. 어제 춘형(春兄 송준길(宋浚吉))이 넌지시 당신의 일을 알려 주었는데 분명하지 않아서 몹시 답답하게 여기고 있었습니다. 이제 대략적인 것을 알고서 탄식을 견딜 수 없으나 여기에 한 가지 방도가 있으니 알려 드리려 합니다.

연평(延平) 선생[158]이 일찍이 주자(朱子)에게 "만약 걱정을 대단히 떨쳐 버릴 수 없다면 그저 옛사람이 당한 감당할 수 없는 환란을 생각해 보시게. 자신의 처지를 이와 비교해 보면 조금 편안할 수 있을 것일세."라고 하였는데, 주자가 처음에는 그 말을 몹시 하찮게 여겼으나 뒤에 일이 닥쳤을 때는 스스로 "오히려 힘을 얻은 점이 있음을 깨달았다."라고 말했습니다. 옛사람과는 거리가 머니 당신은 부디 저와 비교해 보십시오. 이대(二臺 사헌부와 사간원)와 1400명 중에 어느 쪽이 많으며, 일을 벌여 원망을 사는 것과 군왕을 무시하고 종통을 빼앗았다〔無君奪

158 연평(延平) 선생 : 송(宋)나라 학자 이동(李侗, 1093~1163)으로, 연평은 그의 호이다. 양시(楊時), 나종언(羅從彦)과 함께 '검남 삼선생(劍南三先生)'으로 불렸다. 정이(程頤)와 정호(程顥)의 학문을 주희(朱熹)에게 전해 주는 교량 역할을 하였다. 저서에 주희가 편찬한 《이연평집(李延平集)》이 있다.

宗]는 죄 중에 어느 것이 무거우며, 자급(資級)을 거두어 달라고 간청하는 것과 종묘에 고하고 팔도에 반포하는 것 중에 어느 것이 엄중합니까? 당신께서 시험 삼아 이처럼 비교해 보신다면 일찍이 넓은 바닷속에 있는 좁쌀 한 톨과 같을 뿐입니다.

당신이 체직(遞職)되기를 바란다는 것을 어찌 말을 해야만 알겠습니까. 다만 성상께서 허락지 않으시니 어쩌겠습니까. 노선생(老先生 김장생(金長生))의 유고는 이러한 다행스러운 기회를 얻어 인쇄하는 데 두서가 있는데 문득 이러한 마가 끼었으니 몹시 한탄스럽습니다. 그러나 위아래가 버티는 사이에 자연히 세월은 흘러갈 것이고 이 일도 결말이 날 것이니, 다만 이렇게 되기를 바랄 뿐입니다. 외성(外城)의 곁 부분도 반드시 감독을 마치는 것이 어떻겠습니까? 서북 지역의 유생들은 늘 성상께서 염려해 주시는 은혜를 입었으니, 그들이 감격하는 마음을 품을 뿐만 아니라 저 또한 빈려(賓旅)[159]를 잊어버렸다는 죄를 면하였습니다.

교정을 늦추지 말라는 말씀에 대해서는 포복절도하지 않을 수 없습니다. 저는 병을 무릅쓰고 즉시 《중용》을 교정하여 당신이 가지고 가시기만 고대하였는데 끝내 그림자도 비치지 않으시기에 드디어 정영(靜令)[160]의 인편을 물색하여 보내 드렸습니다. 그 뒤에 《상서(尙書)》도

159 빈려(賓旅) : 먼 나라에서 온 귀한 손님이나 객경(客卿) 또는 나그네를 가리키는 말인데, 여기서는 서북 지방의 선비들을 먼 지방의 손님으로 미화하여 표현한 말인 듯하다.

160 정영(靜令) : 자가 정숙(靜叔)인 이태연(李泰淵, 1615~1669)을 가리킨다. 당시 경상도 관찰사로 있었기에 하는 말이다. 본관은 한산(韓山), 호는 눌재(訥齋)이며, 송시열의 처남이다.

몇 달 안에 교정을 마치고 심부름꾼이 오기를 고대하였으나, 당신이 방치해 두고 잊어버렸다고 여겼습니다. 당신이 오히려 제게 느리다고 꾸짖을 줄 어찌 생각이나 했겠습니까. 지금 보내는 《예기(禮記)》와 그 외에 몇 장의 편지도 전처럼 지체될까 염려스러워, 와 있는 사람을 만류하여 한꺼번에 교정하여 올립니다. 부디 즉시 초형(草兄 이유태(李惟泰))에게 부쳐 다시 교열하게 하시는 것이 어떻겠습니까?

서원 현감(西原縣監)에 대해서 당신은 어찌 자기의 일로 헤아려 보지 않으십니까. 말씀하신 뜻이 아니라 해도 백성의 처지에서 보면 머물기를 청하는 말이 없을 수 없습니다. 그러므로 일찍이 글을 지어 마음을 남김없이 드러냈는데 뜻이 아주 분명한 듯합니다. 그러나 당신이 만약 지극한 정성으로 말씀하신다면 어쩌면 돌이킬 수 있을 것입니다. 생선 두 마리는 감사합니다.

임계방에게 답함
答任季方

열흘 만에 다시 보내신 편지를 받으니 책 간행이 급하기 때문일 터인데 이는 또한 사문(師門)의 은혜입니다. 다만 듣건대 서울의 댁에 일이 있는 듯한데 기쁘게도 이제 알았습니다. 형이 돌아오려는 계획은 옛날 잎을 따는 자와도 같습니다. 옛사람이 뜰에 천 길이나 되는 나무가 있었는데 잎이 무성한 것을 꺼려 그 잎을 따려고 아침저녁으로 나무에 기어올랐으나 끝내 오르지 못했고, 문득 누렇게 낙엽이 졌습니다. 다만 오늘날 누렇게 된 잎이 떨어져서 어디에 있는지 모를 뿐입니다.

교정하는 일은 감히 지체할 수 없어 등불을 켜며 교정하여 마쳤습니다. 보내면 즉시 초형(草兄 이유태(李惟泰))에게 보내는 것이 어떻습니까? 스님이 간 지 벌써 여러 날인데 도착했는지요? 숨은 군자가 처음 대궐에 이르면 반드시 곤란을 겪는 것과 같아 줄곧 입을 막고 있을 듯합니다.

두 종류의 생선은 잘 받았습니다. 감사합니다. 푸른 바위와 흰 돌은 비 온 뒤에 더욱 남달라 칠석날에는 비를 무릅쓰고 홀로 갈 수밖에 없었습니다. 당신은 정무를 보는 여가에 책을 보실 수 있는지요? 왕복하는 편지를 통해 학문의 근원이 몹시 진전하였음을 알겠으니, 이는 실로 늘그막에 기이한 일입니다. 옛사람이 이른바 일흔에 바뀌었다[161]는 것이 글 속에만 있겠습니까. 알고 싶습니다. 이만 줄입니다.

161 일흔에 바뀌었다 : 공자가 70세에 이르러 마음대로 해도 법도에 넘지 않았다는 고사와 같은 맥락으로, 노년에도 끊임없이 자신을 수양하고 변화시키는 것을 의미한다.

임계방에게 보냄

與任季方

이보(李寶)는 젊어서부터 아주 친하기에 당장에 곡절을 물어보려고 했으나 편하지 않아 감히 물어보지 못했습니다. 두 이(李)와 유(兪)[162]는 모두 서로 친하고 유는 더욱 골육처럼 친합니다. 이제 듣건대 당한 일이 작지 않다니 매우 한심합니다. 기형(沂兄 기천(沂川) 홍명하(洪命夏))과 당신은 조만간 만날 터이니, 그에게 저에 대해 물으시면 어떻겠습니까? 반드시 말하는 바가 있을 것입니다. 이 비장(李裨將)은 일을 행한 지 이미 오래되었으니 그의 장단점에 대해서는 반드시 이미 자세히 알 것입니다. 춘형(春兄 송준길(宋浚吉))이 이 사람을 위해 말한 것이 없었는지 모르겠습니다. 춘형이 말이 없었다면 저 또한 감히 말하지 못하겠지만, 만일 있었다고 한다면 반 마디 말이나마 돕고자 합니다.

상중인 김만준(金萬埈)[163]의 처소에는 답장이 있으니 부디 즉시 전해 주고 이어 답장을 받아 내어 보내 주시는 것이 어떻겠습니까? "중은 사랑해도 자줏빛 옷 걸친 중은 싫다네.〔愛僧不愛紫衣僧〕"라고 하였는데 이는 정 도관(鄭都官)의 시입니다.[164] 옛사람의 경계가 이와 같고,

162 두 이(李)와 유(兪) : 이유태(李惟泰)와 그의 형 이유택(李惟澤), 유계(兪棨)를 말하는 것으로 보인다.

163 상중인 김만준(金萬埈) : 자는 군평(君平)이다. 증조부는 김장생(金長生), 조부는 김반(金槃), 생부는 김익희(金益熙)로, 백부 김익렬(金益烈)의 후사가 되었다. 당시 김익렬을 위한 복을 입고 있었다.

164 중은 사랑해도……시입니다 : 당(唐)나라 도관(都官) 벼슬을 지낸 정곡(鄭谷)의

관복을 좋아하는 것이 세속 사람보다 심하다는 것은 참으로 보내오신 말씀과 같습니다. 이번에 말씀하신 것은 저의 당초 뜻과는 다른 듯하지만 그래도 좋습니다. 다만 갑작스레 괜찮다고 할 수 없으니, 몇 달 동안 마땅히 듣고 본 것을 서원(西原)의 관편(官便)을 통해 답장드리겠습니다.

시 〈기헌적우승(寄獻狄右丞)〉에 나오는 내용이다. 《全唐詩 卷676》 붉은 옷은 고관이 입는 관복을 말하는데, 왕중령(王中令)이 촉(蜀) 땅의 어느 절 주지에게 돼지 요리하는 것을 제목으로 시를 지어 보라고 하자 즉시 칠언율시를 지으니 몹시 기뻐하며 붉은 옷과 선사라는 호칭을 주었다는 고사에서 유래하였다. 《宋子大全隨箚 卷5》

임계방에게 답함 병오년(1666, 현종7) 7월

答任季方 丙午七月

편지 여러 장이 일시에 손에 들어와서 읽다 웃다 하느라 고질이 있다는 것을 문득 잊었습니다. 편지를 받고 간행이 시작되었음을 알았습니다. 이 일을 마치고 나면 형의 거취는 우리에게 참으로 전제(筌蹄)[165]일 것입니다. 다만 회옹(晦翁)이 사랑한 "이렇게 함께 쇠약하고 늙은 시절 더 이상 헤어질 때 아니라네.〔及此同衰暮, 非復別離時.〕"라는 말[166]만 해도 이미 슬픈데, 더구나 묘표(墓表)로 부탁을 받으니 눈물이 흐를 것만 같습니다. 그러나 얼마 전 당신을 만났을 때 기운과 모습이 충만하고 걸음걸이가 아주 강건하여 120세[167] 이전에는 이러한 염려는 없을 듯하였습니다. 다만 저는 천 명의 사람에게 손가락질을 받아서 병이 없어도 오히려 걱정하고 있는데, 더구나 이렇게 쇠약해진 경우이겠습니까. 사마공(司馬公)과 범촉공(范蜀公)이 나중에 죽는 자가 묘지문(墓誌文)을 짓기로 약속하면서[168] 서로 마주할 수 없는 것을 한스러워

165 전제(筌蹄) : 전(筌)은 물고기를 잡는 통발이고, 제(蹄)는 토끼를 잡는 올무로, 목적을 달성하고 나면 잊어버리는 방편을 이른다. 장자(莊子)가 말하기를 "통발은 물고기를 잡는 도구인데 물고기를 얻으면 통발은 잊고, 올무는 토끼를 잡는 도구인데 트끼를 잡으면 올무는 잊는다." 하였다. 《莊子 外物》

166 회옹(晦翁)이……말 : 남조(南朝) 양(梁)나라 심약(沈約)의 〈별범안성(別范安成)〉이라는 시인데, 주희(朱熹)가 〈여이계장서(與李季章書)〉에서 인용하였다. 《晦庵集 卷29》《문선(文選)》 권20 〈별범안성시(別范安成詩)〉에는 '此'가 '爾'로 되어 있다.

167 120세 : 사람의 수명을 120세를 한도로 본다는 말이다. 《宋子大全隨箚 卷5》

하였는데, 이 일을 헤아려 보며 한번 웃을 뿐입니다.

올해 농사는 산골은 절망적이고 면화(綿花)는 더욱 심합니다. 명(明)나라 조정의 문사(文士)들은 당시 사람이 탄핵을 잘 견딘 까닭에 목면관(木綿官)이라는 이름을 붙였습니다.[169] 지금 형이 탄환을 잘 견딘다는 것으로 자처하니 온 도내 사람들이 아마도 근심이 없을 것입니다. 우습습니다. 저의 병은 해마다 으레 치르는 것으로, 늘 서리와 이슬이 교차할 때라야 비로소 나아집니다. 이제 좋은 약제를 얻었으니 빨리 나을 수 있을 것입니다. 마음 깊이 감사함을 어찌 말로 하겠습니까. 흰 꿀〔白蜜〕은 즉시 맑은 시냇물을 길어다 섞어서 서둘러 마셨더니 병든 장에 몹시 알맞습니다. 나머지는 별지에 갖추어 말하였습니다. 이만 줄입니다.

별지

다 쓴 김만준(金萬埈)의 글은 부쳤습니까? 이분은 서울의 글씨를 베껴 쓰는 사람에게 판각을 맡기지 않은 것을 몹시 큰 흠으로 여기고 있는데, 그 말은 이치가 있는 듯하지만 유생들이 만약 각자 정밀하게

168 사마공(司馬公)과……약속하면서 : 사마공은 사마광(司馬光)을, 범촉공(范蜀公)은 성도(成都) 화양(華陽) 사람 범진(范鎭)을 말한다. 두 사람이 서로 매우 좋아하여 서로가 서로에게 미치지 못한다 여겼으며 "살아서는 뜻을 함께하니 죽어서 전(傳)을 같이해야 한다."라고 하면서 서로 전기(傳記)를 지어 주기로 약속하고 또 나중에 죽는 사람이 먼저 죽는 사람의 묘지를 지어 주기로 하였다. 《宋名臣言行錄 後集 卷5》

169 명(明)나라……붙였습니다 : 명나라 효종(孝宗) 때 유길(劉吉)이 누차 대간의 탄핵을 받으면서도 18년 동안이나 내각(內閣)에서 뻔뻔스럽게 자리를 지키고 있어 당시 사람들이 그를 유면화(劉綿花)라고 지목하였는데, 두꺼운 솜이 탄환을 견디듯 탄핵을 뻔뻔하게 견뎠던 데서 유래하였다. 《明史 劉吉列傳》

한다면 그들이 어찌 서울의 글씨를 베껴 쓰는 자만 못하겠습니까. 부디 이 뜻을 말씀드려 주십시오. 대저 글자 획이 돈독한 것은《홍무정운(洪武正韻)》만 한 것이 없으니, 가장 좋습니다. 석이(錫爾 이경억(李慶億)) 대감 때《기보통편(記譜通編)》을 간행했는데 춘형(春兄 송준길(宋浚吉))이 보고서 "하지 않은 것만 못하다."라고 하였으니, 이것을 경계로 삼을 만합니다. 지금 아직 교정하지 않은 것이 한 책 있는데, 이것은 초형(草兄 이유태(李惟泰))이 전적으로 제게 맡겼습니다. 이것은 대개 노선생(老先生 김장생(金長生))의 소차(疏箚)와 서찰(書札) 및 잡저(雜著)입니다. 한 책은 이미 왔고 김사정(金士正)[170]에게 있는 것은 초형이 마땅히 가져다 보내겠다고 했는데 지금까지 책이 줄곧 오지 않는 것은 또한 당신의 책임입니다.

불가(佛家)의 시왕도(十王圖)[171]에는 저울로 죄의 경중을 재는 모습이 있어 일찍이 속으로 웃었는데, 오늘날 비로소 형 같은 사람을 위해 진설한 것임을 알겠습니다. 형이 제가 당한 것보다 자신이 당한 것이 무겁다고 말한다면 반드시 시왕(十王)의 저울에 올려 본 뒤에야 각자 할 말이 없을 것입니다. 또 한편으로는 "우리는 우리가 당한 일에 대해 이곳의 맑은 시내와 흰 돌로 보상받았다."라고 한 말이 있는데, 처지를 바꾼다면 당신은 기꺼이 수긍하겠습니까? 억지로

170 김사정(金士正) : 김장생의 서자인 김규(金槼, 1606~1697)로, 사정은 그의 자이다.《明齋遺稿 卷2 送自如督郵金士正》

171 시왕도(十王圖) : 명부(冥府)에서 죽은 자의 죄업을 심판하는 10명의 대왕을 그린 그림을 말한다. 조선 시대에 명부전(冥府殿) 안에 지장보살과 시왕이 함께 봉안되면서 본격적으로 시왕도가 조성되었다.

팔더라도 아마 달갑지 않을 것이니 우습습니다.

중봉(重峰 조헌(趙憲)) 선생의 일은 오늘 밤에야 들어서 속리산(俗離山)의 고사(古事)에 들어가지 못한 것이 한스럽습니다. 마땅히 책에 기록하여 훗날 다행히 만날 때를 기다려야 할 것입니다. 지숙(持叔 민유중(閔維重))은 지극히 가상합니다. 무리의 노여움에 아랑곳하지 않고 감히 이 어른의 유고(遺稿)[172]를 간행하니, 의리가 지극히 높지 않다면 어찌 이렇게 할 수 있겠습니까. 그러나 이곳 수령의 비방이 장차 길어지려고 할 때 이곳의 성주(城主)가 즉시 편지를 받고서 생각이 처음과 조금 달라졌으니 매우 다행입니다. 당신이 편지를 서둘러 보내어 머무르도록 권한 것은 매우 잘한 일입니다.

이 비장(李裨將)이 운운한 것은, 어찌 전날 저의 편지 때문에 이러한 말이 있지 않았겠습니까. 인묘(仁廟) 때 연평(延平)[173]이 도당(都堂) 홍문록(弘文錄)[174]을 작성하기 위해 나아가려고 할 때 어떤 사람

172 이 어른의 유고(遺稿) : 안방준(安邦俊)이 편찬한 조헌의 유고《항의신편(抗義新編)》을 말한다.《林下筆記 卷17 抗義新編》인조 때 이귀(李貴)가《항의신편》의 인출(印出)을 청하는 차자를 올렸으나 채택되지 않았다.《仁祖實錄 3年 10月 24日》

173 연평(延平) : 연평부원군(延平府院君) 이귀(李貴, 1556~1632)를 말한다. 본관은 연안(延安), 자는 옥여(玉汝), 호는 묵재(默齋)이다. 이이(李珥), 성혼(成渾)의 문인이다.

174 도당(都堂) 홍문록(弘文錄) : 홍문관에 결원이 생길 때를 대비하여 만들어진 제도로, 홍문관 부제학 등이 함께 의논하여 본관록(本館錄)을 작성하여 이조(吏曹)에 이송하면, 이조에서는 이를 심사하여 이조록(吏曹錄)을 작성하여 본관록과 함께 의정부에 이송하였다. 의정부는 본관록을 중심으로 누락과 오류 여부를 심사하여 정부록(政府錄)을 작성하였는데, 이를 도당 홍문록 혹은 홍문록이라 하였다. 홍문관에 결원이 생기면 이조는 홍문록 중에서 3인을 추천하고, 왕이 이 중 한 명을 낙점하여 임용하였다.

이 자신과 친한 사람을 홍문록에 넣어 달라고 하자 연평이 승낙하였는데, 동벽(東壁)에 들어가서는 권점하지 않았을 뿐만 아니라 곧 오히려 소리 높여 주장하여 막아 버렸습니다. 어떤 사람이 매우 의아하여 와서 물으니 "저는 공이 막아야 한다고 말한 것으로 잘못 듣고서 그렇게 하였습니다."라고 하였습니다. 그 사람이 일을 장차 어쩔 것이냐고 하자, 연평이 "제가 장차 아장(亞長)으로서 이전의 잘못을 갚겠습니다."라고 하였는데, 이것이 그 당시의 한 기담(奇談)이 되었습니다. 그러한 일을 오늘날에 다시 볼 줄 어찌 생각이나 했겠습니까. 그러나 이는 이 비장과 아장의 운수가 마침 그러하였기 때문에 형이 이와 같을 수밖에 없는 것입니다.

지난번 편지에서는 김익수(金益燧)의 옛집이 비게 된다고 들었기에 제 생각에 춘형이 반드시 이 사람을 위해 형에게 말할 것이라 여겨 대략 언급했을 뿐입니다. 상중에 있는 김만준은 답장이 있었던 것 같은데 부디 보내 주시기 바랍니다.

주자(朱子)의 〈조수에게 보내는 편지〔與趙帥書〕〉[175]에 대하여

○ 이 편지는 당신이 반드시 이미 익히 보았을 것입니다. 오늘날 더욱 거울로 삼아 경계해야 마땅하기에 일찍이 이 비장에게 귓속말로 간곡하게 전달하게 했던 것입니다. 오직 서사(書舍)는 주자가

175 주자(朱子)의……편지 : 1183년 조여우(趙汝愚)가 집영전 수찬(集英殿修撰)의 자격으로 복주 지사(福州知事)로 있을 때, 주희를 위해 봉급을 내어 무이정사(武夷精舍)를 지으려 하였는데, 주희가 편지를 써서 끝끝내 사양한 일이 있다. 《晦庵集 卷27 與趙帥書》

또한 와룡암(臥龍菴)[176]을 짓는 것을 도가(道家) 계통의 사람에게 맡겨 그 일을 주관하게 하였고, 퇴계(退溪)도 승려에게 서당을 짓게 하였기 때문에 전날 부질없이 언급하였습니다. 이곳 사람이 의수(義修)라는 이름의 승려를 소개하였는데 저는 아직 보지 못하였으나 며칠 사이에 마땅히 나아가 뵙게 할 터이니 부디 말씀해 주십시오. 그리고 문지기에게 알려 두어 막지 않는 것이 어떻겠습니까? 또 생각건대 승려가 한번 형세를 얻으면 반드시 다른 승려들에게 기염을 부릴 터이니 이는 매우 불편합니다. 부디 아울러 경계하여 한 가지 일이라도 이웃에게 소란이 미치지 않게 하는 것이 어떻겠습니까?

오늘날 저의 계책은 다만 시냇가에 세 칸짜리 집을 짓고 사세를 보아 기와를 덮어 새는 근심이 없게 하며, 그동안 하사받은 것과 스스로 갖추고 있는 서책들을 모두 그 속에 정리해서 쌓아 두고 이 몸은 그 속에 있는 것입니다. 또 초가 몇 칸을 엮어 아내가 거처하면서 불 때는 것을 감독하게 할 것입니다. 저는 벌써 시내 한 굽이를 점찍었으니 이번 달에 터를 닦으려 합니다. 그 오른쪽 아주 가까운 터에는 또 시냇가에 작은 벼랑이 둘러싸고 있는 경치가 몹시 빼어난 곳을 얻어 제생(諸生)과 작은 암자를 짓고 숙식하는 곳으로 삼으려고 합니다. 이것은 마땅히 이 승려에게 맡길 터인데, 당신이 이 승려를 도우려거든 부디 관용(官用)과 상관없는 것을 조금 주십시오. 산골과 관계된 것은 문서를 만들게 하면 당신이 떠나간 뒤라도 그들이 감히 중지하지는 못할 것입니다. 제 아이가 지금 호상(湖上)으로

176 와룡암(臥龍菴) : 주희가 1180년 남강(南康)에 있을 때 여산(廬山)의 남쪽 오로봉(五老峯) 아래에 지어 제갈 무후(諸葛武侯)를 제사 지낸 암자이다. 《朱子年譜 卷2》

돌아갔으니 모레쯤이면 들러서 말씀드리는 것이 있을 것입니다. 다만 이 또한 문지기에게 알려 두십시오.

임계방에게 답함[177] 병오년(1666, 현종7) 9월 27일

答任季方 丙午九月二十七日

하인이 돌아왔기에 종이 가득 쓴 편지를 열어 보았습니다. 문필(文筆)이 가면 갈수록 굳세니 저의 뜻을 매우 분발하게 합니다. 무엇보다 백성에게 미치는 일에 대해서는 몹시 높이 평가할 만합니다. 선정(先正) 뒤로 세상에는 부모와 백성을 생각하는 뜻이 없다는 이 말은 참으로 한탄스럽습니다. 《경서변의(經書辨疑)》는 글자의 오류뿐만 아니라 문장이 잘못된 곳도 많으니 퍽 고민스럽습니다. 창주(滄洲)[178]의 부인은 우리의 옛 정의(情誼)로 보아 어찌 슬픔을 견디겠습니까. 무엇보다 막내 상주가 지탱하기 어려운 듯하여 저도 모르게 눈물이 흘렀습니다.

중봉(重峰 조헌(趙憲)) 선생에 대해 하신 말씀은 지극히 마땅합니다. 지금 이러한 두 관계는 상대방을 아끼다 보니 그다지 관계없는 사람조차 아끼는 경우라고 할 만하니, 높은 뜻을 따라갈 수 없습니다. '헌집〔弊寓〕'이라는 것은 참으로 아주 뛰어납니다. 또 호랑이, 표범과 관계된 일이 많아 〈초은(招隱)〉이라는 하나의 제목을 만들어 냈으니 더구나 빼어난 중에서도 기이합니다.-회옹(晦翁)의 〈초은조(招隱操)〉에 "듣자니 산속에 호랑이와 표범이 낮에도 울부짖는다는데.〔聞說山中, 虎豹晝嘷.〕"라

177 임계방에게 답함 : 이 편지는 송시열이 임의백에게 1666년 9월 16일에 보낸 편지 다음에 편차되어야 한다.

178 창주(滄洲) : 김익희(金益熙, 1610~1656)의 호이다. 본관은 광산(光山), 자는 중문(仲文)이다. 조부는 김장생(金長生), 부는 김반(金槃)이다.

고 하였다.- 아드님은 참으로 이른바 벗 삼으려 하니 항(抗) 되기를 사양하고, 스승으로 받드니 정(丁)이 되기에 부끄러운 경우[179]이니, 지금 이렇게 장려하는 것은 저를 몹시 부끄럽게 합니다. 다만 정의(情義)가 깊은 만큼 이것으로 저것을 헤아려 이미 알 뿐입니다. 조간간 다시 오는 것은 어찌 감히 바랄 수 있겠습니까. 동해에서 냄새나는 자를 좇은 것처럼 한 사람이 있다는 것이 이미 괴이한 일입니다.[180]

암행 어사이신 형께서는 참으로 두렵습니까? 어찌 주원옹(周元翁)[181] 처럼 초연하지 않으십니까. 선왕 때 일찍이 은밀히 사목(事目)을 만들 것을 명하시니, 신은 과연 "사신(使臣)의 직무란 두루 자문해야 하고 관찰사나 절도사뿐만 아니라 모두 마땅히 살펴야 합니다. 여염이나 시골의 뛰어난 사람에 대해서는 또한 은밀히 조사하여 처리할 수 있습

179 벗……경우 : 나이와 상관없는 훌륭한 벗이라는 말이다. 당(唐)나라 한유(韓愈)가 자기 제자인 장철(張徹)에게 준 시에 "그대를 친구로 삼자 하니 그대는 항(抗) 되기를 사양하고, 나를 스승으로 받드니 나는 정(丁) 되기에 부끄럽네.〔結友子讓抗, 請師我慙丁.〕"라고 한 구절에서 온 말이다. 항은 곧 삼국 시대 오(吳)나라 육항(陸抗)을 가리키는데 양호(羊祜)와 특별히 정분이 두터운 친구 사이였고, 정은 춘추 시대에 활 잘 쏘기로 유명했던 유공차(庾公差)의 스승인 공손정(公孫丁)을 가리킨다. 《宋子大全隨箚 卷4》《三國志 吳書 陸遜傳》《韓昌黎集 卷2 答張徹詩》

180 동해에서……일입니다 : 임의백(任義伯)의 아들이 홀로 와서 송시열을 따르는 것이 남들의 호오(好惡)와는 다르다는 것을 말한다. 옛날 몸에서 대단한 악취가 나는 사람이 있어 친척, 형제, 아내, 친지 등 그 누구도 그와 함께 거처할 수 없자 스스로 고민 끝에 홀로 바닷가에 가서 살았는데, 그 바닷가에 사는 한 사람이 유독 그 냄새를 좋아하여 밤낮으로 그를 따라다녀서 그의 곁을 떠나지 못했다는 고사가 있다. 《呂氏春秋 卷14 偶合》

181 주원옹(周元翁) : 송(宋)나라 때 학자 주돈이(周惇頤)의 맏아들 주수(周壽)로, 원옹은 그의 자이다. 《六藝之一錄 卷345》《宋子大全隨箚 卷5》

니다."라고 하였는데, 선왕께서 매우 옳다고 여기셨습니다. 이제 질문하시니 저절로 눈물이 왈칵 쏟아집니다.

하순에 있을 혼사에 대해서는 제가 감히 추천하여 아뢰지 못하겠습니다. 다만 그에게는 저버리기 어려운 큰 인륜이 있으니 어찌 예를 갖추기를 바랄 수 있겠습니까. 그 날짜는 다음 달 19일로 잡았습니다. 이때가 지나면 다시 동쪽으로 갈 것이니 고삐를 돌려 찾아와 주신다면 얼마나 다행이겠습니까. 그러나 감히 기필하지 못하겠습니다. 당신의 소본(疏本)은 매번 너무 바빠서 이제야 비로소 찾아서 돌려드리니, 임 참의(任參議)의 부봉(副封)을 아울러 안에 넣었습니다. 하고 싶은 말은 많지만 와 있는 심부름꾼이 서서 독촉하니 이만 줄입니다.

임계방에게 답함 병오년(1666, 현종7) 9월 16일
答任季方 丙午九月十六日

빈산에 홀로 서서 아득히 벗을 그리고 있었는데 문득 이 편지가 오니 그지없이 위로되었습니다. 저는 하루가 무사한 것이 하루의 복이니 다른 것은 무엇을 기대하겠습니까.

당신의 둘째 아드님이 서로 마주한 지 며칠 만에 문득 돌아갔습니다. 우리가 어찌 다시 이별할 때이겠습니까. 몹시도 저를 괴롭게 합니다. 또 가득 싣고 와서 곳간에 다 내려놓고 가니 주인은 부끄럽지 않겠습니까.

가만히 듣건대 대신할 자가 이미 나왔다는데 이분이 마음을 억누르고 올 수 있을는지요? 버티는 사이에 당신이 지체될까 염려됩니다. 자의공(紫衣公)[182]은 아직 돌아오지 않았는데 그 까닭을 모르겠습니다. 수많은 말은 아마 둘째 아드님이 당신을 곁에서 모시는 틈에 한두 가지 말씀드릴 것입니다. 이만 줄입니다.

182 자의공(紫衣公) : 높은 벼슬자리에 있는 사람을 말한다. 285쪽 주164 참조. 여기서는 누구를 가리키는지 자세히 알기 어렵다.

임계방에게 답함 병오년(1666, 현종7) 10월 17일
答任季方 丙午十月十七日

한 걸음 조금 가까워졌으나 서로 소식을 듣는 것은 괴롭게도 쉽지 않더니, 심부름꾼을 시켜 보낸 편지를 받고 또 하객(賀客)의 예를 받았습니다. 매우 염려하는 마음이 자기 일보다 더하셨으니, 덕스러운 뜻을 알고도 보답할 길이 없습니다. 이를 어찌 말로 하겠습니까. 미천한 저의 딸 하나를 위해 번거로움을 끼쳤으니[183] 단교화상(斷橋和尙)[184]은 아마 반드시 저를 비웃을 것입니다.

형께서 돌아올 계획이 점점 지체되고 또 대신하는 자를 꼭 얻을 것 같지는 않습니다. 부디 장부로 남긴 여러 가지 일에 매우 치밀하여 물샐틈없게 하는 것이 어떻겠습니까? 형의 노숙함은 어찌 남이 말할 필요가 있겠습니까. 다만 벗들은 불이 뜨겁지 않고 얼음이 차지 않을까 오히려 걱정하는 것입니다. 아드님의 손에 난 부스럼이 곧바로 나아서 기쁩니다. 다만 주상의 거처가 여러 번 옮겨지면서 유언비어가 그치지 않으니 쌓이는 근심이 어찌 종남산(終南山) 정도에 그치겠습니까. 늘 한 번이라도 생각이 미칠 때면 문득 살아 있다는 것을 잊습니다. 오늘날 우리 중에 명(命)이 좋은 자는 먼저 죽고, 그렇지 못한 자는 절의(節

183 저의……끼쳤으니 : 송시열의 서녀(庶女)가 1666년에 민씨(閔氏)에게 시집갔는데, 임의백이 도와주었기에 한 말이다. 《宋子大全隨箚 卷5》

184 단교화상(斷橋和尙) : 《송자대전수차》 권4에 "옛날에 다리를 끊어 버리고 참선을 수련한 스님이 있었는데, 그를 단교화상이라 불렀다."라는 설명이 있다.

義)를 떨쳐 그 몸에 냄새가 나지 않게 한다면 좋을 것입니다.

화양(華陽)으로는 예를 행한 뒤 며칠만 지나고 갈 것입니다. 며칠을 잡다한 일에 골몰하다 보니 번거롭고 시끄러운 것이 더욱 싫어 정말로 산을 그리워하는 병든 학이 되었습니다. 서북쪽의 유생들이 거친 음식으로 함께 앞장서니 이 또한 곤란합니다. 그러나 계주(季周 이단하(李端夏))는, 사람마다 대면하여 입을 열고 싶지는 않기에 남을 위한 일이기는 하지만 또한 그다지 남에게 언급하고 싶어 하지 않는 것입니다. 당신이 만약 다시 급한 사람을 보살펴 주신다면 얼마나 다행이겠습니까. 호적(戶籍)의 일은 말씀하신 대로 해야 합니다. 당신 형님의 예전 옷은 저들에게는 몹시 영광스러운 것인데 어찌하여 이처럼 말을 하십니까. 두꺼운 명주옷에 연연한다는 것[185]을 옛날에 들었는데 지금 봅니다. 《경서변의(經書辨疑)》의 교정본은 이미 곧장 초형(草兄 이유태(李惟泰))에게 보냈습니다. 이만 줄입니다.

185 두꺼운……것 : 전국 시대 위(魏)나라의 수가(須賈)가 그의 옛 친구 범수(范雎)가 추위에 떠는 것을 보고 두꺼운 명주옷을 주었던 고사가 있다. 《史記 范雎列傳》

임계방에게 답함 병오년(1666, 현종7) 10월 21일
答任季方 丙午十月二十一日

그저께 저녁 잔치에서 춘형(春兄 송준길(宋浚吉))을 만났는데 형 주변에 종일 끊임없이 이야기하는 이들이 많았습니다. 이제 셋째 형님을 모시고 편지를 받으니 그리운 마음 퍽 위로됩니다. 저는 처음에는 빨리 돌아가 산에서 지내려 하였는데, 예관(禮官)이 《소학언해(小學諺解)》를 위해 내려왔다는 것을 갑자기 듣고서 미리 세웠던 계획을 조금 미루었으니 퍽 번거롭게 여깁니다. 제 딸의 배필은 어찌 미천하고 낮을 뿐이겠습니까. 그런데도 물어 주고 분에 넘치게도 언급하시니 옛날에 이른바 채찍이 말의 배까지 미친[186] 경우입니다. 그 사람됨이 겉은 대략 그 할아버지처럼 조금 부드러운 듯한데 그 속은 제가 아직 모르겠습니다. 내일 말씀을 받들기 위해 마땅히 바위를 쓸어 놓고[187] 기다리겠습니다. 이번에는 부디 바삐 헤어질 계획을 않으시는 것이 어떻겠습니까? 이만 줄입니다.

186 채찍이……미친 : 쓸데없는 데까지 신경을 써 주신다는 뜻의 겸사(謙辭)이다. 《춘추좌씨전(春秋左氏傳)》 선공(宣公) 15년에 "채찍이 아무리 길어도 말의 배까지는 미치지 않는다."라는 말에서 유래하였다.

187 바위를 쓸어 놓고 : 산중의 땅을 쓴다는 말이다. 산중의 땅이란 수신양생(修身養生)하는 자의 거처를 가리키는 경우가 많다.

임계방에게 보냄 병오년(1666, 현종7) 10월

與任季方 丙午十月

옛날 중문(仲文 김익희(金益熙))과 논변한 것이 있었는데 서로가 막상막하였습니다. 중문이 몹시 목소리를 높이고 성낸 기색으로 "어찌 그리도 '어리석음〔尤〕'을 좋아하십니까."라고 하고 이윽고 "공에게 별호(別號)가 있습니까?"라고 하기에 "별호가 어찌 사람마다 있겠습니까. 저 같은 자는 어쩌면 자칭(自稱)하는 경우도 있겠지만 누가 불러 주겠습니까."라고 하였습니다. 그러자 중문이 "지금 제가 이름 붙여 드리겠습니다. 공은 '우(尤)'를 몹시 좋아하니 '우'라고 부르는 것이 좋겠습니다."라고 하였는데, 제가 응답하여 "좋은 이름이라면 제가 감당하지 못하겠지만 지금 이렇게 좋지 못한 것으로 깨우침을 받으니 어찌 감히 사양하겠습니까. 장차 마땅히 이것을 가슴에 새겨 허물이 적기를 바랍니다." 하고, 이어서 서로 한바탕 웃고 마쳤습니다. 그 뒤에 이 벗이 남에게 이것으로 부르고, 편지에서 반드시 칭하였기에 다른 사람들이 또한 이 이름으로 부르게 되었으니 퍽 우습습니다. 그러나 이미 이와 같으니 이제 어찌 차마 바꾸어 물리치겠습니까.

송자대전

제43권

書서

이일경[1] 정기 에게 답함 기축년(1649, 효종 즉위년) 10월 6일
答李一卿 廷夔○己丑十月六日

외지고 고요한 중에 밤새 괴로워 신음하였는데 새벽까치가 기쁜 소식을 전하더니 형의 편지가 문득 왔기에 답장을 펼쳐 읽어 본 뒤에 저도 모르게 고질병이 문득 사라졌습니다. 저는 일찍이 심한 증세를 앓고 있어 몸뚱이만 있지 실지로는 일개 노 공왕(魯恭王)의 영광전(靈光殿)[2]이라, 열흘 사이에 시간이 갈수록 더욱 심해져 더는 지탱할 수 없을 듯합니다. 만적(萬適)이 궁궐에 도착하자마자 죽어[3] 오랜 세월 뒤에 조롱을 받던 것을 늘 비웃었는데 이 몸이 그러한 낭패스러운 길을 밟을까 몹시 두렵습니다. 약을 짓고 싶다 한들 돈 없고 외로운 나그네가 어디에서 가난하여 걸식하는 아이 행세를 하겠습니까. 다만 당귀(當歸)[4] 하나를 얻어 이 병을 절반이라도 치료하고 싶지만 어쩔 수가 없습니다. 껄껄. 부디 모두 묵묵히 이해해 주시기를 빕니다.

1 이일경(李一卿) : 이정기(李廷夔, 1612~1672)로, 일경은 그의 자이다. 송시열의 문인이다. 1648년(인조26) 문과에 급제하였고, 이 당시 정언으로 있었다.

2 노 공왕(魯恭王)의 영광전(靈光殿) : 극히 일부분만 온전히 남아 있다는 말이다. 영광전은 한 경제(漢景帝)의 아들 공왕(恭王)이 건립한 궁궐로, 한나라 말엽에 다른 궁전은 모두 파괴되었으나 영광전만은 그대로 남아 있었다고 한다. 《藝文類聚 卷62 殿》

3 만적(萬適)이……죽어 : 만적은 송(宋)나라 진주(陳州) 완구(宛丘) 사람으로 학문을 좋아하여 벼슬길에 나아가지 않고 저술에 전념하였는데, 한림학사(翰林學士) 한비(韓伾)의 천거로 부르는 조서가 내리자 병든 몸을 이끌고 조정으로 나와 신현 주부(愼縣主簿)에 제수되었다가 며칠 만에 죽었다. 《宋史 隱逸列傳 萬適》

4 당귀(當歸) : 약재 이름이다. 뜻을 풀면 '합당한 데로 귀결된다', '돌아가야 한다'라는 뜻이 있으므로 송시열이 중의적으로 한 말인 듯하다.

이일경에게 보냄
與李一卿

감기를 앓았다가 다행히 나아가고 있습니다. 어제 어머니를 핑계로 글을 올렸는데, 오늘 늦게 인견(引見)해서 대면하여 말씀하시니[5] 은혜에 감격한 마음 끝이 없어 저의 마음을 가눌 수 없었으나 끝내 사직을 청하여 지금 막 짐을 꾸리고 있습니다. 해가 저물지 않았으면 교외로 나가려고 합니다.

일찍이 듣자니 형의 부모님이 편찮으시다기에 마음에 몹시 놀랍고 염려스러웠습니다. 그러나 병으로 외진 곳에 칩거하며 끝내 근심에 대해 안부를 여쭙지 못하였으니 매우 죄송합니다. 하찮은 들오리나 기러기 같은 제가 무슨 중요한 인물이라고 형의 뜻을 번거롭게까지 하겠습니까. 부끄러움을 금치 못하겠습니다.

선생은 이미 교외로 나갔으나,[6] 성상께서 김 승선(金承宣)[7]을 인견

5 어제……말씀하시니 : 1649년(효종 즉위년) 11월 9일 당시 사복시 정(司僕寺正)으로 있던 송시열이 어머니가 병이 위중하여 잠시 일을 보지 못하겠다는 사직소(辭職疏)를 올리자, 이튿날 효종이 불러 보고 대면하여 이야기를 나누었다. 《孝宗實錄 卽位年 11月 10日》

6 선생은……나갔으나 : 대동법의 시행을 두고 송시열의 스승 김집(金集)은 시행할 수 없다는 입장이고 김육(金堉)은 시행해야 한다는 입장으로 의견의 차이가 있어, 김육이 소(疏)를 올리고 선조의 묘에 성묘한다는 핑계로 양주(楊州)로 가 버렸던 일을 말한다. 《孝宗實錄 1年 1月 13日》《宋子大全隨箚 卷5》

7 김 승선(金承宣) : 승지로 있던 김익희(金益熙, 1610~1656)를 말하는 것으로 보인다. 김장생(金長生)의 손자이다. 《孝宗實錄 卽位年 6月 16日》

하여 사사로운 뜻으로 면유(面諭)하게 하셨기에 다시 들어왔습니다. 그러나 매우 혐의를 받을 상황이 있으므로 선생께서 몹시 염려하십니다. 하고 싶은 말은 많지만 바쁘고 번거로워 대충 씁니다.

이일경에게 답함

答李一卿

편지를 받고 위로되고 감사하였습니다. 제가 어찌 부름을 받들어 서둘러 들어가서 다 밝히지 못한 속내를 말씀드리고 싶지 않겠습니까. 사람이 말을 않다가 말하면 반드시 망발하여 반드시 다른 사람을 상하게 하니, 일을 해치기보다는 자취를 감추고 입을 다무는 것이 더 나을 것입니다. 병으로 패초(牌招)를 사양하는 것은 말씀대로 하고 싶어도 방도가 없습니다. 이만 줄입니다.

이일경에게 답함 임진년(1652, 효종3) 6월 14일

答李一卿 壬辰六月十四日

형이 복(服)을 마치고부터 늘 안부를 여쭙고 싶었지만, 병중이라 사람이 할 일에 소홀하여 지금까지도 하지 못하였습니다. 이제 안부를 물으시니 저세상 사람의 음성과 얼굴을 듣고 본 것만 같아 위로되고 감격스러운 나머지 도리어 부끄러움이 더합니다. 진심에서 우러난 효성이 순수하고 간절하여 온갖 신명이 삼엄하게 보살피니 진실로 잘 견디는 데 방도가 있을 줄 알지만 흠모하고 칭송하는 마음 깊습니다. 저는 해를 넘기도록 병을 앓아 죽음이 날로 닥쳐오니, 실로 몸을 닦아 기다리고 싶지만 저의 근력이 지탱하기 어려운 것을 어찌겠습니까.

정숙(靜叔)은 신하 된 의리에 부끄러움이 없으니[8] 벗들이 영광에 참여하였습니다. 다만 그의 떠남이 관계된 바가 적지 않으니 근심스러워 참으로 견디기 어렵습니다. 경연에 참여했던 여러 분은 또 어떠한지 모르겠습니다. 저의 경우는 마침 거두어 부르심을 받았기에 진퇴의 의리 때문에 머리를 들고 한번 말씀드리지 못하였으니 몹시 부끄럽습니다. 명보(明甫 송준길(宋浚吉))는 그럭저럭 괜찮습니다. 조만간 마땅히 성대한 뜻을 전하겠습니다. 이만 줄입니다.

8 정숙(靜叔)은……없으니 : 정숙은 송시열의 처남인 이태연(李泰淵)의 자이다. 당시 수재(水災)가 있자 이태연은 시독관(侍讀官)으로서 경연에 나가, 두려워하는 마음으로 덕을 닦고 자신을 반성해야 한다는 뜻을 아뢰고 당 태종(唐太宗)이 쓸데없는 궁인이 많아 음기가 쌓여서 가뭄이 들었다는 신하의 상언(上言)을 받아들여 궁녀를 내보냈던 고사를 언급하였는데, 임금을 농락했다 하여 파직되었다. 《孝宗實錄 3年 6月 2日, 3日》

이일경에게 답함 계사년(1653, 효종4) 윤월[9] 16일

答李一卿 癸巳閏月十六日

요즈음 편지가 연이어 오니 산수가 떨어져 있는 줄을 모르겠습니다.[10] 내일 아침에 배를 놓아 서쪽으로 내려갈 터인데 직접 만나 이야기를 나누고 싶습니다. 듣자니 무형(武兄)[11]이 산에 들어왔다는데 만나러 갔다가 보지도 못하고 돌아올 듯합니다. 부디 저를 위해 발 빠른 자를 보내어 19일에는 돌아와 황산서원(黃山書院)에서 기다리게 하는 것이 어떻겠습니까? 석노(石奴)가 와서 알현하며 형이 마음 써 주신 것에 감사하니, 그 아버지를 놓아 주는 것이 어떻겠습니까?

○ 호연(浩然)[12]과 길보(吉甫 윤선거(尹宣擧))도 부르는 것이 어떻겠습니까?

9 윤월 : 1653년에는 7월에 윤월이 들었다. 송시열은 7월 21일 연기(燕岐)에서 배를 타고 강물을 따라 내려가서 유계(兪棨)를 방문하고, 여러 벗을 초청하여 황산서원에서 만나 화산(花山)에서 배로 유람하면서 시를 지은 일이 있다.《宋子大全 附錄 卷2 年譜》

10 산수가……모르겠습니다 : 이정기는 당시 익산 군수(益山郡守)로 있었다.

11 무형(武兄) : 자가 무중(武仲)인 유계(1607~1664)를 가리킨다. 호는 시남(市南)이고, 김장생(金長生)의 문인이다.

12 호연(浩然) : 권상하(權尙夏)의 조부인 권성원(權聖源, 1602~1662)의 자이다. 당시 여산 군수(礪山郡守)로 있었다.《宋子大全隨箚 卷5》

이일경에게 보냄 계사년(1653, 효종4) 윤월 21일

與李一卿 癸巳閏月二十一日

이번에 황산서원에 와서 즉시 만나지 못하였으니 자유(子猷)의 흥취[13]가 부질없이 사라져 버렸고, 저와 윤형(尹兄 윤선거) 형제는 이번에 유유자적하다가 불쑥 해후하였으니 배로 더 좋았습니다. 무형(武兄 유계(兪棨))은 편지에서 오늘로 약속하였습니다. 이 빚 하나를 갚자니, 돌아가려는 생각이 문득 저를 재촉할 듯합니다. 행차가 늦거나 이르지 않기만을 빕니다. 나머지는 이만 줄입니다.

13 자유(子猷)의 흥취 : 자유는 진(晉)나라 왕희지(王羲之)의 자이다. 산음(山陰)에 있을 때 눈 내린 밤 달이 밝은 것을 보고 문득 흥에 겨워 섬계(剡溪)에 있는 대안도(戴安道)를 생각하고 밤새도록 배를 저어 그 집 문 앞까지 가서는 그를 만나지 않고 도로 돌아왔다. 그 까닭을 물으니 "본래 흥이 나서 갔는데, 흥이 다하여 돌아왔다. 어찌 반드시 대안도를 만날 필요가 있겠는가."라고 했다. 《世說新語 任誕》 안도(安道)는 대규(戴逵)의 자이다.

이일경에게 답함 계사년(1653, 효종4) 8월 29일

答李一卿 癸巳八月二十九日

일찍이 명보(明甫 송준길(宋浚吉))와 옥천(沃川)에 가서 여러 날 함께 지냈는데, 오는 인편과 서로 만나지 못하여 서원의 인편이 돌아올 때 뒤따라 보내신 서신을 삼가 받고서 서리 내리는 추위에 형이 부모님을 모시고 정무를 돌보는 것이 모두 좋으심을 알게 되어 위로되고 감사한 마음이 만 배나 되었습니다.

저는 어제저녁에 명형(明兄)과 다 함께 돌아왔는데 어머님은 별일 없이 대체로 편안하셨습니다. 이 밖에 무슨 말할 것이 있겠습니까. 망형(望兄)[14] 형제와 계룡산(鷄龍山)에 갈 계획이 있다는 말씀을 받았는데, 저는 원래 명형과 함께 돈암서원(遯巖書院)에 갈 약속을 하고 싶었습니다. 미리 약속 날짜를 말씀해 주신다면 마땅히 수석(水石) 사이에 나아가 모시고 경치를 구경하고 함께 돌아오는 것도 그다지 나쁜 일은 아닐 것입니다. 부디 형은 생각해 보십시오. 혹은 저희가 돈암에서 만나 돌아오는 길에 서로 약속하여 계룡산에 도착해서 헤어지는 것도 좋습니다.

편지에서 말씀하신 두촌(豆村)은 참으로 여러 형의 아껴 주시는 마음을 받았습니다. 그러나 서생이 춥고 주리는 것은 본래 평범한 분수입니다. 문령(文令 문의 현령(文義縣令))은 처음 보고서 놀랐다가 생각을

14 망형(望兄) : 자가 여망(汝望)인 윤문거(尹文擧)로, 윤선거(尹宣擧)의 형이다. 송시열의 작은 딸이 윤문거의 장남 윤박(尹搏)과 혼인하였으니 사돈 간이다.

해 보고는 드디어 들어주셨습니다. 문령이 과연 물러나 산간으로 돌아온다면 집을 반으로 나누어 한미한 벗과 지내는 것도 무방합니다. 그러나 관의 수령을 번거롭게 하는 것은 회옹(晦翁) 부자(夫子)가 경계하였으니[15] 감히 범하지 못할 듯합니다.

저는 일찍이 한두 가지 놓친 일이 있는데, 형처럼 정의(情義)가 서로 깊이 통하지 않아 창졸간에 대충 처리해서이니 돌이켜 생각함에 부끄러워할 만합니다. 또 생각건대 제가 지난번에 한 발짝 문을 나서니 비방하는 논의가 백 수레나 되었고 지금 또 이 일이 형에게 미쳤으니 어찌 감히 스스로 편안하겠습니까. 이제 한번 스스로 웃을 뿐입니다.

보내 주신 선물은 몹시 감사합니다. 비석을 세우는 일을 돕는 데 사대부들이 어찌 움직일 기색이 없겠습니까. 개색미(改色米)[16]는 은혜를 입어 어렵사리 면제를 받았으니 얼마나 감사한지요. 다만 많은 것이 두려울 뿐입니다. 변효(卞孝)가 맡긴 것은 잘 받았습니다. 전날 다스린 이 음금(音金)이라는 자는 바라건대 은혜를 내려 원통함을 풀어 주십시오. 명형은 형에게 서리와 눈처럼 엄하기를 권하고 저는 형에게 비와 이슬처럼 은혜를 적셔 주시기를 권하니, 어찌 그리도 서로 반대인지요. 껄껄. 이만 줄입니다.

15 관의……경계하였으니 : 회옹은 주희(朱熹)의 호이다. 남송(南宋) 조여우(趙汝愚)가 복주 지사(福州知事)로 있을 때 주희를 위해 봉급을 내어 무이정사(武夷精舍)를 짓는 데 도움을 주려고 하였다. 그러나 주희는 편지를 써서, 의리에 맞지 않아 소란스러운 일이 있을 것이고 법에도 맞지 않는다며 끝내 사양하였다. 《晦庵集 卷27 與趙帥書》

16 개색미(改色米) : 3년 묵은 군량을 새 곡식으로 바꾸는 것을 말하는데, 매년 3분의 1을 부근의 주민에게 나누어 주고 새 곡식으로 바꾸어 납부하게 함으로써 군량에 습기가 차 부패하는 것을 방지하였다. 《大典會通 戶典 兵船載糧》

이일경에게 보냄 갑오년(1654, 효종5) 4월 8일

與李一卿 甲午四月八日

지난번 하신 말씀이 장난이라 여겼더니 이윽고 드디어 실천했다고 들었습니다. 호남의 바닷가는 절경이지만 편지 한 통으로는 알릴 길이 없어 한 번씩 생각날 때마다 저도 모르게 아쉬워집니다. 요즈음 날씨가 화창한데 건강은 어떠하신지요? 계시는 곳에서는 장기(瘴氣)의 침입은 면하는지요? 얼핏 듣자니 부모님과 조금 떨어져 지낸다는데 부모님 생각에 아마 스스로 견딜 수 없을 것입니다. 서로의 거리가 백 리에 이르지는 않는지요? 이름난 관원이 귀양살이하면 으레 부유해진다는데 수신(帥臣)과 수령의 선물에 대해서는 아마 판단하고 참작하여 이 말을 씻어 내실 것입니다.

저는 이번 봄에 다행하게도 굶어 죽는 것을 면하였으니 나물 뿌리를 먹는 것은 평소의 본분입니다. 형은 한가할 때 서적을 펼쳐 보시는지요? 책으로 마음을 북돋우고 적셔 주어 시대에 쓰이기를 기다리는 것은 바로 뛰어난 인물이 되게 하려는 하늘의 뜻이니, 도리어 세상의 도를 위해 축하드립니다. 이 밖에는 다만 몸조심하시기를 빕니다.

이일경에게 보냄
與李一卿

맑은 모습은 아득해져 찾을 길이 없습니다. 지난번 김 상사(金上舍) 형제와 우연히 만나 요즈음 소식을 조금 들었고, 또 당신 어머니께서 편안하고 건강한 복을 누리시는 줄 알게 되어 기쁘고 위로되는 마음 무어라 말할 수 없었습니다. 근래에 추위가 문득 조심스럽습니다. 삼가 생각건대 어버이를 모시는 외에도 모든 일이 더욱 좋으시며, 사위 또한 아주 훌륭할 것입니다. 저는 올해 어머니의 병 때문에 반년을 근심하며 애태우다가 이제 부소(扶蘇)에서 모시고 동쪽의 고향으로 돌아왔습니다.[17] 이 뒤로 거리가 배로 멀어졌으니 쇠약해진 늘그막에 즐거워할 일이 전혀 아닙니다.

문숙(文叔)[18]의 관은 이미 흙으로 들어갔는지요? 어둡고 아득한 저

17 부소(扶蘇)에서……돌아왔습니다 : 부소는 부여(扶餘)이다. 당시 부여 현감으로 있던 송시열의 중형(仲兄)이 어머니를 모시고 있었기에 송시열은 한 달에 한두 번 부여로 가서 어머니를 뵈었는데, 이때 와서 중형이 벼슬을 그만두려고 하였기에 송시열이 1654년 10월 7일경 어머니 곽 부인(郭夫人)을 모시고 먼저 회덕(懷德)으로 돌아왔다. 《宋子大全 附錄 卷2 年譜》 그러므로 이 편지는 1654년 10월 7일 이후에 쓴 것으로 보인다.

18 문숙(文叔) : 김홍욱(金弘郁, 1602～1654)의 자이다. 1654년 황해도 관찰사 재임 시 천재(天災) 때문에 효종이 구언(求言)하자, 8년 전 사사(賜死)된 소현세자빈(昭顯世子嬪)인 민회빈(愍懷嬪) 강씨(姜氏)의 억울함을 풀어 줄 것을 상소했다. 민회빈 강씨는 1646년(인조24)에 인조의 수라상에 독을 넣었다는 무함을 받고 사사되었다. 이 사건은 종통(宗統)에 관한 문제로 누구도 감히 말하지 못하였는데, 그가 이 일을 거론하

승에서 그는 무슨 생각을 하겠습니까. 이따금 들리는 소문이 떠들썩합니다. 다만 나라 걱정이 있어도 오늘날 서로 바라는 것은 그저 각자 목숨을 보전하고 가난하게 살며 그럭저럭 보내는 것입니다. 강한 자와 속이는 자는 모두 득실이 있으니 베개에 의지한 노인이 혼자 웃을 곳이 어디에 있겠습니까. 마침 바빠서 이 편지를 대충 적어 백헌(伯憲)[19] 편에 부치는데, 제대로 전해질는지 모르겠습니다. 이만 줄입니다.

자 효종이 격노하여 하옥하였고 친국을 받던 중 장살(杖殺)되었다. 《孝宗實錄 5年 7月 7日, 17日》

19 백헌(伯憲) : 《송자대전수차》 권4에서는 1654년 송시열이 윤선거(尹宣擧)에게 보낸 편지에 나오는 백헌이란 인물에 대하여 사헌부 장령을 지냈으며 자가 백분(伯奮)인 윤원거(尹元擧, 1601～1672)라고 추측하고 있으나, 윤원거가 효종 때에 사헌부에 있었던 사실은 확인되지 않는다. 《宋子大全 卷37 與尹吉甫(甲午)》 윤원거는 송시열의 사돈인 윤문거(尹文擧)와 사촌 간이다.

이일경에게 답함 정유년(1657, 효종8) 10월 7일

答李一卿 丁酉十月七日

상을 마친 뒤[20]의 여생은 겨우 목숨을 붙이고 있습니다. 삼가 높은 덕의(德誼)로 멀리서 돌보아 주시는 은혜를 입으니 지극히 감격스러운 마음 무어라 말할 수 없고, 또 벼슬하며 지내는 생활이 더욱더 좋으신 것을 알고 위로되는 마음 배로 깊습니다. 편지에서 누누이 하신 말씀은 깊이 감사드립니다만 천박하고 고루한 제가 감히 알 수 있는 것이 아닙니다. 명보(明甫 송준길(宋浚吉))처럼 군왕이 알아주고 사람들이 기대하는 것은 참으로 평범한 경우가 아니니 공적을 이룰 수 있을 것입니다. 어리석고 망녕된 저 자신을 돌이켜보면 가는 곳마다 결국 낭패를 보니, 문을 닫고 죽기만을 기다리는 것이 합당하고 벗의 수치가 되지 않는다면 족합니다.

지난번에 외로운 충정의 간절한 마음을 견디지 못하여 감히 봉사(封事)로 한두 가지 함부로 말씀드렸는데,[21] 이제 듣자니 전하는 말이 몹시 놀라워 저의 정신을 두렵게 합니다. 이 일 때문에 다시 벼슬에 나아가려는 계획을 더욱 감히 하지 못하겠습니다. 다만 성은에 보답하지 못했으니 죽어서 여한이 있을 것입니다. 깊이 아끼고 인정해 주시는 은혜를

20 상을 마친 뒤 : 송시열이 1655년 3월 9일 모친상을 당했으므로 이때는 삼년상을 마친 뒤가 된다. 《宋子大全 附錄 卷2 年譜》

21 지난번에……말씀드렸는데 : 정유봉사(丁酉封事)라고 불리는 글이다. 송시열이 세자시강원 찬선(世子侍講院贊善)에 제수되었으나 사양하고 대신 시무책을 건의하였는데, 19조목에 걸쳐 자신의 정치 경륜을 피력하였다. 《孝宗實錄 8年 8月 16日》

입었기에 그저 생각한 것을 말씀드렸으니 아마 살펴 주시리라 생각합니다. 붓 세 자루는 실로 시골에는 드문 것이니 내년 봄에 안부를 여쭐 때 쓰려고 합니다. 드리고 싶은 말이 많으나 이만 줄입니다.

이일경에게 보냄 무술년(1658, 효종9) 11월

與李一卿 戊戌十一月

장모를 뵙지 못한 지 몹시 오래된 터라 어제 부름을 받고 잠시 찾아갔는데 영감(令監)[22]을 만나 뵙지 못하였으니 퍽 한탄스럽습니다. 호조 판서가 나오지 않으면 저도 나갈 길이 없습니다. 호조 판서는 어진 사대부인데 저의 망녕된 말 때문에 물러나 들어간 것이 어찌 아니겠습니까.[23] 그렇다면 무슨 면목으로 조정에 설 수 있겠습니까. 이는 지극히 분명한 사리입니다. 이 어른이 아니었다면 수많은 사람이 물러나 들어가더라도 제가 어찌 털끝만큼이라도 움직였겠습니까. 오늘 새벽에 이 어른이 말을 보내어, 나와야만 한다는 뜻을 보이시니 기쁘고 다행스러운 마음 견딜 수 없습니다. 저는 마땅히 즉시 나가서 직무를 볼 것입니다. 하고 싶은 많은 말은 직접 뵙기를 기다렸다가 남김없이 말씀드리겠습니다.

22 영감(令監) : 당시 이정기가 승지(承旨)로 있었기에 이렇게 부른 것이다.

23 호조 판서는……아니겠습니까 : 당시 호조 판서는 정유성(鄭維城)이다. 호조 참의 오정위(吳挺緯)가 공물(貢物)의 납부를 대행하며 중간 이윤을 취하는 방납(防納)을 했다는 의혹이 있자 송시열이 대신이 입시한 자리에서 시비를 가리게 하였는데, 호조 판서 정유성이 대군의 제수(祭需) 중에 꿀이 부족하여 예빈시에 보관해 둔 것을 빌려주도록 허락했던 일로 인해 생긴 것이라고 시비를 밝혔다. 송시열은 오정위가 사사로이 호조 판서에게 부탁해 공물을 빌려 썼으므로 외임(外任)에 보임하는 벌을 내리라고 건의하였고, 찬선 송준길(宋浚吉)은 오정위가 벌을 받으면 정유성도 불안하여 물러나 들어가게 되어 분란이 일 것이라고 반대하였는데, 효종이 송준길의 말을 따랐다.《孝宗實錄 9年 11月 13日, 21日》《宋子大全 卷8 引咎辭職箚》

이일경에게 답함 무술년(1658, 효종9) 11월 20일

答李一卿 戊戌十一月二十日

어제 소대(召對)할 때 영감(令監)의 편지를 받고 영감이 돌보아 주시는 정성에 몹시 감격하였습니다. 모형(某兄)이 돌아가려고 하는 것은 다만 물을 마신 자가 스스로 알게 되어서이고,[24] 저 또한 돌아가려고 하는 것은 먼저 돌아가서 돌아갈 길을 열려고 해서일 뿐입니다. 그로 하여금 돌아가지 못하게 하는 것은 본래 영감 등이 하실 일이니 제가 어찌 관여하겠습니까. 서운한 점은 제가 외람되게도 이 중요한 책임을 맡고서 일곱 번 구르고 여덟 번 넘어지는데도[25] 영감 같은 벗들이 수수방관하며 일찍이 한마디도 말해 주지 않았다는 것이니, 어째서입니까? 이와 같은데도 여전히 머무를 수 있겠습니까. 돌아가지 말도록 하고 싶다면 진심에서 우러나는 정성을 함께 미루어 보는 것이 나을 것입니다. 어떻습니까? 수많은 하고 싶은 말은 손님을 접대하느라 이만 줄입니다.

24 물을……되어서이고 : 물을 마셔 보고서야 물이 차가운지 뜨거운지 판단하듯이 일을 직접 겪어 보고서 처한 상황에 대해 판단했기 때문이라는 말이다.

25 일곱……넘어지는데도 : 《송자대전》 권8 〈대정 뒤에 면직을 청하는 차자〔大政後乞免箚〕〉의 "인재를 등용하고 내치는 즈음에 걸핏하면 이치에 어긋나 정목(政目)이 한번 나오면 인심이 해괴하게 여긴다."라는 말이나 〈허물을 지고 체직을 청하는 상소〔引咎請遞疏〕〉의 "어제 도목 정사(都目政事)에서 규례대로만 주의(注擬)하여……여론이 실망하고 물의(物議)가 애석하게 여긴다."라는 등의 말로 추측해 보건대 당시 이조 판서였던 송시열에게 인사와 관련한 각종 잡음이 있었던 것을 말하는 듯하다.

이일경에게 답함 무술년(1658, 효종9) 11월 20일

答李一卿 戊戌十一月二十日

보내신 편지를 연이어 받고 고맙기 그지없었습니다. 지난번의 편지에 저의 진심을 낱낱이 말씀드렸으나 헤아려 주지 않으시니 몹시 부끄럽고 한탄스럽습니다. 유감스럽다고 한 것은 자주 와 주셨으면 해서가 아닙니다. 매사에 아뢰는 대로 편지를 보내 의견을 말씀해 주신다면 받들어 행할 수 있을 것인데, 그렇게 해 주실지를 알기 어려웠기 때문에 그렇게 말했을 뿐입니다. 그런데 지금 간곡한 말씀을 들으니 오히려 더욱 죄송합니다. 저희는 처음부터 끝까지 나그네이고, 조정에서 밤낮으로 근무하는 현자(賢者)들이 모두 주인입니다. 주인이 돌보아 주지 않는데 나그네가 어찌 길을 떠나지 않겠습니까. 희중(希仲)의 일[26]은 사헌부의 자리가 늦게 나왔기 때문에 미처 의망(擬望)하지 못하여 이렇게 되었으니 탄식할 만합니다.

26 희중(希仲)의 일 : 희중은 윤휴(尹鑴)의 자이다. 편지 내용으로 보아 인사(人事) 문제를 말하는 것으로 추측되는데, 윤휴는 1658년 11월에 세자시강원 진선(世子侍講院進善)에 임명되었다. 《孝宗實錄 9年 11月 19日》

이일경에게 답함 무술년(1658, 효종9) 12월 28일

答李一卿 戊戌十二月二十八日

세밑에 텅 빈 객관(客館)에서 고향과 멀리 떨어져 있자니 쓸쓸한 회포가 한층 더하던 참이었는데 정다운 편지를 받으니 위로되는 마음 끝이 없습니다.

인평위(寅平尉)의 일[27]은 주상의 뜻이 처음에는 매우 굳건하였으나, 제가 간곡하게 아뢰어 마지않았더니[28] 주상의 마음이 풀려서 심지어 "진실로 경(卿)의 성의에 감동하였으니, 시종 가르쳐 주기 바란다."라고 전교하셨고, 또 "나의 성질이 거칠고 급해서 이런 실수를 면치 못하였으니 앞으로는 불평스러운 일을 만날 적마다 우선 놓아두었다가 화가 풀린 뒤에 처리하겠다.……"라고 하셨습니다. 이는 성학(聖學)의 극기(克己) 공부와 신하를 정성으로 대하는 덕이 천고(千古)에 뛰어나서이니, 기쁨을 이루 다 말할 수가 없습니다.

선영(先塋)에 가실 일이 있다고 들었으니 신년에나 만나 뵐 듯합니

27 인평위(寅平尉)의 일 : 인평위는 효종의 부마(駙馬)인 정제현(鄭齊賢)을 말한다. 포도대장 이완(李浣)이 부장(部將)을 시켜 정제현의 집에 가서 적도(賊徒)를 잡아오게 하자 정제현이 모함이라고 상소하였는데, 효종이 몹시 노해서 승정원에 명하여 이완을 문책하게 한 일을 말한다. 《宋子大全 附錄 卷2 年譜》

28 제가……마지않았더니 : 송시열은 1658년 12월 18일 소대(召對)에 입시하여 "미천한 부장의 신분으로 도위(都尉)의 집에서 도둑을 수색하였으니, 국가에 기강(紀綱)이 있음을 알 수 있습니다."라고 아뢰었으며 또 "자식을 가르치는 도리는 평범한 사람이라도 엄해야 하는데 제왕의 경우에는 더욱 엄격히 해야 합니다."라고 아뢰어 포도대장 이완과 부장을 두둔하였다. 《宋子大全 附錄 卷3 年譜2》

다. 수부(秀夫)가 서운해하는 것은 매우 잘못이기는 하지만 어찌 예조 판서를 원망하지 않습니까.[29] 이생(李生)이 만난 비방도 역시 이런 종류이니 우습습니다.

29 수부(秀夫)가……않습니까 : 수부는 권준(權儁)의 자이다. 당시 송준길(宋浚吉)에게 보낸 송시열의 편지를 보면, 권준이 통진 현감(通津縣監)에 임명되었는데 외직(外職)에 보임되고 싶어 하지 않았다는 말이 있다. 당시의 예조 판서는 홍명하(洪命夏)인데, 원망할 일이 무엇이었는지는 자세히 알 수 없다. 《宋子大全 卷30 與宋明甫》

이일경에게 답함
答李一卿

편지를 받고 몹시 위로되었고 말씀하신 뜻도 좋습니다. 그러나 명분과 의리는 바르지 않을 수 없습니다. 전생서(典牲署)와 사축서(司畜署) 두 관서를 구별해야 한다[30]는 것은 달리 의심할 것이 없습니다. 그러나 새로 설치하는 두 벼슬은 녹봉이 없는 만큼 경비에 손실이 없습니다. 동몽교관(童蒙敎官)을 더 설치하는 것 또한 혁파한 사학 유생(四學儒生)의 봉급을 옮겨서 준다면 역시 경비에 손실이 없습니다. 게다가 두 관서는 예전으로 회복하는 것이지 변통하는 것이 아닙니다. 동몽교관을 저기에서 옮겨 여기로 가게 하는 것이니 안 될 것은 없을 듯합니다. 또 경연 자리에서 막 결정하자마자[31] 다시 정지한다면 다만 듣는

30 전생서(典牲署)와……한다 : 전생서와 사축서 모두 가축을 기르고 공급하는 일을 맡은 관청이지만 전생서는 궁중의 제향(祭享)·빈례(賓禮)·사여(賜與)에 쓰이는 가축을 기르는 일을, 사축서는 가례(嘉禮)나 진연(進宴), 사신 접대에 쓰이는 가축을 주로 공급하는 일을 맡았다. 1595년(선조28) 전생서에 사축서를 합병해야 한다는 주장이 제기되어 1637년(인조15) 실제로 전생서로 합병되었다. 1658년(효종9) 전생서는 제향을 담당하고 사축서는 사신 접대의 수요를 전담하기 위해 분리해야 한다는 송시열의 주장에 따라 다시 분리 설치되었다.

31 경연……결정하자마자 : 1658년 소대(召對)하는 자리에서 송시열이, 사축서가 전생서에 합병된 것은 온당치 못하므로 다시 사축서 관원을 설치할 것, 동몽교관을 변통하려 하는데 교관을 더 두고 과정을 설치하여 교훈토록 할 것, 사학 유생들이 기숙사에서 지내는 데 따른 폐단이 심하니 유생이 기숙 생활을 하는 규정을 없애고 교관을 더 설치해서 교훈토록 할 것 등을 건의하였고, 효종은 그 자리에서 윤허하였다. 《孝宗實錄 9年 12月 17日》

사람들을 놀라게 할 것입니다. 더구나 동몽교관의 일은 좨주(祭酒)와 두 영감이 힘써 주장하니 또한 혁파해서 없애기 어렵습니다. 어떻습니까? 저의 생각에 전생서 관원이 사신 접대의 일을 겸해서 보는 것은 매우 옳지 않습니다. 동몽교관이 어제 동부(東部)의 아이들을 만났는데, 수업할 수 있는 곳이 없기에 동몽교관을 얻기를 원하였습니다. 이로 볼 때 더 설치하는 것을 그만둘 수 없음을 알 수 있습니다. 어떻습니까? 막 정석(政席)[32]에 가는 길이라 이만 줄입니다.

32 정석(政席) : 벼슬아치의 임명과 면직에 관계되는 일을 의논하는 자리를 말한다.

이일경에게 답함 기해년(1659, 효종10) 1월 6일

答李一卿 己亥正月六日

보름이 넘도록 한번 찾아뵙지 못하여 늘 그리웠는데 지금 보내 주신 편지를 받으니 그지없이 위로됩니다. 저는 질병에 시달리면서도 억지로 공무를 보고 있어 넘어질 날이 머지않으니 답답해도 어쩌겠습니까. 좨주(祭酒)의 직임[33]은 오늘날 세상에 양원종(陽元宗)과 호익지(胡翼之)[34] 같은 사람이 있다면 영감께서 사양하여 피하는 것이 당연하지만, 그렇지 않다면 그 자리를 누구에게 맡기겠습니까. 이조의 영사(令史)들은 다른 궐원을 기다리고자 합니다. 관료들의 의론이 이와 같으니 영감이 대사성이 되는 데 무슨 타당하지 않은 점이 있겠습니까. 선우집

33 좨주(祭酒)의 직임 : 좨주는 성균관 대사성을 말한다. 이정기는 1659년 1월 5일 대사성에 임명되었다. 대사성은 경학(經學)에 뛰어난 자를 따로 천거하여 의망(擬望)하는 자리이기에 이정기는 굳이 사양하여 피하려고 하였으나 송시열이 굳이 피할 것이 없다고 말하고 있으니, 이정기가 이 벼슬을 맡은 것은 송시열이 천거하였기 때문으로 보인다. 《宋子大全隨箚 卷5》《孝宗實錄 10年 1月 5日》

34 양원종(陽元宗)과 호익지(胡翼之) : 기개 있고 학문이 뛰어난 인물을 말한다. 양원종은 당(唐)나라 덕종(德宗) 때 재야 학자 양성(陽城)으로 원종은 그의 자이다. 덕망이 뛰어나 발탁되어 간관이 되었지만 날마다 빈객(賓客)들과 밤낮으로 술 마시며 지내다가 덕종이 간신 배연령(裴延齡)을 승상으로 삼으려 하자 이를 간하였다. 호익지는 송(宋)나라 학자 호원(胡瑗)으로, 익지는 그의 자이다. 호주 교수(湖州敎授)로 있을 때 경술(經術), 치도(治道) 두 서재를 두어 생도들을 각자의 자질에 맞게 가르치며 학풍(學風)을 크게 일으켜 많은 생도가 몰려들었는데 모두 행실과 학문이 훌륭하여 묻지 않아도 그 제자임을 알 수 있었다고 한다. 《宋子大全隨箚 卷5》《舊唐書 隱逸列傳 陽城》《小學 善行》

(鮮于㦙)[35]이라는 사람은 듣자니 일찍이 감(監)이었다[36]고 하는데, 규례로 보아 노련한 아전에게 물어보는 것이 계책일 것입니다. 하고 싶은 말은 많으나 병 때문에 일일이 말씀드리지 못합니다.

35 선우집(鮮于㦙) : 선우협(鮮于浹)의 아들이다. 대본에는 '鮮于楫'으로 되어 있다. 선우협의 문집 《돈암전서(遯菴全書)》 〈돈암선생행장(遯菴先生行狀)〉, 〈돈암선생연보(遯菴先生年譜)〉에 근거하여 '楫'을 '㦙'으로 바로잡아 번역하였다.

36 일찍이 감(監)이었다 : 선우집은 1656년 5월 17일 숭인전 감(崇仁殿監)에 제수되었다. 《承政院日記 孝宗 7年 5月 17日》

이일경에게 답함 기해년(1659, 효종10) 윤월[37] 8일

答李一卿 己亥閏月八日

요즈음 소식이 뜸하여 그리움이 몹시 깊더니 보내신 편지를 받고 감격스럽고 위로되었습니다. 다만 병을 이유로 사직하는 글을 올리신 일[38]에 대하여 여론이 몹시 의아하게 여기니, 부디 서둘러 멈추는 것이 어떻겠습니까? 사유(師儒 성균관)의 직무를 다시 누구에게 양보하려고 하십니까. 손명복(孫明復)과 호익지(胡翼之)[39]를 황천에서 일어나게 할 수 있겠습니까. 말씀하신 사간원의 논의는 마침 저의 마음과 부합하니, 마땅히 지숙(持叔 민유중(閔維重))과 함께 상의해야 합니다. 조정의 실제적인 일에 대해서는 잠시 제쳐 놓고 평지풍파만 일으키니 한탄스럽습니다. 이만 줄입니다.

37 윤월 : 1659년에는 3월에 윤월이 들었다.

38 병을……일 : 이정기는 대사성에 임명된 지 5일 만에 사직소를 올렸으나 반려되었다. 《承政院日記 孝宗 10年 1月 9日》

39 손명복(孫明復)과 호익지(胡翼之) : 둘 다 인재 양성에 힘썼던 인물이다. 손명복은 북송(北宋) 시대 경학자(經學者)인 손복(孫復)으로, 명복은 그의 자이다. 범중엄(范仲淹)과 부필(富弼) 등의 천거로 국자감 직강(國子監直講), 전중승(殿中丞) 등을 역임하였다. 호익지에 대해서는 326쪽 주34 참조.

이일경에게 답함 기해년(1659, 효종10) 윤월 그믐날

答李一卿 己亥閏月晦日

병중에 편지를 받으니 그지없이 위로되고 마음이 트였습니다만 공복(功服)과 시마복(緦麻服)의 참담함[40]이 있다는 소식을 들었습니다. 영감의 집에 상사가 또한 너무도 많으니 탄식할 만합니다. 저는 지난번에 학질 비슷한 병을 앓아 너댓새 밤낮없이 고통스럽더니 오늘까지도 자리에서 떠나지 못하고 있어 답답합니다. 말씀하신 뜻은 삼가 잘 알았습니다. 양 선생(陽先生)이 도주(道州)로 나가자[41] 태학의 유생들이 대궐 밖에서 답을 기다리며 태학에 남게 해 주기를 빌었으나 들어주지 않았으니, 천 년이 지난 지금까지도 식자(識者)들이 한스러워하고 있습니다. 이제 만약 이처럼 하신다면 뒷날의 사람들이 오늘 일을 볼 때 오늘날의 사람이 옛날 일을 보는 것과 같을 뿐만이 아닐 것입니다. 제가 비록 몹시 어리석으나 그런 짓은 하지 않습니다. 부디 너무 괴이하게 여기지 않으시는 것이 어떻겠습니까? 누워서 쓰느라 이만 줄입니다.

40 공복(功服)과 시마복(緦麻服)의 참담함 : 부모 형제 외에 4촌, 6촌, 8촌의 상사(喪事)를 말한다. 대공복은 9개월간 입는 복제(服制)이고, 소공복은 5개월간 입는 복제이며, 시마복은 3개월간 입는 복제이다.

41 양……나가자 : 양 선생은 양성(陽城)을 말한다. 당(唐)나라 덕종(德宗)이 배연령(裴延齡)을 정승으로 삼으려 하자 조정에서 통곡하며 간하다가 국자 사업(國子司業)으로 좌천되었으며 얼마 뒤 죄인 설약(薛約)이라는 사람을 감싸 보호했다는 일로 다시 좌천되어 도주 자사(道州刺使)로 나갔다. 《舊唐書 隱逸列傳 陽城》

이일경에게 답함 기해년(1659, 효종10) 윤월 그믐날

答李一卿 己亥閏月晦日

다시 편지를 받으니 감사하고 위로되는 마음 어떻겠습니까. 오늘 제생(諸生)이 궐문을 지킬지는 물론 알지 못하지만 양 선생(陽先生)이 도주(道州)로 나갔던 것[42]처럼 해서는 절대 안 된다는 것은 알고 있습니다. 영감께서는 제가 전에 보낸 편지를 장난이라고 여기셨는데, 지금은 정색해서 하는 말이라고 여기시겠습니까? 이천(伊川)이 한지국(韓持國)을 나무라기를 "구하지 않은 사람에게는 벼슬을 주지 않고, 와서 구하는 사람에게는 벼슬을 주었다." 하였으니, 이제 마땅히 이천의 말을 따르는 것이 어떻겠습니까?[43] 날이 저물고 바빠서 이만 줄입니다.

42 양……것 : 인망(人望)이 있는 사람이 군왕의 뜻을 거슬러 외직으로 내쳐지는 경우를 말한다. 329쪽 주41 참조.

43 이천(伊川)이……어떻겠습니까 : 관직에 있는 사람은 천거할 만한 인물이 있으면 그가 굳이 자기에게 와서 벼슬을 구하지 않더라도 천거해야 하고, 또 선비는 굳이 벼슬자리를 구하지는 않더라도 능력을 인정받아 남이 천거하면 벼슬을 해야 한다는 말이다. 이천은 정이(程頤)의 호이고, 지국(持國)은 한유(韓維)의 자이다. 정이가 한유, 범이수(范夷叟) 등과 영창(潁昌)에서 배를 띄우고 놀 때 객장(客將)이 와서 어떤 관원이 글을 올려 한유에게 인사를 드린다고 여쭈었다. 이때 정이는 급한 공무가 있는 줄로 짐작했는데, 관원의 글을 보니 기껏 자신을 천거해 달라고 부탁하는 내용이었다. 이에 정이가 한유를 나무라며 "구하지 않은 사람에게는 벼슬을 주지 않고, 와서 구한 사람에게는 벼슬을 주었기 때문에 사람들이 이렇게 하는 것이다."라고 하니 한유가 그 자리에서 탄복했다고 한다. 《二程遺書 卷19》《近思錄 卷10》

이일경에게 답함 기해년(1659, 효종10) 4월 1일

答李一卿 己亥四月一日

계속 편지를 받으니 기쁘고 위로되는 마음을 짐작할 수 있을 것입니다. 어제 정색하고 한 말에 대하여 아직 다 하지 못한 말이 있는데 오늘 남김없이 말해도 되겠습니까? 왕실이 위태로우니 조정에서 밤낮으로 근무하는 현자들이 침식(寢食)을 잊고 함께 부지하고 구제하는 것이 마땅합니다. 그런데 외직을 구하여 자신에게 편한 계책을 세우는 자들이 많아 마음속으로 걱정하고 있었는데, 영감 같은 분조차 이러한 행태를 본받고야 마시니 또한 개탄스럽습니다. 관찰사라 해도 그렇게 할 수 없는데 더구나 충성심을 고무하고 효심을 일깨울 사람[44]에게, 백성을 돌보고 세금을 독촉하는 고적(考績)을 스스로 쓰게 하는 경우[45]이겠습니까. 영감을 대사성(大司成) 자리에 둔 것은 이미 인재 선발을 공평하게 한 것입니다. 만약 다시 갑자기 옮기신다면 참으로 공평할 수 없습니다. 어떻습니까? 이만 줄입니다.

44 충성심을……사람 : 성균관 대사성이 고대 중국에서 나라의 토지와 백성들의 교화를 관장한 사도(司徒) 벼슬에 해당하기에 하는 말이다. 《宋子大全隨箚 卷5》

45 백성을……경우 : 외직으로 나가는 경우를 말한다. 당(唐)나라 덕종(德宗) 때의 간의대부 양성(陽城)이 죄인 설약(薛約)이라는 사람을 덮어 감쌌다는 일로 좌천되어 도주 자사(道州刺使)로 나갔다. 그는 고을을 다스릴 때 자기 집안을 다스리듯 주민들을 위해 정성을 다했는데, 세금 납부 실적이 저조하여 관찰사가 그를 나무라자 스스로 "백성을 돌보느라 마음고생 하였을 뿐 부세를 징수하는 정사는 졸렬하다."라며 고과(考課)를 최하(最下)라고 서명(署名)하고 달아나 버렸다. 《舊唐書 隱逸列傳 陽城》《宋子大全隨箚 卷5》 이정기가 대사성 자리를 피하여 외직을 구하였기에 송시열이 이렇게 말한 것이다.

이일경에게 답함 기해년(1659, 효종10)
答李一卿 己亥

삼가 보내신 편지를 받고 위로되고 감사한 마음 어찌 끝이 있겠습니까. 편지로 병이 아직 낫지 않으신 것을 알고 퍽 염려됩니다. 좨주(祭酒)는 전혀 걸맞지 않을 뿐만 아니라 업무를 살필 겨를도 없을 듯합니다. 바야흐로 벼슬을 그만두려다가 문득 고래 싸움에 새우 등이 터지게 되었으니,[46] 벼슬을 그만둘 수 없게 되었습니다. 어제 조(曺)의 상소를 보았을 때는 무슨 말인지 몰랐는데, 이제 듣자니 바로 저를 지적한 것입니다. 참으로 처신할 바를 알지 못하여 어쩔 수 없이 장차 물러나서 공론이 정해지기를 기다리려 합니다.[47] 제가 비록 변변찮으나 조정 일의 체모를 조금이나마 알고 있으니 어찌 감히 대론(臺論)과 서로 겨루겠습니까. 하고 싶은 말이 많으나 일일이 말씀드리지 못합니다.

46 고래……되었으니 : 헌납 민유중(閔維重)이 단독으로 계사(啓辭)를 올려 영의정 김육(金堉)의 장사(葬事)에 수도(隧道)를 쓴 것을 논박하며 개장(改葬)할 것을 청하였는데, 김육의 아들 김좌명(金佐明)은 이를 송시열 등이 한 짓으로 여겼다. 대사간 조한영(曺漢英)이 이의를 제기하여 민유중을 탄핵하면서 불똥이 송시열에게까지 미쳤기 때문에 하는 말이다. 《顯宗改修實錄 卽位年 7月 2日》

47 조(曺)의……합니다 : 여주 목사(驪州牧使) 권훈(權勛)에 대해 올린 사간원의 계사를 빌미로 대사간 조한영이 상소하여, 이 일은 민유중이 송시열이라는 형세 있는 사람에 의지하여 관원을 협박하여 이루어진 일이고, 자신이 수석(首席)에 있으면서도 전연 모르고 있다가 탑전(榻前)에서야 안 것은 동료들에게 무시당하고 있기 때문이라며 사직을 청하였다. 이 일로 송시열은 1659년 4월 24일 결국 사직 상소를 올렸다. 《孝宗實錄 10年 4月 9日, 19日, 24日》

이일경에게 답함 기해년(1659, 효종10) 4월 26일
答李一卿 己亥四月二十六日

이 비는 누가 보낸 것입니까. 성주(聖主)께 돌립니다.[48] 다만 한스러운 것은, 제가 병이 낫지 않아 미처 문에 나아가 하례하지 못한 것입니다. 보내신 편지가 문득 오니 곱절로 위로되고 기쁜 마음 이루 말할 수 없습니다. 저의 차자(箚子)는 조한영(曺漢英)과 겨루고 싶지 않아서일 뿐만이 아닙니다. 대간(臺諫)이 말을 하면 그때마다 대놓고 서로 겨루는 말을 하니 조정의 체면을 몹시 해칩니다. 평상시에도 이러한 행위를 나쁘게 여겼는데 지금 어찌 감히 본받을 수 있겠습니까. 다만 한 가지 일이 마음에 편치 않아 짧은 글로 다시 저의 속마음을 진달하고 이어서 성덕(聖德)을 언급하고자 하였으니, 이는 다른 사람의 일과는 더욱 상관없습니다.

48 이……돌립니다 : 음력 4월이면 초여름에 해당하는데, 《승정원일기》 효종 10년 4월 기사에 비가 온 것이 네 번 기록되어 있고 또 《효종실록》 10년 4월 26일 기사에 기우제의 제문에 "자신을 탓하는 말이 없으니 고쳐 쓰게 하라."라고 명한 내용으로 보아, 가뭄이 심했는데 이날 비가 내린 것으로 보인다.

이일경에게 답함

答李一卿

일전에 보내신 편지를 받고서 몹시 위로되고 그리웠습니다. 성상께서 오늘 신에 대해 행하신 처분은 지극하고 극진합니다. 그러나 여러 분이 말썽을 일으켜 저의 처신을 갈수록 어렵게 만드니, 뒷날 정말로 보내오신 편지에서 걱정하는 바와 같은 일이 생긴다면 도망가는 책략 외에는 해 볼 것이 없습니다. 이는 위로 조정을 위해 염치를 아끼는 것이니, 일신을 위한 계책일 뿐만이 아닙니다. 기억하건대 옛날 석야(石爺)께서 차자를 올려 임 판서(林判書) 연배의 선후에 대해 진술하니 신로(愼老)께서 혐의하여 도성에 있을 수 없어 즉시 교외로 나가셨습니다.[49] 그런데 저는 지금까지도 자리에 눌러앉아 있어 확고부동한 지조가 없을 뿐만이 아니니, 성상께서도 편안하지 못하실까 염려스럽습니다. 이렇게 지체하는 것에 대하여 식견이 있는 자의 처지에서 보면 어떻다고 여길지 모르겠습니다. 이만 줄입니다.

49 옛날……나가셨습니다 : 석야는 호가 석실산인(石室山人)인 김상헌(金尙憲)을, 임 판서는 임담(林墰)을, 신로는 호가 신독재(愼獨齋)인 김집(金集)을 가리킨다. 1649년(효종 즉위년) 10월 8일 이조 참판 임담이 이조 판서에 임명되자 10일 부호군 김집이 사직소를 올렸다. 이에 같은 날 김상헌이 차자를 올려 김집이 물러나는 것을 일단 허락하기를 청하는 한편 임담의 사람됨이 스스로 조심하여 사림의 존경을 받고 있지만 전배(前輩)와 장자(長者)의 앞에 서려고 하지 않을 것이니 이는 작질(爵秩)이 맞지 않기 때문에 어렵게 여기는 것이라는 등의 말을 하였다. 이에 11일 임담이 사직소를 올려 김집에게 양보하였고, 19일 김집이 이조 판서가 되었다.《孝宗實錄 卽位年 11月 8日, 10日, 11日, 19日》

이일경에게 보냄[50]

與李一卿

요즘의 풍파는 그 유래를 추궁해 보면 모두 제 탓이니, 밤낮으로 두려워하며 어찌할 바를 모르겠습니다. 어제 탑전(榻前)에서 논한 것은 산릉(山陵)[51]의 일 외에는 모두 이 일[52]에 대한 것입니다. 납작 엎드려 숨을 죽이고 다만 스스로 헐떡이고 있으니 평생 이토록 괴로운 처지는 일찍이 겪어 보지 못했습니다. 탑전에서 해 주신 말씀은 귀신도 울릴 만하였으니, 대략 "내가 경의 뜻을 위로하니 경 또한 나의 마음을 편안하게 해 달라."라고 하시고, 이어 선왕의 지우(知遇)로 예전에 오래도록 시강(侍講)한 일[53]을 언급하셨습니다. 오늘 회계(回啓)하였더니 어제 영의정(정태화(鄭太和))이 초기(草記)로 사직을 청한 것 때문에 탑

50 이일경(李一卿)에게 보냄 : 내용으로 보아 송시열이 판중추부사에 임명된 1659년(현종 즉위년) 6월 16일 이후의 편지로 판단되므로 《송자대전》의 체례로 볼 때 바로 뒤의 편지와 순서가 바뀌어야 한다.

51 산릉(山陵) : 효종의 능을 말한다. 효종이 승하하였기에 하는 말이다. 《顯宗實錄 卽位年 5月 4日》

52 이 일 : 경성 판관(鏡城判官) 홍여하(洪汝河)가 1659년(효종10) 4월에 현과 도를 통해 올린 상소가 효종의 국상으로 인해 승정원에 보류되었다가 현종이 5월 9일 즉위한 뒤에 올려졌던 일을 말한다. 당시 조정의 논의는 홍여하의 상소가 송시열을 헐뜯는 것이라 여겼고, 송시열은 이 일로 다섯 번에 걸쳐 사직소를 올렸다. 《顯宗實錄 卽位年 6月 2日》

53 선왕의……일 : 효종이 봉림대군(鳳林大君)이던 시절에 송시열이 대군사부(大君師傅)를 지냈기에 하는 말이다.

전에서 다시 대면하여 유시(諭示)하시므로 어쩔 수 없이 일을 맡았습니다.[54] 귀원(貴院)의 일[55]에 대해서는 제가 곧장 사간원의 문에서 머리를 조아리고 존장(尊長)들께 사죄드리고 싶으나 어찌 감히 입을 놀리겠습니까. 지금 비변사에 있는데 너무 어수선하여 이만 줄입니다.

54 일을 맡았습니다 : 이조 판서를 사직한 송시열은 판중추부사에 임명되었다. 《顯宗實錄 卽位年 6月 16日》

55 귀원(貴院)의 일 : 귀원은 사간원을 말한다. 이정기는 당시 대사간으로 있었다. 홍여하의 상소로 인해 송시열이 이조 판서를 사직하자 홍문관에서 송시열을 그대로 둘 것을 청하는 차자를 올리기로 논의하였는데, 부응교 정만화(鄭萬和)와 부교리 김만기(金萬基) 등이 동참하지 않아 중단되었다. 이에 대사간 이정기 등이 홍문관 관원 모두를 논박하려 하였으나 헌납 목내선(睦來善)은 경중을 구분하여 논핵(論劾)해야 한다고 말하는 등 사간원의 의견이 분분하였다. 사헌부가 이정기 등은 출사하도록 하고 목내선은 체차하는 것으로 처치하자, 장령 허목(許穆)이 사간원 관원이 인피한 것은 은연중에 차자를 정지한 것을 인책한 것이라고 하여 사간원이 시끄러웠다. 《顯宗實錄 卽位年 6月 2日, 15日》

이일경에게 보냄 기해년(1659, 현종 즉위년) 6월 12일

與李一卿 己亥六月十二日

성상이 측은하게 여겨 특별히 미천한 저의 간청을 허락하시니 감격하고 감사하여 무슨 말을 해야 할지 모르겠습니다. 오직 품계를 올리라는 명이 아직 제 몸에 있으니 어쩔 수 없이 이제 장차 이어서 글을 올리려 합니다. 대행 대왕께서 특별히 이조 판서에 임명했던 것을 돌이켜 생각해 보면, 재주는 둔하고 식견은 보잘것없어서 터럭만큼도 직무에 걸맞게 책임을 감당할 수 없었습니다. 마지막에는 또 사람들의 비난을 초래하여 성상의 돌보아 주신 은혜를 욕보였으니, 안으로 스스로 돌이켜 반성하건대 죽어도 속죄하기에 부족합니다. 듣자니 인피(引避)하는 중에 계시다는데 어제 무중(武仲 유계(兪棨))의 편지를 보니 너무나 한탄스럽습니다. 결말이 어떻게 날지 모르겠습니다. 하고 싶은 많은 말은 조만간 직접 만나 뵙고 말씀드리겠습니다. 이만 줄입니다.

이일경에게 답함 경자년(1660, 현종1) 3월 24일

答李一卿 庚子三月二十四日

빈 산골에 숨어 두 아이와 함께 살고 있는데 뜻밖에 시골 사람의 집에 편지를 보내 주시니 비록 직접 만나지는 않았으나 몹시 위로되고 감사하였습니다. 편지를 통하여 찬바람이 부는 날씨에 부모님을 모시고 지내는 생활이 더욱 좋으시다는 것을 알았으니 또 몹시 축하드립니다. 지난번에 성상께서 편찮으셨던 것[56]은 실로 예삿일이 아니었습니다. 멀리서 전해 오는 소문에 심장과 쓸개가 타는 듯하다고 들었는데, 얼마 뒤 듣자니 평상으로 회복되었다기에 유달리 뛸 듯 기쁜 마음 견딜 수 없었습니다.

다만 그 당시 별유(別諭)를 내려 조정으로 돌아오게 하셨는데[57] 병으로 명을 받들 수 없었으니 지금까지도 몸이 떨려 몸 둘 바를 모르겠습니다. 지금 갑자기 새로 제수하는 명[58]이 있으니 낭패스러움은 말할 것도 없고 듣는 이를 몹시 놀라게 합니다. 허(許)의 상소[59]는 한 차례 예송

56 성상께서 편찮으셨던 것 : 1660년 2월에 현종이 눈병 때문에 침을 맞은 기록이 있다. 《顯宗實錄 1年 2月 3日, 8日》

57 별유(別諭)를……하셨는데 : 당시 송시열이 임금을 섬기는 데 전일(專一)한 마음이 없다는 홍득기(洪得箕)의 말 때문에 벼슬을 그만두고 내려갔다는 유언비어가 있었는데, 현종이 주서(注書) 김석지(金錫之)를 보내어 개의치 말고 조정으로 돌아오라는 전유(傳諭)를 했던 것을 말한다. 《顯宗實錄 卽位年 12月 28日, 1年 1月 3日》

58 새로 제수하는 명 : 송시열은 당시 좌찬성에 제수되었다. 《顯宗實錄 1年 3月 6日》

59 허(許)의 상소 : 기해예송에서 자의대비(慈懿大妃)의 복상(服喪) 기간을 기년(朞

(禮訟)을 하기에 해로울 것이 없으니 이 사람에게 보탬이 되지 않으면 반드시 저 사람에게 보탬이 될 것입니다. 세월이 어느덧 흘러 선대왕의 첫 기일이 벌써 닥쳤으니 아직 죽지 못한 외로운 신하는 말해 무엇하겠습니까. 다만 스스로 가슴을 치며 슬피 울부짖을 뿐입니다.

年)으로 결정한 데 대해 기년복의 기한이 다가오자, 남인 허목(許穆)이 상소하여 "왕위를 계승한 아들은 장자로 간주한다."라는 《의례주소(儀禮注疏)》를 근거로 자의대비의 복제를 3년으로 개정하기를 주장하였다. 《顯宗實錄 1年 3月 16日》

이일경에게 답함 경자년(1660, 현종1) 8월 8일

答李一卿 庚子八月八日

병조(兵曹)의 군졸이 와서 멀리서 보내신 편지를 받으니[60] 그지없이 위로되고 감사하였고, 부모님을 모시며 지내는 생활이 평안하시다는 것을 알고 또 기뻤습니다. 미천한 저의 병은 내내 낫지 않고 있는데 이번에 새로운 명이 내렸습니다. 죽음을 무릅쓰고 사직을 청하는 사이에 마땅히 수많은 마음과 정신이 허비될 것이니 걱정되고 두려운 마음 어찌 끝이 있겠습니까.

피하는 계책이란 다름 아니라 이곳에는 먹을 것이 없는데 저곳에는 먹을 것이 있어 지낼 수 있는 만큼 그대로 아이들과 모여 지내려는 것뿐입니다. 듣자니 저곳도 큰 흉년[61]이 들었다는데 만약 그렇다면 그저 도랑과 구렁에서 죽을 뿐입니다. 다만 영감께서도 이러한 계획이 있으시다면 조만간 동쪽 언덕과 북쪽 밭길에서 지팡이 짚으며 함께 지낼 것이니 마침 나쁘지 않습니다. 다만 밝은 시대가 산림에 있는 한 명의 학사(學士)를 허락하지 않아 만나 뵐 길이 없을 듯하니 편지를 앞에 놓고 서글프기만 합니다.

60 병조(兵曹)의……받으니 : 당시 송시열은 막 병조 판서에 임명되었다.《顯宗實錄 1年 8月 1日》

61 큰 흉년 : 당시 해마다 기근이 들었는데 1660년에는 전국에 걸쳐 1년 내내 기근이 심하였다.《顯宗實錄 1年 1月 13日, 3月 19日, 4月 1日, 7月 26日, 12月 7日》

이일경에게 답함 신축년(1661, 현종2) 5월 26일

答李一卿 辛丑五月二十六日

편지를 받고 위로되었습니다. 미천한 제가 사대(賜對)하는 은혜를 받았는데, 대면을 마친 뒤에 병으로 고생하여 모레 출발하기로 하였습니다. 성상께서 "윤선도(尹善道)와 조경(趙絅)이 실로 나를 어려운 처지에 빠뜨렸으니 경만 어려운 처지에 빠진 것이 아니다."라고 말씀하셨습니다. 신은 "윤선도와 조경이 비록 변변찮으나 반드시 군왕을 지적하지는 않을 것입니다……"라고 대답하였습니다.[62] 나머지는 자세히 말씀드리지 못합니다.

62 성상께서……대답하였습니다 : 송시열이 기해년(1659) 예송논쟁에서 자의대비(慈懿大妃)의 복제(服制) 문제로 윤선도와 조경의 비방을 받자 이조 판서에서 물러나 고향인 대전(大田)으로 내려갔는데, 3년 만인 1661년에 현종이 불러 만난 자리에서 나누었던 대화 내용이다.《顯宗實錄 2年 5月 26日》

이일경에게 답함 기유년(1669, 현종10) 8월 11일

答李一卿 己酉八月十一日

영감께서 하시는 늘그막의 처신이 매우 알맞아 수레에 기름 치고 말에게 먹이를 먹여 따를 수 없는 것이 한스러우니 "만년에 절조를 지키기 어렵다."라는 경계를 욀 때마다 당신을 공경하며 우러릅니다. 일전에 안부 편지를 받으니 만나서 이야기를 나누는 것만 같아 이루 말할 수 없이 위로되었습니다. 저는 줄곧 병들어 칩거하고 있으니 염라대왕의 사자 한 명이 부족할 뿐입니다. 올해는 내내 어찌 그리도 재앙이 심한지 좋은 사람이 많이 죽었으니 세상의 도를 더욱 알 만합니다. 통탄하고 통탄합니다. 서로 만날 기약이 없는데 가을 맑은 날씨에 더욱 건강을 돌보십시오. 이만 줄입니다.

김문숙[63] 홍욱 에게 답함 임진년(1652, 효종3) 6월 5일

答金文叔 弘郁○壬辰六月五日

보내신 편지로 잘 계신다는 것을 삼가 알고서 그지없이 위로되고 기뻤습니다. 저는 객지의 집에서 아파 누워 지내니 근심과 후회가 날로 쌓여 늘 자신을 반성하면서 슬퍼할 뿐입니다. 형은 떠나려고 했지만 아직 떠나지 못하여 많은 날을 허비하였으니 위태로운 마음이 어찌 초조하고 불안하기만 하겠습니까.[64] 사람 사이에 서로 재앙을 끼치는 것이 어찌 그리도 심한지요. 저 나라 사람[65]이 떠난 뒤에 즉시 먼저 했던 간청을 거듭하여 조금도 지체하지 않는다면 큰 후회를 면할 것입니다. 요즈음 듣자니 지방관과 아전들이 모두 벌써 체차된 것처럼 본다니, 이는 또한 주 선생(朱先生)이 이른바 첫 번째로 제거해야만 하는 것[66]입니다.

63 김문숙(金文叔) : 김홍욱(金弘郁, 1602～1654)으로, 문숙은 그의 자이다. 당시에 홍청도 관찰사(洪淸道觀察使)로 있었다. 홍청도는 오늘날 충청도이다.

64 형은……하겠습니까 : 김홍욱이 자신의 상황을 밝힌 상소에 대한 효종의 비답으로 짐작하건대 그에 대한 비방이 있었던 것으로 보인다. 뒤이어 사직소를 올렸다. 《承政院日記 孝宗 3年 4月 13日, 7月 5日》

65 저 나라 사람 : 청(淸)나라 사신을 말한다. 1652년 6월에 와서 9월 13일에 떠났는데, 9일에 이들을 이어 사신이 또 왔다. 《宋子大全隨箚 卷5》《孝宗實錄 3年 6月 11日, 9月 9日・13日》

66 주……것 : 주희(朱熹)가 지남강군사(知南康軍事)로 있다가 체차되려고 할 때 시승(侍丞) 원세필(袁世弼)에게 보낸 편지에 자신이 제거해야 할 일곱 가지 병폐를 나열하였는데, 그중 첫 번째로 제거해야 하는 것은 "안으로는 정신이 혼미하고 두 눈은

공암(孔巖)의 약속에는 감히 기꺼이 가지 않겠습니까. 다만 그 지역은 제법 소란스럽습니다. 그 위에 동학사(洞學寺)[67]가 있는데 수석(水石)이 매우 좋으니, 함께 높은 난간에 기대어 영롱한 물소리를 듣는 것 또한 절로 나쁘지 않을 것입니다. 부디 생각해 보시는 것이 어떻겠습니까? 회덕(懷德)의 음식물은 잘 받았습니다. 깊이 감사드립니다. 다만 정 선생(程先生)의 일로 헤아려 보자면 마땅히 "순상(巡相)의 쌀이 비록 많더라도 한 도(道)의 주린 자들을 다 먹이기 어렵다."[68]라는 말로 사양해야 합니다. 장마 더위가 요즈음 심합니다. 부디 몸 건강히 지내십시오. 이만 줄입니다.

흐릿하여 대낮에 사람을 대할 때 이따금 앉아서 졸기도 하여, 문건을 점검하고 문서에 서명하거나 결정을 내릴 때 더욱 심한 것"이라고 하였다. 《송자대전수차》 권5에서는 송시열이 주희가 말한 다섯 번째 병폐를 첫 번째 병폐로 잘못 인용한 것으로 보았다. 다섯 번째 병폐에 대해 주희는 "남강군에 온 지 두 달 만에 돌아가고 싶은 마음을 막을 수 없어 말이나 편지에 드러내지 않은 날이 없었는데, 아전들이 그 마음을 알고 또한 다시는 존중하지 않았다. 그래서 어렵고 위태로운 일에는 눈치나 살피니 호령이 행해지지 않는 것이 다섯 번째로 제거해야 할 병폐이다."라고 하였다. 《晦庵集 卷26 與袁寺丞書》

67 동학사(洞學寺) : 동학사(東鶴寺)를 가리키는 것으로 보인다. 동학사는 충남 공주의 계룡산에 있는 절로, 1665년 9월 송시열, 윤선거(尹宣擧), 이유태(李惟泰)가 이이(李珥)와 성혼(成渾)의 연보를 교정하는 일로 모였다가 윤휴(尹鑴)에 대해 논쟁을 벌인 곳이다. 《宋子大全 附錄 卷5 年譜》

68 순상(巡相)의……어렵다 : 혼자서만 은택을 입을 수는 없다는 말이다. 북송(北宋) 철종(哲宗) 때의 문하시랑(門下侍郎)을 지낸 여대방(呂大防)이 정이(程頤)에게 비단 100필을 보내자 정이가 "천하의 현자(賢者)를 벼슬에 나아가게 해서 재주에 따라 맡기면 천하가 그 은택을 받을 것이니 어찌 가난한 저만 은택을 받겠습니까. 천하에 현자가 또한 많으니 상공께서 비단을 아무리 많이 가지고 있어도 온 세상의 헐벗은 사람들에게 두루 나눠 줄 수는 없을 것입니다."라는 말로 사양하였다. 《二程遺書 卷21上 師說》

조중초[69] 복양 에게 답함 정미년(1667, 현종8) 11월 15일

答趙仲初 復陽○丁未十一月十五日

늙어 가는 사람의 마음이 어느 때인들 그립지 않겠습니까. 편지로 안부를 여쭈면서 평소 지닌 마음을 말씀드리고 싶지 않은 것은 아니지만 죄지은 몸이 남을 연루시킬까 두려워 망설이며 감히 하지 못하였습니다. 그런데 문득 인편을 통해 편지를 받으니 얼굴을 직접 뵙는 것 같아 저의 마음에 몹시 위로되었습니다. 단지 우려하는 뜻이 매우 절실하시니, 어찌 하늘이 장차 큰 임무를 내리려고 유독 이러한 근심을 더욱 증가시키는 것이 아니겠습니까. 저는 상화(喪禍)를 겪으면서 살아남은 목숨이 근근이 끊어지지 않아서 조용히 죽을 날이나 기다릴 뿐 이밖에 참으로 다른 생각이 없습니다. 그러나 때때로 한밤중에 일어나 먼동이 트도록 잠들지 못하니 무엇 때문인지 알 수 없습니다.

요즈음 무중(武仲 유계(兪棨)) 형의 가장(家狀)을 보았습니다. 왕실에 대한 노심초사로 차마 곧장 떠나지 못하는 뜻이 거울처럼 환히 드러나 어진 사람의 마음을 볼 수 있었으니 책을 덮고 눈물을 닦게 하였습니다. 붓 다섯 자루와 맛있는 음식은 지극한 뜻을 감사히 받았습니다. 오직 관(館)에서 으레 나누어 주는 책력은 감히 받지 못하겠으니, 듣는 자들이 괴이하게 여기지 않겠습니까.[70] 나머지는 양기(陽氣)가 이미

69 조중초(趙仲初) : 조복양(趙復陽, 1609~1671)으로, 중초는 그의 자이다. 조익(趙翼)의 아들이며, 김상헌(金尙憲)의 문인이다. 당시 이조 참판으로 있었다.

70 관(館)에서……않겠습니까 : 동지(冬至)가 되면 관상감(觀象監)에서 어람용(御

나타나는 때[71]에 오직 시국을 위해 더욱 몸조심하여 우러러보는 저의 마음을 위로해 주십시오.

覽用) 및 반사용(頒賜用)의 새해 역서(曆書)를 임금께 올리고, 서울의 각 관청은 미리 종이를 갖추어 두었다가 관상감에 보내어 인출(印出)한 다음 장관과 소속 관료들에게 관례에 따라 차등을 두어 책력을 분배하였다. 송시열은 당시 벼슬자리에 있지 않았기에 책력 받기를 삼간 것으로 보인다.

71 양기(陽氣)가……때 : 동지를 말한다. 《주역》에, 순음(純陰)인 곤괘(坤卦)로부터 변하여 아래에 양효(陽爻)가 하나 생겨난 복괘(復卦)는 양기가 땅속에서 움직일 때 우렛소리가 들리는 상(象)이다. 달로는 11월에 해당한다.

조중초에게 보냄 경술년(1670, 현종11) 8월 19일

與趙仲初 庚戌八月十九日

일찍이 답장을 보낸 적이 있는데 아마 받아 보셨을 것입니다. 오늘 가을 기운이 드넓은데 대감의 일상생활은 어떠신지요? 우러러 흠모하는 마음 간절합니다. 다름 아니라 중봉(重峰) 조 선생(趙先生 조헌(趙憲))에 대해, 선대야(先大爺 김장생(金長生)) 때부터 선생을 존숭하여 더할 나위 없이 지극히 경모하고 존중하였습니다. 지난번에 이곳 사대부들이 널리 중봉 선생을 존숭하는 뜻을 좇아 남긴 글을 간행하였습니다. 그러나 서문(序文)을 부탁할 사람이 없으니, 이 일은 태형(台兄 조복양)이 사양할 수 없을 듯합니다. 조 선생의 후손이 문하에 찾아가 뵐 것이기에 대략 말씀드렸습니다. 나머지는 이만 줄입니다.

조중초에게 보냄 경술년(1670, 현종11)

與趙仲初 庚戌

아드님이 대과에 급제하였으니 축하드리고 싶은 생각이 없지 않았지만 변고[72] 이래로 더욱 감히 사람들과 안부를 묻지 못하였습니다. 그러므로 이제까지 인사를 빠뜨렸는데 아마 형께서는 헤아려 주실 것입니다. 이번에 변례(變禮)에 대하여 글을 올렸으니, 바로 재종손(再從孫)의 집안일입니다. 일이 한결같이 이처럼 난처해졌으니, 만약 조정에서 조처해 주지 않는다면 누가 감히 그 사이에서 저울질할 수 있겠습니까. 저의 생각으로는 만약 귀조(貴曹)[73]에서 글을 지어 입계(入啓)한다면, 열성조로부터 이 집안을 보는 것이 여러 종반(宗班)과는 매우 다르니 성상께서 아마 관례를 벗어나 허락하실 듯합니다. 몇 년 전 도정(都正) 이정한(李挺漢) 또한 격식에 어긋나게 후사를 세우려는 청을 하였는데 성상께서 특별히 윤허하셨으니,[74] 이는 여느 가문과는 다르기 때문입

72 변고 : 1670년 9월 초 송시열의 먼 친척 되는 서얼 이세직(李世直)이 고변하여 송시열과 송준길(宋浚吉), 서필원(徐必遠) 및 청주(淸州) 사람을 끌어댔는데, 조정이 국문(鞫問)을 벌여 보니 모두 허망한 말이었다. 뒤에 이세직은 무고임을 자복하고 죽음을 당하였다. 《宋子大全 附錄 卷6 年譜》《宋子大全 卷13 李世直伏法後到安城待罪疏》

73 귀조(貴曹) : 예조를 가리킨다. 조복양은 1670년 11월 25일 예조 판서에 임명되었으므로 이 편지는 그 이후에 쓴 편지이다. 《顯宗實錄 11年 11月 25日》

74 도정(都正)……윤허하셨으니 : 현종 때 덕흥대원군(德興大院君)의 4대손인 이정한이 아들이 없어서 아우 이석한(李錫漢)의 맏아들 이홍일(李弘逸)을 양아들로 삼았다는 기록이 남아 있다. 《景宗實錄 2年 10月 16日》《承政院日記 景宗 2年 10月 5日》

니다. 지금 이 일은 비록 저 경우와는 차이가 있으나 성조(聖朝)가 친한 이를 친히 대하고 덕을 끼친 자에게 보답하는 도리로 볼 때 마땅히 방과 -원문 결락- 해서는 안 될 듯합니다. 윤리와 은의(恩義)의 사이에 서운한 바가 없다면 몹시 다행입니다. 오늘날 저의 상황은 참으로 입을 세 겹으로 꿰매고 지내는 것이 마땅합니다만 일가의 일에 관련되어서 문득 이렇게 경계를 깼습니다. 아울러 아량으로 용서해 주십시오.

홍자회[75] 처량 에게 답함

答洪子晦 處亮

문득 보내온 편지를 받으니 세상 바깥에 사는 사람의 소식을 듣는 것만 같았습니다. 저는 우연히 이곳에 왔다가 막 돌아갈 길을 찾고 있으니, 많은 좋은 말씀은 다만 바람 따라 흩어질 것입니다. 이어서 오늘날의 일을 생각해 보면 이는 실로 바람직하게 되기 위해 힘든 시기입니다. 부디 방 한 칸을 구해서 고요히 앉아 책을 보며 하늘을 원망하고 남을 탓하는 마음을 끊고 오직 의리로써 물 대고 북돋운다면, 오랑캐 속에 있더라도 스스로 터득한 즐거움을 해칠 수는 없을 것입니다. 제가 스승과 벗들에게 들은 것이 이와 같기에 감히 이 말씀을 드립니다. 나머지는 풍토(風土)를 조심하고 음식을 절제하시기 바랍니다.

75 홍자회(洪子晦) : 홍처량(洪處亮, 1607～1683)으로, 자회는 그의 자이다. 호는 북정(北汀), 시호는 정정(貞靖)이다. 예조 판서 등을 지냈다.

홍자회에게 답함 계축년(1673, 현종14)

答洪子晦 癸丑

그대가 인자하여 이 사람이 지은 죄가 많더라도 그 마음은 용서할 만하다고 여겨서 무리가 저를 버리는 중에도 홀로 어루만져 주시니, 감사한 나머지 숨 쉬기도 두려운 마음이 오히려 더합니다. 또 살피건대 직명(職名)을 벗었으니 장차 〈수초부(遂初賦)〉[76]를 읊으며 쾌적하게 지내시리란 것을 상상할 수 있지만 밝은 시대를 위해 망연자실할 뿐입니다. 저는 겨울 석 달 동안 크게 앓다가 죽을 뻔한 적이 몇 번이나 되어서, 겨우 부지하고 있는 목숨은 봄을 만났으나 생기가 전혀 없어 그저 죽을 날만 기다립니다. 좋은 약제와 음식은 더욱 성대한 은혜를 입었습니다만 산신령이 놀라고 괴이하게 여길까 두렵습니다. 나머지는 산자락에서 덕을 기르다가 세상을 위해 쓰일 때를 기다리시기를 빌겠습니다. 이만 줄입니다.

76 수초부(遂初賦) : 수초(遂初)는 벼슬을 떠나 은거하여 처음에 가진 소원을 이룬다는 말이다. 〈수초부〉는 진(晉)나라 손작(孫綽)이 지은 부 이름으로, 초야에서 학문에 전념하기를 희구하는 노래이다. 《世說新語 言語》

홍자회에게 답함 계축년(1673, 현종14) 9월

答洪子晦 癸丑九月

이 사람이 오면 저 사람이 가니 참으로 이른바 서로 피하는 것 같습니다. 고향으로 돌아온 지 5년 만에 친구들은 거의 다 세상을 떠나고 남은 자도 사방으로 흩어져, 짝 잃은 새처럼 놀라 돌아보니[77] 서울에서는 더욱 낙이 없습니다. 게다가 공경히 섬긴 뒤에 허물과 재앙이 뒤따르니 감히 계속 머무를 계획을 할 수 없어 서쪽 근교의 묘소로 나왔습니다. 오늘 돌아서 영릉(寧陵) 밖에 이르러 소나무와 잣나무를 우러러 의지하며 능을 옮길 날을 기다리니,[78] 다만 병이 점점 괴로워 하루가 한 해 같을 뿐만이 아닙니다. 삼가 심부름꾼을 시켜 보내신 편지를 받으니 감격한 마음 무어라 말씀드릴 길이 없습니다. 끝없는 가르침을 잘 받았습니다. 서리 내려 쌀쌀한 날씨에 건강을 잘 보살피십시오.

○ 서리 맞은 배〔梨〕는 현포(玄圃)에서 오지 않았다면 어찌 이 정도로 클 수 있겠습니까.[79] 불현듯 멋진 흥취가 갑자기 일어납니다.

77 짝……돌아보니 : 벗들이 죽거나 주변을 떠난 슬픔을 표현한 말이다. 한유(韓愈)의 〈귀팽성(歸彭城)〉 시에 "전쟁에서 돌아왔건만 놀라 돌아보니 짝 잃은 새 같네.〔歸來戎馬間, 驚顧似羈雌.〕"라고 한 구절에서 유래하였다. 《五百家注昌黎文集 卷2》

78 영릉(寧陵)……기다리니 : 영릉은 효종의 능이다. 1673년 3월 이익수(李翼秀)가 영릉의 석물에 틈이 있어 안으로 비가 샐 염려가 있다고 상소한 데 따라 9~10월에 천릉(遷陵)하였다. 《顯宗實錄 14年 3月 24日, 6月 7日》

79 서리……있겠습니까 : 서리 맞아 잘 익은 배가 마치 신선 세계에서나 있을 듯 크다는 말이다. 현포는 곤륜산(崑崙山) 꼭대기에 있는 신선이 산다는 곳이다.

홍중일[80] 처대 에게 보냄 정해년(1647, 인조25)

與洪仲一 處大○丁亥

모진 바람에 눈보라가 치니 산속은 배로 추운데, 정무를 보는 일상생활이 무탈하시길 바랍니다. 저와 태지(泰之 이유태(李惟泰))는 함께 향로봉(香爐峯)에 앉아 있다가 갑자기 소명(召命)을 받았으니[81] 구르듯이 산에서 내려와 내일 집으로 돌아가려 합니다. 이 뒤로 만나는 것을 어찌 쉽게 기약할 수 있겠습니까. 사람을 몹시 서글프고 아쉽게 합니다.

산에서 사는 사람이라 본래 조복(朝服)이 없어 예전에는 왕명을 받을 때마다 현감에게 빌려서 썼는데, 이제 듣자니 현감[82]이 서울에서 아직 돌아오지 않았다 합니다. 초야의 사람이 입는 복장으로 삼가 명을 받는 것은 너무 어긋나기에 형에게 단령(團領)과 사모(紗帽)와 관디(冠帶) 세 가지를 빌리고 싶습니다. 모래 태형(泰兄) 편으로 돌려 드리겠습니다. 산야에 사는 사람이 차리는 예는 본래 한 가지로 재단할 수 없으니 붉은색인지 검은색인지를 따지지 않습니다. 여유를 두고 빌려주신다

80 홍중일(洪仲一) : 홍처대(洪處大, 1609~1676)로, 중일은 그의 자이다. 본관은 남양(南陽), 호는 역헌(櫟軒)이다. 병부 좌랑, 예부 정랑을 거쳐 당시에는 금산 현감(錦山縣監)으로 있었다.

81 소명(召命)을 받았으니 : 1647년에 송시열은 세자시강원 익선(世子侍講院翊善)에 임명되었다가 뒤이어 진선(眞善)에 임명되었으나 상소하여 사직하였다. 《宋子大全 附錄 卷2 年譜》

82 현감 : 당시 송시열은 충청도 황간(黃澗) 냉천리(冷泉里)에 거주하고 있었으니 황간 현감(黃澗縣監)을 말하는 것으로 보인다.

면 몹시 다행이겠습니다. 맏형님과는 아직도 큰 이불을 함께 덮고 잡니까? 어진 벗 자현(子玄)은 언제 서울로 돌아갑니까? 그립고 쓸쓸한 마음 견디지 못하겠습니다. 나머지는 이만 줄입니다.

신중연[83] 석번 에게 답함
答申仲衍 碩蕃

지난봄에 해후하여 숙원을 조금 이루었습니다만 병 때문에 깊게 이야기를 나누지 못하였으니 지금까지 아쉽습니다. 그런데 어제 당신 조카가 찾아와서 편지를 전해 주니 얼굴을 뵙는 것만 같았고, 다시 말씀을 받들어 보니 위로되고 후련한 마음 무어라 형용하기 어렵습니다. 저는 반년 동안 몹시 아파서 겨우 뼈만 남았습니다. 지금은 복창증(腹脹症)이 다시 발작하는데, 이는 의술가도 깜짝 놀라는 병이라 이번 생에 다시 깊고 따뜻한 모습을 뵙고 저의 거친 기운을 경계할 수 있을지 모르겠습니다.

절중(浙中)의 괴상한 기운은 백공(伯恭)이 세상을 떠난 뒤에 어찌 그렇게 되지 않을 수 있었겠습니까.[84] 온갖 냇물을 막는 것[85]은 바로

83 신중연(申仲衍) : 신석번(申碩蕃, 1596~1675)으로, 중연은 그의 자이다. 호는 백원(白源)이다. 정경세(鄭經世)의 문인으로, 인조 때 대군사부(大郡師傅)를 지냈고, 효종 때 유일(遺逸)로 천거되었으나 벼슬을 사양하였다. 문장에 능하고 경학에 밝았다.

84 절중(浙中)의……있었겠습니까 : 절동(浙東) 사공학파(事功學派) 진량(陳亮)의 학술과 주장이 일어난 일을 말한다. 백공은 여조겸(呂祖謙)으로, 여조겸이 세상을 떠난 뒤에 사공학파가 일어나 유학이 분열되었듯이, 조선도 노론(老論)과 소론(少論)이 분열된 상황이라는 말이다. 주희(朱熹)가 유청지(劉淸之)에게 보낸 편지에 "백공이 세상을 떠난 뒤 온갖 괴이한 일이 모두 일어났는데, 이것은 백공 자신이 진흙탕 속에서 허우적거리며 빠져나오지 못하는 것처럼 어물거린 태도가 이러한 결과를 초래한 것이다."라고 한 말이 있다. 《朱子大全 卷54 答陳正己》《晦庵集 卷35 與劉子澄》

85 온갖……것 : 온갖 올바르지 않은 논설을 막는다는 말이다. 한유(韓愈)의 〈진학해

당신께 기대하지 않을 수 없습니다. 저 같은 경우는 새로 공론의 배척을 받아 임금을 업신여긴 죄를 더하였으니[86] 바야흐로 이렇게 움츠려 죽음을 기다리고 있습니다. 나머지는 아프고 두려운 마음에 위축되어 다시 일일이 말씀드리지 않습니다.

(進學解)〉에 "온갖 냇물을 막아 동쪽으로 흐르게 하고, 이미 엎어진 상황에서 미친 듯 흘러가는 물결을 되돌렸다."라는 말이 나온다. 《古文眞寶 後集 卷3》

86 새로……더하였으니 : 갑인년(1674, 현종15) 7월 인선왕후(仁宣王后)의 복제(服制)를 의논하여 정하면서 기해복제(己亥服制)의 의례를 맡았던 신하들에 대해 죄를 묻게 하였다. 《顯宗實錄 15年 7月 15日》 같은 해 8월에 현종이 승하하고 숙종이 즉위하자 예제(禮制)에 대한 논의가 재차 일어나, 박헌(朴瀗), 허목(許穆) 등이 조정을 농단하고 임금을 업신여긴 죄를 들어 송시열을 처벌하라고 앞장서서 주장하였다. 《肅宗實錄 卽位年 10月 15日, 12月 10日·18日, 1年 1月 3日·7日, 6月 14日》

신중연에게 답함

答申仲衍

우러르던 중 이 편지를 받으니 위로되는 마음 어찌 끝이 있겠습니까. 편지를 통하여 조용히 지내는 생활이 좋으시다는 것을 알고 더욱 기뻤습니다. 저는 운수가 기구하여 또 늙어 자식 잃은 슬픔을 지니게 되었으니 늘그막에 마음이 약해져 오래도록 시름을 떨치지 못하였습니다. '최고의 경지에 올라 감정에 동요되지 않는 것〔太上忘情〕'이 어찌 이 못난 사람이 감히 바랄 바이겠습니까.[87]

소옹(邵雍)의 시[88]는 타이르는 말씀에 한탄하였습니다. 이는 군자가 난초가 되고 소인이 가시나무가 되는 것일 뿐만이 아니라 몸과 마음에 비추어 보면 천리(天理)는 항상 적어서 패하고 인욕(人欲)은 항상 많아서 이기니, 몹시 두려워할 만합니다. 그런데도 우물쭈물 세상일에 골몰하다 벌써 날이 저물어 사람이 배회한들 어쩔 수 없으니 지극히

87 최고의……바이겠습니까 : 평범한 사람이라 슬픈 감정이 일어날 수밖에 없다는 말이다. 왕융(王戎)이 아들을 잃어 산간(山簡)이 조문(弔問)하러 갔는데 왕융이 슬픔을 견디지 못하자 산간이 "아이는 품 안의 물건이거늘 어찌하여 이 지경에 이르도록 슬퍼한단 말인가."라고 하니, 왕융이 "성인은 일상적인 감정을 잊고, 최하의 사람은 감정을 느끼지도 못한다.〔聖人忘情, 最下不及於情.〕"라고 하였던 고사에서 유래하였다. 《世說新語 傷逝》

88 소옹(邵雍)의 시 : 〈감사음(感事吟)〉 시로 "지초와 난초는 심어도 잘 자라지 않고, 가시나무는 베어도 사라지지 않네. 두 가지 일 모두 어찌할 수 없어, 배회하노라니 해가 저물려 하네.〔芝蘭種不榮, 荊棘翦不去. 二者無奈何, 徘徊歲將暮.〕"라는 내용이다. 《擊壤集 卷16》

가엽고 서럽습니다. 우리 노형(老兄) 같은 경우는 독서하며 태현(太玄)을 고수하여[89] 참으로 이 재앙을 면하였으니 지극히 저를 경탄하게 합니다. 《염락풍아(濂洛風雅)》는 듣자니 경상도 관찰사가 벌써 목판에 새겨서 한창 잘못된 것을 교정하고 있다고 하니 다행입니다. 이만 줄입니다.

89 태현(太玄)을 고수하여 : 세태와는 아랑곳없이 명리(名利)를 멀리하고 학문에 매진했다는 말이다. 한(漢)나라 양웅(揚雄)이 명리만을 좇던 당시 세태와는 아랑곳없이 오직 《태현경(太玄經)》의 저술에만 몰두했다는 데서 나온 말이다. 《漢書 揚雄傳》

신중연에게 보냄
與申仲衍

일찍이 문경(聞慶)의 인편을 통해 보내 주신 편지를 받고 감격해 마지않았습니다. 국애(國哀 효종대왕의 상)의 슬픔이 어찌 끝이 있겠습니까마는, 신 같은 경우에는 심사를 밝히지 못한 채 영원히 억울함을 호소할 길을 -원문 결락- 임금을 잃은 슬픔 더욱 간절합니다. 오늘의 일 또한 이미 늦었습니다. 길러 준 은혜를 생각하여 팔뚝을 뽐내고 성에 먼저 오르기를 다투던 저들이 다만 가련하게 보입니다.[90] 보내 주신 별지(別紙)는 잘 알았습니다. 주 선생(朱先生 주희(朱熹))의 어록(語錄)도 편집할 당시에 이미 취사(取捨)할 수밖에 없었으니, 그 나머지야 무엇이 이상하겠습니까. 다만 열람하는 사람이 분명하게 구별하는 데 달려 있을 뿐입니다. 이만 줄입니다.

별지

명종(明宗)의 상사(喪事)에 퇴계(退溪)가 처음에 공의전(恭懿殿)[91]의 복(服)을 수숙(嫂叔) 간의 복으로 입어야 한다고 논한 것은 참으로 잘못이었는데 고봉(高峯 기대승(奇大升))의 말을 따라 모자(母子)

90 길러……보입니다 : 효종이 북벌을 하기 위해 길러 놓은 장병이 의지할 곳이 없게 되었음을 말한 듯하다.

91 공의전(恭懿殿) : 인종(仁宗)의 비 인성왕후(仁聖王后) 박씨(朴氏)로, 선조 10년(1577)에 세상을 떠난 공의대비(恭懿大妃)를 말한다.

의 복으로 고쳤으니, 큰 인륜이 바로잡혔습니다. 그러나 복제(服制)를 논할 때는 기년(朞年)으로 단정했습니다. 삼가 듣건대 영남 사람들은 퇴계를 추앙하고 존경하여 정자(程子)의 설을 어길지언정 감히 퇴계의 설을 어기지 않는다고 하는데, 오늘날 복제 문제에서는 퇴계의 정론(定論)을 침 뱉듯이 버릴 뿐만이 아니라 심지어 이것은 증거로 삼을 것이 못 된다고까지 하니[92] 이것이 무슨 까닭인지 모르겠습니다. 노형(老兄)께서 만약 저들 중에 주론(主論)하는 자를 만나면 시험 삼아 물어보시고 대답하는 말이 있으면 저에게 알려 주십시오.

92 오늘날……하니 : 기해년(1659)에 효종이 서거한 직후, 계모후(繼母后)가 되는 자의대비(慈懿大妃) 조씨(趙氏)가 입을 상복이 송시열 등 서인의 주장대로 기년복으로 결정되었는데 1666년 유세철(柳世哲) 등 영남의 유생이 상소하여 기해년 복제의 부당함을 지적하여 왕통을 빼앗는 것이라고 하였다.《顯宗實錄 7年 3月 23日》 이황(李滉)이 인성왕후 박씨의 복을 수숙 간의 복으로 해야 한다고 한 것은 기년복을 주장한 것인데, 평소 퇴계를 추앙하는 영남 사람들이 자의대비 조씨의 상복에 대해서는 굳이 삼년상을 주장하는 이유를 모르겠다는 말이다.

신중연에게 보냄
與申仲衍

동지가 다가오는데 생각건대 고요히 지내시는 일상생활이 더욱 천지신명의 도움을 받을 것이니 우러러 그리운 마음 날로 간절합니다. 저는 이질을 앓은 지 5개월 만에 겨우 생기가 돌지만 남은 증세가 아직도 괴로우니, 이는 기혈이 이미 다하여 의약으로는 효과를 볼 수 없어서 그러한 것입니다. 이를 통해 정신이 이미 쇠퇴하였음을 알겠으니, 책을 보고 옛일을 살펴 고찰한들 몸과 마음에는 무익하고, 예전에 부질없이 보낸 세월이 더욱 아깝습니다. 그런데 가만히 듣자니 노형은 젊은 시절과 다름없다니 아무리 타고난 기질이 남다르다고는 하지만 또한 어찌 마음이 맑고 욕심이 적어서가 아니겠습니까. 경탄을 금할 수 없습니다. 서경(西坰)[93]의 유고(遺稿)는 잘 받았습니다. 보내오신 편지는 병 때문에 오래도록 답장을 드리지 못해 몹시 송구합니다.

93 서경(西坰) : 유근(柳根, 1549~1627)의 호이다. 본관은 진주(晉州), 자는 회부(晦夫), 시호는 문정(文靖)이다.

신중연에게 답함
答申仲衍

늙어 가는 사람의 마음이 어느 날인들 서로 염려하지 않겠습니까. 다만 거리가 멀어 만날 기약이 없는데, 이번에 아드님이 찾아와서 보내신 편지를 받으니 얼굴을 뵙고 편안히 맑은 가르침을 듣는 것만 같아 위로되는 마음 이루 말할 수 없습니다. 저는 성상께 분수에 넘치는 큰 은혜를 받아 목숨이 온전할 수 있었으니, 천지에 한스러움이 있다고 누가 말하겠습니까. 노형은 여러 번 불러 주시는 은혜를 입었으니 오늘날의 일이 어찌 별 탈 없이 책을 보며 남은 날을 보내는 것과 같겠습니까. 그러나 또 뜻하지 않게 찾아온 일은 어찌할 수가 없고, 남이 차가운지 따뜻한지 판단할 줄 모르는 것이 또한 나와 무슨 상관이겠습니까. 나머지는 추운 날씨에 더욱 몸조심하시기를 빌며 이만 줄입니다.

신중연에게 답함

答申仲衍

일전에 보내신 편지는 마침 그리움이 쌓여 있던 중에 맑은 가르침을 받든 것 같아 저의 마음이 몹시 위로되었습니다. 편지를 보내신 뒤로 삼가 생각건대 일상생활이 더욱 천지신명의 도움을 받으셨을 것입니다. 저는 뜻밖에 새로 내리신 명(命)을 받았는데 오래도록 벼슬이 교체되지 않으니, 밤낮으로 근심스럽고 두려워 깊은 골짜기를 굽어보고 쌓아 놓은 나무 위에 있는 것처럼 위태롭게 여길 뿐만이 아닙니다. 이미 다섯 차례 글을 올려 은혜로이 윤허해 줄 것을 공경히 기다리고 있습니다. 다만 저의 나아가기 어려운 뜻은 감히 옛사람에 비기지 못하겠으나, 죄명이 지극히 무겁고 질병은 고질이 되었으며 또 자신을 헤아리는 것은 매우 분명합니다. 오늘날 사람이 몹시 모자라기는 해도 어찌 감히 이 몸을 신료(臣僚)들의 위에 올려놓겠습니까. 저의 뜻은 단지 이와 같습니다. 노형께서 말씀하신 것은 어쩌면 이에 대해 잘 알지 못해서일 뿐입니다. 만나서 회포를 풀 기약이 없으니 다만 맑고 화창한 때에 몸조심하시기를 바랍니다.

신중연에게 답함

答申仲衍

늦더위에 고요히 지내며 절기를 따르시니 우러르는 마음 날로 지극합니다. 저는 병으로 무료하게 엎드려 지내고 있는 데다가 직명(職名)이 아직도 삭탈되지 않았으니 근심과 두려움으로 날을 보내고 있습니다. 우리는 죽을 날이 다가오는데도 끝내 세상에 알려지지 못했는데[94] 저 거백옥(蘧伯玉)[95]은 어떤 정신과 근력을 지녔던 것인지 스스로 가련히 여길 뿐입니다.

94 세상에 알려지지 못했는데 : 뛰어나거나 훌륭하다는 명예가 없음을 말한다. 《논어》〈자한(子罕)〉에 "4, 5십 세가 되도록 세상에 알려지지 않은 사람이라면, 또한 두려워할 것이 없다고 하겠다."라는 말이 있다.

95 거백옥(蘧伯玉) : 춘추 시대 위(衛)나라의 현대부(賢大夫)이다. 《장자(莊子)》〈칙양(則陽)〉에 "거백옥은 나이 60이 되는 동안 60번이나 잘못된 점을 고쳤다."라는 말이 있고, 《회남자(淮南子)》〈원도훈(原道訓)〉에는 "나이 50에 49년 동안의 잘못을 깨달았다."라는 말이 있다.

김자장[96] 익렬 에게 보냄 정유년(1657, 효종8) 12월

與金子章 益烈○丁酉十二月

삼가 편지를 받고서 시호를 맞이할 날짜가 잡혔다는 것을 알게 되니, 몹시 위로되고 슬픈 마음 견딜 수 없습니다. 저는 병세가 점점 깊어져, 여러 차례 사정을 아뢰어 체직(遞職)을 청하느라 성상을 번거롭게 해 드렸으니[97] 두려워 감히 편하지 못합니다. 보여 주신 행사 진행 목록은 형이 서울에 올라가서 이미 경험했던 사람들에게 자세히 물어보시는 것이 어떻겠습니까? 제 생각에는 행사 진행 목록 중에 나름 그 집에서 행할 것이 있지만 음악을 베푸는 한 조항은 끝내 타당하지 않습니다.[98] 만약 음악을 베풀지 않는다면 사당 앞에서 잔치를 베푸는 것은 아마도 안 될 것은 없을 듯합니다. 더구나 임시로 상청(喪廳)을 조금 잘라 내어 따로 한 장소를 만든다면 더욱 구애되지 않을 것입니다. 이 잔치는 공적인 일과 관련되니 아마 사사로운 이유로 완전히 그만둘 수는

96 김자장(金子章) : 김익렬(金益烈, 1602~1665)로, 자장은 그의 자이다. 조부는 김장생(金長生), 부는 김반(金槃)이다. 선공감 감역, 사헌부 감찰, 횡성 현감(橫城縣監), 남원 부사(南原府使) 등을 지냈다.

97 여러……드렸으니 : 송시열은 1657년 5월 찬선(贊善)에 임명된 뒤 여섯 차례에 걸쳐 사직소(辭職疏)를 올렸다. 《宋子大全 卷8 辭贊善疏》

98 음악을……않습니다 : 1656년 5월 김장생의 아들 김집(金集)이 세상을 떠났고, 그해 12월에 김장생의 손자 김익희(金益熙)도 세상을 떠나 당시 김장생 집안이 복상(服喪) 중이었기 때문에 김장생의 시호를 맞이하는 행사를 준비하는 데 음악을 벌이는 것을 타당하지 않다고 여긴 것이다. 《宋子大全 附錄 卷3 年譜》

없을 듯합니다. 어떻게 생각하십니까? 마땅히 태지(泰之 이유태(李惟泰))와 상의하여 다시 아뢰겠습니다.

김자장에게 보냄 무술년(1658, 효종9) 6월

與金子章 戊戌六月

이번 무더위에 정무(政務)를 보는 형의 안부는 어떠한지요? 그리운 마음 간절합니다. 저는 소명(召命)이 몹시 엄할 뿐만 아니라[99] 경연(經筵) 중에 늘 몹시 기다린다는 말씀이 있었으므로 어쩔 수 없이 나아가 사은(謝恩)하고 즉시 돌아올 계획입니다. 13, 4일에 출발하여 청주(淸州) 마암산(馬巖山)에서 사나흘 머무르다 이어서 올라가려고 합니다. 그런데 출발하지 않고 먼저 글을 보내는 것은 단지 제 말을 타고 가기 때문입니다. 형이 일찍이 "몰래 가지 마시게. 반드시 전송하겠소."라고 하셨기에 이 청주진(淸州鎭)의 인편으로 알려 드립니다. 그러나 이러한 장마 더위에 어찌 움직이기를 바라겠습니까. 더구나 마암산이 한 걸음에 가기에는 조금 먼 경우이겠습니까. 하고픈 말은 많지만 이만 줄입니다.

99 소명(召命)이……아니라 : 1658년 3월 예조 참판에 임명된 뒤 5월에 사직소를 올렸고, 6월에 청주까지 와서 다시 병으로 사직한다는 소를 올렸다. 병중에 있던 효종이 도승지 김좌명(金佐明)에게 자신을 대신하여 교서를 만들어 보내라고 명한 적이 있는데, 이를 두고 말하는 것으로 보인다. 《孝宗實錄 9年 3月 25日, 5月 5日, 6月 21日》

김자장에게 답함 무술년(1658, 효종9) 10월 11일

答金子章 戊戌十月十一日

그립던 중에 편지를 받으니 마주한 것처럼 위로되었습니다. 저는 여섯 번의 소(疏)와 한 번의 단자(單子)에도 끝내 면직(免職)되지 않아서 지금 다시 글을 넣으려 합니다. 시호의 일은, 부제학이 오래지 않아 차출될 터이고 차출되면 즉시 논의하여 결정할 것입니다. 승정원이 시호의 일이 적체되었다는 것으로 입계(入啓)하였기에 해당 조(曹)로 하여금 속히 부제학을 임명하게 하였습니다. 저의 생각에는 이러한 큰 흉년을 만나 공납하는 물건도 이미 줄인 만큼 맞이하는 잔치는 설 쇠기 전이건 설 쇤 후이건 간에 간략하게 베풀어야 합니다. 만약 풍성하게 한다면 아마 마땅하지 않을 듯한데, 어떻습니까? 섣달에 손님을 맞이하는 것은 또한 안 될 것은 없습니다. 아울러 상의하여 처신하시는 것이 어떻겠습니까? 편지지가 뚝 떨어졌습니다. 인편을 통해 부쳐 주셨으면 합니다.

김자장에게 보냄 기해년(1659, 효종10) 3월

與金子章 己亥三月

헤어진 지 오래되었으니 그리워하는 마음을 짐작할 수 있을 것입니다. 이즈음 형의 안부는 계절에 따라 잘 지내시리라 생각합니다. 저는 들아가고 싶어도 돌아가지 못하니 반드시 광증이 나고 말 것입니다. 어찌합니까. 시호를 맞이할 날이 점점 가까워지는데 모든 일을 어떻게 조치하고 계시는지요? 사방이 여기에서 예(禮)를 볼 것이니 부디 간략하기에 힘써서 사치한 풍습을 조금 바꾸는 것이 어떻겠습니까? 더구나 오늘날 성상께서는 흉년 때문에 어공(御供)조차 다 줄이셨으니[100] 잔치 손님의 안주는 더더욱 풍성하게 할 수 없고, 곡을 연주하는 한 가지 절목(節目) 또한 생략하여 없앨 만합니다. 부디 길보(吉甫 윤선거(尹宣擧)) 등 형들과 상의하여 알맞게 하도록 힘쓰시기를 몹시 바랍니다.

100 성상께서는……줄이셨으니 : 《승정원일기》 효종 9년 8월 7일 기사에, 예조에서 어공을 줄인 지 10년이나 되었는데 특산품으로 올리는 물선(物膳)은 제향(祭享)을 위해 다시 거두자고 청하였으나 거론하지 말라고 명하는 내용이 있다.

김자장에게 답함 경자년(1660, 현종1) 7월 29일

答金子章 庚子七月二十九日

타일러 주신 말씀 감사합니다. 들은 것을 알려 주시니, 명하지 않으셔도 받들 것인데 더구나 이렇듯 말씀하시는 경우이겠습니까. 지금 들은 바 엄격하게 다스려 후배들의 풍속이 문득 변했다고 하니, 가려운 데를 긁은 것과 같다고 말할 만합니다. 반드시 다 죽게 된 뒤에야 비로소 너그러움으로 구제한다면 좋을 것입니다. 아드님이 초시에 합격하였다니 그지없이 송축드립니다. 단지 함께 만나는 자리에 따라갈 수 없는 것이 아쉽습니다. 보내 주신 음식은 한창 위장의 증세가 괴로워 채소도 억지로 삼키며 어쩌지 못하고 있었으니, 이는 참으로 천금으로도 바꾸지 않을 묘한 약제(藥劑)입니다. 몹시 감사합니다.

김자장에게 보냄 경자년(1660, 현종1) 8월 7일

與金子章 庚子八月七日

한(韓)과 정(鄭)의 송사(訟事)는 약간의 말이 있습니다. "인가(人家)에서 100보"[101]라고 하는 것은 인가의 많고 적음을 구분하지 않습니다. 대개 그 송사는 심정적으로 보자면 정이 잘못이고, 법으로 보자면 한이 어겼습니다. 저의 생각은, 법으로 한의 무덤을 파 가게 하고 속임수를 써서 점거했다는 이유로 정을 다스린다면 좋을 듯합니다만 어떨지 모르겠습니다. 대략 듣건대 비방하는 말이 초외(草外)[102]에까지 퍼졌다고 하니, 이는 한의 일족 때문입니다. 이 편지를 즉시 태워 버리십시오.

101 인가(人家)에서 100보 : 《경국대전(經國大全)》〈예전(禮典)〉 상장조(喪葬條)에 "개간한 밭이 장사 지내기 전부터 있던 것은 밭갈이를 금지하지 않으며, 인가의 100보 안에는 장사 지내지 못한다."라고 하였다.

102 초외(草外) : 공주(公州)에 있는 초려(草廬) 이유태(李惟泰)가 사는 곳이다. 오늘날 대전광역시 유성구 도룡동에 있었던 지명이다.

김자장에게 보냄 경자년(1660, 현종1) 8월 8일

與金子章 庚子八月八日

따로 말씀하신 일은 이미 심부름꾼에게 알린 만큼 순찰사의 처분을 따라야 합니다. 다만 한(韓)이 법을 어겨 장례를 치렀으니 그가 잘못한 것은 의심할 것이 없습니다. 일찍이 한의 말을 듣자니 정(鄭)이 추후에 차지할 것을 도모했다는데 그 실정이 가증스럽습니다. 그러나 드러난 분명한 증거가 없으니 과연 죄를 다스리기 어렵습니다. 이는 오직 널리 공론을 채집하는 데 달려 있을 뿐입니다. 어떻습니까? 이렇게 오간 편지는 즉시 없애시기를 간절히 바랍니다.

김자장에게 보냄 갑진년(1664, 현종5) 2월

與金子章 甲辰二月

바람 불고 비 내리는 이때 건강은 좋으신지요? 그리운 마음 간절합니다. 저는 몸에 탈이 났고 아이는 병들어 한꺼번에 모두가 위독하니 몹시 답답하고 괴롭습니다. 어제 주상께서 보내신 생선과 과일을 받고는 즉시 제천(堤川)의 가묘(家廟)[103]에 보냈고, 귤 10매(枚)는 나누어 드립니다. 모레 참례(參禮)할 때 올리는 것이 어떻겠습니까?

103 제천(堤川)의 가묘(家廟) : 송시열의 둘째 형 송시묵(宋時默)이 제천 현감(堤川縣監)으로 있으면서 집안의 제사를 제천에서 지냈으므로 하는 말이다. 《承政院日記 顯宗 卽位年 6月 16日》

조사달[104] 봉원 에게 답함 기해년(1659, 효종10) 1월 15일

答趙士達 逢源○己亥正月十五日

멀리서 보내신 편지를 받으니 만나서 이야기를 나누는 듯하여 위로되는 마음 이루 말할 수 없습니다. 이번 설날에 객지에서 지내시는 생활은 어떠한지요? 저는 아직 전원으로 돌아가지 못하고 낭패만 끼치니, 훌륭한 산수를 생각할 때마다 미칠 것만 같습니다. 천거하신 두 사람은 제가 모두 익숙히 들었던 사람이니 장차 차례대로 거두어 쓰겠습니다. 이 외에 어찌 바닷속에 남겨진 진주가 없겠습니까. 부디 더욱더 듣고 보셔서 계속 가르침을 주십시오.

104 조사달(趙士達) : 조봉원(趙逢源, 1608~1691)으로, 사달은 그의 자이다. 본관은 함안(咸安), 호는 파서(坡西)이다. 김상헌(金尚憲)의 문인이다. 한성부 판관, 고령현감(高靈縣監) 등을 지냈다.

조사달에게 보냄 기해년(1659, 효종10) 5월 2일

與趙士達 己亥五月二日

오셨다는 소식을 듣고 몹시 기뻤는데 곧이어 경기의 집으로 내려가서 벼슬을 버리려 한다고 들었으니 지극히 서운한 마음 견딜 수 없습니다. 오늘날 성상의 뜻은 실로 우연이 아니니, 저는 비록 벙어리나 귀머거리, 절뚝발이나 앉은뱅이라 할지라도 우선 기운을 더하여 성주(聖主)가 위대한 업적을 이루려는 뜻을 도우리라 생각했었습니다. "감히 녹봉 때문에 벼슬하는 사람으로 불렀던 것은 아니다.……"라고 하신 것은 무엇 때문인지 모르겠습니다. 즉시 찾아가서 이 마음을 토로하고 싶으나 요즈음 편안하지 못한 일이 있어 안부를 여쭙는 것 외에 한가한 걸음을 하지 않았기에 생각대로 이루지 못하였으니 다만 묵묵히 헤아려 주시기 바랍니다.

조사달에게 답함 경자년(1660, 현종1) 7월 10일

答趙士達 庚子七月十日

헤어진 지 이미 오래되어 그리움에 목이 메는 듯하더니, 지금 멀리서 보내신 편지를 받으니 위로되고 시원한 마음 가눌 수 없습니다. 제가 친구들의 편지를 볼 때면 반드시 강해(江海)의 일[105]을 말하니, 말이 새롭거나 기이하지 않습니다. 어찌 형이 할 말이 없어서 또한 이 일을 말씀하셨겠습니까. 저는 잘 잊어버리니 잊은 지 오래입니다. 오직 조심하지 않고 다시 이렇게 망언을 하고도 오히려 남을 탓할 수 있겠습니까. 어린 손자가 오래도록 가르침과 독려를 받으니 은덕에 더할 나위 없이 감사합니다. 만날 기약이 없으니 다만 몸조심하시기를 빕니다.

105 강해(江海)의 일 : '강(江)'은 여강(驪江)에 사는 윤휴(尹鑴)를, '해(海)'는 해남(海南)에 사는 윤선도(尹善道)를 가리킨다. 기해년(1659) 효종이 승하하자 인조의 계비(繼妃) 자의대비(慈懿大妃)의 복상(服喪) 기간을 1년으로 할지 3년으로 할지 논쟁이 시작되었다. 윤휴와 윤선도는 효종이 비록 인조의 둘째 아들이나 적자로서 왕위를 계승했기 때문에 장자로 간주하여 삼년상(三年喪)을 치러야 한다고 주장했고, 송시열은 효종이 인조의 둘째 아들이므로 기년상(朞年喪)을 치러야 한다고 주장했다. 윤휴와 윤선도가 패하여 윤휴는 사문난적(斯文亂賊)으로 몰려 정계에서 물러났으며, 윤선도는 삼수(三水)에 유배되었다.

조사달에게 답함 경자년(1660, 현종1) 11월 2일

答趙士達 庚子十一月二日

지난번 편지는 감사합니다. 추위가 심한데 근황은 어떠한지요? 어린 손자가 오래도록 가르침과 독려를 받으니 은덕에 한없이 감사합니다. 다만 그가 지난날 내려오다가 중도에 서울로 돌아갔으니, 당신께서 서리와 눈같이 엄격하기보다 비와 이슬같이 매우 자애로우시어 그로 하여금 당신을 가깝게 여겨 사랑하게 하고 그 할아비에게는 도리어 서먹하게 만들어서가 아니겠습니까. 껄껄. 하신 말씀은 삼가 잘 알았습니다. 돌아보건대 이 천하고 못난 사람이 낭패하여 달아난 뒤에 어찌 감히 옛 버릇을 버리지 못하여 거듭 선비들의 웃음거리가 되겠습니까. 더구나 병이 질질 끌고 있어 억지로 길에 오른다면 바로 시신을 끌고 가는 것입니다. 부디 굽어 헤아려 주십시오.

조사달에게 답함 계묘년(1663, 현종4) 3월 22일

答趙士達 癸卯三月二十二日

적적하게 황호(黃湖)[106]에 앉아 한가히 조수(潮水) 소리를 듣고 있는데, 이런 때에 문득 멀리서 보낸 편지를 받으니 얼굴을 직접 뵙는 듯하여 그리운 마음이 몹시 위로되었습니다. 조카가 벌써 이달 초에 땅에 들어갔고[107] 제부(諸父)는 함께 장산(長山)[108]에 들어갔습니다. 부제(祔祭)를 행하면서 서로 마주 보고 곡하며 돌아왔고, 그 아버지는 그대로 머물러 병가(病暇)를 올렸습니다. 저의 집의 슬픔과 괴로움이 한결같이 이 지경에 이르렀으니 어찌 세상을 사는 즐거움이 있겠습니까.

말씀하신 관가의 상황은 진실로 몹시 괴로운 점이 있습니다.[109] 그러나 지금의 시대에 벼슬하건 벼슬하지 않건 간에 모두 좋은 상황이란 없으니 다만 분수에 따라 버틸 뿐입니다. 기지(起之) 같은 인품과 가문

106 황호(黃湖) : 오늘날 대전에 있는 지명이다.

107 조카가……들어갔고 : 송시열의 조카 송기억(宋基億)이 1663년 1월 5일 천연두를 앓다 사망하였다. 《宋子大全 卷188 從子基億墓誌》

108 장산(長山) : 충청도 보은(報恩)의 지명이다. 장성 부사(長城府使)를 지낸 송시열의 아우 송시도(宋時燾)가 살던 곳이다. 《宋子大全隨箚 卷5》

109 말씀하신……있습니다 : 송시열이 1663년 1월 그의 둘째 형 송시묵(宋時默)에게 보낸 편지에 "헐뜯는 말이 서울에서부터 오고, 시기하는 기색이 고장에서 날로 일어났습니다."라는 말이 있다. 기해년(1659) 예송논쟁으로 윤선도(尹善道)가 귀양 갔는데, 이때 와서 수찬 홍우원(洪宇遠)이 다시 윤선도의 주장을 옹호하는 소를 올린 것으로 보아 예송이 다시 논란이 되었던 것으로 보인다. 《宋子大全 卷123 上仲氏》《顯宗實錄 4年 4月 19日, 23日》

을 가지고서도 오히려 결장(決杖)의 처벌을 면치 못하였습니다. 지금 비록 대신(大臣)의 차자(箚子)로 인해 우선 늦춰졌지만 끝내 무사하기를 보장할 수 있겠습니까.[110] 더구나 그보다 못한 사람은 말할 것도 없습니다. 참으로 당신께서 지나치게 염려하는 것이 아닌 줄은 알고 있습니다. 당신 아드님[111]의 득실에 대해서는 듣지 못하였으니 이 때문에 퍽 답답합니다. 끝으로 봄이 저무는데 몸조심하십시오.

110 기지(起之)……있겠습니까 : 기지는 김수홍(金壽興)의 자이다. 당시 광주 부윤(廣州府尹)이던 김수홍이 양전(量田)에 대한 직무를 제대로 수행하지 못하였다는 이유로 결장의 처벌을 받았는데, 영중추부사 이경석(李景奭)이 차자를 올려 그 부당함을 아뢰어 일의 결말을 보아 가며 하도록 처리되었다. 《顯宗實錄 4年 2月 24日》

111 당신 아드님 : 조봉원의 아들 조근(趙根, 1631~1680)을 말한다. 자는 복형(復亨), 호는 손암(損庵)이다. 송시열의 문인이다. 현종 3년(1662) 12월에 이이(李珥)와 성혼(成渾)의 문묘 배향을 청하는 상소를 올린 일이 있다. 《顯宗實錄 3年 12月 19日》

조사달에게 보냄 계묘년(1663, 현종4) 4월 22일

與趙士達 癸卯四月二十二日

지난번 답장은 받으셨는지요? 요즈음 정무(政務)를 살피는 안부는 어떠하신지요? 몹시 그립습니다. 저는 줄곧 슬프고 괴롭습니다. 아이를 데리고 객지 밥을 먹으니, 그 시큰한 마음은 진한 식초보다 심합니다. 묵은 빚이 얼마나 되기에 아직도 이렇게 고뇌를 끼치는지 모르겠습니다. 방금 당신 아드님과 벗들의 편지를 보니 홍 학사(洪學士)의 상소 때문에 장차 저를 위해 글을 넣으려고 한다는데[112] 어찌 그리도 심히 잘못 생각한단 말입니까. 저쪽에서 미리 안배해 둔 것이 비록 깊으나 우선 죄를 청한 말이 없고, 죄를 청하여 벌을 받는다고 한들 어찌 그들이 제지할 수 있겠습니까. 부질없이 남의 의심과 노여움만 더할 것입니다. 속히 그들에게 편지를 써서 중지시키십시오. 어른께서도 편지로 힘껏 경계하여 물결을 일으켜 파란을 조장하는 짓을 하지 않도록 하는 것이 어떻겠습니까?

이성미(李聖彌)[113]의 직명(職名)은 바로 이러한 시기에 얻게 되었으

112 당신……한다는데 : 수찬(修撰) 홍우원(洪宇遠)이 윤선도(尹善道)와 조경(趙絅)의 주장을 옹호하여 종통(宗統)과 적통(嫡統) 등의 설을 주장하였는데, 이에 대해 조봉원의 아들 조근(趙根)이 변론하려 하였다.《宋子大全 附錄 卷5 年譜》《宋子大全隨箚 卷5》《顯宗實錄 4年 4月 19日》

113 이성미(李聖彌) : 이석견(李碩堅)으로, 성미는 그의 자이다. 본관은 전의(全義), 호는 몽재(蒙齋)이다. 음직(蔭職)으로 현감을 지냈고, 여러 문인 중에 맨 먼저 송시열을 사사하였다.

니 어떨지 모르겠습니다. 그러나 그가 버리고 돌아오려고 한다면 그의 친한 사람들이 내버려 두겠습니까. 다만 차가운지 따뜻한지는 스스로 알 것이므로 저는 권하거나 저지하지 않을 뿐입니다. 어른께서 만일 본 것이 있으시면 부디 말씀을 주십시오. 하고 싶은 말이 많지만 몹시 바빠서 이만 줄입니다.

조사달에게 답함 계묘년(1663, 현종4) 7월 7일
答趙士達 癸卯七月七日

삼복더위에 병까지 겹치니 이럴 때 사람을 그리워하는 것이 어찌 목마른 사람이 샘물을 생각하는 정도일 뿐이겠습니까. 문득 인편을 통해 편지를 받았는데 누누이 하시는 말씀이 모두 아끼는 정성에서 나왔으니, 반성하고 감격하여 말할 바를 모르겠습니다. 다만 괴로운 상황에 일이 많다고 하셨는데, 이는 관리 된 자라면 늘 있는 근심입니다. 그러나 못의 물고기도 즐겁지 않다[114]고 하니, 어디에서 괴로움을 면할 수 있겠습니까. 다만 분수에 따라 자신이 해야 할 바를 다하는 것이 바로 우리들의 일상다반사일 뿐입니다.

저는 한여름부터 더위를 먹어 생긴 설사병으로 몹시 괴롭습니다. 이달 초에는 산곽(疝癨)[115] 증세로 정신이 쇠약하고 탈진하여 피부가 오그라들었으니 스스로 짐작건대 세상에 오래 있기 어렵습니다. 밖으로 재앙과 혼란을 일으키려는 저자들은 충분히 마음을 썼다고 말할

114 못의……않다 : 피할 곳이 없다는 말이다. 《시경》 〈소아(小雅) 정월(正月)〉의 "물고기가 못에 있으니 또한 즐거울 수가 없구나. 비록 깊이 잠겨 있으나 또한 환히 다 보이네."라는 구절의 뜻을 가지고 온 것으로, 주희(朱熹)의 주(注)에 "물고기가 좁은 못에서 사니 이미 살아가는 곳이 위축되었고, 물고기가 비록 깊은 곳에 잠겨 있지만 환하게 볼 수가 있으니 환란이 닥쳐와도 도망할 곳이 없음을 말한 것이다."라고 풀이하였다.

115 산곽(疝癨) : 산증(疝症)은 허리 또는 아랫배가 아픈 증상을, 곽란(癨亂)은 음식이 체하여 토하고 설사하는 급성 위장병을 말한다.

만합니다. 다만 저의 주책없는 행위로 인해 조정에 풍랑이 한층 더 심해졌으니 한밤에 이를 생각하면 저도 모르게 목 놓아 길게 탄식할 뿐입니다. 제 아우의 괴로운 마음은 갈수록 심해지고, 주변의 사람도 위로할 말이 없으니 어쩌겠습니까. 절의(節儀)에 대해서는 지극한 뜻을 감사히 잘 받았습니다. 요즈음에는 사람들이 모두 저를 도마 위의 어육처럼 보는 것 때문에 평소 친분이 두텁던 자도 따돌려 멀리하는 기색이 보이기에 교제를 완전히 끊었습니다. 또한 일이 줄어들었음을 깨달았으니 도움이 적지 않습니다.

산중의 선물이란 말씀은 너무 겸손한 것이 아닌지요. 산중에 어찌 물고기가 있었던 적이 있습니까. 다만 손님이 없는 것이 한탄스럽다는 말씀을 받고, 산속의 승려가 때로 벼랑에서 채취한 것을 보냅니다만 이것은 도리어 산중에서는 모자란 것이니 우습습니다. 후질(厚姪)[116]과 손자들을 아울러 기억해 주시니 이 얼마나 정신적으로 정성스러운 보살핌입니까. 한 자 깊이 물을 뛰어넘는 것은 개구리의 처지에서 본다면 바다를 뛰어넘는 어려움과 다름없습니다. 만날 기약을 할 수 없으니 늦더위에 몸조심하십시오.

○ 변론하는 상소를 하려는 젊은이들[117]을 제지한 것은 참으로 보내오신 말씀처럼 다행스럽습니다. 그 뒤에 서울에서 보낸 편지를 받으니 어떤 한 대간(臺諫)이, 당신이 변론하는 소를 올리지 않고 당신 아드님

116 후질(厚姪) : 송시열의 종질(從姪) 송기후(宋基厚, 1621～1674)를 가리킨다. 자는 성백(誠伯), 호는 문도재(聞道齋)이다. 송시열과 송준길의 문인이다. 효종 때 학행으로 천거되어 장령(掌令)을 지냈다.

117 변론하는……젊은이들 : 380쪽 주112 참조.

과 몇몇 사람을 정지시키려고 했던 것을 두고 한 사람의 사실(私室)에서 극력 제지한 덕분에 중지되었다고 운운하였는데, 사람의 소견이 어찌 이렇듯 다른지 우습고 한탄스럽습니다.

조사달에게 답함 계묘년(1663, 현종4) 12월 26일

答趙士達 癸卯十二月二十六日

늙어 가는 사람의 회포는 하루도 근심스럽지 않은 날이 없는데, 문득 이 편지가 와서 얼굴을 뵙는 것만 같으니 위로되는 마음 어찌 말로 할 수 있겠습니까. 다만 괴로운 말이 많으니 이는 혹 수령이 으레 하는 말입니까, 아니면 따로 견디기 어려운 일이 있습니까? 오늘날 그 어디에서 얼굴을 활짝 펼 수 있겠습니까. 분수에 따라 견뎌 내야만 몸을 편안히 하고 천명을 온전히 보전할 수 있습니다.

저는 지난달부터 몸에 중병이 들어 한마디 말로 시체가 되었습니다. 사람이 살면서 이 지경에 이르렀는데 아직 세상을 사는 낙이 있겠습니까. 언제나 조용히 한번 만나 이 생각을 펼쳐 볼 기회가 있을는지요. 내년에 이 몸이 살아 있다면 분명 호정(湖亭)에 있을 것입니다.

요즘 듣건대 안숙(晏叔)[118]이 서울에 들어가 취해서 허튼소리를 많이 하여 많은 사람을 짓밟았는데, 이조 판서 역시 양주(楊州)로 가 있으면서 기어코 체직(遞職)되고야 말겠다고 한다니,[119] 이 형(정양)의 길에

118 안숙(晏叔) : 정양(鄭瀁, 1600~1668)의 자이다. 본관은 영일(迎日), 호는 포옹(抱翁)·부익(孚翼)이다. 정철(鄭澈)의 손자이다. 간성 군수(杆城郡守) 등을 지냈다. 태백 오현(太白五賢)으로 불렸고, 성품이 고결하고 꼿꼿한 지조가 있어 남의 잘못을 보면 반드시 심하게 욕하였으며 송시열과 가장 잘 지냈다. 《宋子大全隨箚 卷13》

119 이조……한다니 : 이조 판서에 임명되었던 김수항(金壽恒)이 사직하는 상소에 "죄명이 지극히 무거워 감히 다시 대궐 문으로 들어갈 수가 없습니다."라고 한 말이 있으나 자세한 이유는 알 수 없다. 양주 석실(石室)은 안동 김씨 세거지(世居地)가

대해서는 말할 수가 없습니다. 먼 곳에 있어 견책할 길이 없으니 크게 탄식한들 어쩌겠습니까.

환지(還紙)는 질이 떨어지기는 하지만 무엇이 해롭다고 굳이 바꾸어 보내셨습니까. 다만 깊이 감사드립니다.

고종시(高種柹)[120]는 가야산의 풍미를 넉넉히 띠고 있어 병든 폐가 문득 상쾌해지는 것 같습니다. 밤낮으로 등불을 밝히고 독서할 밑천이니 게으름을 경계하는 깊은 뜻을 잘 알겠습니다.

아드님은 현재 어디에 있습니까? 오늘날 함께 상의할 수 있는 사람으로는 단지 이분이 있는데 합칠 수 없으니 한탄스럽습니다.

《우계집(牛溪集)》은 인쇄공이 없어 아직 약속대로 하지 못하였습니다. 수령이 돌아오기를 기다려 다가오는 1월에 인쇄하여 드리겠습니다.

있는 곳으로, 김수항의 조부 김상헌(金尙憲)이 만년에 지냈던 곳이다. 《顯宗實錄 4年 11月 3日, 5年 5月 14日》

120 고종시(高種柹) : 산청(山淸), 함양(咸陽), 하동(河東) 등지에서 생산되는 감으로, 알이 다소 작지만 껍질이 얇고 씨가 거의 없으며 당도가 높으면서 육질이 연하다.

조사달에게 답함 갑진년(1664, 현종5) 4월 그믐날
答趙士達 甲辰四月晦日

심부름꾼이 와서 편지를 받으니 위로되고 감사하기 그지없습니다. 이곳은 말할 만한 것이 없습니다. 다만 지난날 성상을 위하고 세상을 위해 분수에 넘치게도 우려되는 것이 있어 대략 입을 한번 열었다가 오늘날의 일을 초래하였으니, 부끄러움과 후회로 혀를 깨물며 몸 둘 바를 모르겠습니다. 지난번에 저의 아우가 당신 아드님이 성균관 유생들을 거느리고 송장(訟章)을 올린다는 소식을 전하였을 때, 저는 다만 "그대 아버지가 고종시와 송이버섯을 먹지 못하게 하지 마라."[121]라고 답하였습니다. 이는 비록 장난으로 한 말이지만 이런 이치가 없다고 할 수 없습니다.

중수기(重修記)는 초고를 지어 올립니다. 다만 편지를 받을 때는 황호(黃湖)에 있었는데 중봉(重峯)의 묘표문(墓表文)을 적는 일[122]로 어제 옥천(沃川)에 오면서 보내신 편지를 잊어버리고 가지고 오지 않았기에 그저 희미하기만 하고 자세히 기억하지 못합니다. 이 글을 버리고 싶지 않다면 부디 다시 보내 주시는 것이 어떻겠습니까? 정로(鄭老 정양(鄭瀁))는 제가 질책하지 않았는데도 매우 깊이 반성하고 있습니

121 그대……마라 : 조봉원이 당시 영남의 수령이었는데 고종시와 석이, 송이 등의 버섯이 그 고을에서 생산되었기 때문에 이렇게 말한 것이다. 《宋子大全隨箚 卷5》

122 중봉(重峯)의……일 : 송시열이 조헌(趙憲)의 묘표문을 짓고 글을 썼다. 《宋子大全 附錄 卷5 年譜》

다. 그가 사직하지 않는 것은 구 대감(久大監)[123]의 도량이 커서 그의 훌륭한 점을 이루어 주려고 해서가 아니겠습니까.

윤길보(尹吉甫 윤선거(尹宣擧))와 마주하고 있은 지 여러 달이니 아마도 할 말을 다 했을 것입니다. 시남(市南)이 관으로 돌아갔기 때문에[124] 며칠 전 강을 건너가서 한번 통곡하였으니, 만사가 그만이지만 오히려 부러워할 만합니다. 요즈음의 일은 대략 큰 형님의 편지에 다 말하였습니다. 아이가 그의 동기를 장사 지내는 일[125]로 내포(內浦)에 있습니다.

123 구 대감(久大監) : 당시 이조 판서였던, 자가 구지(久之)인 김수항(金壽恒, 1629~1689)을 가리킨다. 《宋子大全隨箚 卷5》

124 시남(市南)이……때문에 : 유계(兪棨)는 1664년 2월 1일에 사망하였으며, 4월에 발인하여 고향으로 돌아와서 5월 5일에 장례를 치렀다. 《市南年譜》 송시열은 그를 위해 흰 띠를 석 달 동안 맸고, 제문과 신도비문을 지었다. 《宋子大全 卷152 祭兪市南文, 卷162 市南兪公神道碑銘, 附錄 卷5 年譜》

125 그의……일 : 송시열이 종형(從兄) 송시형(宋時瑩)의 아들 송기태(宋基泰)를 양자로 들였으므로, 동기는 송기태의 친동생 송기선(宋基善)을 말한다. 송시열이 지은 송기선에 대한 제문을 보면 1661년에 사망한 것으로 되어 있는데 이 편지에서는 3년이 지난 1664년에 장사를 치른다고 하였으므로 이 편지와 제문 둘 중 하나는 고증에 착오가 있는 것으로 보인다. 《宋子大全 卷152 祭從姪基善文》

조사달에게 답함 병오년(1666, 현종7) 3월 13일
答趙士達 丙午三月十三日

산간에서 석고대죄하고 있으니 어찌 고금에 드문 경우가 아니겠습니까. 이러한 시기에 안부 편지가 감히 찾아오니 당신은 간담이 큰 사람이라고 말할 만합니다. 벼슬을 그만두고 돌아올 계획이 있음을 알게 되니 깨끗하고 빼어난 흥취가 황홀하게 엄습하는 것만 같습니다.

영남의 논의[126]에 대해 그 스스로는 사론(士論)이라고 하고 당신은 어린애의 장난이라고 하니, 누가 옳은지 모르겠습니다. 또 김하보(金夏甫)의 황제[127]는 2대가 모두 아이임에도 중하(中夏)를 어지럽혔으니,[128] 지금의 아이[129]를 하찮게 여겨서는 안 됩니다.

선친의 묘갈(墓碣)은 증명하여 보여 주신 대로 감히 삭제하고 윤색하지 않겠습니까.[130] 이만 줄입니다.

126 영남의 논의 : 360쪽 주92 참조.

127 김하보(金夏甫)의 황제 : 청(淸)나라 황제를 말한다. 김하보는 김수홍(金壽弘, 1601~1681)으로, 하보는 그의 자이다. 김수홍이 아버지 김상용(金尙容)의 제문(祭文)에 청나라 강희(康熙) 연호를 썼기 때문에 하는 말이다. 《宋子大全 附錄 卷5 年譜》《宋子大全隨箚 卷5》

128 2대가……어지럽혔으니 : 2대는 6세에 즉위한 순치제(順治帝)와 8세에 즉위한 강희제(康熙帝)를 말한다. 명(明)나라를 완전히 멸망시키고 청나라의 기반을 확고히 다짐으로써 오랑캐가 중하를 차지하게 된 것을 말한다.

129 지금의 아이 : 1661년 8세에 즉위한 강희제를 말한다.

130 선친의……않겠습니까 : 1666년 3월에 선친 송갑조(宋甲祚)의 신도비(神道碑)를 세웠다. 송갑조는 1628년(인조6) 사망하였고 1646년에 김상헌(金尙憲)에게 묘갈문

을 받아 1656년(효종7) 김집(金集)의 글씨로 묘갈을 세우면서 송준길(宋浚吉)이 추가로 어머니 곽씨(郭氏)의 별세 및 이장한 연월일과 묘소의 소재·군명(郡名)·이명(里名)을 추가로 기록하여 새겼다. 이때 와서 송시열 자신이 묘지(墓誌)를 기록하여 자기(磁器)를 구워서 묻었고 다시 비문(碑文)을 지었는데, 위 내용으로 보면 김상헌이 지은 묘갈문에 1656년 이후의 일을 추가로 기록한 듯하다.《宋子大全 附錄 卷2 年譜, 卷5 年譜》

조사달에게 답함 무신년(1668, 현종9) 2월 22일

答趙士達 戊申二月二十二日

찾아와 주신 날 하고 싶은 말을 다 쏟아 내지 못하였는데 이제 편지를 받으니 다시 얼굴을 뵙는 것과 다름없어 몹시 위로되었습니다. 다만 당시에 은근한 질문에 몹시 감격하여 어리석고 분수에 넘치게도 저의 생각을 다 토로했으니, 아량으로 용서하여 죄로 여기지 않으실 줄 믿었기 때문입니다. 고을[131]에 제 이름이 났다고 하신 말씀은 크게 웃게 합니다. 다만 듣건대 당신이 일찍이 영남에 부임하여 시든 것을 살지게 하고 마른 데 물 대듯 하였다[132] 하니, 모든 사람이 다 함께 기뻐한다는 말이 오늘날 마침 서로 부합하는데 무슨 괴로워할 것이 있습니까. 우습습니다.

성상께서 재난을 만나[133] 자신을 가다듬고 반성하시니 주(周)나라 선왕(宣王)[134]보다 훨씬 훌륭합니다. 그러나 이런 못난 사람이 벼슬하

131 고을 : 조봉원은 1662년에 고령 현감(高靈縣監)에 제수되었다.

132 당신이……하였다 : 조봉원은 고령에 부임한 다음 풍기(風紀)를 엄하게 다스렸으며, 근면함을 권장하여 궁핍함을 면하게 해서 고을이 크게 개선되었다. 특히 제방(堤防)을 쌓아 범람을 막고 소통하는 수문〔斗門〕을 만들어 농지에 물을 대도록 하였다. 《國朝人物考 卷37 蔭仕》《承政院日記 顯宗 3年 11月 23日》

133 성상께서 재난을 만나 : 현종 재위 기간 내내 천재지변과 기근이 끊이지 않았는데, 특히 1688년 1월에는 경상북도 청송(靑松)에 큰바람과 화재가 있었고, 강릉에 지진이 발생했으며 1월 말부터 2월 초 사이에 혜성이 자주 나타났다. 또 2월에는 경기, 충청도, 황해도 지역에 전염병이 돌았고, 가뭄으로 우물물이 고갈되는 등 재난이 이어졌다. 《顯宗實錄 9年 1月 20日, 2月 3日・5日》

여 융숭한 은혜를 입게 하였으니, 하늘의 노여움을 마침 더한 것이라 두렵고 두렵습니다. 훌륭한 선물은 절일(節日)에 제수를 올리는 데 보탬이 되니, 지극한 뜻에 더욱 감사합니다. 저는 기침을 하면서 근근이 보내고 있으니 참으로 봄이 춥다는 소식인 것을 어쩌겠습니까. 주서(注書)는 임금을 가까이서 모시는 반열에 점점 들어갔으니[135] 아주 기쁩니다.

○ 파주(坡州)에 있는 서원의 위패 순서는 어떻게 결말이 났습니까? 이즈음 서울에서 있었던 약간의 논의를 듣건대 신로(愼老)의 의례는 쉽게 단정하기 어려운 듯하니 트집 잡히고 시끄러워질까 몹시 두렵습니다.[136]

134 주(周)나라 선왕(宣王) : 쇠퇴하던 주나라를 중흥한 현군(賢君)으로, 가뭄이 계속되어 백성들이 모두 굶어 죽을 지경에 이르자 온 정성을 기울여 재앙을 극복하려고 노력하였다. 이에 대부(大夫) 잉숙(仍叔)이 그를 칭송하는 노래를 지었다. 《詩經 大雅 雲漢》

135 주서(注書)는……들어갔으니 : 조봉원의 아들 조근(趙根)이 1668년 1월 말경 가주서(假注書)에서 주서가 되었다. 가주서는 주서가 사고를 당하였을 때 그 일을 대신하기 위해 정원(定員) 외로 두었던 벼슬이다.

136 파주(坡州)에……두렵습니다 : 파주에 있는 서원이란 이이(李珥)의 위패를 모신 자운서원(紫雲書院)을 말한다. 당시에 신독재(愼獨齋) 김집(金集)을 추가로 배향하는 문제로 논란이 있었던 것을 말하는 듯하다. 《宋子大全 卷171 紫雲書院廟庭碑銘》

조사달에게 답함 무신년(1668, 현종9) 3월 6일

答趙士達 戊申三月六日

기쁜 일은 마땅히 축하해야 하지만 근심스러운 일에 대해 축하하는 경우를 당신에게서 처음으로 보았습니다. 또 알 수 없는 것이 있으니, 교제하고 지낸 지 수십 년인데 나에 대해 전혀 모르는 것처럼 하는 것은 어째서입니까? 당신은 제가 과연 이것을 감당할 수 있는 사람이라고 보십니까? 정 헐후(鄭歇後)가 재상이 되었을 때도 오히려 "시사(時事)를 알 만하다."라고 하였는데[137] 오늘날 장차 어떻게 귀결될지 모르겠습니다. 오래도록 소식이 끊겼다가 당신 아드님을 만나 하룻밤 이불을 나란히 하고 잤으니 그 다행스러움을 어찌 다 말로 할 수 있겠습니까. 어떻게 하면 만나서 품은 생각을 다 털어놓겠습니까? 마침 남의 집에 와서 붓을 가져오라 하여 쓰느라 대략 답장합니다.

○ 파주(坡州)에 있는 서원과 아드님이 상의하였으나 끝내 적절한 말을 얻지 못했으니 한탄스럽습니다.

137 정……하였는데 : 정 헐후는 당 소종(唐昭宗) 때의 정계(鄭綮)를 말한다. 그는 풍자시(諷刺詩)를 짓는 데 어구(語句)의 끝을 숨기고 말하지 않는 헐후체(歇後體)를 개발하였는데, 소종이 그 시를 듣고 재상으로 삼자 그는 하례하러 온 사람들에게 "헐후 정오(鄭五)가 재상이 되었으니 시사를 알 만하다."라고 하였다. 《新唐書 鄭綮列傳》 정오는 그가 형제 중 다섯째라는 말이다.

조사달에게 답함 무신년(1668, 현종9) 4월 1일
答趙士達 戊申四月一日

막 이렇게 그립던 차에 주신 글을 받으니 모시고 말씀을 듣는 듯하여 저의 마음이 대단히 위로되었습니다. 그러나 가뭄이 이처럼 심하니 공적으로 보나 사적으로 보나 애타는 근심이 어찌 끝이 있겠습니까. 일이 이 지경에 이르렀으니, 비록 꿈에서 점친 어진 사람[138]을 얻는다고 할지라도 이 상황을 조금도 늦출 수 없을 것인데, 하물며 농촌의 일개 수재(秀才)가 어찌할 수 있겠습니까. 전날의 말씀은 끝내 희극이 되고 말 뿐입니다. 이것이 지금 세 번째 올린 글이니 만약 빨리 체직(遞職)되지 못한다면 다른 것은 말할 필요도 없고, 도(道) 전체가 쇠약해지는 것은 이루 말할 수 없습니다.

일전에 순찰사 지숙(持叔 민유중(閔維重))이 와서 말하기를 "허상(許相 허적(許積))의 일 때문에 역졸(驛卒)들의 비웃는 말이 있었는데 그 말이 오늘 와서 다시 일어난다." 하였습니다. 비록 서로 마주하여 한번 웃고 말았으나 또 몹시 두렵습니다. 별지(別紙)로 보내 주신 물건은 당신께서 제가 산골에서 배곯는 꼴을 염려하시어 녹봉의 일부를 떼어서 보내신 것이라 여깁니다. 한집안 같은 사이라서 감히 사양은 하지 못하나 또한 몹시 송구합니다. 주서(注書)로 있는 아드님은 언제 집으

138 꿈에서……사람 : 훌륭한 인재를 말한다. 은 고종(殷高宗)이 꿈에서 부열(傅說)을 만나 보고는 그의 얼굴을 그려 사방에 배포해서 부열을 찾아 정승으로 삼은 고사(故事)에서 나온 말이다. 《書經 說命》

로 돌아오며, 둘째 아드님은 집에 있는지요? 나머지는 마침 묘소의 공역(工役)이 있으므로 몹시 어수선하여 이만 줄입니다.

별지

파주(坡州)에 있는 서원의 위패 순서는 편지에서 말씀하신 대로 하더라도 사람들의 의론이 끝내 없지 않을 듯합니다. 대개 주 부자(朱夫子)를 주벽(主壁)[139]으로 삼았으니 일의 체모가 매우 엄중해서 아마도 마을에서 제사 받아먹는 정도의 현인(賢人)을 참여시킬 바가 아닌 듯한데, 석실(石室 김상헌(金尙憲))과 이산(尼山 윤선거(尹宣擧)) 쪽 사람들의 의견이 어떠한지 모르겠습니다. 예조에 관계된 일이니, 판서 중초(仲初 조복양)의 의견을 따르지 않고서는 안 될 것입니다.

저같이 고루한 사람이 어찌 감히 건방지게 자기 마음대로 예를 제정한다는 꾸지람을 범할 수가 있겠습니까.

139 주벽(主壁) : 문에서 정면으로 바라보이는 벽을 말하는데, 사원(祠院)에 배향(配享)한 여러 선현(先賢)의 위패 가운데 가장 으뜸가는 분의 위패를 이곳에 모신다.

조사달에게 답함 무신년(1668, 현종9) 5월 13일
答趙士達 戊申五月十三日

그립던 중에 편지를 받으니 늘그막의 회포가 몹시 위로되었습니다. 저의 병은 날로 위태롭고 괴로우니, 힘써 따르라는 말씀을 아직도 삼가 받들지 못하고 오직 밤낮으로 묵묵히 기도할 뿐입니다. 별지는 삼가 잘 알았습니다. 옛날에 온공(溫公 사마광(司馬光))이 급사(給事)를 할 만한 자를 이천(伊川 정이(程頤))에게 물으니, 이천이 "범범하게 인재를 논한다면 가능하지만 지금 이미 이와 같으니 알맞은 사람이 있다 해도 어떻게 말할 수 있겠습니까."라고 하였습니다. 온공이 "공의 입에서 나와 저의 귀에 들어오는데 무슨 해가 되겠습니까."라고 하였으나 선생은 끝내 말이 없었습니다. 저는 늘 이 경계를 간직하였는데도 오히려 황연(黃壖)과 이석복(李碩馥)의 배척하는 상소가 있었고 보면[140] 더구나 실제로 범하기는 어렵습니다.

당시 제 아이가 입에서 나오는 대로 말을 뱉었으니 몹시 경솔하였습니다. 이는 그와 그 아버지를 해칠 뿐만이 아니라 또한 당신 아드님에게도 해로운 점이 있습니다. 그 아버지의 경우는 대략 곡절이 있습니

140 황연(黃壖)과……보면 : 송시열에 대해 황연의 상소에서는 "위로는 임금의 명령과 아래로는 조정(朝廷)의 기획, 인재의 등용, 대간의 시비를 모두 그들의 자문을 거쳐야 하므로 기세를 마음대로 부리고 화복과 영욕을 그들이 지시하는 대로 하고 있습니다."라고 하였고, 이석복의 상소에서는 "관학의 유생들을 선동해서 돕게 하고 지방에 바람을 넣어 끌어들여 공공의 의론이라고 하면서 협박합니다."라고 하였다. 《顯宗改修實錄 8年 2月 29日, 5月 11日》

다. 당시 아드님과 잠자리를 함께하여 회포를 나누었으니 무슨 하지 못할 말이 있었겠습니까. 그 당시 주고받은 말을 자세히 기억할 수는 없으나, 아드님은 유씨(柳氏) 성을 가진 사람을 과연 칭송하였고 유씨가 옛날에 글자를 물었을 때 인재임을 대략 알았으므로 과연 소견이 서로 잘 맞았습니다. 당시에 다만 정말로 범범하게 논의했는지는 모르겠으나 서로 하고 싶은 말을 남김없이 하였던 만큼 그렇다고 말할 수 있습니다.

어제 금마(金馬)[141]가 왔을 때 후생의 편지가 한 통 와서 대략 운운하였습니다. 집안의 젊은이들이 보고서 정말 이 편지에 한 말대로라면 그 당시 손님과 주인이 모두 잘못했다고 여기고 함께 한번 웃었을 뿐입니다. 필시 금마가 이로 인하여 당신께 말씀드렸을 것입니다. 그러나 저는 그다지 후회하지 않습니다. 이 뒤에 다시 아드님을 본다 해도 다시 이같이 할 것입니다. 아드님에게 그 마음을 다 말하지 않는다면 누구에게 저의 마음을 다 말하겠습니까. 세상의 어지러운 말들은 본래 이러하니, 만일 일일이 이치를 점검하려고 한다면 또한 몹시 수고스러울 것입니다. 그러나 아드님은 시종(侍從)이더라도 그 아버지는 본래 음관(蔭官)입니다.[142] 이러한 일은 부디 입을 다물고 애초에 서로 몰랐

141 금마(金馬) : 《송자대전수차》 권5에 익산(益山)의 옛날 호칭이라고 하였는데, 그곳에는 김장생(金長生)을 모시고 있는 화산서원(華山書院)이 있으므로 화산서원과 관련 있는 사람으로 추측된다.

142 아드님은……음관(蔭官)입니다 : 조봉원의 아들 조근(趙根)은 당시 주서(注書)로 있었고, 조봉원은 송시열이 이조 판서로 있을 때 동몽교관에 임명되었기에 하는 말이다. 동몽교관은 과거 급제를 통해 선발되는 것이 아니라 이조와 예조에서 함께 의논하여 천거하였다. 《顯宗實錄 9年 3月 7日》《宋子大全隨箚 卷13》

던 것처럼 하는 것이 좋습니다. 금마 같은 경우는 더구나 시종 아이가 없으니 상관없는 것이 마땅합니다. 아마도 무고한 사람이 연루되는 화를 당하는 것인 듯하니 우습습니다.

이번에 보내 주신 생선과 술은 병든 사람의 입에 아주 잘 맞습니다. 참으로 감사합니다. 아이에게 먹일 음식에서는 더욱 지극한 뜻을 보았습니다.

조사달에게 답함 무신년(1668, 현종9) 6월 18일

答趙士達 戊申六月十八日

길고 짧은 편지, 시원한 대자리와 말린 생선을 함께 작은 상자에 넣어 인편에 보내시니 서신을 열어 보기도 전에 반가웠습니다. 다만 지시하신 말씀에는 저도 모르게 한 차례 큰 웃음을 터뜨렸습니다. 제가 진퇴에 대하여 남을 가르칠 만한 좋은 계책이 있다면 어찌 자신에게 쓰지 않고 곤궁한 결과를 초래했겠습니까. 또 저의 벗인 당신께서는 이런 시기에 어찌 한마디 말로 저를 가르쳐 주지 않으십니까. 자신에게는 가볍게 책망하면서 남에게는 무겁게 책망하는 경우는 들어 본 적이 없습니다. 우습습니다. 대저 오늘날의 일은 함께 도모할 수 없으니 가련하게 여길 뿐입니다.

저의 일곱 번째 상소는 아직 입계(入啓)했다는 것을 듣지 못하였으니 아마도 장마에 막혀서 그럴 것입니다. 어제 증산(甑山)[143]의 편지를 보고 정겨운 대화를 나눈 줄 알게 되어 부러웠습니다. 다만 증산이 언급한 말은 보내온 편지에 없었으니, 어찌 함께 도모하기에 부족한 늙은이라고 도외시했겠습니까. 그러나 증산의 편지에 청출어람이라는 말이 있는데,[144] 푸른색이 갈수록 푸르다면 자못 작은 기쁨이 아니니

143 증산(甑山) : 증산에 살았던 윤문거(尹文擧)를 말한다. 그의 아들 윤단(尹摶)은 송시열의 둘째 사위이다.

144 증산의……있는데 : 조봉원의 아들 조근(趙根)이 송시열에게 수업을 받은 적이 있었기 때문에 윤문거가 청출어람이라는 말을 가져와 농담한 것이다. 《宋子大全隨箚 卷5》

남색이 더욱 무색해지지 않겠습니까. 다만 남의 집 자제 중에서 독서에 힘쓰는 자가 몹시 적은데, 이는 어른의 과실입니다. 당신의 집은 아마도 엄격한 공부 과정이 적지 않을 것입니다. 나머지는 이만 줄입니다.

조사달에게 답함 무신년(1668, 현종9) 8월 8일

答趙士達 戊申八月八日

아드님이 방문하여 편지를 받으니 기쁜 마음 이루 말할 수 없었습니다. 다만 즐겁지 않은 점이 있다면, 그것은 관리가 지닌 보편적인 심정일 것입니다. 홍상(洪相 홍명하(洪命夏))이 새 제도를 만든 이후로 곧 사람을 움직일 수 없게 하였으니 갈수록 어렵다고 말할 만합니다. 다만 듣자니 수치를 씻을 실마리가 있는데도 그대는 곧 은둔할 생각이라 하니 어찌 치이자(鴟夷子)[145]를 배우려는 것이 아니겠습니까. 그러나 귀탁(歸橐)은 반드시 단출해야 하니, 천금의 재산은 어디서 얻으시겠습니까. 껄껄.

저는 줄곧 두려워하고 있는데, 지금 듣건대 온천에 행행하실 날도 정해졌다고 하니 더욱 낭패스러운 생각을 견딜 수 없습니다.

생질[146]의 혼사는 증산(甑山)의 상기(喪期)[147]가 다하기를 기다렸다

145 치이자(鴟夷子) : 치이(鴟夷)는 가죽으로 만든 술 담는 그릇으로 때에 따라 말았다 폈다 하여 자유자재로 쓸 수 있는데, 여기서는 은자(隱者)의 의미로 쓰였다. 춘추시대 월왕(越王) 구천(句踐)의 모신(謀臣) 범려(范蠡)가 오(吳)나라를 멸망시킨 뒤에 제(齊)나라에 가서 성명을 치이자피(鴟夷子皮)로 바꾸고 재산을 수천만 금이나 모아 조각배를 타고 강호에 몸을 맡겼던 고사에서 유래하였다.《史記 越王句踐世家》《宋子大全隨箚 卷5》

146 생질 : 송시열의 누이는 둘인데, 각각 윤염(尹爓)과 이경(李憬)에게 시집갔다. 윤염에게 시집간 누이는 1667년 남편을 잃고 자식 없이 과부로 지냈으니, 이경의 아들 이덕로(李德老)를 말하는 것으로 추측된다. 이덕로는 자가 자소(子邵)이고, 송시열의 문인이며, 청안 현감(淸安縣監)을 지냈다.

가 때맞추어 할 것입니다. 당신이 벼슬을 그만두더라도 부디 멀리 가지는 마십시오.

홍용담(洪龍潭)[148]이 우리 종가(宗家)에 구혼하였습니다. 우리 종가는 태백(太白)이 멀다는 이유로 사양하였지만 인정은 대체로 서로 멀지 않습니다.

아드님은 이틀 밤을 함께 누워 잤으니 늘그막에 다시 얻기 어려운 행운이지만 헤어질 때의 마음은 또한 매우 힘들었습니다.

147 증산(甑山)의 상기(喪期) : 증산은 증산에 살았던 윤문거(尹文擧)를 말한다. 윤문거는 송시열과 사돈 간인데 당시 셋째 형 윤상거(尹商擧)의 복을 입고 있었다. 《明齋遺稿 卷36 叔父庶尹府君墓誌》

148 홍용담(洪龍潭) : 용담 현감(龍潭縣監)을 지낸 홍석(洪錫, 1604~1680)을 말한다. 병자호란 뒤 벼슬을 단념하고 태백산 춘양(春陽)에 은거하였으며, 태백 오현(太白五賢) 중 한 사람이다. 김수항(金壽恒)과 송시열의 추천으로 참봉이 되어 세자익위사 사어(世子翊衛司司禦)를 지냈으며, 이조 판서에 추증되었다.

조사달에게 보냄 무신년(1668, 현종9) 9월 26일

與趙士達 戊申九月二十六日

시내와 골짜기가 사람을 머물게 하여 나아가지도 물러나지도 못하고 있는데, 이제 떠나갈 사람의 편지를 보니 참으로 돌아갈 흥취를 배로 돋웁니다. 강해(江海)에 살건 이은(吏隱)[149]으로 살건 또한 즐겁지 않은 바가 있으니 세상에 좋은 일이란 없다는 것을 알겠습니다.

저는 처음에 행조(行朝)[150]에서 곧바로 돌아오려 했습니다만, 성상께서 제가 어가를 따르는지 아닌지에 따라 체직(遞職)할지 말지 결정하려고 하셨습니다. 그래서 운 좋게도 체직되어[151] 드디어 이곳으로 왔습니다. 다시 교외에서 한가히 지내는 것이 허락되었기에 일단 자유롭습니다만, 때로 귀인이 와서 보니 초야에서 한적하게 지내는 것을 좋아하는 성품을 지닌 저로서는 즐겁지가 않습니다. 묵묵히 틈을 기다렸다가 조만간 강을 건널 계획입니다. 삼산(三山)과 화양(華陽)은 멀

149 이은(吏隱) : 이익과 녹봉에 마음을 두지 않아 벼슬살이하면서도 초야의 은자와 같은 사람을 말한다.

150 행조(行朝) : 임금이 임시로 머무는 행재소(行在所)로, 당시에 현종이 습진 치료를 위해 온양(溫陽) 행궁(行宮)에 거둥해 있었기에 하는 말이다. 《顯宗實錄 9年 8月 21日》

151 성상께서……체직되어 : 송시열은 1668년 2월에 우의정에 임명되었으나 8월까지 10번의 사직소를 올리고 나가지 않았다. 8월 20일 현종이 온천에 행차하자 송시열은 9월 4일 행조에 나아가 알현하여, 본직(本職)을 체임(遞任)하고 어가를 따르게 한다면 나아가겠다고 다짐하였다. 이에 현종은 본직을 체임하고 판중추부사에 임명하였으며 송시열은 어가를 수행하였다. 《顯宗實錄 9年 2月 24日, 9月 4日》

지 않으니 샘물 소리와 산빛 속에서 맑은 대화를 나눌 수 있다면 실로 평생의 유쾌한 일일 것입니다.

조사달에게 답함 기유년(1669, 현종10) 2월 1일

答趙士達 己酉二月一日

그립던 중에 편지를 받으니 마주한 듯하여 몹시 위로되었습니다. 다만 계획하여 시행하는 것이 규모가 크고 많다는 말씀은, 어디에 공자와 맹자, 관중(管仲)과 제갈량(諸葛亮)이 있다고 이렇게 운운하십니까. 저를 몹시 놀라게 합니다. 오직 날마다 남쪽으로 돌아가기를 계획하는데 아직 벗어나지 못하였고, 한번 돌아가는 것조차 아직 하지 못하고 있으니 그 나머지는 또한 무슨 말할 것이 있겠습니까. 이미 돌아갈 수 없으나 초야에서 한적하게 지내는 것을 좋아하는 성품은 어지럽고 떠들썩한 것을 견디지 못하겠습니다. 며칠 전 삼청동(三淸洞) 어귀로 이사하였는데, 산수와 물 흐르는 골짜기가 은연중에 화양(華陽)의 면목이 있어 밤낮으로 한가히 거닐며 참으로 은둔을 배우고 있다는 말씀을 드립니다. 죽력고(竹瀝膏)[152]는 참으로 일미이지만 당귀(當歸)[153] 한 뿌리만 못합니다. 하고픈 말은 많지만 이만 줄입니다.

152 죽력고(竹瀝膏) : 죽력(竹瀝)을 섞어서 빚은 술이다. 죽력은 대나무를 불에 구워서 받아 낸 진액으로, 담(痰)을 녹이고 열을 내리는 약으로 쓰인다.

153 당귀(當歸) : 약재 이름인데 '돌아가야 한다'는 뜻으로 풀이할 수도 있다. 여기서는 귀향하고 싶은 마음을 은연중에 드러낸 말이다.

조사달에게 답함 기유년(1669, 현종10) 4월 5일
答趙士達 己酉四月五日

산간에 외로이 앉아 있으니 텅 빈 골짜기에 도망쳐 사는 사람 같습니다.[154] 이러한 때에 멀리서 보낸 편지를 받으니 만나서 이야기를 나누는 것만 같아 위로되고 풀리는 마음 그지없습니다. 다만 전부터 위태로운 형세가 지금까지 이어지고 있으니 관직을 벗고 돌아가고 싶은 마음 어찌 끝이 있겠습니까. 그러나 홍상(洪相)이 제도를 처음 만든 뒤에 휴직하는 길이 막혔으니, 상관이 선처해 주지 않는다면 말단은 처신하기가 몹시 어려운 점이 있는 것을 어쩌겠습니까. 모름지기 도배(徒配)를 꺼리지 않은 뒤에야 뜻대로 떠나거나 머무를 수 있을 뿐입니다.

전임 관찰사가 회룡(回龍)의 일[155]에 대해 주상의 뜻을 어기고 싶지

154 텅……같습니다 : 외로운 처지를 말한다. 《장자(莊子)》 〈서무귀(徐无鬼)〉에 "텅 빈 골짜기에 도망쳐 숨어 사는 사람의 경우 사람의 발걸음 소리만 들어도 기뻐한다."라는 말이 있다.

155 회룡(回龍)의 일 : 청원위(淸原尉) 한경록(韓景祿)의 후손 한석중(韓碩重)이 전주(全州) 옥야현(沃野縣) 회룡평(回龍坪)의 논밭을 사패지(賜牌地)라고 하여 전주의 백성들과 송사를 벌인 일을 말한다. 1652년(효종3) 전라도 관찰사 심택(沈澤)은 전주 판관(全州判官)으로 있던 서필원(徐必遠)을 송관(訟官)으로 지정하여 이 사건을 처결하게 하였는데, 서필원은 한석중과 이성(異姓) 6촌이었다. 소송 당시 한석중은 사패 문서를 제출하지 못하였고, 서필원은 송관을 그만두고 물러나 임피 현령(臨陂縣令)에게 이송하여 처결하게 하였다. 그 뒤 1658년 서필원이 전라도 관찰사로 부임한 뒤에 한석중이 다시 소송장을 올리고 사패 문서를 올렸다. 예전에 없던 사패 문서가 이때에 나왔는데도 서필원은 문서가 위조되지 않은 것으로 파악하고 한석중에게 승소 판결을 내려 주었다. 그런데 1669년에 와서 송관 송시도(宋時燾)와 관찰사 김징(金澄)이 법을

않아 지연하면서 스스로 벗어나려는 계책에 힘썼는데 그 마음 씀이 잘못되었습니다. 그러나 이미 공사(公事)가 재가를 받았다면 차출된 관리는 마땅히 곧장 본 대로 의견을 보고해야 할 뿐입니다. 이 일로 거취를 결정하는 것은 마땅하지 않은 듯합니다. 어떻게 생각하십니까?

여러 곳에 매장(埋葬)과 관련된 일을 꾸려 나가고 있고[156] 겸하여 발에 종기가 생겼는데 어제 은혜로 부르시는 명을 받았습니다. 승지가 내려오니 두려워 어쩔 줄을 모르겠습니다만 병이 이미 억지로 힘쓰기 어렵고 마음 또한 편하지 않은데 어떻게 감히 함부로 나아가겠습니까. 이로부터 굳게 문을 닫고 고요히 앉아 있을 것이니, 이는 또한 시류를 좇는 사람들이 저에게 준 것입니다. 성대한 선물은 감사히 받았으니, 또한 송구합니다. 이만 줄입니다.

○ 큰 아드님이 당한 일[157]은 너무나 놀랍고 한탄스럽습니다. 그들이 이미 스스로 방자하게 남을 능멸하고 또 남이 질책을 받지 않는 것을 노여워하니, 사대부의 기개와 절개가 있다면 어찌 다른 사람이 숨 쉬는

넘어 승소 판결을 내렸다며 공격하여 배척하였고 대간이 논계하여 조사해서 처치하게 하였는데, 몇 년이 지나도록 사건이 지연되고 있었기에 사간 조성보(趙聖輔)는 내수사가 매입한 농지를 현재의 소유자에게 돌려주게 할 것을 청하였다.《顯宗實錄 10年 8月 19日》《六谷遺稿 卷4 辭刑曹判書疏》이 편지의 내용으로 추측건대 당시에 사실 조사를 위해 관리가 파견되었던 것으로 보인다.

156 여러……있고 : 1669년 2월 송시열 집안의 손녀가 병으로 사망하였고, 4월에는 숙부모(叔父母)의 천장(遷葬)이 있었다.《宋子大全 附錄 卷6 年譜》

157 큰……일 : 조봉원의 큰아들 조근(趙根)이 당시 사관(史官)에 임명되었다. 그런데 병을 핑계로 강론에 응하지 않았다 하여 영의정 정태화(鄭太和)와 좌의정 허적(許積)이 추고(推考)할 것을 청하였고, 조근은 남의 말이 있을까 의심하여 끝내 강론에 나아가지 않았다.《顯宗實錄 10年 3月 12日》

지 살핀 다음 폈다 오므렸다 하겠습니까. 다만 끝에 가서 수습하는 것이 매우 어려운데 여망(汝望) 형이 강론에 응하지 않은 것[158]처럼 불쑥 나가 버렸다면 잘되었습니다. 이계주(李季周 이단하(李端夏)), 김중숙(金重叔 김만중(金萬重)) 등이 주선할 수 있을는지요?

158 여망(汝望)……것 : 여망은 윤문거(尹文擧)의 자이다. 윤문거는 효종 때 동래부사(東萊府使)에 제수되었는데 변방 수령이라는 이유로 감히 거절하지 못하였고, 현종 초기에 대사헌에 임명되었으나 금세 사직하고 돌아가서는 끝까지 벼슬길에 나가지 않았다. 《顯宗實錄 卽位年 12月 5日, 13年 10月 28日》

조사달에게 답함 기유년(1669, 현종10) 7월 26일

答趙士達 己酉七月二十六日

안부 편지를 잘 받았습니다. 다만 진퇴를 결정하는 처지에 대해 도와주게 하려고 하시니 아마 성난 작약(芍藥)도 웃을 것입니다.[159] 제가 꾀가 있다면 어찌 나름대로 자기 일에 활용하여 낭패를 면하지 않겠습니까. 집에 밥이 있는데 자신은 주리고 남의 배를 불릴 리는 없으니, 우습습니다. 그러나 일이 곤궁한 지경에 이르렀다면 또한 바로 처신할 수는 없습니다. 장차 일어날 어떤 일이 마지못해 다시 가는 것보다 괴로운 일이라면 그때 경중을 살펴 처리해야 할 것입니다. 이 밖에는 실지로 꾀할 만한 계책이 없습니다. 나머지는 일일이 말씀드리지 못합니다.

159 성난……것입니다 : 시속에 쓰이는 말인 듯하나 의미를 자세히 알 수 없다.《宋子大全隨箚 卷5》

조사달에게 보냄 경술년(1670, 현종11) 2월 11일

與趙士達 庚戌二月十一日

늙은이가 봄을 맞은 것에 대하여 옛날부터 말이 있는데, 당신의 상황은 어떠한지 모르겠습니다. 벼슬살이를 벗어 버린 것은 매우 후련하지만 안락한 생활을 하던 끝에 즐겁지 않은 일이 없을 수 있겠습니까. 우습습니다. 저는 나물을 먹는 것이 원래 본분이라서 명(命)처럼 편안하게 여기고 있습니다. 올해 들고부터 대략 지난해만 못함을 느끼는데, 내년이면 또한 올해만 못할 것입니다. 그러나 이른바 내년이란 것이 다시 얼마나 되겠습니까. 만나서 회포를 풀 길이 없으니 오직 몸을 더욱 아끼시기를 빕니다.

조사달에게 보냄 임자년(1672, 현종13) 8월 10일

與趙士達 壬子八月十日

저의 형[160]은 최선을 다하고 진실하며 점잖고 너그러우면서 몸가짐이 구차하지 않으며 집안을 돌보는 데 법도가 있었으니, 옛사람 중에서 구하더라도 쉽게 얻을 수 없습니다. 이는 자연히 형제로서 하는 말이지만 또한 남들이 사사로운 마음에서 나온 말이라고 여기더라도 거리낌이 없습니다. 이제 별지에서 하신 말씀은 참으로 우리 형님을 아는 분의 말씀이라, 받들어 읽고 나니 눈물이 흐르는 것을 견딜 수 없었습니다. 의지할 데 없는 외로운 여생에 저의 형만 의지하며 살아왔습니다. 평생 아버지처럼 섬기던 도는 이제는 그만이니, 어찌합니까. 듣건대 아버지를 잃은 조카를 조문하고 부의까지 하셨다니 더욱 지극히 감사한 마음 견딜 수 없습니다. 일찍이 편지가 있었고 부탁드린 것도 있었는데 잘 받으셨는지 모르겠습니다.

160 저의 형 : 송시열의 둘째 형 송시묵(宋時默, 1605～1672)을 가리킨다.

조사달에게 답함 계축년(1673, 현종14) 9월 14일

答趙士達 癸丑九月十四日

어제 편지를 오늘 저녁에 받으니 헤어진 뒤의 그리움이 매우 위로되었습니다. 초야에서 한적히 지내기를 좋아하는 처지로 귀인이 거론하는 대상에 들어가, 아뢰기까지 하였다 하니 몹시 영광스럽습니다. 다만 그 제목은 그다지 고상하지 않은 듯합니다. 하나는 자사(子思)가 나무란 경우인 듯하고, 하나는 지록위마(持鹿爲馬)의 간사한 경우인 듯합니다.[161] 이는 저 스스로 기대하던 것이 전혀 아니니, 또한 이미 글을 올려 스스로 논핵하였는데 성상께서 또 어떻게 여기실지 모르겠습니다. 어제 승지가 성지(聖旨)를 말로 전하였는데, 은근하고 간절함이 남달랐습니다. 우선 이렇게 지체하면서 비답이 내리기를 기다리는데,

161 하나는 자사(子思)가……듯합니다 : 두 가지 모두 국사를 그르치는 경우를 말한다. '자사가 나무란 경우'란, 위 문후(魏文侯)가 자사에게 나라가 잘못되는 까닭을 묻자 자사가 "임금이 한마디 말을 내놓으며 스스로 옳다고 하면 경대부(卿大夫)가 감히 그 잘못을 바로잡지 못하고, 경대부가 한마디 말을 내놓으며 역시 스스로 옳다고 하면 사대부와 서인(庶人)이 감히 그 잘못을 바로잡지 못한다."라고 한 것을 말한다.《資治通鑑 卷1 周紀1 安王25年》'지록위마의 간사한 경우'란, 진(秦)나라의 환관 조고(趙高)가 자신을 따르지 않는 신하들을 제거하기 위해 이세황제(二世皇帝) 호해(胡亥)에게 사슴을 바치면서 말이라 하니 황제가 괴이하게 여겨 여러 신하에게 물었는데, 이에 사슴이라 대답한 사람들이 모두 조고에게 죽음을 당하였던 일을 말한다.《史記 秦始皇本紀》당시 송시열이 효종의 능(陵) 앞에 표석(表石)을 세울 것을 청하자, 김우명(金佑明)이 "그가 한 말은 남이 감히 논의하지 못하는 것이다."라고 하였는데, 송시열이 상소하여 "이와 같다면 이는 은연중에 조고 때의 모양입니다."라고 하였다.《宋子大全隨箚 卷5》

의견을 견지하는 자들은 아마도 뜻에 차지 않을 것입니다. 다만 산릉(山陵) 일이 끝날 때까지 참고 지내려 하는데, 이는 조정을 협박하고 압제하려는 것이 아닙니다. 지금 듣건대 김 학사(金學士)가 심리를 받고 있다[162] 하니 제가 만난 일은 태산의 작은 먼지 같을 뿐만이 아닙니다.

162 김……있다 : 김 학사는 김수항(金壽恒)을 말하는 듯하다. 1673년 4월 조위봉(趙威鳳)이 상소하여 영릉(寧陵)을 부실하게 봉심(奉審)한 신하들을 배척하였는데, 김수항 또한 그 속에 포함되어서 파면되어 의금부에서 명을 기다리고 있었다. 《宋子大全隨箚 卷5》

조사달에게 답함 갑인년(1674, 숙종 즉위년) 8월 22일
答趙士達 甲寅八月二十二日

우리가 지금껏 죽지 않아 다시 망극한 아픔을 당하니 원망하며 부르짖는 외에 다시 무슨 말을 하겠습니까. 만의(萬義)에서부터 새로 기학(氣瘧)을 얻어 음식을 먹지 못한 지 여러 날이었는데, 갑자기 주상의 병세가 점점 심해진다는 말을 듣고 밤낮으로 달려갔으나 한강 밖에서 부음을 받았습니다.[163] 스스로 처벌을 기다리는 처지로 감히 대뜸 여느 사람과 같이하지 못하고, 궐을 바라보며 애도를 다한 뒤에 곧바로 성 동쪽으로 나왔습니다. 지금까지 나흘 동안 한 톨의 밥알도 내려가지 않으니, 이는 밤길에 병의 증세가 갑자기 심해져서 그러한 것입니다. 조용히 왕실을 생각건대 저절로 눈물이 흐르니 이것이 무슨 마음인지 모르겠습니다. 지금 둘째 아드님[164]이 전해 준 편지를 받고 이어 반찬과 쌀 한 말을 받았으니 은근한 뜻에 참으로 감사합니다. 다만 적당함을 잃고 가볍지 않은 은혜를 입은 것이 그지없이 염려스럽습니다.

163 부음을 받았습니다 : 1674년 8월 18일에 현종이 붕어(崩御)하였다. 《顯宗實錄 15年 8月 18日》

164 둘째 아드님 : 조해(趙楷, 1639~1699)를 말한다. 자는 군범(君範)이다.

조사달에게 답함 갑인년(1674, 숙종 즉위년) 12월 14일
答趙士達 甲寅十二月十四日

안부 편지는 몹시 고맙습니다. 다만 듣자니 시사에 대한 논의가 날로 준엄해져 사형에 처하라는 요청이 조만간 일어날 것이라 합니다.[165] 그런데 보내오신 편지에는 화숙(和叔)을 가지고 말씀하셨으니 어찌 위로하는 뜻이겠습니까.[166] 머리가 잘리고 가슴에 구멍이 나는 것에 대해서는 마음에서 끊어 버린 지 벌써 오래입니다. 호남과 경기의 경계[167]

165 시사에……합니다 : 송시열의 문인 민신(閔愼)이 조부 민업(閔業)의 상에 아버지 민세익(閔世益)이 정신착란증으로 상복(喪服)을 입으려 하지 않자 박세채(朴世采)에게 물었는데, 박세채는 송 광종(宋光宗) 때의 사례를 원용해서 민신이 복상(服喪)하도록 해야 한다고 하였다. 그 집안에서 다시 송시열에게 물어보았는데 송시열 또한 의견이 일치하여 그 집에서 민신을 상주로 삼아서 상을 치렀다. 김우명(金佑明)이 경연에서 이를 두고 예를 그르치고 인륜을 모멸한 것이라고 아뢰어서 민신은 적폐(謫廢)되었고, 박세채 또한 예를 그르치고 통서(統緖)를 문란하게 했다는 죄를 입었으며, 송시열은 대신(大臣)이라 하여 불문에 부치기는 하였으나 당시의 여론이 들끓고 비난이 빗발쳤다.《林下筆記 卷15 閔家議主喪》숙종이 즉위한 뒤 논란이 커지자 장령 남천한(南天漢)이 박세채를 사판(仕版)에서 삭제할 것을 청하여 숙종이 그대로 따랐다. 이에 대사간 이혜(李嵇)가 박세채를 옹호하다 사직하였고, 송시열은 1674년 12월 18일 파직되었으며, 28일 사학(四學) 유생 이세필(李世弼)이 송시열을 삭탈관작(削奪官爵)하여 문외출송(門外黜送)할 것을 청하였는데, 숙종이 즉시 윤허하였다.《肅宗實錄 卽位年 11月 20日, 22日, 23日》《宋子大全 附錄 卷7 年譜》

166 화숙(和叔)을……뜻이겠습니까 : 화숙은 박세채의 자이다. 조봉원이 민신 집안의 예와 관련된 일은 박세채에게서 비롯하였는데 사판에서 삭제되는 데 그쳤다고 위로하였기에 한 말이다.《宋子大全隨箚 卷5》

167 호남과 경기의 경계 : 당시 송시열을 두둔하는 자는 다 죄를 받거나 견책을 당하니

지역에 절이 하나 있는데, 그 절에 와서 승려들과 함께 지내고 있습니다. 눈을 들어 보면 구름 낀 산이 아침저녁으로 천태만상이라 마천루(摩天樓)에 오른 것만 같고, 굽어 발해를 내려다보면 더욱 흉금을 후련하게 씻어 내니 시류(時流)를 좇는 사람들이 저에게 준 것이 많다고 말할 만합니다. 당신 조카는 이따금 만나니 또한 적적함을 달래기에 충분합니다. 이만 줄입니다.

송시열이 집에 있지 못하고 11월 초에 화양(華陽)을 떠나 진천(鎭川) 사정촌(沙汀村)에서 명을 기다렸다. 산과 바다가 어우러진 곳이면서 경기와 호남의 경계에 위치한 곳이라면 오늘날 아산과 평택 근처로 추정된다.

조사달에게 답함 을묘년(1675, 숙종1) 8월 30일
答趙士達 乙卯八月三十日

혁제(赫蹄)의 금령[168]을 다시 범하니, 지금 세상에 견지할 계책으로는 글을 주고받는 것을 두려워하지 않는 것이 제일입니다. 이곳의 일은 지난 편지에 대략 언급하였습니다. 지금은 풍토가 달라졌다는 느낌이 뚜렷이 드러났으니 어찌 또한 지금의 사람들과 도모하겠습니까. 우습습니다. 한가한 중에 어떻게 날을 보내시는지요? 여러 좋은 종이와 붓들은 술 마시기만 하는 것보다 어찌 낫지 않겠습니다. 베개에 기대어 아이의 장난을 보는 것이 또한 한 가지 일이기는 하지만 서울에서 게슴츠레 눈을 뜨고 있는 것도 좋을 것입니다. 붓 가는 대로 이러한 말을 하여 한번 웃을 거리를 드립니다.

○ 강절(康節)의 시에 "베개에 기대어 아이 장난을 본다."라고 하였고[169] 또 "낙양성에서 눈을 게슴츠레 뜬다."라고 하였는데 모두 세상을 희롱하는 뜻이니, 이는 바로 이른바 "무례하고 공손하지 않다."[170]라는 것입니다.

168 혁제(赫蹄)의 금령 : 혁제는 서간문의 별칭이다. 죄인은 사사로운 편지를 주고받을 수 없는 것을 말한다.

169 강절(康節)의……하였고 : 소옹(邵雍)이 벗의 집을 찾아가 낮에 누워 있다가 아이들이 눈 감고 술래잡기하는 그림이 그려진 병풍을 보고 시를 지어 "마침내 편안히 누워 있는 사람이, 베개에 기대어 아이들 놀이를 구경하게 하네.〔遂令高臥人, 欹枕看兒戲.〕"라는 제사(題詞)를 써 주었다는 일화가 있다.《詩話總龜 後集 卷7》 강절은 소옹의 시호이다.

170 무례하고 공손하지 않다 : 정이(程頤)가 소옹을 평가한 말이다.《二程遺書 卷2上》

조사달에게 답함 무오년(1678, 숙종4) 1월 29일

答趙士達 戊午正月二十九日

늘 양쪽 귀밑머리가 얼마나 희끗희끗해졌는지를 생각합니다. 새해에 편지가 왔는데 이를 언급하지 않는 것은 장차 몰래 신선의 궁궐에 들어가서 반도(蟠桃)를 훔치려는 것이 아니겠습니까. 듣자니 요즘 사람들이 탐라(耽羅)에 대해 논의한다는데 또한 흰 사슴을 타고서 따르게 될 것이니 부디 장대를 잡고 막지 마십시오.[171] 이 외에는 말할 것이 없고 또 감히 말하지도 못하지만 모두 묵묵히 알아주시기를 바랍니다.

○ 여망(汝望)의 손자는 바로 저의 손자입니다.[172] 지금 당신 집에 절반의 손자[173]가 되니 아마도 벗을 생각하는 감회가 있을 것입니다.

171 탐라(耽羅)에……마십시오 : 송시열이 당시 자신을 제주도에 유배 보내는 논의가 있던 것을 알고서 조봉원에게 자신은 백록담이 있는 제주도에 갈 것이니 부디 앞장서서 막지 말라고 말한 것으로 보인다. 제주도 한라산은 옛날에 신선이 흰 사슴을 타고 와서 노닐었다는 전설이 있다. 《宋子大全隨箚 卷5》

172 여망(汝望)의……손자입니다 : 송시열의 작은딸이 윤문거(尹文擧)의 아들 윤단(尹摶)에게 시집갔고, 조봉원의 손녀는 윤단의 아들 윤은교(尹殷教)에게 시집갔다. 송시열에게 윤은교는 외손자가 되는데, 송시열의 외손자라는 이유로 윤증(尹拯) 쪽의 미움을 받아 배척받았다 한다. 《宋子大全隨箚 卷13 目錄》《萬家譜 冊9 咸安趙氏》 여망은 윤문거의 자이다.

173 절반의 손자 : 사위를 두고 절반의 자식이라고 하는데 절반의 손자라고 하였으니, 이는 손녀사위를 말하는 것이다. 《宋子大全隨箚 卷5》

조사달에게 답함 무오년(1678, 숙종4) 7월 24일

答趙士達 戊午七月二十四日

혜주(惠州)는 참으로 천상에 있어서[174] 인간세계의 소식이 들리지 않는다고 여겼더니 이제 보내오신 편지를 보니 또 나무꾼이 사슴을 얻은 것인가 의심스럽습니다. 외손자를 자연히 내버려 둘 수 없다는 것은 그 할아버지(윤문거(尹文擧))가 늘 하던 말입니다. 그러나 옥도 다듬지 않으면 그릇이 되지 못하니, 옛날에 밝은 가르침이 있습니다. 나아가 뵐 때 특별히 밝은 가르침을 주어 도움이 되도록 해 주신다면 저승에 있는 사람도 장차 감격하고 기뻐할 것입니다. 말이 여기에 이르니 저도 모르게 눈에 눈물이 넘쳐흐릅니다. 이 외에는 말할 것이 없고 다만 고요히 수양하며 지내는 안부가 더욱 좋으시기를 빕니다. 이만 줄입니다.

174 혜주(惠州)는……있어서 : 혜주는 중국의 광동성(廣東省) 심천시(深圳市) 옆에 있다. 중국의 남단에 위치하므로 도성에서 먼 남쪽 지역을 비유한 것이다. 당시 송시열이 오늘날 경북 포항인 장기(長鬐)에 위리안치(圍籬安置)되었기에 하는 말이다. 《宋子大全 附錄 卷7 年譜》

조사달에게 보냄 경신년(1680, 숙종6) 7월 4일

與趙士達 庚申七月四日

오늘날 일이 참으로 기뻐할 만하다고 여기신다면 당신이 잘못입니다. 저는 전보다 근심이 백배나 된다고 여깁니다. 그러나 시사(時事)로 인해 죄를 지은 처지로 어찌 감히 말하겠습니까, 어찌 감히 말하겠습니까. 그저 사사로운 정을 아뢰는 것이 좋을 것입니다.

윤손(尹孫 윤은교(尹殷教))은 그의 선대(先代)가 쌓은 덕이 있는 만큼 마땅히 덮어 보호해 주는 은혜를 누릴 것입니다. 그는 타고난 자질이 어려서부터 곤충조차도 차마 죽이지 못하였고, 누가 원망하거나 번민하는 말을 하면 반드시 불쌍히 여겨 눈물을 머금었습니다. 그의 어질고 너그러움이 이러하니 마땅히 장수할 수 있을 것인데, 지금 곧 이와 같으니 어찌 저의 남은 재앙이 그에게 미친 것이 아니겠습니까. 그 아내는 또한 무슨 죄입니까. 지극히 자애로운 정을 지니신 당신도 아마 견디지 못할 점이 있을 것입니다. 그의 편지를 볼 때마다 문득 두 눈에 눈물이 맺혀 차마 보지 못합니다. 그 고모는 지금 또 딸을 잃어 장차 지탱할 수 없을 것이니 늙은이의 회포가 슬픈 것을 이루 말할 수 없습니다.

복형(復亨)[175]은 아마 벌써 집으로 갔을 것이니 당신 어머니께서 위

175 복형(復亨) : 조봉원의 아들 조근(趙根)의 자이다. 1678년 4월 충청도 도사(忠淸道都事)로 있던 조근은, 자신이 젊어서 송시열을 섬겼으니 사생(師生)의 의리가 있는데 송시열이 큰 죄를 지었으니 죄인의 문도는 법으로 벼슬에 쓰지 않는 것이 마땅하다는

로하고 기뻐하실 것입니다. 그러나 반드시 지난 일을 응징하려 하지 말고 독서하고 이치를 보아 날로 원대한 경지에 나아가도록 권하는 것이 실로 벗의 바람입니다. 저는 혼자서 돌아오니 무덤 앞의 한 마리 요동학(遼東鶴) 같아[176] 보는 것마다 슬퍼 눈물이 마를 때가 없으니, 죽은 이에 대한 한탄스러움 때문만이 아니라 어려움을 같이 겪어 온 정을 몹시 잊기 어렵기 때문입니다. 나머지는 일일이 말씀드리지 못하니 모두 묵묵히 헤아려 주시기를 빕니다.

상소를 올려 관직이 삭탈되었다. 1679년에는 회덕(懷德)에 사는 생원 송상민(宋尙敏)이 송시열이 간신들의 모함을 받고 있다는 책자를 만들어 올렸다가 장(杖)을 맞고 죽었는데, 조근이 이 일에 연루되어 도성 밖으로 추방되는 벌을 받았다. 1680년 시강관(侍講官) 최석정(崔錫鼎)이, 조근이 죄 없이 경원(慶源)에 유배되었다고 아뢰어 5월에 방면되었으나 윤8월에 사망하였다. 이에 조정에서는 직첩(職牒)을 돌려주고 부의(賻儀)를 보냈다. 《肅宗實錄 4年 4月 8日·5月 25日, 6年 5月 21日·閏8月 23日》

176 무덤……같아 : 주변 사람들이 모두 세상을 떠나고 홀로 남았다는 말이다. 요동(遼東) 사람 정영위(丁令威)가 신선이 되어 학을 타고서 천 년 만에 요동에 돌아왔더니 성곽은 여전한데 사람은 이미 죽어 무덤만 즐비하였다는 고사가 있다. 《搜神後記 卷1》

조사달에게 답함 임술년(1682, 숙종8) 8월 26일

答趙士達 壬戌八月二十六日

이즈음 얼마나 다행인지 당신 형의 편지를 연이어 보니 강호가 멀리 떨어져 있음을 느끼지 못합니다. 여기에서는 처음에 병으로 죽을 날만 기다렸는데 문득 굶어 죽을 일이 닥쳤습니다. 게다가 심한 서리가 눈처럼 내려 온갖 곡식이 손상을 입고 이 한 몸도 죽을 위기에 빠졌으니 어찌 작은 일이겠습니까. 시사(時事)는 망극하다 할 만합니다. 송정(松亭)의 묘표[177]는 일찍이 이미 수정하여 올렸는데 무슨 이유로 받아 보지 못했는지요? 오직 동봉(東峯 김시습(金時習))이 수학했다는 한 조목은 이제야 말씀하셨으므로 다시 첨가하여 넣어 보냈습니다. 다만 동봉이 수학했다는 것은 어느 글에서 보았는지요? 만일 조금이라도 사실이 아니라면 속이는 글이 되고야 마니 이것은 두려워할 만합니다.

177 송정(松亭)의 묘표 : 강서현(江西縣) 사람 김반(金泮)의 묘표문을 말한다. 송정은 김반의 호이다. 김반은 1399년(정종1) 문과에 급제하여 성균관에서 20여 년간 재직하였고, 김구(金鉤)·김말(金末)과 함께 '경학 삼김(經學三金)' 혹은 '관중 삼김(館中三金)'이라고 불렸다. 조봉원의 아들 조근(趙根)이 폄적(貶謫)되어 강서 현령으로 가 있을 때 김반의 표문을 부탁하자 송시열이 승낙하였다. 뒤에 조근이 파직되어 귀양 가서 세상을 떠났는데, 그 뒤 고을 선비 곽이완(郭以完)이 조근의 뜻이라며 다시 부탁하므로 송시열이 지었다. 《宋子大全 卷193 松亭金先生墓表》《顯宗實錄 15年 7月 26日》

조사달에게 보냄 계해년(1683, 숙종9) 10월 8일

與趙士達 癸亥十月八日

영감이여, 영감이여. 영감 부자가 몸에 선을 쌓았건만 하늘이 재앙으로 보답하는 것은 어째서입니까. 저 하늘은 높디높아서 물어볼 수가 없어 원통한 마음만 있을 뿐입니다. 그러나 영감 또한 슬퍼할 날이 얼마 남지 않았으니[178] 이것으로 위로할 수 있을 것입니다. 기르고 있는 손자가 몇인지 모르겠으나 적막한 지경에까지는 이르지 않을 것이니 다행입니다. 군범(君範)[179]이 찾아온다면 마땅히 손을 잡고 한번 통곡하겠지만, 찾아올지 안 올지 알기가 어렵습니다. 나머지는 슬퍼서 목이 메어 일일이 말씀드릴 수 없습니다. 다만 지극한 정을 힘써 눌러 멀리서 보내는 마음에 부응하시기를 빌며, 천만 번 울며 기도합니다, 천만 번 울며 기도합니다.

178 슬퍼할……않았으니 : 이미 늙은 사람이라 죽을 날이 머지않았다는 말이다.

179 군범(君範) : 조봉원의 아들 조해(趙楷, 1639~1699)의 자이다.

조사달에게 답함 병인년(1686, 숙종12) 10월 20일

答趙士達 丙寅十月二十日

역졸을 통해 보낸 편지에서 하신 말씀을 다 잘 알았습니다. 저와 영감이 이 세상에 오래 남아 세상의 수많은 변고를 다 겪었으니, 오복(五福) 중 장수(長壽)를 으뜸으로 치는 것은 저를 속인 것입니다. 파산(坡山 파주(坡州))의 일은 대략 지나가는 나그네를 통해 들었으니, 이쪽이 옳고 저쪽이 그른지를 막론하고 한심하다고 말할 만합니다. 조군(曺君)[180]이 잘못이 있기에 이러한 곤욕을 받지만, 곤욕이 너무나 심하지 않습니까. 자운(紫雲)[181]은 이제부터 더욱 수습할 수 없으니 어찌합니까. 서로 너무 떨어져 있어 죽기 전에 다시 볼 수 있을지 점치기 어렵습니다. 종이를 대하니 탄식하고 원망하는 마음을 견딜 수 없습니다.

180 조군(曺君) : 파주 유학(儒學) 조면주(曺冕周)를 말한다. 자는 문백(文伯), 호는 송암(松菴)이다. 《송자대전》 권130 〈율곡별집정오(栗谷別集訂誤)〉에 조면주의 기록이 나오는 것으로 보아 송시열의 문생으로 추측된다.

181 자운(紫雲) : 1615년(광해군7) 경기 파주에 세운 자운서원(紫雲書院)을 말한다. 이이(李珥)를 모신 서원으로 뒤에 김장생(金長生)과 박세채(朴世采)를 추가로 배향(配享)하였다. 파주에는 1568년(선조1) 이이 등 파주 지역 유생들이 성수침(成守琛)과 성혼(成渾) 부자를 모시기 위해 세운 파산서원(坡山書院)이 이미 있었는데 파주의 유생들은 파산서원에만 종사(從祀)하고 자운서원에는 경기 유생들만 가서 석채례(釋菜禮)를 행하였으며, 파주 사람으로는 조면주 한 사람만 자운서원의 석채례를 주관하였다. 1685년 파주 목사로 있던 신여식(申汝拭)이 조면주를 쫓아내면서 자운서원이 황폐해지자 1686년 송시열이 이를 슬퍼하여 시를 지었다. 송시열은 1672년(현종13) 자운서원의 묘정비문을 쓴 적이 있다. 《宋子大全 附錄 卷6 年譜》《宋子大全 卷4 次古韻示谷雲黃江求和》《鳳谷集 卷3 構禍事蹟》

세월의 차례가 선달이 되어 가니 오직 더욱 몸을 아껴 멀리서 보내는 마음에 부응하시기를 바랍니다. 이만 줄입니다.

조사달에게 보냄 무진년(1688, 숙종14) 9월 1일
與趙士達 戊辰九月一日

듣건대 파주(坡州)와 이산(尼山) 사람들[182]이 서울 사대부들과 함께 제가 우계(牛溪) 선생을 헐뜯었다 하여 글을 올려 저를 공격하여 배척하려 한다고 합니다. 우계 선생은 저의 돌아가신 부형 때부터 본디 존경하고 사모해 왔고, 또 온 나라 사람들이 함께 청원하여 문묘(文廟)에 종사(從祀)되셨습니다. 또 애당초 율곡(栗谷)・우계 두 선생을 거론하신 분이 바로 신재(愼齋 김집(金集))이니, 제가 풍병을 앓아 정신이 없다 할지라도 어찌 감히 우계 선생을 헐뜯었겠습니까.

우계와 사계(沙溪 김장생(金長生)) 두 가문이 서로 사이가 벌어진 데는 자못 그럴 만한 근원이 있습니다. 얼마 전 평강 군수(平康郡守) 이동보(李同甫 이희조(李喜朝))가 조목조목 따져 물어 왔기에 제가 그 자초지종을 대략 논할 때 돌아가신 스승께서 우계에 대해 언급하셨던 말씀을 약간 인용하여 그 곡절을 밝혔으나 감히 또한 허물이 되는 점을 찾아내어 말하지 않고 의심스러운 점이 있다고만 하였습니다. 대체로 마음에 의심스러운 점이 있어 의심하는 것은 공자께서도 문인(門人)에 대해 면치 못하셨으며, 그 후세에 있었던 일로 말하자면 정자(程子 정이(程頤))가 서감(西監 서경 국자감(西京國子監))에 임명되자 문인 화정(和靖)[183]이 의심스럽게 여겼으니, 의심스러운 점이 있어 의심하는

182 파주(坡州)와 이산(尼山) 사람들 : 파주에 있는 우계 성혼(成渾)의 가문과 이산에 있는 윤선거(尹宣擧)의 가문을 가리킨다.

것이 진실로 스승을 높이는 도에 무슨 해가 되겠습니까.

또 우리 사문(師門)에서 의심하는 것에 대해 그 득실은 무지한 후생들이 감히 알 바가 아닙니다. 그러므로 제가 일찍이 동문(同門)들과 이 일을 논할 적에 "노선생(老先生)께서 과연 우계에 대해 의심스럽게 여기시기는 하였으나, 의심스럽게 여긴 속뜻을 후학들이 어찌 감히 알겠는가."라고 하였습니다. 또 선사(先師)께서 우계를 의심스럽게 여긴 것은 바로 임진년(1592, 선조25) 능변(陵變) 이후의 일[184]을 지적하신 것입니다. 그때 우계가 한 일에 대해 선사께서만 의심한 것이 아니라 우계를 아버지처럼 여긴 황추포(黃秋蒲)[185]도 오히려 심히 의심하여 힘써 간쟁하였는데, 어찌 이것을 가지고 우계를 헐뜯었다 하겠습니까.

더구나 선사께서는 권도(權道)는 함부로 논해서는 안 된다고 하시며 "율곡에게 그 일을 맡게 했다면 반드시 그렇게 하지 않았을 것이다."라고 하셨으니, 대개 사변을 당하여 잘 대처한 옛사람들의 일을 돌이켜 생각하는 것은 실로 인지상정입니다. 그래서 유서애(柳西厓 유성룡(柳成龍))가 왜변을 당하자 율곡을 생각하며 "이 문정(李文靖)은 참으로

183 화정(和靖) : 정이의 제자 윤돈(尹焞)의 호이다.

184 임진년……일 : 임진년 능변이란 임진왜란 때 왜구들이 성종(成宗)의 능 선릉(宣陵)과 중종의 능 정릉(靖陵)을 파낸 것을 말한다. 이 일은 조선의 신하로서는 왜구와 한 하늘을 이고 살 수 없는 원수를 맺은 것인데, 명(明)나라가 군대를 전면 철수하면서 왜적과의 강화를 강력히 요구해 오자 성혼은 영의정 유성룡과 함께 명나라의 요청에 따르자고 건의하고, 군사적인 대치 상태를 완화하자고 건의한 이정암(李廷馣)을 옹호하였다. 《宋子大全隨箚 卷4》

185 황추포(黃秋蒲) : 황신(黃愼, 1562~1617)으로, 추포는 그의 호이다. 본관은 창원(昌原), 자는 사숙(思叔)이다. 성혼의 문인으로 임진왜란 때 기용되어 여러 관직을 거쳐 호조 판서에 올랐다.

성인이다." 하였습니다.[186] 서애로서도 오히려 이런 말을 하였는데, 더구나 본래 율곡에 대해 강한(江漢)·추양(秋陽)의 생각[187]을 갖고 있던 선사야 더 말할 것 있겠습니까. 이것이 어찌 우계의 문도가 노할 일입니까.

선사께서 율곡과 우계 두 선생을 차등을 두어 보았던 만큼 이는 실로 문하의 제자들이 익히 들은 바입니다. 그러나 이 역시 격물(格物)·궁리(窮理)의 한 방법이었기 때문에 숨겨 두기까지는 하지 않았으나 그렇다고 감히 말하지도 않았습니다. 주자(朱子)께서 일찍이 정자와 장자(張子 횡거(橫渠) 장재(張載)) 두 선생을 논하여 "횡거의 학문이 이정(二程)보다 더 정밀하고 절실하다."라고 하고, 또 일찍이 "맹자의 크고 넓은 것과는 다르다."라고 하여 앞뒤의 말에 억누르기도 하고 찬양하기도 한 점이 없지 않았으나, 이 때문에 횡거의 문인들이 주자에게 화를

186 유서애(柳西厓)가……하였습니다 : 문정(文靖)은 송 진종(宋眞宗) 때의 이름난 재상 이항(李沆)의 시호이다. 지식과 지모가 출중하며 과묵하고 강직하여 당시에 '성상(聖相)'이라 불렸다. 이항은 재상으로 있으면서 어린 황제 진종이 장래에 토목(土木), 병갑(甲兵), 제사(祭祀) 등의 일을 일으킬 것을 걱정하여 평소 경계했는데, 이항이 죽은 후 진종이 과연 태산에 봉선하고 궁실을 크게 짓는 역사를 일으키자 당시에 이 일을 예상하지 못했던 왕단(王旦)이 탄식하여 "이 문정은 참으로 성인이다."라고 하였다.《宋史 李沆列傳》국력이 쇠약해지고 세상의 도가 무너지는 것을 보고 큰 난리가 장차 일어날 것이니 10만 군사를 길러야 한다고 주장한 이이를 유성룡이 세상 물정에 어둡다고 여겨 제지하였는데, 임진년에 와서 자신이 미치지 못한 것을 탄식하며 이이를 이항에 빗대어 이렇게 말했다.《宋子大全隨箚 卷5》

187 강한(江漢)·추양(秋陽)의 생각 : 도덕이 밝게 드러나 빛나고 깨끗함을 비유한 말로, 선사를 그리워한다는 뜻이다. 증자(曾子)가 공자의 인품을 찬양하면서 "장강(長江)과 한수(漢水)의 물에 깨끗이 세탁해서 따가운 가을 햇볕〔秋陽〕에 말리면 그보다 더 하얀 것이 있을 수 없는 것과 같다."라고 비유하였다.《孟子 滕文公上》

냈다는 말을 듣지 못하였고 또 이 때문에 후세 사람들이 횡거를 과소평가하였다는 말도 듣지 못했습니다.

지금 저들이 "그의 스승이 이런 말을 했다 하더라도 그가 어떻게 감히 비방하는 말을 하는가."라고 한다면, 저는 그 말이 끝나기 전에 죄를 인정하겠습니다. 그러나 또한 일설이 있으니 옛날에 정자께서 윤화정(尹和靖)을 칭찬하자 화정은 이 사실을 사람들에게 퍼뜨렸는데, 주자는 "화정이 혐의를 피하느라 사람들에게 말하지 않아 사람들이 정자의 뜻을 모르게 하였다면 정자의 뜻은 세상에 전해지지 않았을 것이다."라고 하였으니, 이러한 사례로써 말해 보자면 제가 동시대 사람들에게 죄를 얻은 것도 용서받을 만한 점이 있지 않겠습니까. 지금 가만히 이러한 생각을 해 봅니다.

대개 오늘날 저들이 성내는 것은 오로지 우계를 헐뜯었다고 해서가 아니라 사실은 창랑(滄浪 성혼의 아들 성문준(成文濬))과 미촌(美村 윤선거(尹宣擧)) 때문입니다. 창랑에 대한 일은 선사께서 정기옹(鄭畸翁)에게 보내신 글[188]에 자세히 갖추어져 있으니, 제가 처음으로 한 말이 아닙니다. 그러나 제가 처음으로 한 말은 아니더라도 어른에 대하여 말이 퍽 불손하였던 것은 후회막급입니다.

미촌이 윤휴(尹鑴)를 편들고 도왔다고 배척한 것은 어느 누군들 지

188 선사께서……글 : 기옹(畸翁)은 정홍명(鄭弘溟)의 호이다. 송강(松江) 정철(鄭澈)의 넷째 아들이고, 송익필(宋翼弼)과 김장생의 문인이다. 김집은 그를 중히 여겨 국사(國士)로 대우하였다. 김장생이 〈송강정문청공행록(松江鄭文淸公行錄)〉을 지었는데 당시 젊은 사람들이 그 행록에 대해 반신반의하자 김장생이 정홍명에게 세 번에 걸쳐 편지를 보내어, 선친의 행장(行狀)과 비지(碑誌)를 지어서 후생들의 의혹을 풀어 줄 것을 권하였다.《沙溪全書 卷3 與鄭子容》

나치다고 여기지 않겠습니까. 그러나 스스로 지나친 줄을 모르고 오히려 부족하다고 여기는 것은 어째서입니까. 미촌이 윤휴를 편들고 도운 화(禍)가 어찌 홍수나 맹수가 끼친 화 정도에 그치겠습니까. 한 가지 일만 가지고 말하더라도 윤휴가 주자를 침해하고 모함했을 뿐만 아니라 공자에 대해서도 그 이름을 휘(諱)할 필요가 없다 하여 김중숙(金重叔 김만중(金萬重))과 어전에서 쟁론하다가 김중숙을 죄를 논하여 파직시키고야 말았습니다.

지금은 그가 남긴 독이 만연하여 얼마 전 박 대성(朴大成)은 심지어 공자를 거짓으로 꾸며 대어 모욕하는 말로써 제목을 내걸어 공자 사당 앞에서 과거를 보였으니,[189] 박 대성은 바로 미촌을 가장 떠받드는 자로 저는 그 내력에 숨길 수 없는 점이 있다고 생각합니다.

옛날 송(宋)나라 때 이름난 사람이 시관(試官)이 되어 소동파(蘇東坡)의 글을 도용한 선비를 뽑자 주자가 여지없이 배척하였습니다.[190]

189 박……보였으니 : 박 대성은 1688년 대사성으로서 시관이 된 박태손(朴泰遜)을 말한다. 그가 《장자(莊子)》 〈어부(漁父)〉에 나오는 내용을 취하여 '행단의 어부가 공자에게 답함〔杏壇漁父答孔子〕'이라는 시제(詩題)를 내어 성균관 유생들을 시험 보인 일이 있었다. 《宋子大全隨箚 卷9》 큰 지혜를 지닌 은자(隱者)인 어부가 공자를 실현할 수 없는 이상을 세상에 구현하려고 애쓰는 어리석은 사람이라고 질타하는 내용으로 구성되어 있다.

190 옛날……배척하였습니다 : 소식(蘇軾)의 〈학교공거차자(學校貢擧箚子)〉에 "경서에 통달하고 옛것을 배운 사람으로 손복과 석개만 한 이가 없다. 그러나 만약 손복과 석개가 오히려 아직 건재하다면 오활하고 거짓된 선비가 또한 정책을 시행할 수 있겠는가."라는 말이 있는데, 상서(尙書) 왕응진(汪應辰)이 소식의 이 글을 인용한 사람을 뽑자 주희(朱熹)가 "동주(東州)의 두 선생을 비방한 것은 거짓되고 사실이 아닌 만큼 교화를 손상하고 이치를 어그러뜨리는 것이 심하다. 그런데 과거에 이 문장을 도용한 두 사람을 당신이 모두 발탁하여 뭇사람의 위에 두었으니, 이는 당신이 그 말이 그릇되지

저 소동파의 글에서 공격한 것이 손복(孫復)과 석개(石介) 두 분뿐이었는데도 주자는 오히려 이렇게 하였는데, 지금 박 대성의 일은 송나라의 일과 비교해 볼 때 그 경중과 완급이 어떠합니까. 어찌 한심스러운 일이 아니겠습니까.

강화도의 일[191]에 대해서는 제가 일찍이 깊이 용서하였는데, 이는 그가 앞서 대의를 밝힌 공로가 있고 뒤에는 자신을 죄인으로 여겨 스스로를 탓하였고 유현(儒賢)을 종사한 발자취가 있기 때문이었습니다. 그런데 그가 죽은 뒤에 보니 자기를 죄인으로 여기고 스스로를 탓했던 실제의 자취가 그 자제와 문인 들의 글에서 모두 거짓으로 귀결되었고 심지어 당시 강화도에서 목숨을 버려 의리를 취하고 옳은 도리를 행한 분들을 헐뜯기까지 하였으니, 그런 뒤에는 강화도의 일에 대해서도 마음에 의심이 없지 않습니다. 그런데 지금 저 사람들은 그 일의 시말과 곡절을 따져 보지도 않고 오직 세력과 욕설을 남의 말을 막는 발판으로 삼으려 하니, 어찌 안목을 갖춘 사람들이 옆에서 싸늘하게 지켜보고 있다는 것을 알겠습니까.

노형(老兄)은 저들 중에 친한 사람이 많아서 반드시 잘 타일러 그 의혹을 풀어 줄 수 있겠기에 말을 아낌없이 하였으니, 부디 먼저 이 편지를 군범(君範)에게 보여 주기 바랍니다. 제가 원통하게 여기는 것은 저의 망언으로 인하여 모욕하는 말이 위로 돌아가신 스승에까지

않았다고 여기는 것이다."라고 하며 편지를 보내어 질책하였다. 《晦庵集 卷24 與汪尙書》

191 강화도의 일 : 병자호란 때 강화도로 피란했던 윤선거가 성이 함락되자 아내는 자결했는데도 본인은 종의 옷을 입고 성을 탈출했던 일을 말한다. 《芝村集 卷6 上尤菴先生》

미쳤다는 점입니다. 그러므로 자신을 탓하지 않은 적이 없습니다만, 또한 요즘 사람들은 사리를 깊이 따져 보지도 않고 자기 생각대로 경솔히 떠들어 댄다고 생각합니다.

대체로 저 사람들과는 말하기가 어렵습니다. 듣건대 이하경(李廈卿)[192]이 종사소(從祀疏)를 지을 때 우계에게 '사(死)' 자를 썼다 하여 저들이 크게 노했다고 합니다. 저 '사'라는 한 글자는 정자가 맹자에게도 썼는데[193] 왜 그러는지 모르겠습니다. 듣건대 이를 빌미로 저에게 노여움을 옮겨 윤휴가 저를 공박할 때에 협공할 계획이라고 하니, 그들의 식견이 딱하기만 합니다.

192 이하경(李廈卿) : 이담(李橝, 1629~1717)으로, 하경은 그의 자이다. 본관은 전의(全義), 호는 사은당(四隱堂)이다. 송시열의 문인이며 약포(藥圃) 이해수(李海壽)의 증손이다.

193 사라는……썼는데 : 정이(程頤)가 그의 형 정호(程顥)의 묘비서(墓碑序)에 "맹자가 죽자 성인의 도학이 전해지지 않았다.〔孟軻死, 聖人之學不傳.〕"라고 쓴 것을 가리킨다.

민태수[194] 여로 에게 답함 무술년(1658, 효종9) 12월

答閔台叟 汝老○戊戌十二月

추위가 갑자기 심해져 그리움이 한창 간절하였는데 스님이 편지를 전해 주었습니다. 간곡한 가르침을 받으니 깊이 감사한 나머지 오히려 몹시 두려웠습니다. 일찍이 사직하는 글을 통해 대략 함부로 논한 것이 있었는데,[195] 비록 성상께 칭찬하는 말씀을 받았으나 본래 분수를 범하였다는 두려움이 있었습니다. 어제 모 벗[196]의 편지를 받으니 장차 부름에 나아가려고 하다가 이 일 때문에 그만두었다고 합니다. 어리석고 모자란 저의 생각에 '자신은 이미 스스로 나아가지 않으리라 생각하고서 또 현사(賢士)가 부름에 응하는 길을 막았으니, 무슨 죄가 이보다 크겠는가. 참으로 두렵다. 이후에 스스로 논열하려고 할 때는 내가 망녕되이 나랏일을 그르쳤다는 실상이 있을 것이다.'라고 여겼습니다.

194 민태수(閔台叟) : 민여로(閔汝老, 1598～1671)로, 태수는 그의 자이다. 민여로는 1658년 11월에 예조 정랑에 임명되었다가 중병으로 미처 사은숙배하기도 전 12월에 풍기 군수(豐基郡守)로 임명되자, 글을 올려 임지로 내려가기 힘든 사정을 말하여 그대로 예조 정랑을 맡고 있었다. 《承政院日記 孝宗 9年 12月 19日》

195 함부로……있었는데 : 송시열이 한족(漢族)으로서 오랑캐인 금(金)나라 조정에 벼슬했던 허형(許衡)의 위패를 문묘에서 제거할 것을 건의한 일을 말한다. 효종은 송시열의 건의에 대해 액정서(掖庭署)에 딸린 하례(下隷)를 보내 밀유(密諭)하여, 대신들이 헌의(獻議)하여 불가하다고 하므로 시행하기 어렵다는 등의 말을 하였다. 《宋子大全隨箚 卷2, 卷5》《孝宗實錄 8年 11月 5日》

196 모 벗 : 윤선거(尹宣擧)를 지칭하는 것으로 보인다. 송시열이 허형의 일을 논한 것 때문에 윤선거가 부름에 나아갈 계획을 바꾸었다. 《宋子大全隨箚 卷5》

이미 이러한 마음이 있었기에 은밀히 초려(草廬 이유태(李惟泰))와 의논하였는데, 이제 밝은 가르침을 받으니 실로 두렵습니다. 과연 보내온 글에서 염려하신 대로라면 제 생각을 막는 것이 어찌 쉽지 않겠습니까. 부디 남에게 말하지 마십시오. 전날 두 장의 편지는 벌써 명형(明兄 송준길(宋浚吉))이 있는 곳에 보냈으니 일을 처리하는 날 어찌 도와주지 않겠습니까. 해가 또 바뀌려 하니 새로운 경사가 많으시기만을 빕니다. 이만 줄입니다.

민태수에게 답함 기해년(1659, 효종10)

答閔台叟 己亥

병중에 보내 주신 편지를 받으니 위로되고 감사한 마음 어찌 끝이 있겠습니까. 다만 대략 말질(末疾 손발이 마비되는 증세)이 있다는 것을 알고 몹시 염려스럽습니다. 명형(明兄)의 책임이 점점 무거워져 저 때문에 걱정하고 두려워하니 그가 편안하지 않은 줄 아주 잘 알겠습니다. 태지(泰之 이유태(李惟泰))가 과연 온다면 얼마나 다행이겠습니까. 사성(思誠)[197]은 주상께 별유(別諭)를 받았고, 또 그의 상소로 인하여 비답의 말씀이 몹시 간절하니[198] 그가 장차 어떻게 할지 모르겠습니다.

말씀하신 세 가지는 모두 좋습니다. 친한 사람을 만날 경우 대사헌은 마땅히 이 세 가지로 말해야 합니다. 이조(吏曹)는 제가 관직을 맡고부터[199] 아전들의 예모(禮貌)를 한결같이 지방의 규례같이 하고 있습니다. 열 번 모두 상등(上等)이거나 3년에 다섯 번 상등인 수령은 정사(政事) 때마다 비망첩(備忘帖)에 기록했다가 이미 다 거두어 썼습니다. 나이가 찬 사람을 일찍이 변통하려고 대신에게 의논하니 "오늘날 나이

197 사성(思誠) : 권시(權諰, 1604～1672)의 자이다. 징사(徵士)로 벼슬이 한성부 좌윤에 이르렀다. 송시열의 사돈이다. 당시에 권시는 찬선(贊善)으로 있었다.

198 그의……간절하니 : 권시가 사직을 청하는 상소를 올렸는데 효종의 비답에 '나는 결코 그대를 놓아 보낼 수 없다. 경은 사직하지 말고 가능하면 빨리 올라오라.'라고 하였다.《孝宗實錄 10年 3月 17日》

199 이조(吏曹)는……맡고부터 : 송시열은 1658년 이조 판서에 임명되었다.《孝宗實錄 9年 9月 18日》

가 찼지만 정력이 쇠퇴하지 않은 자는 박 공주(朴公州)와 김 진산(金珍山) 몇 사람뿐이다. 이 몇 사람을 위해 가볍게 법령을 고치는 것은 불가한 점이 있다."라고 말하니 어쩌겠습니까. 수많은 하고 싶은 말은 병이 낫기를 기다려 찾아가서 말씀드리겠습니다. 이만 줄입니다.

민태수에게 답함
答閔台叟

삼가 편지를 받으니 만나 뵌 것만 같아 몹시 위로되었습니다. 저는 사직소[200]를 올린 뒤 이어서 작은 차자(箚子)를 넣어 성상의 처분을 기다리고 있습니다. 보내오신 편지에서 하신 말씀은 다 옳지만, 모두 형세와 곡절을 알지 못하여 밖에서 범범하게 하는 말입니다. 대간(臺諫)은 본래 대론(臺論)을 한 것이니 저와 무슨 상관이 있겠습니까. 다만 엉뚱한 사람에게 분풀이하는 것이 너무 심하고 연좌되는 범위가 너무 넓습니다. 이렇게 하면 저들 스스로 대간에게 논의를 멈추기를 권할 것이니, 이는 비록 교묘하지만 사실은 엉성한 것입니다. 우리가 머리가 잘리고 가슴이 뚫리는 화를 당하더라도 대간이 어찌 우리를 위해 기꺼이 저지하겠습니까. 조간(曺諫)[201]의 상소 중에는 여파가 미치는 것에 대해 배척하는 말이 있었지만, 저의 차자에는 따져서 해명한 말이 조금도 없습니다. 저의 차자를 보신다면 저의 뜻을 알 수 있을

200 사직소 : 아래에 조간에 대한 언급이 있으니 효종이 붕어하기 전에 올린 상소를 가리키는 것으로 보인다. 1659년(효종10) 4월에 올린 상소로 〈인헌부계인구소(因憲府啓引咎疏)〉와 〈인대소사직차(因臺疏辭職箚)〉가 있다. 《宋子大全 卷8 因憲府啓引咎疏, 因臺疏辭職箚》

201 조간(曺諫) : 대사간 조한영(曺漢英)을 말한다. 조한영이 상소한 내용 중 민유중(閔維重)이 형세 있는 사람에 의지하여 협박하는 뜻이 있었다는 말이 있었는데, 형세 있는 사람이란 송시열을 지적한 말이었다. 이에 송시열은 1659년 4월 24일 사직 상소를 올렸다. 《孝宗實錄 10年 4月 9日, 19日, 24日》《宋子大全 卷33 答兪武仲李泰之》 332쪽 주47 참조.

것입니다. 그러나 어제 한 가지 논의를 그치고, 오늘 한 가지 논의를 그치며, 또 내일 한 가지 논의를 그쳐, 이제는 대각(臺閣)이 조용하니 화평한 복을 누릴 수 있을지 모르겠습니다. 하고 싶은 말은 많으나 일일이 말씀드리지 못합니다.

민태수에게 답함

答閔台叟

어제 보낸 편지를 보셨는지요? 드린 말씀이 타당하지 않다면 부디 다시 말씀해 주십시오. 어제 호조 참의 이(李) 어른[202]이 와서 "그 당시 낭관과 서로 의논하여 잘 처리하였고 낭관도 난처한 기색이 없었는데 이 말이 어디서부터 나왔는가?"라고 하였으니 지극히 괴이합니다. 이는 작은 일이라 말할 것이 못 되지만, 오직 조정에 있는 사람은 관직의 대소를 막론하고 백성을 사랑하는 것만 일삼는다면 아마 거의 할 수 있고 묵묵히 살필 수 있을 것입니다. 오직 성상께서 지극한 정성으로 깊이 생각하시니 삼공(三公) 이하는 성상이 하시는 대로 맡겨 두고 있습니다. 정자(程子)의 "말단 관리라도 만물을 사랑하는 데 마음을 쓴다면 사람들에게 반드시 이로움을 줄 것이다."라는 말을 욀 때마다 개탄하지 않은 적이 없습니다.

교양관(敎養官) 이곡(李穀) 씨는 임기가 벌써 찼습니다. 이 사람은 동료 중에 아는 자가 없고 저도 익숙하지 않아 사람됨이 어떤지 모릅니다. 부디 생각해 보시고 말씀해 주십시오. 하고 싶은 말이 많지만 이만 줄입니다.

202 호조……어른 : 이유겸(李有謙, 1586～1663)을 말한다. 본관은 우봉(牛峯), 자는 수익(受益), 호는 만회(晩悔)이다. 1659년(효종10) 4월에 호조 참의에 임명되었다. 《承政院日記 孝宗 10年 4月 9日》

민태수에게 답함
答閔台叟

계속 편지를 받으니 위로되고 감사한 마음이 어찌 끝이 있겠습니까. 저는 이미 조지서(造紙署)로 향하였으니 며칠은 걸릴 것입니다. 제가 나간 것은 두 가지 일이 있어서입니다. 저의 일 때문에 탈고(奪告 직첩(職帖)을 빼앗음)된 자가 세 사람이고 해직(解職)된 자가 일고여덟 사람이니 감히 마음이 편하지 못한 것이 첫 번째 이유이고, 대행왕(大行王)[203]의 묘지문을 공처(公處)에서 짓는 것이 마땅하다고 하므로 호젓하고 후미진 관청 건물을 구하였는데 조지서만 한 곳이 없는 것이 두 번째 이유입니다. 일마다 편하지만 음식을 먹는 것이 불편할 뿐입니다. 이만 줄입니다.

203 대행왕(大行王) : 앞뒤 편지의 시기로 미루어 보아 1659년(효종10) 5월에 붕어(崩御)한 효종을 말하는 것으로 보인다.

민태수에게 답함 경자년(1660, 현종1) 4월 24일

答閔台叟 庚子四月二十四日

막 분암(墳菴 묘를 보살피기 위해 세운 암자)에 도착하여 세상과 뚝 떨어져 있었는데 뜻하지 않게 당신의 편지가 찾아왔습니다. 하시는 말씀이 정중하니 실로 감사하고 감격하여 무어라 드릴 말씀이 없습니다.

이 일[204]은 당초에 이미 편안하기 어려운 조짐이 있었으니, 실로 참견할 일이 못 되었습니다. 더구나 최초에 의견을 내놓을 때 길보(吉甫 윤선거(尹宣擧))와 제가 함께 우려스러웠지만 모두 감히 드러내 놓고 제지하지 못했던 것도 뜻이 여기에 있었던 것입니다. 이제 길보는 저지했다는 이유로 비방을 받고 저는 저지하지 않았다는 이유로 비방을 받아 점차 말하기 어려운 처지가 되었으므로 움츠러들고 두려워 그 사이에서 더욱 감히 입을 열지 못합니다.

정문(呈文)의 초고는 삼가 봉해서 드립니다. 이후로는 부디 청컨대 이러한 것을 보여 주어 구실을 더하지 말아 주신다면 실로 크게 어여삐 여겨 주는 것일 것입니다. 더구나 제가 함부로 국모의 복제(服制)를

204 이 일 : 민여로에게 위로 맏형 민여기(閔汝耆)와 둘째 형 민여질(閔汝耋)이 있었는데, 민여질이 일찍 죽자 부친 민재문(閔在汶)은 민여기의 아들 아무개를 민여질의 후사로 삼도록 명했다. 아무개는 민여질과 민여질의 부인이 죽었을 때 모두 삼년상을 치렀으나 관에 고하지 않은 상태였는데, 뒤에 민여기의 아내가 죽자 이유태(李惟泰)가 조부의 명으로 후사가 되었다고 해도 관에 고하지 않았으면 아무개는 민여질의 아들이 될 수 없으니 생모를 위해 삼년상을 치러야 한다고 하여 역시 삼년상을 치렀던 일을 말한다. 《宋子大全 卷43 答李靜叔》

논하여 크게 한 차례 남의 노여움을 받아 갑자기 준엄한 글에 걸려들었는데, 그 죄목은 바로 종묘사직을 위태롭게 하기를 도모했다는 것입니다.

방금 또 글을 올려 스스로 논핵하고 처벌을 받기를 청하였습니다. 이러한 시절에는 저쪽에서 곡절이 없더라도 어찌 감히 머리를 들고 얼굴을 펴서 함께 이러쿵저러쿵 논의에 참여하겠습니까. 연제(練祭) 때의 거취는 보내오신 말씀처럼 하는 것도 한 가지 방법입니다. 그러나 이러한 혐의를 지니고 어찌 감히 함부로 도성 문에 들어가겠습니까. 갈림길에서 방황하며 스스로 마음 아플 뿐입니다. 그대의 행차는 언제 서울로 가십니까? 가시는 길에 만복이 깃들기만을 빕니다. 이만 줄입니다.

민태수에게 답함 경자년(1660, 현종1) 7월 1일

答閔台叟 庚子七月一日

아픈 중에 이 편지를 받으니 문득 고질이던 병이 사라진 것만 같았습니다. 지난번에 과연 특별히 내린 교지와 상소에 대한 비답을 받았는데, 간절하고 가엽게 여기는 뜻이 여느 때보다 특별하여 스스로 감읍할 뿐이었습니다. 몸을 닦고 의리를 지켜 은총으로 대우하는 뜻을 욕되게 하지 않는 것만이 오히려 만분의 일이라도 갚을 수 있는 길일 것입니다. 별지(別紙)는 삼가 잘 알았습니다. 다만 순찰사와 공주 목사(公州牧使)는 모두 아직 분부가 없으니 어찌겠습니까. 자신이 곧다는 것만 알고 있다면 남이 하는 말이 저에게 무슨 손상이 되겠습니까. 저보(邸報)는 대사헌이 계속 보여 주니 어쩌면 보내 드릴 수 있을 것입니다. 이만 줄입니다.

민태수에게 답함 정미년(1667, 현종8)

答閔台叟 丁未

멀리서 보내신 편지는 몹시 위로되고 기뻤습니다. 형이 마침 남쪽 고을에 있어서[205] 이즈음의 일을 말씀드리지 않았습니다. 패랭이〔平笠〕는 매우 감사합니다. 하위지(河緯地) 공의 시는 마침 느끼는 바가 있어 종이 끝에 적었으니 부디 형께서는 한번 읊어 보십시오. 따로 말씀하신 것에 대한 답은 다른 종이에 있습니다. 인편을 통해 말씀해 주시는 것이 어떻겠습니까? 하고 싶은 말은 많으나 이만 줄입니다.

○ 어떤 사람이 하위지 공에게 도롱이를 주었더니 하공이 시로 답하기를,

남아의 득실은 예나 이제나 같은데 男兒得失古猶今
머리 위에는 분명히 밝은 해가 떠 있도다 頭上分明白日臨
도롱이를 준 것은 응당 뜻이 있으리니 持贈笠兒應有意
강호의 안개비 속에서도 찾기 좋겠지 五湖煙雨好相尋

하였습니다.

205 형이……있어서 : 당시 민여로는 전라남도 능주 목사(綾州牧使)로 있었다. 《承政院日記 顯宗 7年 2月 2日》

민태수에게 답함

答閔台叟

보내 주신 편지에서 간곡하게 말씀하니 아껴 주시는 마음을 깊이 받았습니다. 그러나 한두 가지 미진한 것이 있어 조목별로 다시 말씀드리지 않을 수 없습니다. 율곡(栗谷) 선생께서도 서리(胥吏)들이 백성을 해치는 것에 분개하여 "우리나라는 서리 때문에 망할 것이다."라고 한 남명(南溟 조식(曺植))의 말을 인용하여 선조대왕께 말씀드렸으니, 오늘날의 실정을 알 만합니다. 관원이 된 자들이 규찰하는 데 힘써 서리들이 백성에게 해를 끼치지 못하도록 하면 될 것입니다.

호조 참판 이장(李丈) 같은 분은 일시의 명망을 지닌 분이라고 할 수 있습니다. 그런데도 서리들이 조종하는 대로 맡겨 두고 조처하지 않으니, 이장과 정의(情誼)가 얕지 않은 제가 마음으로 잘못이라고 여기면서도 말해 주지 않는다면 어찌 친구의 도리이겠습니까. 그러니 그때 제가 이장에게 말씀드렸던 것은 쇠잔한 백성만을 위해서일 뿐만 아니라 친구의 의리를 돈독히 하려는 이유였습니다. 그렇다면 제가 들은 것을 이장에게 고한 것이 형이 본 것을 저에게 말해 주는 것과 어찌 같지 않겠습니까.

이장이 이것을 낭관(郎官)에게 말했다면 낭관은 진실로 부끄럽게 여겨 사과하기에 겨를이 없어야 할 터인데 도리어 이같이 성을 내니 참으로 괴이한 일입니다. 저 낭관이 과연 잘못한 바가 없고 또 벼슬을 잃을까 걱정하는 마음이 없다면 어찌하여 벼슬을 그만두고 떠나지 않는단 말입니까. 참으로 가소롭습니다. 제가 어찌 털끝 하나인들 까딱하겠습니까.

수도(隧道)에 대한 논란[206]은 오늘날 존망에 관계된 바가 아니니, 소배(少輩 소론(少論))가 애초 거론하지 않았으면 좋았을 것입니다. 그러나 이미 거론된 이상 이쪽이 바르고 저쪽이 바르지 못하며 이쪽이 옳고 저쪽이 옳지 못한 것이 분명한데 제공(諸公)이 곧 바르고 옳은 쪽을 원수처럼 미워하여 바로 정론(正論)을 깨뜨리고자 하니, 우리인들 어찌 말 한마디 않고 앉아서 보고만 있겠습니까. 그렇게 하면 제공에게 깊은 사랑을 받겠지만 도리에는 어떻겠습니까. 이 두 가지를 조정할 수 없다면 바르고 옳은 것에 죄를 얻기보다는 차라리 바르지 못하고 옳지 못한 것을 잃는 것이 낫습니다.

오늘날 사람들의 논의는 마땅함은 찾지 않고 사사로운 이익만을 따릅니다. 그러므로 위아래가 서로 속이고 기강이 서지 않아 위태롭고 혼란한 상태인데도 구제할 수 없게 된 것입니다. 이는 제가 항상 개탄하였는데, 오늘날에 차마 그런 일을 몸소 행하겠습니까. 이렇게 한다면 점차 남에게 영합하기까지 해서 큰 사업을 이루더라도 편법을 쓴 것이 될 터인데, 더구나 이루지 못하는 경우이겠습니까. 나의 성의를 다하고서도 성공하지 못하여 떠나는 것이 무엇이 나쁘겠습니까.

주자(朱子)가 일찍이 당시 재상을 책망하여,

"충성스러움과 간사함의 구분을 분명히 살피지도 못하고 사라지고 자라나는 경계를 독실히 믿지도 못하며 또 일신의 이해에 따른 사심

206 수도(隧道)에 대한 논란 : 현종의 장인 김우명(金佑明)과 그의 형 김좌명(金佐明)이 아버지인 잠곡(潛谷) 김육(金堉)의 장례에 예법을 어기고 임금만이 할 수 있는 묘 안의 통행로인 수도를 만든 문제로 일어났던 논란을 말한다.

을 그 사이에 섞는다면, 오늘날 이른바 공평함을 견지한다는 것은 바로 소인의 세력을 깊이 도와 군자의 병통을 만드는 것이니, 끝내 소인의 당(黨)이 날로 성하고 군자의 세력은 날로 고립되어서 천하의 일은 장차 어찌할 수 없는 데에 이르게 될 것이다."

하였는데, 지금 노형의 말은 어찌하여 주자의 말과 일체 상반됩니까. 또 오늘날 대간(臺諫)에 과연 직언(直言)하고 감히 간하는 자가 있습니까.

민태수에게 답함 정미년(1667, 현종8)

答閔台叟 丁未

계속 보내 주시는 편지를 받고 위로되는 마음 그지없습니다. 저곳의 역사(役事)는 결국 당신에게 돌아갈 것입니다. 그러나 비(碑)를 세우는 일은 끝내 그만둘 수 없으니 부디 이웃 읍과 도모하십시오. 관찰사에게 아뢰면 반드시 도움을 받을 것입니다. 기문(記文)은 다만 받들어 부응하겠습니다. 그러나 한 문공(韓文公 한유(韓愈))이 이른바 "나에게 비석 하나를 부탁하는 것은 후세에 그대의 이름이 있었던 것을 알게 하려는 것이다."라고 한 것을 형을 위해 외워 드립니다. 바람과 추위가 아직 심한데 정무를 보살피는 안부가 더욱 좋으시기를 빕니다. 이만 줄입니다.

민태수에게 답함 무신년(1668, 현종9) 5월 2일
答閔台叟 戊申五月二日

멀리서 보낸 편지는 위로되고 감사하였습니다. 저의 낭패를 어찌 말로 할 수 있겠습니까. 다만 정승의 자리[207]는 예사스러운 자리가 아니건만 위아래가 버티면서 오래 비워 지금까지 왔습니다. 또 사관과 승지가 계속 오느라 도(道) 전체가 피폐해졌으니 이것이 어찌 감히 편안할 바이겠습니까. 이미 다섯 번째 상소하여 면직되기를 간절히 빌었고 밤낮으로 묵묵히 기도합니다. 절의(節儀)는 참으로 감사합니다. 듣건대 조 선생(趙先生)의 비문을 새기는 일[208]이 막 시작되었다니 사문(斯文)의 다행입니다. 이곳의 박 선생(朴先生) 유허비(遺墟碑)[209] 또한 각공(刻工)에게 맡겼습니다. 야사(野史)를 고찰해 보면 세조께서 박모(朴某)는 만세의 충신이라고 하였고 그 뒤 조정이 그 자손을 등용하였습니다. 그러나 "장여헌(張旅軒 장현광(張顯光))이 하위지(河緯地) 선생을 위해 낙동강 가에 사당을 세웠다."라고 전날 형이 편지에서 운운한 것은 고려할 바가 아닙니다. 나머지는 이만 줄입니다.

207 정승의 자리 : 송시열이 1668년 2월에 우의정에 임명되었기에 하는 말이다. 《顯宗實錄 9年 2月 24日》

208 조……일 : 조 선생은 조헌(趙憲)을 말한다. 민여로가 당시 능주 목사(綾州牧使)로 있으면서 조선생적로유허비(趙先生謫廬遺墟碑)를 세웠는데 송시열이 그 문장을 지었다. 《宋子大全隨箚 卷5》

209 박 선생(朴先生) 유허비(遺墟碑) : 박 선생은 사육신 중의 한 사람인 박팽년(朴彭年)을 말한다. 회덕현의 남쪽 경계인 홍농촌(興農村) 옥죽구(玉竹丘)에 유지(遺址)가 있다. 《宋子大全 卷171 懷德朴先生遺墟碑》

민태수에게 답함 기유년(1669, 현종10)
答閔台叟 己酉

일전에 찾아오셔서 잠자리를 함께해 주시니 사랑해 주시는 정을 매우 깊이 입었으며, 또한 이것은 늘그막에 다시 얻기 어려운 행운이었습니다. 이번에 당신의 어린 두 손자가 책을 안고 멀리서 오니 비록 부끄럽게도 부응하기에 부족하지만, 적막한 곳에서 마주하여 날을 보내는 것은 자못 작은 일이 아닙니다. 박공(朴公)에게 보내신 편지는 삼가 잘 알았습니다. 형의 정성과 신의로도 이웃 하나 바꿀 수 없다면 세상의 도의를 하나로 합하는 것은 어렵다 하겠습니다. 그러나 저쪽이 값에 맞추어 더 주겠다는 말이 있으니, 바로 이른바 때를 틈타 이익을 노리는 시장 장사치의 마음입니다. 시장의 장사치에게 어찌 의리를 바랄 수 있겠습니까. 마땅히 힘을 다 하여 그 말을 따라야 할 뿐입니다. 어떻습니까? 당신 손자의 세상에 -원문 결락- 또 말하기 어려운 점이 있는 듯합니다.

이정숙[210] 태연 에게 답함

答李靜叔 泰淵

민재문(閔在汶) 어른은 민여기(閔汝耆), 민여질(閔汝耋), 민여로(閔汝老) 세 아들을 두었는데, 민여질이 일찍 죽자 민(閔) 어른은 민여기의 아들 아무개에게 민여질의 뒤를 잇게 하였습니다. 그 뒤 민여질의 아내가 죽자 아무개는 3년 동안 복(服)을 입고 신주(神主)를 쓰는 데에도 아들이라 칭했으나 관에 고하지는 않았었습니다. 지난 을미년(1655, 효종6) 여름에 민여기의 아내가 죽자 태지(泰之 이유태(李惟泰))가 "아무리 조부의 명이 있었다 하더라도 관에 보고하지 않았으면 민여질의 아들이 될 수 없으니, 아무개는 생모를 위하여 삼년복을 입어야 한다."라고 하였으므로 마침내 아무개는 다른 아들들과 같이 생모의 복을 입었습니다. 윤길보(尹吉甫 윤선거(尹宣擧))가 이 소식을 듣고 서둘러 신로(愼老 김집(金集))에게 고하기를,

"아무개가 민여질의 아내를 위해 이미 삼년복을 입고 신주에도 아들로 썼으니 이미 민여질의 아들이 된 것인데, 또다시 생모를 위하여 삼년복을 입는다면 인륜이 어지러워집니다."

하니, 신로도 그렇게 여겨 운운한 바가 있었습니다. 그러자 태지는 끝없이 논변하며 자못 말썽거리를 만들었습니다. 그때 저는 어머님

210 이정숙(李靜叔) : 이태연(李泰淵, 1615~1669)으로, 정숙은 그의 자이다. 본관은 한산(韓山), 호는 눌재(訥齋)이다. 김집(金集)의 문인으로 대사간, 이조 참의, 평안도 관찰사를 역임하였다. 송시열의 처남이다.

상중이었으나 사문(師門)의 일이어서 가만히 있을 수 없어 급히 신로께 편지로 여쭈어,

"옛날에 출계(出繼)한 자가 관에 보고한다는 글이 경전에 보이지는 않으나, 혼인 날짜도 오히려 임금께 고하였으니[211] 혼인보다 훨씬 중대한 출계의 일을 관에 고하지 않을 리가 만무한데 다만 그 글이 전해지지 않았을 뿐입니다. 옛날에 그런 글이 없다고 하더라도, 국법에서는 반드시 관에 알리고 입계(入啓)한 뒤에 비로소 다른 사람의 아들이 되도록 하였는데 지금 선생께서 아무개가 민여질의 후사가 된 것을 허여하셨으니, 가령 뒷날 선생께서 송관(訟官)이 되고 민여질의 딸이 아무개와 재산을 다투어 송사하기를 '저 아무개는 관에 보고하지 않았으니 우리 아버지의 아들이 될 수 없습니다.'라고 한다면 선생께서는 의(義)에 맞게 예를 새로 만들고 법을 폐하시겠습니까?"

하니, 신로께서,

"내가 어찌 태지를 그르다고 여겼겠는가. 내 뜻은 '이미 조부의 명을 받아 숙부의 후사가 되어 상복까지 입고 신주까지 썼다면, 지금 생모가 죽은 뒤 즉시 관에 보고하고 생모의 상을 기년(期年)으로 입는 것이 좋을 듯하다.'라는 것이었는데, 이기직(李基稷)이 나의 본뜻을 알지 못하여 내 뜻을 잘못 전하고 또 서제(庶弟) 고(杲)가 황당(荒

211 혼인……고하였으니 : 《예기》 〈곡례 상(曲禮上)〉에 "혼인하는 날과 달을 적어서 임금에게 알리며, 재계하여 귀신에게 알리며, 술과 음식을 장만하여 향당과 동료와 벗을 불러 잔치를 베푸나니, 이로써 부부유별의 예를 두텁게 하는 것이다."라고 한 것을 말한다.

唐)한 글을 지어 제윤(諸尹 윤선거)에게 주어 시끄럽게 만들 줄은 생각지도 못했으니 한탄스럽네."

하였습니다. 연산(連山)의 젊은이들이 우상(迂相 우재(迂齋) 이후원(李厚源))에게 태지를 논박(論駁)하니 우상이 "이것은 그렇다. 그렇지만 장자(長者 김집)가 공주 목사(公州牧使)가 되어 이 일을 처리한다면 법령을 폐하겠는가."라고 하였습니다. 이로 인하여 태지의 의견이 약간 우세하였는데 이 일이 호남으로 흘러들어 가자 김양성(金陽城) 일파는 관에 보고하지 않는 것이 옳다며 "이는 바로 신재(愼齋)의 설이다." 하였고, 이기발(李起浡) 일파는 관에 보고하지 않는 것은 잘못이라고 하였습니다.

그러나 강약과 다소에 따라 시비가 정해지므로, 호남 도(道) 전체에서는 관에 보고하지 않고 저네들 멋대로 부자(父子)가 되는 것이 이미 규례(規例)가 되었으니 매우 한심스럽습니다. 저 아버지 된 자는 그래도 괜찮지만, 자식 되는 자는 제 맘대로 제 부모를 버리고 남의 자식이 되는 것이니 어찌 심히 윤리에 어긋나지 않겠습니까. 지금 세상에서 명문가라 하는 장응일(張應一)과 윤순거(尹舜擧) 같은 사람들도 이같이 하는데, 그 밖의 사람이야 더 말할 것이 있겠습니까.

근래에 김여량(金汝亮)이 제 마음대로 그 아우 김여옥(金汝玉)의 아들을 제 자식으로 삼아 혼서(婚書)와 방목(榜目)에도 모두 김여량을 아버지로 기록하였으며, 지난해 김여량의 아내가 죽자 김여옥의 아들이 어머니를 위해 입는 복을 입었습니다. 얼마 전에 김여옥도 죽었는데, 어떤 젊은 사람이 논하기를 "관에 보고하지 않고 다른 사람의 후사가 되는 것은 바로 신로가 허여하신 바이다." 하고, 드디어 강복(降服)하여 김여옥의 상복을 기년으로 입게 하였는데 김여량이 창원(昌原)에서 이 소식을 듣고 강복하지 말고 참최복(斬衰服)을 입으라고 하였으니 그 집안일은 윤리가 없다 하겠습니다. 어째서이겠습니까.

김여옥을 위하여 참최복을 입고자 한다면 방목이 이미 예람(睿覽 임금의 결재)을 거쳤으니 공문(公文)이고, 또 김여량의 아내를 위하여 어머니에게 입는 복을 입었는데 또다시 김여옥을 위하여 참최복을 입는다면 이는 자식 한 사람이 수숙(嫂叔)을 부모로 여기는 것이니, 입에도 올릴 수 없는 일입니다. 또 김여옥을 위하여 참최복을 입지 않으려 한다면 이는 멋대로 그 아버지를 버리는 것이니 감히 할 수 없는 일입니다. 당초에 신로께서 그 폐단이 이에 이르리라고 또 어찌 생각이나 하셨겠습니까.

출계를 관에 보고한다는 말이 비록 고례(古禮)에는 보이지 않으나 《주자대전(朱子大全)》에 이에 대한 명백한 문구가 있고 귀종(歸宗)도 역시 관에 보고한다고 하였는데, 호남 사람들이 이유태의 의견을 따르지 않다가 반드시 망측하고 난처한 일이 생기면 장차 모두 신로를 구실로 삼을 것입니다. 이를 생각하면 저도 모르게 자고 먹는 것이 편치 않습니다.

이제 다행히 영감(令監)이 전라도 관찰사가 되었으니, 처음부터 끝까지를 명백히 분별하여 신로의 본의가 그런 것이 아님을 밝히기 바랍니다. 그런 뒤에 법령을 환히 밝혀 관에 보고하지 않은 자는 일절 부자로 허여하지 않는다면 명분이 바르고 말이 이치에 맞아 큰 혼란이 그칠 것이니, 호남 사람들이 영감의 은혜를 받는 것이 어찌 크지 않겠습니까. 이는 윤리만을 위하여 말하는 것이 아니라 실로 사문을 위하여 이처럼 자세히 말하니, 헤아려 살펴 주십시오.

송자대전

제44권

書서

한호호[1] 여해 에게 보냄 을묘년(1675, 숙종1)

與韓浩浩 如海○乙卯

3, 4십 년 전에 들으니 형이 이웃에 함께 있는 사람 하나를 지목하여 불길하다며 서로 보지 않는다기에 저는 몹시 의심스러웠는데,[2] 이제 와서 보건대 형의 밝은 견해와 바른 재능이 옛사람과 비교해 부끄럽지 않으니 형의 문에 가시를 지고 가서 사죄하지[3] 못하는 것이 한스럽습니다.

1 한호호(韓浩浩) : 한여해(韓如海, 1607～1693)로, 호호는 그의 자이다. 본관은 청주(淸州)이다. 1633년(인조11) 식년시에 합격하였으나 병자호란 때 청(淸)나라에 항복하자 벼슬하지 않고 학문에 전념하였다. 뒤에 예산 현감(禮山縣監)을 지냈다.

2 형이……의심스러웠는데 : 이웃 사람이란 윤휴(尹鑴)를 가리킨다. 한여해가 여주(驪州)에 살 때 윤휴가 처음에는 명성이 있어서 송시열도 칭찬했는데, 한여해는 윤휴와 사는 곳이 가까워 처음에는 친하게 지냈으나 뒤에 그의 마음 씀이 옳지 못한 것을 보고는 마침내 절교하였다. 윤휴와 사이가 벌어진 뒤 송시열은 사람을 대할 때마다 스스로 미리 내다보지 못한 것을 탄식하였다 한다.《肅宗實錄 30年 7月 25日》

3 문에……사죄하지 : 전국 시대 인상여(藺相如)의 지위가 높아지자 염파(廉頗)가 승복하지 않고 인상여를 욕보이고자 하였는데, 인상여가 국가의 이익을 위하여 매번 염파와 마주치는 일을 피하자 이 말을 들은 염파가 웃옷을 벗고 가시나무를 등에 지고서 인상여를 찾아가 사죄하였다 한다.《史記 廉頗藺相如列傳》

한호호에게 보냄 을묘년(1675, 숙종1) 7월 22일

與韓浩浩 乙卯七月二十二日

막 편지를 보냈으니 조만간 도착할 것입니다. 선친의 묘갈명[4]은 손자에게 부쳐서 올렸으니 다시 하실 말씀이 있다면 번거롭게 하는 것을 꺼리지 마십시오. 다만 한 가지 드릴 말씀이 있습니다. 여헌가(呂獻可)[5]는 송(宋)나라 조정의 명현(名賢)이지만 형의 밝은 견해는 이분보다 못하지 않습니다. 여공은 이미 출세하여 잘 알려진 사람에 대하여 앞서 내다보았지만, 형께서는 먼지 속에 묻혀 있어 남에게 알려지지 않은 가운데에서 알아보셨습니다. 여공보다 더 뛰어난데 도리어 사양하고 물리쳐 유일(遺逸)의 자리를 차지하지 않는 것[6]은 어째서입니까? 우습습니다. 이만 줄입니다.

4 선친의 묘갈명 : 한여해의 아버지 한필후(韓必厚)의 묘갈명을 말한다. 송시열이 지었다. 《宋子大全 卷175 典籤贈左承旨韓公墓碣銘》

5 여헌가(呂獻可) : 여회(呂誨, 1014~1071)로, 헌가는 그의 자이다. 여회가 사마광(司馬光)에게 "왕안석(王安石)을 재상으로 삼으면 천하가 반드시 화를 입을 것이다."라고 말한 적이 있었다. 사마광이 당시에는 믿지 않다가 나중에 왕안석이 정권을 잡고 신법(新法)을 시행하다가 차질을 빚어 송나라를 쇠망의 길로 나아가게 하자, 그제야 여회의 선견지명에 감탄하였다고 한다. 《宋史 呂誨列傳》

6 사양하고……것 : 병자호란과 정유재란을 겪은 뒤로 조정에서 한여해를 유일이라 하여 여러 차례 제수하는 명이 있었지만 모두 나아가지 않았고, 그를 대간에 임명하려고 하자 '헛된 영화는 욕을 당하기 쉬우니, 혼탁한 세상에는 명성 없이 살아야 한다.'라고 생각하고 고을 수령으로 나아갔다가 몇 달 만에 사직하고 고향으로 돌아갔다. 《承政院日記 英祖 2年 7月 8日》

한호호에게 보냄 병진년(1676, 숙종2) 2월 18일

與韓浩浩 丙辰二月十八日

어제 보낸 편지는 조만간 도착할 것입니다. 선친의 묘갈명은 지금 손자 편에 부쳤으니 살펴보는 것이 어떻겠습니까? 듣자니 형이 "퇴계(退溪 이황(李滉))라면 하지 않았을 것이다."라고 했다는데, 참으로 식견이 있는 말입니다. 그러나 주 부자(朱夫子)께서 참형을 주청하는 일을 당했을 때[7]는 물론 사양한 경우도 있었지만 부응한 곳이 매우 많았습니다.[8] 오늘날 주자의 도가 몹시 위태로워 시속을 어기고서 따를 수밖에 없으니 또한 그 어리석음을 알겠습니다. 한번 웃으시는 것이 어떻겠습니까? 이만 줄입니다.

7 주……때 : 남송 영종(南宋寧宗) 때 한탁주(韓侂胄) 등이 주희(朱熹)의 학문을 위학(僞學)으로 지적하여 배척하면서 주희를 죽여야 한다고 아뢰었던 일을 말한다. 《宋史 道學列傳 朱熹》

8 부응한……많았습니다 : 주희가 위학당으로 지목받아 목숨이 위태로운 지경에서도 진염부(陳廉夫)의 광명(壙銘)을 짓는 등 예전에 지어 주기로 승낙했던 곳에는 금석문(金石文)을 지어 주었던 것을 말한다. 《宋子大全 卷69 答李養而》

한호호에게 답함 임술년(1682, 숙종8) 12월 13일

答韓浩浩 壬戌十二月十三日

추위가 계절과 어긋나 강물에 배를 띄울 수 있지만, 병으로 아직 배를 타고 당신의 집에 갈 수 없어 늘 탄식하고 있었습니다. 그런데 문득 편지를 보내셨으니, 하신 말씀은 삼가 잘 알았습니다. 나그네 시름으로 병이 깊어 있는 곳을 깜박 모르겠는데 만나 뵌 지 오래지 않아 다시 이 안부 편지를 받으니, 바다 밖에 있을 때[9] 어찌 이러한 일이 있었겠습니까. 그런데도 서로가 아직 한스러워하니 사람 마음이란 만족하지 못함을 알겠습니다. 다만 조물주가 조롱하는 데까지 가지 않는다면 봄 강의 약속을 저버리지 않을 것입니다. 이만 줄입니다.

9 바다……때 : 송시열은 1679년 4월 거제도(巨濟島)로 유배지가 옮겨졌고 1680년 5월 청풍(淸風)에 중도부처(中途付處)되었다가 같은 해 6월 석방되어 회덕(懷德)으로 돌아왔다. 《宋子大全 附錄 卷8 年譜》

한호호에게 답함 계해년(1683, 숙종9) 1월 2일

答韓浩浩 癸亥元月二日

우리가 올해 바로 정대년(鄭大年)이 다시 자미선(紫微仙)을 만났던 해[10]가 되었는데 두려운지 즐거운지 모르겠으나 멀리 고향을 추억하자니 우두커니 앉아 서글펐습니다. 그런데 문득 이 편지를 받고 이어서 당신 아드님을 마주하니, 얼굴을 보고 이야기하는 것과 다름없었습니다. 저의 위로되고 후련한 마음 어떠했겠습니까. 저는 승지와 마주볼 수 없는 사정이 있어 병이 조금 낫기를 기다렸다가 대략 서울 근교에 나아가서 사정을 아뢴 뒤 사직하고 떠나려 합니다.[11] 그러나 앞일이

10 정대년(鄭大年)이……해 : 77세를 말한다. 1683년은 송시열이 77세가 되는 해이기 때문에 하는 말이다. 《宋子大全隨箚 卷5》 정대년은 장성(長城) 사람인데, 죽은 뒤에 염라부(閻羅府)에 가서 하서(河西) 김인후(金麟厚)가 명부(冥府)를 주관하는 것을 보았다. 김인후가 정대년을 불러 "너와 이름이 같은 사람이 있어 그 사람이 죽어야 하는데 네가 지금 잘못 왔으니 부디 즉시 돌아가라."라고 하면서 "세억은 그 이름이 장수를 뜻하기에, 구름 헤치고 와서 자미선에게 아뢰었네. 일흔일곱 살에 다시 만나리니, 이 말을 인간 세상에 함부로 전하지 말라.〔世億其名字大年, 披雲來謁紫微仙. 七十七歲還相見, 此語人間莫浪傳.〕"라는 절구 시 한 수를 주었다고 한다. 《象村集 卷49 山中獨言》

11 저는……합니다 : 송시열이 영중추부사에 임명된 뒤 1682년 9월 소명을 받고 서울로 올라갔는데, 우승지 이현석(李玄錫)이 상소하여 자신이 대간일 때 송시열을 절도(絶島)에 이배(移配)할 것을 청하였는데 송시열이 다시 들어왔으니 편치 않다고 아뢰었다. 이를 불안하게 여긴 송시열은 소(疏)를 남기고 서울을 떠나 치사(致仕)를 청하면서 나아가지 않았는데, 숙종이 여러 차례 승지를 보내 유시(諭示)를 전하였다. 이에 송시열은 치사를 허락하면 부름에 나가겠다는 뜻을 전하였고, 숙종이 허락하자 조정에 나갈 뜻을 알렸다. 《肅宗實錄 8年 11月 25日, 9年 1月 2日》

장차 어떠할지 모르겠습니다. 생대구 한 마리를 보내 드리니 늦게 얻은 귀한 아드님에게 먹이시는 것이 어떻겠습니까? 나머지는 이만 줄입니다.

이여수[12] 하악 에게 답함 경자년(1660, 현종1) 4월 23일
答李汝壽 河岳○庚子四月二十三日

지난겨울에 경황이 없어 서울에 있는 벗에게도 떠난다는 인사를 하지 못하였는데, 더구나 여러 날 걸리는 먼 거리에 있는 영형(令兄)의 경우이겠습니까. 서로 거리가 더욱 멀어져 안부할 길이 없더니, 어제 아이가 서울 어귀에서 파발 편으로 당신의 편지를 보냈기에, 먹물이 바래도록 여러 번 열어 보아도 여전히 멈출 수 없었습니다. 편지를 보낸 뒤에 정무를 돌보는 안부는 어떠한지요? 저는 텅 빈 산에서 문을 닫고 세상을 멀리하고 있으니 그럭저럭 남은 생애를 지낼 만합니다. 돌아보건대 조정에서 애써 물어왔기에 함부로 예제(禮制)를 논하였다가 종묘사직을 위태롭게 하기를 꾀했다는 죄명을 얻었습니다. 지은 죄가 이렇게까지 큰 것입니까. 두려운 마음에 죽고 싶어도 죽지 못합니다.

또 동기 세 사람 중에 형 한 명과 아우 한 명은 벼슬살이하느라 멀리 있고 다만 막내아우와 함께 시골에 묻혀 살고 있지만, 또 각자 하루 걸리는 곳에 살고 있어 서로 만나는 것 또한 드무니 늘그막의 회포에 몹시 견딜 수 없습니다. 국가의 연제사(練祭祀)[13]가 벌써 닥쳤습니다만 죄명이 적지 않으니[14] 감히 곡반(哭班)에 나아갈 생각을 하지 못합니

12 이여수(李汝壽) : 이하악(李河岳, 1610~1677)으로, 여수는 그의 자이고 본관은 용인(龍仁)이다. 대사간 이사경(李士慶)의 손자로, 나주 목사(羅州牧使)를 지냈다. 송시열은 그를 '성이 다른 형제'라 칭하였다. 《宋子大全 卷180 忠州牧使李公墓碣銘》

13 국가의 연제사(練祭祀) : 사람이 죽은 지 한 돌 만에 지내는 제사인 소상(小祥)을 말한다. 효종은 1659년(효종10) 5월 붕어(崩御)했다.

다. 망극한 은혜를 저버리게 되었으니 장차 지하에서 선왕을 뵐 면목이 없습니다. 훌륭한 선물은 잘 받았습니다. 만약 지극한 마음이 있지 않다면 어찌 여기에까지 미쳤겠습니다. 멀리서 몸을 더욱 아끼기를 지극히 빕니다. 이만 줄입니다.

○ 가면 갈수록 유치해지는 숙부[15]는 지금 태인(泰仁)의 풍요로운 지역에 수령이 되셨으니 친구의 기쁨입니다. 껄껄.

14 죄명이 적지 않으니 : 효종의 소렴(小斂) 때 매[絞]를 묶지 않도록 청한 일, 크기가 작은 재궁(梓宮)에 판자를 연결하여 쓰도록 청한 일, 능 자리를 수원(水原)으로 하지 않은 일 등을 가지고 반대 입장에 있는 자들이 문책 거리로 삼은 것을 말하는 듯하다. 《宋子大全 附錄 卷3 年譜》

15 유치해지는 숙부 : 덕을 숨기고 드러내지 않는 상대방의 숙부를 높여서 한 말이다. 진(晉)나라 왕담(王湛)은 알려지지 않은 덕행이 있어 남이 알지 못했기에 조카인 왕제(王濟)도 그를 가벼이 여겼는데, 하루는 《주역》의 현묘한 이치를 분석해 놓은 것을 보고서 집에 이름난 사람이 있는데도 30년을 알지 못했다며 탄식하였다. 그 뒤 무제(武帝)가 "그대의 집에 유치한 숙부는 아직 죽지 않았느냐?"라고 하자 왕제가 "신의 숙부는 전혀 어리석지 않습니다."라고 하였던 고사에서 유래하였다. 《晉書 王湛列傳》 이하악의 숙부 이후산(李後山)은 당시 강원도 관찰사로 있었고, 그 외에 수령으로 있었던 숙부는 확인되지 않는다. 《顯宗實錄 1年 5月 21日》

이여수에게 보냄

與李汝壽

산수도 사람을 머무르게 할 수 없는데 더구나 이렇게 누추한 곳이겠습니까. 한 가닥 구름 너머에 있을 뿐인데도 밤새도록 그리우니, 조한 사람 마음이란 만족을 모른다는 것이 스스로도 이상합니다. 못난 이 사람의 회포를 달래려 밤사이의 안부가 어떤지 여쭙니다.

한자구[16] 수원 에게 답함 기해년(1659, 현종 즉위년)

答韓子耇 壽遠○己亥

저 하늘이 어질지 않아 갑자기 우리 성주(聖主)를 빼앗아 갔으니 참으로 이른바 창업을 반도 못 이룬 채 중도에 돌아가신[17] 경우입니다. 밤낮으로 애통해하며 죽지 못하는 것을 한스러워하였습니다. 노형(老兄)께서 편지를 보내어 안부를 물어보시니 감격한 마음 가눌 수 없습니다. 저는 해마다 서증(暑症)을 앓는데 올해는 몹시 심하여 보름이나 음식을 먹지 못하고 있어 숨이 거의 끊어질 것만 같습니다. 스스로 정력을 헤아리건대 오래갈 물건이 아닌 듯하니 몹시 벼슬에서 물러나 돌아가서 죽고 싶을 따름입니다. 노형이 권면하신 뜻은 실로 돌보고 아껴주심에 감사합니다만 행동할 때가 말할 때와 같지 않고 남의 마음이 저의 마음과 같지 않습니다. 이 몸이 이 책임을 맡은 것이 어찌 난쟁이가 억지로 천균(千勻)의 무게를 떠맡은 것이 아니겠습니까.

지금 다행히 새 임금께서 영명(英明)함을 이으셔서 명을 내리고 일

16 한자구(韓子耇) : 한수원(韓壽遠, 1602~1669)으로, 자구는 그의 자이다. 우의정을 지낸 한응인(韓應寅)의 손자로, 김장생(金長生)과 정엽(鄭曄)의 문인이다. 성균관에 있을 때 유생들과 함께 이이(李珥)와 성혼(成渾)을 문묘에 배향할 것을 상소하였다가 좌절되자 과거를 단념하고 은거하였고 뒤에 대구 부사(大丘府使)와 상주 목사(尙州牧使)를 지냈다.

17 창업을……돌아가신 : 효종이 병자호란 뒤 피폐해진 나라의 기초를 다지기도 전에 세상을 떠났다는 말이다. 촉한(蜀漢)의 유비(劉備)가 세상을 떠난 뒤 위(魏)나라를 치려고 출병할 때 제갈량(諸葛亮)이 〈전출사표(前出師表)〉에서 유비를 두고 한 말이다. 《三國志 蜀書 諸葛亮傳》

을 처리하는 것이 모두 이치에 맞으니, 이는 참으로 신민(臣民)의 복입니다. 경기 백성의 기쁨과 근심은 오로지 공역(工役)이 번거로운지 간략한지에 달려 있으니, 이는 대신이 조용히 길을 열어 인도해서 검소함이 효도가 되는 것을 밝히기만 하면 거의 괜찮을 것입니다. 하고 싶은 말은 많지만 병든 몸을 애써 부지하느라 대충 씁니다. 이만 줄입니다.

한자구에게 답함

答韓子耇

뜻밖에 이 편지를 받았는데 깨우치는 말씀이 간절하고 지극하니 감격스러움을 이루 말하기 어렵습니다. 다만 오직 벼슬에 나아가고 물러나는 도는 그 단서가 하나가 아니고, 저 같은 못난 사람은 기러기와 같을 뿐만이 아니니, 강호(江湖)에 그다지 영향을 끼치지 않으리라 생각했습니다. 그런데 지금 사람들의 입에 올라, 있으나 마나 한 인원수나 채웠던 것이 도리어 영광이 될 줄 생각지도 못했습니다. 그저 당시에는 떠날 수 있는 의리가 없었기에 떠나겠다는 말을 입 밖에 내지 못했는데, 이제 사람들이 떠나야 한다고 강하게 주장하니 떠났으면 하는 자가 많음을 알 수 있습니다. 이러하다면 가지 않으려 해도 가능하겠습니까. 다만 이 한 가지 병이 질질 끌고 있어 죽음과는 종이 한 장 차이이니 벼슬에 나아가거나 물러난다는 말은 짐짓 꿈속에서 꿈을 말하는 것과 같습니다. 듣자니 장차 서울에 들어오신다는데, 만날 수 있다면 이 회포를 다 풀어 놓을 수 있겠습니다. 나머지는 병이 괴로워 이만 줄입니다.

한자구에게 답함

答韓子耉

늘그막에 그리워하는 마음은 피차 무엇이 다르겠습니까. 뜻밖에 편지가 오니 그립던 마음이 몹시 위로되었습니다. 저는 소명(召命)은 없으나 본래 마땅히 대례(大禮)[18]에 참석해야 합니다. 그러나 질병과 허물 때문에 모두 억지로 참석하기가 어려우므로 일전에 사관(史官)이 왔을 때 끝내 진정을 말하여 애걸하였습니다. 듣건대 춘형(春兄 송준길(宋浚吉)) 또한 병에 시달리고 날씨가 춥다는 이유로 나아갈 수 없다 하니 성상의 마음이 반드시 또한 서운할 것입니다.

형이 사직하고 돌아갈 수 없는 것은 예전에 관찰사의 편지로 알았습니다. 그와 친한 사람 중에 또 형 같은 사람이 있다면 서로 의지하여 일을 함께하고 싶다는 바람이 어찌 끝이 있겠습니까. 형이 부응해 주시는 것에서 또한 지극히 후덕한 마음을 알겠습니다. 말씀하신 소회(疏會)[19]는 실로 세도에 다행입니다. 다만 소본(疏本)은 저의 처지로 어찌 감히 사론(士論)에 끼어들어 간섭해서 감히 한마디 말이라도 지을 수 있겠습니까. 아무리 벗의 서찰이라도 아주 부득이한 경우가 아니라면 또한 감히 답하지 못합니다. 마침 유 학사(兪學士 유계(兪棨))가 왔기에

18 대례(大禮) : 유계를 학사(學士)라고 부르고 추운 날씨를 언급한 것으로 보아 이 편지는 유계가 사망한 1664년(현종5) 2월 이전에 보낸 것으로, 정월 초하루에 행하는 정조 진하(正朝陳賀)를 말하는 듯하다. 《宋子大全 卷162 市南兪公神道碑銘》

19 소회(疏會) : 여러 사람이 연명으로 상소하기 위하여 모이는 모임을 말한다.

마주하여 그 초본(草本)을 보고 꽤 삭제하고 윤색하였는데, 뜻이 원만하고 말의 이치가 제법 볼만하니 다행입니다. 보내 주신 생선과 과일, 편지지는 참으로 감사합니다. 이만 줄입니다.

한자구에게 답함 병오년(1666, 현종7) 7월 5일

答韓子耉 丙午七月五日

골이 깊고 숲이 무성하며 큰물이 빙 둘러 흐르니 사람뿐만 아니라 나는 새도 올 수 없는 곳인데, 뜻밖에 노형(老兄)의 편지를 문득 보니 놀랍고 반가워 말할 바를 알지 못하겠습니다. 제가 이곳에 온 이유는 다름 아닙니다. 사람이 많은 곳에 앉아 있자니 날마다 듣는 것이라곤 일의 옳고 그름과 벼슬이 오르내리는 것에 관한 일들뿐인지라, 이렇게 몇 년을 훌쩍 보낸다면 책을 보려고 해도 볼 수 없겠다는 생각이 들었기 때문입니다. 그러므로 책 몇 상자를 가지고 와서 비어 있는 남의 정자(亭子)[20]를 빌려 몇 달 동안 조용히 앉아 글을 읽었더니, 읽은 책이 과거 1년 동안에 읽은 책에 맞먹습니다.

또 노선생(老先生 김장생(金長生))의 유고를 교정하였는데, 이 도의 관찰사[21]가 지금 막 판각하는 중입니다. 시끄러운 가운데 있었다면 어찌 이 일을 처리해 낼 수 있었겠습니까. 고개를 숙이고 농사나 짓고 싶으나 한 치 땅도 없으니, 참으로 이곳에 오래 있기도 어렵습니다. 그러나 입이 있으면 저절로 먹을 것이 생긴다는 장횡거(張橫渠 장재(張載)) 선생의 훈계가 있으니, 성현께서 반드시 저를 속이지 않을 것이므

20 비어……정자(亭子) : 《송자대전수차》 권5에, 송시열이 이해에 비로소 화양(華陽)에 집을 짓기 시작했는데 황서(黃瑞)의 침류정(枕流亭)을 빌려서 거주하였으며, 정자는 화양동 입구 10리 밖에 있었다는 내용이 있다.

21 이 도의 관찰사 : 임의백(任義伯)을 말한다. 1665년 충청도 관찰사에 임명되었다. 《顯宗實錄 6年 9月 6日》

로 이 말씀을 믿고서 근심하지 않습니다.

일깨워 주신 말씀이 어쩌면 그리도 자상하십니까. 모(某) 수령과는 어찌 정의(情意)를 통하지 못할 사이이겠습니까. 이곳과 교하(交河 파주의 옛 지명)의 일하는 곳이 멀지 않으므로 모 수령이 그날 사람을 보내 물어보겠다고 약속하였으니, 그때 형을 위해 상세히 알려 드리겠습니다. 노형이 서쪽으로 가시면 서로 만날 길이 더욱 없을 것이니, 늘그막의 심사가 더욱 무료함을 느낍니다. 이만 줄입니다.

별지

지난번 있었던 일은 고금에 드문 것입니다. 그러나 어찌 남을 탓하겠습니까. 자신을 꾸짖을 뿐입니다. 또 생각건대 영남에는 인재가 없고 교화가 쇠하여 정인홍(鄭仁弘)이 회재(晦齋), 퇴계(退溪), 우계(牛溪), 율곡(栗谷)을 속이고 헐뜯은 뒤로는 점점 편파적인 데 물들어 사람에게는 부끄러운 일이 있다는 것을 모르니, 제가 저들에게 막된 말로 헐뜯긴 것이 무엇이 이상하겠습니까. 게다가 봉황을 쏘는 화살에 맞았으니 까마귀의 영광이기도 합니다. 다만 불초한 저로 인하여 전체 영남 사람들이 이 지경까지 낭패를 당하였으니, 남들은 저에게 다행이라 하지만 저는 미안하고 또 불쌍한 마음이 그지없습니다. 이 일을 당한 뒤로 입을 다물고 다시 거론하지 않았으나 지금 형이 언급하셨기 때문에 저의 속마음을 대략 말씀드립니다.

지난 초여름부터 이곳에 와 있었는데, 분수에 넘치게도 행조(行朝)[22]에서 두 차례나 사관(史官)을 보내시고, 끝으로는 또 승지를

22 행조(行朝) : 현종이 1666년 3월에서 4월 사이에 습진을 치료하기 위해 온양에

보내어 돈유(敦諭)하셨습니다. 그 교서(敎書)에 "승지가 대면해서 하는 말은 내가 대면해서 하는 말과 다를 것이 없다.……"라고 하셨습니다. 그러니 남의 신하가 된 자로서 아무리 죄명이 무겁다 해도 어찌 감히 처음에 먹었던 마음만을 고수하겠습니까.

그러므로 그달 26일에 드디어 온양읍(溫陽邑) 근처까지 가서 상소하고 대죄(待罪)하니, 비답은 내리지 않고 빨리 들어오라고 재촉하셨으므로 부득이 감히 숙배(肅拜)하였습니다. 그러자 즉시 음식을 하사한 뒤에 인견(引見)하여 깊이 위로하며 타이르시고, 또 수행하여 서울로 가서 원자(元子)를 돕고 인도하라는 뜻으로 말씀하시기에 감당할 수 없다고 사양하였습니다. 이튿날 아침에 또 도승지를 보내 뜻을 전하며 "여기에서 뒤에 떨어져 온다면 자못 그대 말을 듣기 불편하니 나를 위하여 노력하지 않겠는가.……" 하시므로 감히 다시 사양할 수 없어 그날 드디어 대가(大駕)를 모시고 직산(稷山)에 도착하였습니다. 또 이튿날에는 자가(慈駕)를 모시고 성환(成歡)에 도착하니, 대가는 벌써 소사(素沙)의 막차(幕次)로 거둥하신 상태였습니다.

마침내 여기서 발길을 돌렸으나 차마 말머리를 돌리지 못하고 우두커니 서서 어가 쪽을 바라보면서 비 오듯 눈물을 흘렸습니다. 어가가 진위(振威)에 도착했을 때 승지가 제가 뒤처졌다고 아뢰니, 또 한림(翰林)을 보내 회덕(懷德)으로 유지(諭旨)를 내리셨습니다. 전후의 성은이 이처럼 극진하니 비록 뼈가 가루가 되고 몸이 부서지더라도 어찌 감히 몸을 아끼겠습니까.

행차하였다.《顯宗實錄 7年 3月 26日, 閏4月 3日》

보내신 편지에 "내년 봄에 있을 대례(大禮)[23]에 오지 않아서는 안 될 것이다."라고 하신 것은 참으로 지당한 말씀이지만 이 몸이 현재 더러운 욕을 먹고 있고 그들이 저를 논척한 것은 바로 예(羿)와 왕망(王莽)[24] 같은 사건으로 여기는 것인데, 어찌 감히 천지 사이에 얼굴을 들겠습니까. 그때 한림이 전유(傳諭)한 교지에도 "경(卿)이 내려간 뜻을 나도 알고 있다.……"라고 하셨으니, 성명(聖明)께서도 저의 상황을 자세히 살펴 알고 계시는 것입니다. 형의 정성스러운 말씀에 감격하여 그 전말을 대략 말씀드렸으니, 보신 뒤 즉시 태워 버리시기 바랍니다.

23 내년……대례(大禮) : 세자 책봉례(冊封禮)를 말한다. 1661년에 뒷날 숙종이 되는 원자가 태어났고, 1667년 세자로 책봉되었다. 《顯宗實錄 2年 8月 15日, 8年 1月 22日》

24 예(羿)와 왕망(王莽) : 모두 나라를 찬탈한 인물들이다. 예는 유궁(有窮)의 임금으로 활을 잘 쏘았는데 하(夏)나라가 쇠약해지자 하후(夏后)를 죽이고 왕위를 찬탈하였고, 왕망은 한 평제(漢平帝)를 독살하고 왕위를 찬탈하여 신(新)나라를 세웠다. 《書經 五子之歌》《漢書 王莽傳》

윤충거[25] 비경 에게 보냄 을묘년(1675, 숙종1)

與尹沖擧 飛卿○乙卯

죄인은 아룁니다. 차마 말하지 못하겠고 차마 듣지 못하겠으니 무슨 말로 형의 마음을 위로하겠습니까.[26] 그가 장차 상수(湘水)의 강리(江蘺)[27]로 저의 혼을 부를 것이었는데 어찌 그를 곡하는 자리에 저를 있게 할 줄 생각이나 했겠습니까. 어제 젊은이들과 자리를 설치하고 통곡하였으나 어찌 제 마음의 만분의 일이나마 토로할 수 있었겠습니까. 다만 노형은 부디 마음을 절제하고 눌러 그의 효심을 위로하기 바랍니다. 또 한 가지 일이 있습니다. 퇴지(退之)가 한 말이 있으니, "슬퍼할 날이 얼마 남지 않았고, 곧 죽어서 슬퍼하지 않을 날이 무궁하다." 하였는데,[28] 노형이 슬퍼할 날이 다시 얼마나 있겠습니까. 이 말로 스스로

25 윤충거(尹沖擧) : 윤비경(尹飛卿, 1607~1680)으로, 충거는 그의 자이다. 본관은 파평(坡平), 시호는 소정(昭靖)이다. 우승지, 호조 참판 등을 역임하였고 파평군(坡平君)에 봉해졌다.

26 죄인은……위로하겠습니까 : 1675년 1월 송시열이 장기(長鬐)의 유배지로 갈 때 서울에서 병으로 누워 있던 문인 윤명우(尹明遇)가 동문 100여 명을 이끌고 전송하였다. 원래 병이 심했던 윤명우는 추운 날씨에 40리 길을 나온 데다 상심이 깊은 탓에 사망하였다. 송시열은 자신 탓에 죽은 것이라며 몹시 자책하였는데, 윤명우가 윤비경의 아들이었기에 죄인이라고 말한 것이다. 《宋子大全 卷192 眞寶縣監尹君墓表》

27 상수(湘水)의 강리(江蘺) : 참소를 받아 귀양 간 현자를 의미한다. 초(楚)나라 굴원(屈原)이 참소를 받고 조정에서 쫓겨난 뒤 상수에 귀양 가 있을 때 지은 〈이소(離騷)〉에 "강리와 벽지(辟芷)를 몸에 걸쳐 입고, 가을 난초를 꿰어서 허리에 찬다."라는 말에서 유래하였다. 강리와 벽지는 모두 향초 이름이다. 《楚辭 離騷》

달랜다면 아마도 괜찮을 것입니다. 나머지는 목이 메어 일일이 쓰지 못하겠습니다.

28 퇴지(退之)가……하였는데 : 퇴지는 한유(韓愈)의 자이다. 한유가 조카인 한성로(韓成老)의 죽음을 애도하여 지은 제문에 나오는 말이다. 《韓昌黎集 卷5 祭十二郞文》

심자장[29] 지한 에게 답함
答沈子章 之漢

《예기》〈증자문(曾子問)〉의 주(註)에 소상(小祥)과 대상(大祥)만 논하였고 담제(禫祭)를 언급하지 않은 것은, 소상과 대상은 끝내 빠트릴 수 없고 담제는 담담하여 평안해진다는 뜻인 만큼 두 상(祥)과는 차이가 있기 때문입니다. 국상(國喪)의 졸곡(卒哭)이 이번 달에 있는데 사상(私喪)의 중월(中月) 기일[30]이 다음 달에 있다면, 사상의 대상은 지난달에 있었던 것이 됩니다. 그렇다면 대상은 마땅히 다음 달을 기다려서 행해야 했는데,[31] 어찌 지레 다음 달에 담제를 지낼 수 있겠습니까. 이 질문은 옳지 않습니다.

《예기》에서 이른바 "적자(嫡子)가 때에 맞추어 친상(親喪)의 예를 행한다."라고 하였을 때의 이 적자는 서인(庶人)을 두고 말한 것입니

29 심자장(沈子章) : 심지한(沈之漢, 1596~1657)으로, 자장은 그의 자이다. 본관은 청송(青松), 호는 창주(滄洲)·일호당(一虎堂)이다.

30 중월(中月) 기일 : 중월은 간월(間月), 즉 한 달을 건너뛰는 것을 뜻하니, 담제를 지내는 날을 가리킨다. 담제는 대상을 치른 뒤 한 달을 건너뛰어 초상(初喪)으로부터 윤달을 따지지 않고 27개월이 되는 달 하순의 정일(丁日)이나 해일(亥日)에 지내는 제사이기에 하는 말이다. 《朱子家禮 禫條》

31 대상은……했는데 : 송시열은 국상이 사상보다 우선하기 때문에 개인의 제사를 미루어야 한다고 주장하는 것이다. 문인 이기홍(李箕洪)에게 답한 송시열의 편지에 "국상의 졸곡 전에 개인 집의 연제(練祭)와 상제를 감히 행하지 못하는 것은, 연제와 상제는 성대한 제사이기 때문이다. 졸곡을 기다렸다가 날을 가려 뒤미처 행해야 한다."라고 한 내용과 서로 참조할 수 있다. 《宋子大全 卷90 答李汝九》

다. 고례(古禮)에 서인이 임금의 상에 복을 입을 때는 석 달의 자최(齊衰)만 입은 만큼 친상을 행하지 못할 의리가 없습니다. 우리나라는 사대부 집안의 경우 관직에 있건 없건 막론하고 모두 삼년복을 입는 만큼 일의 면모가 고례와 다릅니다.

우계(牛溪) 선생의 뜻은 삭망(朔望)은 작은 제사이므로 행하는 것도 무방하지만 기제사는 자식이 차마 아무 일 없는 듯이 할 수 없기 때문에 대략 행한다는 것이니, 담제와는 자연히 다릅니다.

대상의 제사를 마치면 즉시 신주를 모시고 사당에 들어간다는 것은 바로 《가례(家禮)》의 정문(正文)입니다. 이 예를 이미 잘못해서 그대로 지나쳐 버리고 말았다면 마땅히 삭망으로 인해 제사를 지낼 일이 있을 때 사유를 갖추어 고하여 나중에 사당에 모신다는 것은 의심할 것이 없습니다.

심자장에게 보냄
與沈子章

이즈음 존형(尊兄)이 부모님을 모시면서 정무를 살피는 생활이 복이 많으시리라 생각합니다. 어제 방목(榜目)을 보고서 당신 아드님이 과거에 합격한 것[32]을 알았으니 지극히 축하드리는 마음 금할 수 없습니다. 다만 안타까운 것은 일경(一卿)입니다.[33] 저의 병 상태는 여전하니 실로 넉넉한 보살핌을 받았습니다. 태지(泰之)의 일[34]은 갈수록 점점 심해져 심문하는 율(律)이 아울러 형에게까지 미쳤으니, 형은 개의치 않겠지만 그와 벗들이 미안한 마음을 어찌 견딜 수 있겠습니까. 일찍이 강선대(降仙臺)[35]에서의 약속을 받들었는데, 늦가을에 멋진 유람을

32 어제……것 : 심지한의 네 아들 중 방목에 든 사람은 둘인데, 1651년(효종2) 맏아들 심재(沈材)가 생원시에 합격하였고, 1678년(숙종4)에는 둘째 아들 심계(沈枅)가 식년시 문과에 급제하였다. 송시열은 1675년에서 1680년 사이 유배되어 있었기에 유람을 약속할 수 있는 시기가 아니었으니, 정황으로 보아 맏아들의 생원시 합격을 말하는 것으로 추측된다. 합격자 발표는 8월 2일이었으므로 이 편지는 1651년 8월 3일 이후에 쓴 것임을 알 수 있다. 《辛卯式年司馬榜目》《國朝文科榜目 卷13》

33 안타까운 것은 일경(一卿)입니다 : 일경은 이정기(李廷夔)의 자이다. 1651년 6월 홍문관에서 교리와 수찬 후보자를 천거하는 기록인 홍문록(弘文錄)에 권점을 찍었는데, 8점을 받은 사람이 6명, 7점을 받은 사람이 7명이었다. 이정기는 7점을 받았는데, 이를 두고 말하는 것으로 추측된다. 《孝宗實錄 2年 6月 13日》

34 태지(泰之)의 일 : 태지는 이유태(李惟泰)로, 1651년 4월 금산(錦山) 사람 박정(朴珽)의 아들 박취문(朴就文)이 이유태가 자신의 전답을 빼앗았다는 내용으로 상언(上言)했던 일을 말하는 것으로 보인다. 《孝宗實錄 2年 4月 17日》

35 강선대(降仙臺) : 옥천(沃川) 양산(陽山)에 있던 누대 이름이다. 양산은 오늘날

할 수 있겠습니까? 조만간 비선각(飛仙閣)[36]에 당도하면 다시 아뢰겠습니다.

충청북도 영동군에 속한다. 《宋子大全 卷215 恩津宋氏家傳》

36 비선각(飛仙閣) : 충청도 금산군(錦山郡) 제원(濟原)의 역관에 있던 누각 이름이다. 1670년(현종11)에 비선각에 대해 지은 기문이 남아 있다. 《宋子大全隨箚 卷5》《宋子大全 卷141 濟原驛飛仙閣記》

윤경임[37] 형성 에게 보냄 신해년(1671, 현종12) 12월 19일

與尹景任 衡聖○辛亥十二月十九日

형님의 병시중을 들기 위해 오래도록 깊은 골짜기에 있는데, 눈 내리는 추위에 정무를 돌보는 안부가 좋으신지 모르겠습니다. 몹시 그립습니다. 며느리[38]는 별 탈 없는지요? 24일이 벌써 다가왔으니 만날 날이 머지않았습니다. 다만 이날은 국기(國忌)인데 혼례와는 달라서 간략하게 친족을 모으는 의절(儀節)을 베풀 수는 있으나 끝내는 온당치 않으니, 처음에 잡았던 날짜인 25일에 나루를 경유하여 보내는 것이 어떻겠습니까? 25일에 만약 걸리는 것이 있다면 26일도 안 될 것은 없으니, 말씀해 주시기 바랍니다. 마침 조생(趙生) 때문에 대략 쓰고 이만 줄입니다.

37 윤경임(尹景任) : 윤형성(尹衡聖, 1608~1676)으로, 경임은 그의 자이다. 호는 기기재(棄棄齋)이며, 유계(兪棨)와 함께 송시열의 지기(知己)였다.

38 며느리 : 윤형성의 손자 윤이발(尹以發)에게 시집간 송시열의 종손녀(從孫女), 즉 송규석(宋圭錫)의 딸을 말하는 것으로 추측된다.《渼湖集 卷18 學生宋公墓表》

윤경임에게 답함 임자년(1672, 현종13) 1월 6일

答尹景任 壬子正月六日

서찰이 거듭 이어지니 산천이 가로막고 있는 줄 모르겠고, 기거가 편안하신 것을 알고서 또 기뻤습니다. 이곳의 노인과 어린아이 모두 병에 걸려 우려 속에 보내는 날이 많아서 미간(眉間)을 펴는 날을 만나기 어렵습니다. 오늘 아침에 사관(史官)이 내려와서 성상의 안부가 조금 편안해져 수라를 제법 드셨다는 소식을 들었으니 기쁘고 경사스러운 마음 어찌 끝이 있겠습니까.

당기(堂記)[39]와 관련하여, 군수가 편치 않을 것임을 당초에 이미 염려하여 글을 지으면서 충분히 참작하였습니다. 지금 다시 고치기는 어려우니 어쩌겠습니까. 또 듣자니 남을 칭찬하면서도 아첨이 되지 않는 것은 그 사람이 아첨을 좋아하는 실질이 없기 때문이라는데, 당신이 겸손할수록 더욱 이 문장을 고칠 수 없음을 알겠습니다. 어떠한지요? 손자며느리를 다시 볼 수 있다면 다행이겠습니다. 이만 줄입니다.

39 당기(堂記) : 충청도 옥천군(沃川郡)의 〈거사당기(去思堂記)〉를 말한다. 심유(沈攸)가 옥천군에 부임하여 선정(善政)을 베풀다가 고을을 떠난 뒤 윤형성이 부임해 왔는데, 심유가 짓다가 미처 완공하지 못했던 객사 옆의 당을 완성한 뒤에 선정을 베풀었던 그를 백성들이 더욱 그리워한다는 뜻을 붙여 '거사(去思)'라는 이름을 짓고 송시열에게 기문을 부탁하였다. 《宋子大全 卷142 沃川郡去思堂記》 거사는 '떠난 뒤에 생각한다'는 뜻이다.

윤경임에게 답함[40] 신해년(1671, 현종12) 8월 5일

答尹景任 辛亥八月五日

삼가 안부 편지를 받으니 만나서 이야기를 나누는 것만 같아 이루 말할 수 없이 위로되었습니다. 저는 묵은 병이 낫지 않고 갈수록 괴로우니 죽고 난 뒤에야 그치려나 봅니다. 차가운 비가 농사를 해치니 재실(災實)의 등급을 나누기가 아직 쉽지 않습니다. 작황을 실지로 답사하시는 일은 늦추었다가 열매가 맺기를 기다리는 것이 또한 마땅하지 않겠습니까? 이런 말로 논보(論報)하였으나 상사(上司)가 들어주지 않는다면, 또한 부디 일을 지연하면서 한편으로는 서원(書員)을 더 내어 때에 맞추어 일하게 하면 시기가 늦추어져 일이 생길 폐단이 없을 듯한데 어떤지 모르겠습니다. 서생(書生)의 계책이 졸렬하여 시의적절하지 않으니 부디 웃으며 이해해 주시는 것이 어떻겠습니까?

40 윤경임(尹景任)에게 답함 : 《송자대전》 서간의 편집 체제가 수신자 및 연도순으로 되어 있는 것에 따르면 이 서간은 앞의 신해년 12월 편지 앞에 있어야 한다.

윤경임에게 보냄 임자년(1672, 현종13) 8월 21일

與尹景任 壬子八月二十一日

"함께 쇠약하고 늙은 시절 더 이상 헤어질 때 아니라네.〔及此同衰暮, 非復別離時.〕"[41]라는 말은 오늘날의 심사와 딱 맞으니, 슬프고 어수선한 중[42]에 참으로 서글픈 마음을 견딜 수 없습니다.

다름이 아니라 어제 계주(季周 이단하(李端夏))의 편지를 받고 저의 막내 손자[43]를 그의 작은딸에게 허락했습니다. 그러므로 답장을 하여 알릴 일이 있는데, 서울에 들어가면 부디 즉시 전달해 주시는 것이 어떻겠습니까? 가난하고 재물이 없음을 꺼리지 않으니 계주는 참으로 오랑캐의 도[44]를 면했습니다. 만날 때 저를 위해 인사해 주십시오. 이만 줄입니다.

41 함께……아니라네 : 심약(沈約)의 시에 나오는 구절이다. 《문선(文選)》 권20 〈별범안성시(別范安成詩)〉에는 '此'가 '爾'로 되어 있다.

42 슬프고 어수선한 중 : 1672년 7월에 중씨(仲氏) 송시묵(宋時默)의 상이 있었기에 하는 말이다. 《宋子大全 附錄 卷6 年譜》

43 저의 막내 손자 : 송기태(宋基泰)와 전주 이씨(全州李氏) 사이에 난 송회석(宋晦錫)을 말한다.

44 오랑캐의 도 : 혼인에 재물을 따지는 것을 말한다. 수(隋)나라 때의 학자 왕통(王通)이 "혼인에 재물을 논하는 것은 오랑캐의 도이다."라고 하였다. 《小學集註 嘉言》

윤경임에게 답함 계축년(1673, 현종14) 4월 24일
答尹景任 癸丑四月二十四日

멀리서 밝은 명(命)을 듣고서 깊이 찬탄하고 경하하면서 우려 또한 깊었습니다. 이제 막 돌아와서 두 차례 보내신 편지를 받으니, 기쁜 마음 형용할 수 없습니다.

오늘의 사태는, 신하들이 장차 어떤 죄를 얻을지 막론하고 오직 찬궁(欑宮)에 이렇게 틈이 생겼으니[45] 이것이 어찌 모든 신하가 놀랄 일이 아니겠습니까. 성인(공자)의 가르침에 "작은 허물을 용서하라."라고 하신 말씀이 있는데, 이른바 허물이란 실수로 범한 것을 말합니다. 그러나 큰 과실은 완전히 용서해서는 안 된다는 뜻을 주자(朱子) 본주(本註)의 말을 상고하면 알 수 있습니다.[46] 신하들의 처지에서 말하더라도 일이 이미 이 지경에 이르렀고 또 논의가 매우 격렬하니, 가볍든 무겁든 간에 처벌을 받은 뒤에야 의리에 편안할 것입니다. 과격한 논의를 지나치다고 여겨 성급하게 해명할 생각을 한다면 마땅하지 않을 듯합니다. 심지어 논의를 주도하는 자들이 효시해야 한다는 말을 하기까지 했으니 사람을 살 떨리게 합니다. 능침(陵寢)을 지기(地氣)가 끊어진

45 찬궁(欑宮)에……생겼으니 : 1673년 3월 이익수(李翼秀)가 상소하여 효종 능인 영릉(寧陵)의 석물에 틈이 생겨 봉분 안으로 비가 샐 염려가 있다고 아뢰자 조정에서는 천릉(遷陵)을 결정하였다. 《顯宗實錄 14年 3月 24日》

46 큰……있습니다 : 주희(朱熹)의 집주(集注)에 "큰 잘못은 일에 혹 해로운 바가 있으니 징계하지 않을 수 없지만, 작은 허물은 용서해 주면 형벌이 남용되지 않아 민심이 기뻐할 것이다."라고 한 것을 말한다. 《論語集註 子路》

곳에 정한 것[47]은 얼마나 일을 그르치려는 마음을 품은 것입니까. 그런데도 유배로 그쳤으니, 이는 송(宋)나라 조정의 어질고 후한 덕입니다. 하물며 사람 목숨을 경솔히 죽이는 것으로 임금을 인도해서야 되겠습니까.

저의 견해는 이렇지만, 당신의 생각은 어떠한지 모르겠습니다. 오늘날 학문과 식견이 밝기로는 박화숙(朴和叔 박세채(朴世采))만 한 사람이 없으니, 그가 조정 밖에 있더라도 그와 자주 상의하는 것이 어떻겠습니까?

저 같은 경우, 당초에 사람들의 의견이 모두 수원(水原)으로 일치하였으나[48] 저는 이곳은 병마(兵馬) 7000이 모여 있는 큰 지역으로 선왕께서 항상 크게 믿으시던 곳인데 하루아침에 다 흩어 버리는 것은 반드시 선왕의 뜻이 아닐 것이라고 여겼기 때문에 극력 논쟁하였고, 완남(完南 이후원(李厚源))과 연양(延陽 이시백(李時白)) 같은 분도 저의 의견에 찬동하여 윤허(允許)를 받았던 것입니다. 그런데 지금 들으니 영릉을 터로 쓴 것에 대해 저에게 죄를 돌린다고 합니다.[49] 오늘날의 사태는 지리의 길흉에서 연유한 것이 전혀 아닌데도 사람들의 비난이

47 능침(陵寢)을……것 : 송 진종(宋眞宗)의 상사(喪事)에 당시 산릉도감(山陵都監) 뇌윤공(雷允恭)이 능침을 토석(土石)이 반씩 섞인 곳에 정한 일을 말한다. 결국 이것이 문제가 되어 당시 재상인 정위(丁謂)가 뇌윤공을 두둔한 죄목으로 귀양 갔다. 《宋史 丁謂列傳》

48 당초에……일치하였으나 : 효종의 능을 수원으로 정하자는 의론이 일치하였음을 말한다.

49 영릉을……합니다 : 전 참의 장응일(張應一)이 상소하여, 능을 정할 당시 지술을 아는 자들이 모두 수원의 산이 길하다고 했다는데 송시열이 영릉에 써야 한다고 주장하여 이런 일이 벌어졌다며 송시열을 논핵하였다. 《顯宗實錄 14年 6月 14日》

이와 같으니 황공한 마음 가눌 길이 없습니다. 그러나 어찌 감히 -원문 결락- 하나라도 꺼낼 수 있겠습니까.

윤경임에게 답함 계축년(1673, 현종14) 8월 11일

答尹景任 癸丑八月十一日

군(郡)에 있으면 이가 시리고 대각(臺閣)에 있으면 머리가 아프니 어디에서 좋은 처지를 얻을 수 있을지 모르겠습니다. 방금 마주하여 한번 웃을 수 없는 것을 아쉬워하고 있었는데, 이 편지를 받으니 만나 이야기를 나누는 것 같았습니다. 위로되고 감사한 마음 어찌 헤아릴 수 있겠습니까. 저는 10월 7일[50]을 손꼽으며 하루를 일 년처럼 보내고 있습니다. 이때가 되면 마땅히 놀란 오리가 날아가듯 결단해야 하니[51] 어쩌면 당신이 부러워할 수도 있겠습니다. 나머지는 등불 밑에서 쓰느라 이만 줄입니다.

50 10월 7일 : 효종의 영릉(寧陵)을 이장하여 하관하는 날이다. 《宋子大全隨箚 卷5》

51 놀란……하니 : 망설임 없이 떠나는 것을 말한다. 서주(徐州)에 있던 한유(韓愈)가 자신을 찾아온 장적(張籍)과 헤어지며 〈차일족가석증장적(此日足可惜贈張籍)〉을 주었는데, 그 시에 "이른 새벽 몸을 빼어 떠남에, 놀란 오리가 날아가듯 결단하였네.〔平明脫身去, 決若驚鳧翔.〕"라고 하였다.

윤경임에게 답함[52] 갑인년(1674, 현종15) 1월 10일

答尹景任 甲寅正月十日

친상을 당한 민씨(閔氏)가 문득 산중에 와서 지난 12월 9일 편지를 보여 주었으니, 늦게 받았지만 위로되는 마음 견줄 길이 없습니다. 제가 드린 새해를 축하하는 편지가 있었는데 받아 보셨는지요? 저의 병은 예전에 비해 차도가 있으나 아직도 자고 먹지를 못하니 의술에 심오한 자도 달아나 버릴 지경에까지 온 것은 아닌지 모르겠습니다.

사현사(四賢祠)[53]는 듣자니 저의 의지를 매우 분발하게 합니다. 예전에 유생 황진(黃璡)[54]이 유학을 부지하기 위해 사당기(祠堂記)를 청하였는데 미처 부응하지 못하다가 그가 갑자기 세상을 떠나 버려 이제까지 미루어졌습니다. 이제 일을 마친 뒤에 곡절을 자세히 말씀해 주신다면, 뒤에라도 세상을 떠난 사람의 뜻에 보답하고 아울러 지금의 일을

52 윤경임에게 답함 : 이 편지는 《송자대전》 권120 〈답의열사원유(答義烈祠院儒)〉와 내용이 같다. 윤형성 또한 서원 유생이기 때문으로 추측된다. 《宋子大全隨箚 卷5》

53 사현사(四賢祠) : 의열사(義烈祠)를 말한다. 백제의 명신 성충(成忠)·흥수(興首)·계백(階伯)과 고려의 명신 이존오(李存吾)를 모신 곳으로, 1575년(선조8) 홍가신(洪可臣)이 창건하였다. 이이(李珥)가 지은 사당기에는 '현의사(顯義祠)'로 되어 있는 것으로 보아 처음에 현의사라고 하였다가 뒤에 고친 것으로 보인다. 《宋子大全 卷120 答義烈祠院儒》《宋子大全隨箚 卷5》《栗谷全書 卷13 扶餘顯義祠記》

54 황진(黃璡) : 1634~1666. 본관은 창원(昌原), 자는 군미(君美), 호는 아술당(蛾述堂)이다. 송준길(宋浚吉)과 송시열의 문인으로, 1665년에 학행(學行)으로 천거되어 창릉 참봉(昌陵參奉)에 임명되었지만 나아가지 않았다. 33세로 요절하였다. 《承政院日記 顯宗 6年 6月 2日》

기록해 넣겠습니다. 지금 세상에서 사원(祠院)으로 시끄러우니 톡톡히 남의 비방을 부를 것입니다. 이 사당의 찬란한 빛이 저들에 비해 어찌 백 가지 천 가지가 현저히 다를 뿐이겠습니까. 이미 보내오신 말씀을 충주(忠州)의 민 대감(閔大監)[55]에게 알렸습니다. 저는 어제 성상의 비답을 받았습니다. 은혜로운 예우를 거듭 사양하였으니 두려운 마음으로 날을 보내고 있습니다. 나머지는 병을 무릅쓰고 쓰느라 이만 줄입니다.

55 충주(忠州)의 민 대감(閔大監) : 민정중(閔鼎重)을 말한다. 당시 관직이 삭탈되었기에 고향에 있었을 것으로 보인다. 《顯宗實錄 14年 9月 14日》

윤경임에게 답함 갑인년(1674, 현종15) 1월 25일

答尹景任 甲寅正月二十五日

손자가 아내를 데리고 돌아와서 보내 주신 편지를 받으니 기쁘고 후련한 마음 그지없습니다. 회옹(晦翁)이 시중항(柴中行)을 두고 장하다 하였는데,[56] 이제 별지의 말씀을 받으니 아마 시공(柴公)이라도 당신 앞에서는 아름다운 명성을 독차지하지 못할 것이라고 회옹에게 말할 수 없는 것이 아쉽습니다. 필요로 하는 큰 글자와 당기(堂記)[57]는 조금 틈이 나기를 기다렸다가 말씀대로 하겠습니다. 그러나 저의 마음은 벌써 임천(林泉)과 수죽(樹竹) 사이에 있어서, 젊은 시절에 나그네가 되어 그곳에서 하룻밤 묵으며 맑은 창가에서 청아한 대화를 익숙히 나누지 못한 것이 아쉽습니다. 서울로 돌아온 뒤 병이 아직 낫지 않았기에 아직도 예상할 수 없습니다. 가령 다행히 돌아간다 해도 만나는 것이 어찌 쉽겠습니까. 따사로운 봄 날씨에 맑은 복이 넉넉하시기를 빕니다. 이만 줄입니다.

56 회옹(晦翁)이……하였는데 : 송 영종(宋寧宗) 경원(慶元) 3년(1197)에 과거를 치를 때가 되자, 조사(漕司)가 기한이 되기 전에 가장(家狀)을 가져다가 '위학이 아닌 것이 확실하다.[委不是僞學]'라는 다섯 자를 반드시 쓰게 하였다. 그런데 무주(撫州)의 추관(推官) 시중항이 홀로 조사에게 "어려서부터 《주역》을 배우면서 정자(程子)의 《역전(易傳)》을 읽었는데 이것이 위학인지 아닌지는 모르겠다. 만약 위학이라고 한다면 시험을 치지 않겠다."라고 말하였는데, 시중항이 조사에게 한 말을 두고 주희(朱熹)가 매우 장하게 여겼다고 하였다. 《晦庵集 卷59 答輔漢卿》《宋子大全隨箚 卷5》

57 큰 글자와 당기(堂記) : 《송자대전》 권143에 〈기기재기(棄棄齋記)〉가 있는 것으로 보아 윤형성의 서재에 걸 편액 글씨와 기문(記文)을 말하는 것으로 보인다.

윤경임에게 답함 갑인년(1674, 숙종 즉위년) 11월 1일
答尹景任 甲寅十一月一日

멀리서 온 편지에 감사한 마음 어찌 이루 다할 수 있겠습니까. 최근에 종질(從姪) 송기후(宋基厚)[58]가 세상을 떠나 비통함으로 날을 보내고 있습니다. 이 조카는 어려서 그 어머니를 잃고 어린 시절부터 저의 집에서 양육되어, 장가들어 가정을 이룬 뒤에야 비로소 떨어졌으니 서로는 진짜 부자간같이 여겼습니다. 제가 죽으면 그가 임종하는 일을 맡으리라 여겼는데, 지금 갑자기 저보다 먼저 가서 끝없는 애통함을 안겨 줄 줄 어찌 생각이나 했겠습니까. 이제부터는 더욱 살 뜻이 없습니다. 비록 바깥은 더욱 다시 흉흉하다고 들었지만 아득히 하늘 밖의 일인 것만 같습니다.

부임하라는 명[59]을 받으셨으니 시대를 위해 매우 기쁩니다. 그러나 책임을 다하자니 높이 쌓인 마천령(摩天嶺)의 눈은 늙은 사람의 다리로는 무릅쓰고 나아갈 수 있는 상황이 아니고, 그저 입을 꼭 다무는 것을 본받고자 하지만 선비들이 다시 실망할 것이니 이것이 매우 우려됩니다. 이곳에서는 문을 닫고 책을 보는 것 외에 전혀 다른 일이 없으

58 종질(從姪) 송기후(宋基厚) : 1621~1674. 송시열의 큰할아버지 송방조(宋邦祚)의 손자이다. 아버지 송시염(宋時琰)은 병자호란 때 죽었다. 《愼獨齋全書 卷8 司僕寺主簿宋公墓誌銘》 편지 내용으로 보아 어머니도 세상을 일찍 떠나 고아가 되었던 것으로 보인다.

59 부임하라는 명 : 윤형성은 1674년 10월 사헌부 집의에 임명되었다. 《肅宗實錄 卽位年 10月 16日》

니 영남의 유생이 준 것이 적지 않습니다.[60] 겨울비가 추위를 빚어내니 다만 더욱더 몸을 잘 간수하시기를 빕니다.

60 책임을……않습니다 : 책임은 지문을 짓는 일을 말하는 것으로 보인다. 숙종이 즉위한 뒤 9월에 송시열을 판중추부사로 삼고 현종의 지문(誌文)을 짓게 하자 진주의 유학(幼學) 곽세건(郭世楗)이 상소하여, 기해년(1659) 효종의 초상에 효종의 계모인 자의대비(慈懿大妃)가 서자(庶子)의 기복(朞服)을 입어야 한다는 주장을 송시열이 창도했으니 효종과 선왕의 죄인이라며 지문을 짓는 일을 허목(許穆)에게 맡길 것을 청하였다. 이로 인해 송시열은 사직소를 올리고 10월에 청주(淸州)로 돌아갔다. 《肅宗實錄 卽位年 9月 25日》《宋子大全 附錄 卷7 年譜》

윤경임에게 답함
答尹景任

사모하고 그리던 중에 보내신 이 편지를 받으니 위로되고 감사한 마음 그지없습니다. 벗들이 일제히 낭패를 당하였고 그림자 중의 그림자라고 할 수 있는 이 사람이 가장 심하니[61] 몹시 가소롭습니다. 말씀하신 것은 무지한 나무꾼에게도 묻는 훌륭한 마음을 볼 수 있습니다. 다만 고루한 이 사람은 중론이 엇갈리는 데에서 감히 가려내지 못하겠지만, 이는 대단히 염치와 관련되는 것이니 최령(崔令)의 말이 옳은 듯합니다. 그러나 잡혀서 추고(推考)를 받는 일은 반드시 피할 수 없을 것인데, 부디 이것 때문에 두려워하거나 후회하지 마십시오. 그런 뒤라야 이 일을 처리할 수 있으니, 이는 다만 당신이 헤아려 조처하는 데 달려 있습니다. 만약 도감(都監)부터라면 감히 서울에 있지 못하니 교외로 나와 대죄(待罪)하였다가[62] 체직할 것을 아뢰는 것이 매우 좋겠지만,

61 벗들이……심하니 : 1674년(현종15) 자의대비(慈懿大妃)가 승하한 이후 영의정 김수홍(金壽興)을 비롯하여 기년설(朞年說)을 주장했던 사람들이 대거 처벌을 기다리던 상황에 송시열도 집에 있지 못하고 만의(萬義)에 나아가서 대죄하던 중 현종이 붕어하였고, 숙종이 즉위한 뒤에는 민신(閔愼)이 귀양 가는 등 노론의 주요 인물이 축출되는 중이었다.

62 도감(都監)부터라면……대죄(待罪)하였다가 : 도감이라는 말이 있는 것으로 보아 1673년 3월 효종의 능인 영릉(寧陵)의 석물에 틈이 있어 봉분 안으로 비가 샐 염려가 있다는 이익수(李翼秀)의 말로 인하여 천릉(遷陵)을 결정한 일과 관련하여 영릉을 만들 때 참여했던 관원에 대한 문책성 처벌을 두고 말하는 것으로 보인다. 현종은 당시 당상과 낭청의 죄를 묻도록 했다. 《顯宗實錄 14年 10月 11日》

누가 기꺼이 하겠습니까. 어 사간(魚司諫)[63]은 어떤지 모르겠습니다. 동병상련이면서도 서로 도모할 수 없으니 몹시 부끄럽고 한탄스럽습니다.

63 어 사간(魚司諫) : 1674년 1월에 사간이 된 어진익(魚震翼)을 말한다. 제2차 예송 때 윤휴(尹鑴)의 예설(禮說)을 공격하다 동래 부사(東萊府使)로 좌천되었다. 《顯宗改修實錄 15年 1月 3日, 6月 8日, 7月 22日》 이 편지가 1674년에 쓴 것임을 추정하는 근거가 되는 부분이다.

윤경임에게 답함
答尹景任

말씀하신 조주(祧主)[64]는 처리하기 어려우니, 이것은 오늘날의 공통된 우환입니다. 근래에 대가(大家)의 말로 인하여 창동(倉洞) 홍상(洪相)의 집 또한 면하지 못했으니[65] 그 외에는 또 무슨 말을 하겠습니까. 옛날 신재(愼齋 김집(金集))가 일찍이 "우리 집에 제사 지내는 대수(代數)가 다한 조상이 있는데, 문중의 가장 윗집에서 받들어 갈 뜻이 없다. 형세가 어쩔 수 없어 우리 집에 따로 작은 사당을 세워 모시다가 그 사람이 죽기를 기다려 신주를 묻으려 한다."라고 하였습니다.

저의 종가도 일찍이 이러한 일이 있었습니다. 모든 종족이 힘을 합하여 그 사람의 집에 사당을 짓고 제사를 지낼 때도 모두 제수(祭需)를 도왔기에 명분과 의리가 정당하였고 일도 온당하고 원만하였습니다. 우리 종족이 처신한 것과 신재 어른의 일 중에서 누가 득이며 누가 실인지는 모르겠으나 이 두 가지 단서 외에는 다시 다른 대책이 없습니

64 조주(祧主) : 5세(世) 이상이 되어 기제사를 모시는 순서가 끝나 가묘(家廟)에서 조묘(祧廟)로 옮기게 된 신주를 말한다. 조묘는 먼 조상의 신주를 모시는 사당이다.

65 홍상(洪相)의……못했으니 : 송시열이 홍석(洪錫)에게 보낸 편지를 참고하면 홍상은 선조(宣祖) 때 영의정을 지낸 홍섬(洪暹)을 말하는 것으로 보인다. 홍섬은 홍석의 증조부이다. 신주를 옮기는 문제에 대해 홍석에게 답한 편지에서 송시열이 "고을 수령이 된 자가 선조의 신주를 모시고 가려는 것은 녹봉으로 영화롭게 모시려는 의도이다. 조주를 옮겨 가서 모시는 것이 예(禮)에도 부합하고, 정리(情理)에도 맞다."라고 하고, 또 "장자(長子)가 후사가 없이 죽으면 차자(次子)가 후사가 되어 종통이 옮겨 가고 아우의 아들이 종자(宗子)가 된다."라고 하였다. 《宋子大全 卷45 答洪君敘》

다. 그러므로 어제 홍상의 집에서 와서 물었을 때도 이 말로써 답하였습니다. 그 집이 끝내 어떻게 할지는 모르겠습니다.

박자이[66] 승건 에게 보냄 경자년(1660, 현종1) 10월 1일

與朴子以 承健○庚子十月初吉

아이가 돌아와서 답장을 받아 읽고 또 청기(請期)의 소식[67]을 받으니, 위로되고 기쁜 마음이 모두 지극하여 이루 말로 표현하기 어렵습니다. 두 집안이 가난하고 소박한 데다 흉년을 만났으니, 모든 일을 간단히 하여 실속 없는 겉치레나 자질구레한 형식은 일체 접어 두는 것이 어떻겠습니까? 절목(節目)은 대략 아이에게 주어 여쭈어 정정하게 하였습니다. 저는 병 때문에 아직껏 소명(召命)에 나아가지 못하였는데 예를 행할 때도 당신을 따라가 거듭 명을 받지 못하니, 당신을 우러러 사모하며 달려가는 마음을 금할 수 없습니다. 심한 추위에 더욱 건강히 지내십시오.

66 박자이(朴子以) : 박승건(朴承健, 1609~1667)으로, 자이는 그의 자이다. 본관은 밀양(密陽)이다. 1659년(효종10) 정언으로 있을 때 형조 판서 허적(許積)의 죄를 논하여 탄핵하였다. 이익(李翊)을 탄핵한 일로 사판(仕版)에서 삭제되어 이 당시에는 벼슬하지 않았고, 1661년이 되어서야 지평에 임명되었다. 《孝宗實錄 10年 閏3月 8日》《顯宗實錄 2年 5月 18日》

67 청기(請期)의 소식 : 혼례의 다섯 번째 절차로, 신랑 측에서 신부 측에 혼인 날짜를 정해 줄 것을 청하는 것을 말한다. 송시열의 장손 송은석(宋殷錫)이 박승건의 딸과 혼인하였다. 《宋子大全隨箚 卷13》

박자이에게 답함 경자년(1660, 현종1) 11월 28일

答朴子以 庚子十一月二十八日

동지가 되자 당신의 덕을 그리워하는 마음 배로 깊었는데, 문득 보내주신 답장을 받으니 위로되고 감사한 마음을 말로는 표현하기 어렵습니다. 폐백이 넉넉하지 못했던 점에 대해서는 살펴 주실 줄로 생각합니다. 저는 묵은 병 외에도 한질(寒疾)이 계속되는데, 이는 쇠약하고 늙은 자가 감당해 낼 일이 아니니 울적합니다. 말씀하신 친영(親迎) 의식은 고례(古禮)의 절목이 번잡하므로 종전에는 《가례(家禮)》만 따랐습니다. 《가례》는 주자(朱子)가 고금의 예를 덜거나 더하여 사람들이 쉽게 행하도록 한 것입니다. 그런데 가난하고 검소한 집의 경우는 더욱더 지나치게 간략히 줄이다가 끝내 예의를 잃어 웃음거리가 되는 일도 있습니다. 이제 저의 아우에게 다시 나아가 아뢰게 하였으니, 삼가 상의하여 말씀해 주시기를 바랍니다. 추위가 심하니 더욱 몸조심하여 멀리서 보내는 정성에 부응하시기를 빕니다.

박자이에게 답함 신축년(1661, 현종2) 1월 28일

答朴子以 辛丑正月二十八日

두 통의 편지를 한꺼번에 받으니 기쁜 마음 이루 말할 수 없습니다. 편지를 보낸 뒤 잘 지내고 계시는지요? 그리운 마음 간절합니다. 못난 손자를, 그리움을 견디지 못해 벌써 사람을 보내어 나루를 통해 데려올 계획입니다. 대부가 일찍 물러나려는 뜻[68]은 군왕에게는 할 수 있지만 자손에게는 할 수 없으니 우습습니다. 끝으로 남은 추위에 건강을 잘 보살피시기를 빕니다.

68 대부가……뜻 : 《시경》 〈위풍(衛風) 석인(碩人)〉에 "사마〔四牡〕가 건장하며 붉은 재갈이 선명도 한데 적불(翟茀)을 타고 가서 조회하니, 대부들은 일찍 물러가서 임금을 수고롭게 말지어다."라고 하였는데, 적불은 꿩의 깃털로 꾸민 부인의 수레〔翟車〕를 말한다. 이는 조정의 신하들이 일찍 물러 나와 임금과 후비가 화락하게 지낼 수 있게 하라고 권하는 내용이다. 여기서는 손자 부부를 데리고 와 버림으로써 오순도순 지내게 하지 못한다는 겸사의 말로 쓰였다.

박자이에게 답함 임인년(1662, 현종3) 10월 14일

答朴子以 壬寅十月十四日

세밑에 그리운 마음이 한층 간절하더니 이제 우편으로 보낸 편지를 받고 모습을 뵙는 것 같아 이루 말할 수 없이 위로되었습니다. 이곳은 과연 양식이 있는 곳으로 옮겨 갈 계획이니 강촌으로 옮겨 가서 살 것입니다.[69] 늘그막에 객지 밥을 먹는 것이 편하지는 않지만 멀리 강호에 있는 것은 또한 옛사람이 즐기던 바입니다. 무엇보다 신부가 가난한 생활 속에 겨와 풀뿌리를 먹으면서도 조금도 싫어하는 기색이 없으니 저의 집의 만복의 근원이 아니겠습니까. 늘 이러한 생각으로 자신을 위로합니다. 듣자니 형이 요즘 제법 한가하시다는데 지금 시절에 이러한 것은 불행이 아닙니다. 나머지는 더욱 몸조심하시기를 빕니다.

69 이곳은……것입니다 : 소제(蘇堤) 본가 마을에 전염병이 돌아 1661년 12월 공주(公州)의 원기(遠基)로 이사하였다가, 1662년 10월 흉년 때문에 다시 오늘날의 전라북도 익산인 여산(礪山)의 황산(黃山) 마을로 이사하였다. 《宋子大全 附錄 卷4 年譜》

박자이에게 답함 갑진년(1664, 현종5) 8월 9일
答朴子以 甲辰八月九日

그동안 세 통의 편지를 바로 밑의 아우가 받았습니다. 미욱한 손자의 증세가 한 편지에서 말씀하신 것보다 다른 한 편지에서는 더 줄어든 듯하니 애태우던 마음이 몹시 위로됩니다. 저의 여정은 구불구불 이어져 보은(報恩) 경계에서 가장 마지막에 보내신 편지를 받고 나서야 돌아왔습니다. 이미 회덕(懷德)에 도착하여 날마다 손자며느리 모자가 무탈하다는 말을 들으니 기쁘고 다행스러운 마음 이루 말할 수 없습니다. 새로 태어난 아이는 '증일(曾一)'이라고 이름을 짓고 싶습니다. 제 집의 첫 번째 증손이고 또 '증자일유(曾子一唯)'[70]의 뜻을 취하였습니다만, 형의 뜻이 어떨지 모르겠습니다. 자획으로 괘를 만들면 소축(小畜)이 되고 변괘는 수(需)가 되니, 두 괘가 모두 건(乾)을 얻었습니다.[71] 이 아이가 끝내 이 뜻을 감당할지는 알지 못하겠습니다. 노인이 생각이 많으니 자못 우습습니다. 송이는 매우 감사합니다. 이만 줄입니다.

70 증자일유(曾子一唯) : 《논어》 〈이인(里仁)〉에 "공자가 '삼아, 우리 도는 하나로 꿰었느니라.'라고 하자, 증자가 '예' 하고 대답했다."라고 한 데서 온 말이다.

71 소축(小畜)이……얻었습니다 : 소축은 건하손상(乾下巽上)이고, 수(需)는 건하감상(乾下坎上)으로 아래가 모두 건괘(乾卦)이다. 축(畜)은 그친다, 저지한다는 뜻과 모은다는 뜻이 있다. 안은 건(健)이고 밖은 손(巽)이라 굳세고 공손하므로 모임이 작으나 형통하다는 뜻이 있다. 또 축은 내면에 쌓음[蘊畜]을 뜻하기도 한다. 군자가 내면에 쌓는 것으로 큰 것은 도덕과 경륜의 사업을, 작은 것은 문장(文章)과 재예(才藝)를 들 수 있다. 《周易傳義 小畜卦》 수(需)는 기다린다는 뜻과 수요(需要)의 뜻이 있으므로 물건을 윤택하고 유익하게 한다는 뜻과 강건(剛健)한 건(乾)으로 기다리고 경솔하게 움직이지 않는다는 뜻이 있다. 《周易傳義 需卦》

박자이에게 답함 갑진년(1664, 현종5) 12월 27일
答朴子以 甲辰十二月二十七日

멀리서 안부 편지를 받으니 위로되고 감사한 마음 그지없습니다. 이곳의 일은 날로 쓰라림을 느껴 깜박 죽고 싶은 마음 외에 다시 다른 소원이 없습니다. 장례를 치르는 일은 변이 있던 처음에 참으로 손자들이 어렵게도 추위를 무릅쓰고 하였는데,[72] 이후로 어떻게 될지는 참으로 알 수 없습니다. 도성의 소식은 가면 갈수록 두려우니, 이 몸은 무슨 이유인지 내내 백척간두 위에 있는 것만 같습니다. 당장 글을 올려 스스로 저의 죄를 열거하고 싶지만 또한 감히 하지 못하고 있으니 정신이 멍하여 무언가 잃어버린 것 같다[73]는 것은 실로 제가 먼저 하고 싶었던 말입니다. 이제 이 세밀의 선물이 멀리 궁한 시골에까지 미치니 감사하기는 하지만 또한 편치 않습니다. 끝으로 새해 복을 더욱 많이 받으십시오. 이만 줄입니다.

72 이곳의……하였는데 : 1664년 12월 20일 며느리 유씨(柳氏)가 사망하여 28일에 장례를 치렀다. 《宋子大全 附錄 卷5 年譜》

73 정신이……같다 : 마음을 어떻게 가누어야 할지 난감한 심정을 표현한 말이다. 사마천(司馬遷)이 흉노에 항복한 장수 이릉(李陵)을 변호하다가 무제(武帝)의 노여움을 사서 궁형을 당한 뒤 그의 벗 임안(任安)에게 보낸 편지에서 "집안에 앉아 있으면 정신이 멍하여 무언가 잃어버린 것 같고, 문을 나서면 어디로 가야 할지 모르겠다."라고 한 말에서 유래하였다. 《漢書 司馬遷傳》

박자이에게 답함 을사년(1665, 현종6) 6월 17일
答朴子以 乙巳六月十七日

편지를 받아 보고 정무를 살피는 안부가 편안하시다는 것을 알고서 위로되고 기쁜 마음 그지없습니다. 저는 허물이 있는 처지로 감히 다시 문을 나서지 못합니다. 일찍이 행조(行朝)에서 다시 소지(召旨)가 있었기에 어쩔 수 없이 덮어놓고 달려가 사은하였고, 또 세 번이나 간절한 유시(諭示)를 받은 만큼 다시 뒤따라가겠다는 말로 대답하였습니다. 대개 처음에는 환궁하신 뒤에 한 차례 문안하고 돌아갈 생각이었는데, 근교에 도착하자마자 병들어 지레 돌아올 수밖에 없었습니다.

어제는 또 사관(史官)이 와서 성상의 하교를 전하여서 처벌을 기다린다는 글을 다시 올리고, 바야흐로 저는 집에 들어박혀 처벌을 기다리고 있습니다. 지금 성상이 병이 없어 만사가 다시 시작되는 이런 때에 이렇게 죄 많은 처지로 어찌 감히 뭇 선비들 사이에 섞여 있겠습니까. 지금 듣자니 대신이 또 탑전(榻前)에서 청하여 원자(元子)를 보양(輔養)하는 자리로 권했다고 하는데[74] 듣기에 또 몹시 놀랍습니다. 편지지 40장은 매우 감사합니다. 아이들을 보지 못한 지 오래되었습니다. 다음 달이면 강촌의 집으로 돌아가려고 하니 소식을 전할 수 있을 것입니다. 소보(小報)를 드립니다. 이만 줄입니다.

74 대신이……하는데 : 대신은 좌참찬 송준길(宋浚吉)을 말한다. 현종은 그의 권유를 채택하여 송시열, 송준길, 김수항(金壽恒), 김좌명(金佐明)을 원자보양관(元子輔養官)에 임명하였다.《顯宗實錄 6年 6月 12日, 17日》

박자이에게 보냄
與朴子以

가만히 듣자니 어질다는 소문이 멀리 퍼졌다는데[75] 기쁘고 경사스러운 마음 어찌 끝이 있겠습니까. 다만 고을에는 종전에 정도(正道)를 해치는 논의를 따르지 않았던 자가 몇 명 있는데, 이들이 온 고장 사람들의 괴롭힘과 침해를 당하여-연분(年分)을 매길 때면 더욱 심하다.- 별짓을 다 당합니다.[76] 다행인 점은 정도를 부지하는 사람이 고을의 수령이 된 것이니, 부지하고 보호할 일이 제법 있을 것입니다. 그런데 이제 듣자니 형이 괴롭히고 침해하는 대로 내버려 두고 조치하지 않아, 괴롭힘을 당하는 자는 절망하고 괴롭히는 자는 거리낌이 없다고 합니다. 삼가 생각건대 형께서 미처 듣지 못해서 그러할 것입니다. 주자(朱子)가 당화(黨禍)를 당한 뒤에 그 읍을 다스리는 친한 사람에게 부탁하여 "부디 은밀히 보호해 주십시오."라고 하였으니,[77] 이는 도리일 듯합니

75 어질다는……퍼졌다는데 : 박승건은 상주 목사(尙州牧使)로 있으면서 선정을 베풀어 자급이 올라간 일이 있다.《顯宗實錄 5年 9月 20日》

76 종전에……당합니다 : 김충윤(金忠胤)이 선산(善山) 사람 이연억(李連億)·김입선(金立善) 등을 무고하여 박승건에게 밀고하였는데, 박승건이 그대로 믿고 선산 부사 안응창(安應昌)에게 추문하게 하였다. 김입선 등이 어쩔 수 없이 김충윤에게 뇌물을 주자, 김충윤은 안응창에게 말하여 석방해 주기를 청하였다. 경상도 관찰사 임의백(任義伯)이 이 일을 의심하여 선산 향소(鄕所)의 색리(色吏)와 김충윤을 추고하여 전후의 범죄를 밝혀내어 장(杖) 100, 유(流) 3000리에 처했고, 이 일로 김충윤, 안응창, 임의백이 모두 처벌받았다.《顯宗實錄 6年 7月 19日》《承政院日記 顯宗 6年 7月 13日》

77 주자(朱子)가……하였으니 : '읍을 다스리는 친한 사람'이란 임위(任尉)를 말한

다. 헤아리건대 제가 아니면 알려 드릴 자가 없겠기에 이렇게까지 함부로 범하였으니, 살펴 주시리라 생각합니다. 즉시 불태워 버리십시오.

다. 주희(朱熹)는 임위를 훌륭한 사람이라고 여겼지만 위학당(僞學黨)에 들어갔다는 혐의를 받게 될 것을 염려하여 깊이 교제하지 않았다. 채원정(蔡元定)이 위학당으로 몰려 귀양 가서 그의 집이 마을 사람들에게 온갖 공격을 받아 혼란스러운 상황이 되자, 주희가 황간(黃榦)에게 편지를 보내어 "임위에게 편지하여 몰래 도와주기를 부탁하는 것이 좋을 듯하다."라고 하였다. 《晦庵集 續集 卷1 答黃直卿》

이야수[78] 인 에게 보냄 을사년(1665, 현종6) 5월

與李野叟 壌○乙巳五月

지난날의 일[79]이 영감에게 무슨 손상이 되겠습니까. 내버려 두고 다시는 말하지 마십시오. 크고 작은 지방의 수령으로 있다 보면 공론이 무성하겠지만 조심스레 걸음을 물려 점차 물러나 쉴 것을 계획한다면 늘그막에 번거로움을 싫어하는 자의 좋은 계책이 아니겠습니까. 저는 요즈음의 처지가 더욱 다시 편안하기 어려워 감히 문득 행조(行朝)[80]에 나아가지 못하다가 두렵게도 이에 다시 은총으로 부르심을 받고 마지못해 달려갔지만, 조정의 백관들을 돌아보며 더욱 외톨이라는 것을 느낍니다.

여휴(汝休 이상일(李尙逸)) 노형(老兄)이 여러 번 편지로 깨우쳐 주면서 심지어 우옹(牛翁)에 비유하였는데,[81] 우옹에 비유하는 것을 어찌

78 이야수(李野叟) : 이인(李壌, 1608~1668)으로, 야수는 그의 자이다. 본관은 벽진(碧珍), 호는 소옹(素翁)이다. 장유(張維)의 문인이다. 1664년에 승지에 임명되었다.

79 지난날의 일 : 이인은 정주 목사(定州牧使)로 있을 때 관기(官妓)와 간통하여 의주 부윤(義州府尹)이 되자 데려다 관아에 두었으며 벼슬이 갈려 서울로 돌아올 때 함께 돌아와 첩으로 삼았는데, 이 일로 파직되었다.《顯宗實錄 4年 10月 17日》

80 행조(行朝) : 당시에 현종이 습진을 치료하기 위해 온양(溫陽) 행궁(行宮)에 거둥해 있었고, 송시열은 온양에서 뒤쫓아 올라와 수원(水原)까지 와서 사직소를 올렸다.《顯宗實錄 6年 4月 17日, 5月 27日》

81 우옹(牛翁)에 비유하였는데 : 우옹은 우계(牛溪) 성혼(成渾)이다. 현종 즉위 뒤 복제(服制) 문제로 조정이 시끄러워지자 벼슬에서 물러났다가 현종의 끊임없는 권유로 다시 조정에 나간 송시열의 처지가, 이조 참판에 제수되었으나 소명에 응하지 않다가

감당하겠습니까. 다만 은근히 아껴 주시는 마음은 매우 감사합니다. 별지는 부디 유념해 주십시오. 저쪽 집의 소식을 얻으면 부디 심부름꾼 한 명을 보내어 회덕(懷德)의 늙은 아내가 있는 곳에 소식을 전해 주시는 것이 어떻겠습니까? 저는 이제 달아나 돌아가서 산방(山房)에서 지낼 것입니다. 나머지는 이만 줄입니다.

정여립(鄭汝立)의 역모 사건이 일어나자 왕으로부터 변란의 시기에 산중에 물러나 있어서는 안 된다는 밀지를 받고 출사하였던 성혼의 처지와 비슷하다는 뜻으로 비유한 것으로 보인다.

이야수에게 답함 을사년(1665, 현종6) 7월
答李野叟 乙巳七月

청지기 김씨(金氏)가 돌아와서 많은 이야기를 전해 주었습니다. 이번에 인편이 이어서 와서 보내 주신 편지를 읽으니 마주하고 있는 듯 위로되고 후련하였습니다. 부채와 편지지, 은어(銀魚)는 아울러 감사합니다. 뱃대끈은 서울 가는 길에 쓰기에 아주 좋겠습니다만, 저를 어디로 가게 하려고 하십니까. 정말 돌려 드리고 싶지만 정중한 뜻을 감히 저버릴 수 없고 또한 장차 콩이나 조로 바꾸어 아내와 밥을 지어 마주 앉아 먹고 싶어 남겨 두었으니 우습습니다. 저는 두 차례에 걸쳐 소를 올려 사정을 진술하며 이어서 퇴직할 것을 청하였습니다. 이 일을 어찌 그만둘 수 있겠습니까. 남들이 어지러이 떠들어 대는 말은 따져 볼 겨를이 없습니다.

어제 사관(史官) 이명(李蓂)이 와서 비답의 말씀을 전하였습니다. 즉시 또 한 단락의 글을 부쳐서 아뢰고, 이어서 현(縣)을 통해 상소를 올려 새로 명한 원자보양관(元子輔養官)을 면직해 줄 것을 청하였습니다. 아마도 또 일종의 의론을 야기하겠지만, 세상 사람들의 끝없는 비판은 그칠 것입니다. 작은 돌은 후의가 깊으니 매우 감사합니다. 그러나 나 같은 자가 배척되지 않았고 보면 승정원이 따뜻한 자리를 허락하지 않는 것도 마땅합니다.[82] 껄껄.

82 나……마땅합니다 : 송시열과의 관계 때문에 이인이 연루되어 승지의 자리에 있지 못하게 되었다는 말인 듯하다. 이인이 민종도(閔宗道)의 비판을 받고 사직소를 올린

김씨가 경내에서 덕을 기리는 말이 끝이 없다고 칭찬하는데, 형이 뜨거운 국물에 놀라[83] 문득 눈과 서리 같던 엄한 태도를 고쳐 비와 이슬 같은 은택으로 적셔 주어서가 아니겠습니까. 은산철벽(銀山鐵壁)[84]은 형의 집안 대대로 전해 오는 가법(家法)이지만 이제 만일 조금 몸을 낮추고 화평함을 힘쓴다면 어찌 세상 살아가는 길에 적합하지 않겠습니까. 다만 한단(邯鄲)의 걸음을 배우다가 두 가지를 모두 잃을까[85] 염려됩니다. 부디 한번 웃으십시오. 이만 줄입니다.

뒤 종성 부사(鍾城府使)로 나갔기에 하는 말이다. 《顯宗實錄 6年 1月 11日, 12日》《承政院日記 顯宗 6年 1月 10日, 2月 18日》

83 뜨거운 국물에 놀라 : 실패한 경험을 말한다. 《초사(楚辭)》〈구장(九章) 석송(惜誦)〉에 "뜨거운 국물에 놀라 냉채도 불어 먹는다."라고 한 데서 온 말이다.

84 은산철벽(銀山鐵壁) : 조금도 꺾이지 않고 태연자약하게 귀양살이를 하는 것을 말한다. 《주자어류(朱子語類)》 권130에 "원성이 남도에 유배되었을 적에 그 모습이 마치 은산철벽과 같았다.〔元城在南都, 似個銀山鐵壁.〕"라는 말에서 유래하였다. 원성은 송(宋)나라 원성 출신으로 전상호(殿上虎)라는 별명을 얻었던 직신(直臣) 유안세(劉安世)를 가리킨다. 그는 강직한 성품 때문에 평생 벽지로 전전하며 벼슬살이하였다.

85 한단(邯鄲)의……잃을까 : 맹목적으로 남을 따라 하다가 이것도 저것도 되지 못한 채 남의 결점까지 본뜨는 것을 말한다. 연(燕)나라 수릉(壽陵)의 젊은이가 한단 사람의 걸음걸이를 배우려다 원래의 걸음마저 잊고 기어서 집으로 돌아왔다는 고사에서 나왔다. 《莊子 秋水》

이야수에게 보냄 정미년(1667, 현종8) 10월 7일

與李野叟 丁未十月七日

저는 4월에는 누님 상을 당했고, 또 5월에는 작은딸이 요절했습니다. 그런 데다 저는 또 큰 병이 생겨 여섯 달이 지난 지금까지도 아직 다 낫지 않아서 영형(令兄)의 출처(出處)에 대해서도 미처 듣지 못했는데, 더구나 안부이겠습니까. 이제 당신의 윤씨(尹氏) 성을 가진 생질이 가지고 온 형의 8월 28일 편지를 보고서 바다에 있는 삼신산(三神山 제주도)이 인간 세상과 멀리 떨어져 있지 않다는 것을 알았으니, 이 얼마나 기쁘고 후련한 소식입니까.

천장인(泉漳人)은 생각하니 눈물이 납니다.[86] 영형께서 걱정하는 말씀을 하지 않으셨다면 이런 일을 어디서 들을 수나 있었겠습니까. 이렇게 일을 처리하는 것은 유독 무슨 마음입니까. 보내 주신 약(藥)과 세 가지 음식은 한라산(漢拏山) 꼭대기로 생각이 달리게 합니다.[87] 만나서 이야기할 기약이 없으니 각별히 장려(瘴癘)를 조심하십시오. 이만 줄입니다.

86 천장인(泉漳人)은……납니다 : 1667년 5월에 중국 천주(泉州)와 장주(漳州)의 주민 1백여 명이 표류되어 제주도에 닿았는데, 모두 명(明)나라 의관을 하고 있었으며 "황통(皇統)을 지키고 있는 천주·장주의 사람이다." 하였다. 조정에서는 그들이 표류해 온 일이 청(淸)나라에 누설될까 두려워서 그들을 포박하여 청나라로 압송하였는데, 송시열이 이 일에 상심하여 한 말이다. 《宋子大全 附錄 卷5 年譜》

87 보내……합니다 : 이인이 1667년 5월에 제주 목사에 임명되었는데, 아마도 제주도 특산물을 보냈기에 이렇게 말한 것으로 보인다. 《承政院日記 顯宗 8年 5月 21日》

이순필[88] 동직 에게 보냄 기해년(1659, 현종 즉위년) 10월

與李舜弼 東稷○己亥十月

심부름꾼이 와서 아직 부모님 곁에 계시다는 것을 알았습니다. 내일 출발합니까? 어제 말씀하신 혼사[89]는 마음에 담아 두었으니, 매우 적당한 듯합니다. 저는 이미 먼저 뜻을 정하였으니 부디 다시 피차를 소개해 주십시오. 여자 쪽의 집이 만약 낙심하지 않았다면 다시 말씀해 주시는 것이 어떻겠습니까? 친척 관계가 이미 멀어지고 혼인으로 다시 합하는 것에 대해 주자(朱子)는 흩어지고 모이는 이치가 자연히 이와 같다고 하였으니, 어찌 예가 아닌 것을 주자가 말했겠습니까. 아울러 이 말로써 헤아려 보십시오. 이만 줄입니다.

88 이순필(李舜弼) : 이동직(李東稷, 1611~1675)으로, 순필은 그의 자이다. 본관은 한산(韓山)이다. 송시열 부인의 사촌인 이성연(李聖淵)의 아들이며, 이안눌(李安訥)과 김집(金集)의 문인이다.

89 혼사 : 연도로 보아 송시열의 큰아들 송기태(宋基泰)와 이정한(李廷漢)의 딸의 혼사를 말하는 것으로 추측된다. 《萬家譜 冊2 全州李氏》《宋子大全 附錄 卷4 年譜》

이순필에게 답함 기해년(1659, 현종 즉위년) 10월 26일

答李舜弼 己亥十月二十六日

마침 벗 서너 명이 저의 집 뜰에 이끼가 끼는 것을 싫어하여 어제 일부러 찾아와서 밟았는데 이윽고 귀한 손님이 굳이 부들자리〔蒲座〕라고 이름 붙이니, 실로 그대가 이에 대하여 우스갯말을 잘한 것이 아니겠습니까.

혼사는 피차가 마음으로 바랐던 것이라서 이미 의견 차이가 없으니 매우 다행입니다. 조금 지체되어도 물론 무방하고 갖추고 갖추지 않고는 따질 것이 아니니, 이른바 자연스러움이 있습니다. 내일은 죽음을 무릅쓰고 나가서 숙배하려고 합니다.[90] 잠시라도 틈이 난다면 들를 생각입니다. 이만 줄입니다.

90 내일은……합니다 : 현종이 즉위한 뒤 송시열을 이조 판서에 임명하였다.《顯宗實錄 卽位年 10月 12日》

이순필에게 답함 임인년(1662, 현종3) 1월

答李舜弼 壬寅正月

해가 바뀌도록 서로 연락하지 못하여 흐르는 생각이 물이 도도히 흐르는 것만 같았는데 이제 파발 편을 통해 멀리서 보내온 편지를 받고서 근황이 평안하신 외에 봉래산(蓬萊山) 유람을 하고 계신 줄 알았으니, 저의 마음이 가뿐하고 황홀해져 샘물 소리와 산빛 속에 앉아 있게 하였습니다. 또 오석(烏石)과 영원(靈源)[91]이 인간 세계와 멀지 않아, 발아래 흰 학은 없어도 천 길의 끈에 속박됨도 없어서 조만간 가기만 하면 이르리라는 것을 알았습니다. 어찌 김화(金化)의 이은(吏隱)[92]만 유독 신선 세계를 구경할 인연이 있겠습니까. 우습습니다. 그러나 남은 재앙이 다하지 않아 한창 고달픈 나그네 생활을 하고 있으니 이렇게 말하는 것도 부끄럽습니다. 과거(科擧)가 머지않으니 문장을 지어서 높이 날아오르는 것은 빌 필요도 없을 것입니다. 만날 때를 기약하지 못하니 따뜻해지는 날씨에 몸조심하십시오.

91 오석(烏石)과 영원(靈源) : 신선 세계를 뜻한다. 주희(朱熹)가 공풍(鞏豊)에게 보낸 편지에서 "새로 지은 시를 보내 주시니,……시를 읽어 보노라면 곧 오석과 영원이 저에게서 멀지 않음을 느끼니, 이러한 무더위에도 마치 북극에 날아올라 맑은 바람으로 몸을 씻는 듯 상쾌합니다." 하였다. 《朱子大全 卷64 答鞏仲至》

92 김화(金化)의 이은(吏隱) : 이은이란 이익과 녹봉에 마음을 두지 않아 벼슬살이하면서도 초야의 은자와 같은 사람을 일컫는 말로, 여기에서는 이동직을 비유한 말이다. 이동직은 강원도 김화 현감(金化縣監)으로 있으면서 52세 되던 1662년에 과거에 급제하였다. 《宋子大全隨箚 卷13》

이순필에게 보냄 임인년(1662, 현종3) 3월

與李舜弼 壬寅三月

젊은 사람들 속에서 급제한 것은 기뻐할 것이 못 되지만, 벼슬길에 나아가 군주를 섬겨 장차 쓸쓸하게 되지 않았다는 것은 회옹(晦翁)이 동보(同父 진량(陳亮))를 축하했던 말인데 오늘 당신을 위해 외면서 축하드립니다. 이번 저의 걸음은 마침 세상일을 만나지 않았으니 일소에 부칠 만합니다. 우연히 은계 찰방(銀溪察訪)[93]을 만났기에 대략 저의 회포를 남깁니다.

93 은계 찰방(銀溪察訪) : 은계는 역 이름이다. 지금의 강원도 회양군 하북면 은계리에 있었다. 송시열은 1662년 3월에 금강산을 유람하였다. 《宋子大全 附錄 卷4 年譜》

이순필에게 답함 병오년(1666, 현종7) 2월

答李舜弼 丙午二月

지난번에는 나그네가 미처 떠나지도 않았는데 주인이 먼저 갔으니, 참으로 이른바 "줄곧 손님을 거절하는 것이 어찌 그리도 심한가."[94]라고 한 경우로, 또한 산중의 한 가지 이야기가 될 만합니다. 뜻밖에 보내온 편지를 받고서 일부러 심부름꾼을 보내신 줄 알았으니 정중한 뜻에 몹시 감사합니다. 저는 막 비석 일[95]로 밤낮으로 분잡한데, 결코 석고대죄(席藁待罪)하는 자[96]가 할 일은 아닙니다. 한식 사이에 마칠 계획인데, 9일에 보은(報恩)에서 기제사[97]를 지낼 것입니다. 이날이나 10일에 따르는 자들과 모일 것인데, 모이는 곳은 때가 되어 말씀드리겠습니다.

94 줄곧……심한가 : 주희(朱熹)가 채원정(蔡元定)을 만나려고 했으나 이루지 못한 아쉬움을 표현한 말이다. 이동직이 송시열을 찾아왔으나 송시열이 일이 있어 먼저 떠났기에 미안한 마음을 비유한 것으로 보인다. 송시열은 1666년 2월 5일 신주를 모셔 오는 일로 둘째 형 송시묵(宋時默)이 군수로 있던 익산(益山)에 간 일이 있다.《晦庵集 卷44 答蔡季通》《宋子大全 附錄 卷5 年譜》《顯宗實錄 6年 12月 14日, 7年 2月 10日》

95 비석 일 : 1666년 3월 2일 송시열이 아버지 송갑조(宋甲祚)의 신도비를 세운 일을 말한다.《宋子大全 附錄 卷5 年譜》

96 석고대죄(席藁待罪)하는 자 : 1666년 2월, 3월 사이와 11월에 이유태(李惟泰), 이동직, 이상(李翔) 및 증손자인 송일원(宋一源) 등에게 보낸 편지에 '석고(席藁)'라는 말이 나오는 것으로 보아 1665년 원자(元子)의 탄생에 하례하지 않았다는 이유로 허목(許穆)의 지탄을 받았던 일을 말하는 것으로 추측된다.《宋子大全 附錄 卷5 年譜》《宋子大全 卷43 答趙士達, 卷44 答李舜弼, 卷46 答李雲擧, 卷128 寄一源》

97 기제사 : 송시열이 49세이던 1655년(효종6) 3월 9일에 세상을 떠난 어머니의 기제사를 말하는 것으로 보인다.《宋子大全 附錄 卷2 年譜》

다만 수부(水部)의 논의[98]가 막 일어나 곧 사헌부의 명망이 높은 사람들이 서로 따르니 죄안(罪案)을 하나 더한 것이 아니겠습니까. 다만 산골에 사는 사람은 벼슬살이하면서 도시에 사는 사람과 다르니 가벼운 처벌을 받기를 바랄 뿐입니다. 보내 주신 산계(散階)[99]는 당초에 무슨 연유로 당신의 상자에 들어갔다가 이제야 본래의 주인에게 돌려주시는지요? 사물의 이치는 알 수 없는 점이 있습니다. 또 생각건대 30여 년 만에 다시 명(明)나라의 연호를 보니 슬픈 마음을 금할 수 없는 점이 있습니다. 다만 수부공(水部公)이 본다면 아마도 엉뚱한 재앙을 당할 듯합니다.[100] 우습습니다.

영남의 상소[101]는 제가 감히 알 바가 아닙니다만, 어제 상주(尙州)

98 수부(水部)의 논의 : 공조 정랑 김수홍(金壽弘)이 올린 상소로 일어난 논의를 말한다. 수부는 공조(工曹)의 별칭이다. 김수홍은 상소에서 복제(服制)와 관련한 자신의 설(說)인 '변장(辨長)'과 '논서(論庶)' 두 편을 올렸는데, 이 글이 당시 벼슬아치들 사이에 퍼지자 대사간 이은상(李殷相)이 계를 올려 그 죄를 논하였다. 《顯宗實錄 7年 2月 19日》《江漢集 卷18 文貞李公墓誌銘》《宋子大全 附錄 卷5 年譜》《송자대전수차》 권5에 따르면 김수홍이 송시열에게 보내는 글을 지어 윤증(尹拯)의 주장이 옳다고 하였는데, 송시열에게는 보내지 않고 원근의 사람에게 전해 보여서 영남 지역에 퍼뜨리자 이민서(李敏敍) 등이 논죄하여 탄핵하였다고 한다.

99 산계(散階) : 어모장군(禦侮將軍), 절충장군(折衝將軍), 숭록대부(崇祿大夫) 등 이름만 있고 실질적인 직무가 없는 품계를 뜻한다. 여기에서는 그 교지(敎旨)를 가리킨다.

100 수부공(水部公)이……듯합니다 : 김수홍은 아버지 김상용(金尙容)의 제문에 청(淸)나라 강희(康熙) 연호를 썼으니, 송시열의 글에서 명나라 연호를 쓴 것을 그가 안다면 청나라 연호를 쓰지 않았다고 처벌할 것이라는 말이다. 《宋子大全隨箚 卷5》

101 영남의 상소 : 기해년(1659, 현종 즉위년) 예송논쟁에서 송시열이 자의대비(慈懿大妃)의 복상(服喪) 기간을 기년(朞年)으로 주장한 데 대해 유세철(柳世哲) 등 영남의

사람이 알려 주는 글을 보니 선왕을 깎아내리고 은밀히 종통(宗統)을 빼앗으려고 했다고 합니다. 이는 예(羿)와 왕망(王莽)[102]의 죄도 이보다 지나치지는 않을 것이니 더욱이 몸 둘 곳을 모르겠습니다.

유생 1천여 명이 상소하여 '왕통을 빼앗으려는 의도'라고 공격하였던 일을 말한다.《顯宗實錄 7年 3月 23日》

102 예(羿)와 왕망(王莽) : 제위(帝位)를 찬탈한 자들이다. 474쪽 주24 참조.

이순필에게 답함 병오년(1666, 현종7) 2월
答李舜弼 丙午二月

10일의 약속을 손꼽아 기다리노라니 샘물 소리와 산빛이 벌써 눈에 선히 들어왔는데, 문득 보내 주신 편지를 받으니 지극히 실망스러운 마음을 금할 수 없습니다. 저는 평생 일을 벌이는 것을 좋아하지 않지만 한가한 속의 맑은 경치를 즐기는 것만은 나를 막지 못할 것이라고 자처하였는데, 이 또한 뜻대로 되지 않습니다. 애당초 귀인(貴人)과 약속하는 것이 두려웠고 보면 산신령이 객을 사절하는 것도 마땅합니다.[103] 우습습니다.

별지에 하신 말씀은 훌륭합니다. 다만 단 태위(段太尉)가 곽 대장군(郭大將軍)에게 "어찌 군대의 위엄을 크게 펼치기까지 하시오. 내가 내 머리를 이고 왔소."라고 한 경우이니,[104] 저편 사람(남인(南人))은

103 귀인(貴人)과……마땅합니다 : 귀인은 이순필을 말하며, 산의 경치를 구경하기로 했던 약속이 어긋난 것을 풍자한 말로 보인다. 남조(南朝) 송(宋)의 공치규(孔稚圭)가 지은 〈북산이문(北山移文)〉에, 주옹(周顒)이라는 사람이 산속에서 은사(隱士)로 살다가 벼슬살이하러 산을 떠났는데 뒤에 다시 돌아오려고 하니 산신령이 격분한 나머지 격문〔移文〕을 돌려 다시는 그가 산에 발을 들여놓지 못하게 하자 산속의 나무와 풀들도 노하여 나뭇가지를 날려 수레를 막고 풀잎 등으로 길을 가리면서 "속된 사람의 수레를 돌리시오. 신령을 위해 도망간 객을 사절하오.〔請回俗士駕, 爲君謝逋客.〕"라고 말하였다는 내용이 있다.

104 별지에……경우이니 : 별지의 내용은 알 수 없으나, 송시열의 주장을 논박하는 자들을 대항하는 데는 많은 사람의 도움이 필요 없고 혼자서도 충분하다는 요지였을 것으로 보인다. 단 태위는 당 덕종(唐德宗) 때 태위로서 경주 자사(涇州刺史)를 지낸

힘들고 괴롭다고 하겠습니다. 그러나 재앙과 복은 하늘에 달려 있습니다. 제가 죽어서는 안 된다면 저들이 천만 명이라도 무익할 것이고, 죽음을 벗어날 수 없다면 당신과 같은 사람이 백 명이나 되더라도 무슨 보탬이 되겠습니까. 제가 보건대 당신의 힘들고 괴로움은 저 사람보다 심한 점이 있습니다. 예율(禮律)에 대해 알고 싶다면 김하보(金夏甫 김수홍(金壽弘))에게 물어보시면 될 것입니다.

단수실(段秀實)을 가리킨다. 곽자의(郭子儀)의 아들 곽희(郭晞)가 절도사로서 분주(邠州)에 군대를 주둔시키면서 사병들이 불법을 저지르는 것을 방치하자, 단수실이 민간에 행패를 부린 자들의 목을 잘라 저자의 문밖에 세워 두었다. 이에 곽희의 전 군영이 모두 투구와 갑옷으로 무장하였는데, 단수실은 늙고 다리를 저는 사병 하나를 골라 말을 끌게 하고 곽희에게 가서 "늙은 군졸 하나 죽이는 데 무슨 갑옷을 다 입었소. 내가 내 머리를 이고 왔소."라고 하며 사병들의 불법을 방치하면 일어날 사태를 일러주어 설득해서 분주의 화란(禍亂)을 없앴다.《唐宋八大家文鈔 卷28 段太尉逸事狀》

이순필에게 보냄 기유년(1669, 현종10) 7월

與李舜弼 己酉七月

정령(靜令)의 상(喪)[105]이 있고 난 뒤에 편지 한 통으로 위로하였는데 제대로 전달되었는지요? 이러한 때에 일상생활은 어떠십니까? 이번 5월에 화양(華陽)으로 들어왔는데 마침 큰 장마가 달포나 산을 감싸고 있어 더욱 세상과 떨어져 아이들과 책만 보고 있었습니다. 그런데 문득 여종들이 전염병에 걸려 드디어 옥룡사(玉龍寺)로 옮겼다가 답답함을 견디기 어려워 다시 존재실(尊齋室)[106]로 옮겼습니다. 서재를 지키는 천용(千容)이란 자가 세상 물정에 익숙하지 않아 전혀 냉대하지 않으니 안심하고 날을 보내고 있습니다.

유곡(楡谷)에서의 장례[107]에 대하여 방금 사천(沙川)의 편지[108]를 받았습니다. 이번 21일로 확정되었으니 만사가 그만입니다. 오히려 무슨

105 정령(靜令)의 상(喪) : 정령은 자가 정숙(靜叔)인 송시열의 손위 처남 이태연(李泰淵)을 말한다. 영(令)은 종2품과 정3품에 쓰이는 호칭인 영감(令監)으로, 이태연이 평안도 관찰사로 있으면서 사망하였기에 하는 말이다. 《宋子大全隨箚 卷5》《顯宗實錄 10年 4月 19日》

106 존재실(尊齋室) : 이동직의 고향에 있었던 서재 이름으로 보인다. 당시 이동직은 의주 부윤(義州府尹)으로 있어서 고향의 서재가 비어 있었기에, 송시열이 전염병을 피해 잠시 머무른 것으로 추측된다. 《顯宗實錄 10年 2月 23日》

107 유곡(楡谷)에서의 장례 : 이태연의 장례를 말한다. 《宋子大全隨箚 卷5》

108 사천(沙川)의 편지 : 사천은 김극형(金克亨)의 호이다. 김극형의 자는 태숙(泰叔)으로, 박지계(朴知誡)의 문인이다. 김극형은 1663년에 사망하였으므로 그 아들의 편지일 것으로 추측된다.

말을 하겠습니까. 내일쯤 천천히 서쪽으로 나가 영결에 임할 계획입니다.

당신 서재에 있는 매화 화분 두 그루가 매우 사랑스럽던데, 천용 혼자서만 감상하게 하는 것이 좋겠습니까? 저의 서재에 옮겨 놓으면 오히려 낫지 않을까요? 우선 화양에 두도록 허락하신다면 맑은 향을 실컷 맡은 뒤에 주인께서 공을 이루고 물러나 돌아오시면 삼가 마땅히 돌려 드리겠습니다. 안 된다고 여기지 않으신다면 부디 천용에게 분부해 주시는 것이 어떻겠습니까? 하고 싶은 말은 많지만 멀리서 보내는 편지라서 감히 많은 말을 하지 못합니다.

이순필에게 보냄 기유년(1669, 현종10) 8월

與李舜弼 己酉八月

다달이 편지를 받으니 참으로 아침저녁으로 만나는 것만 같습니다. 지난번 편지에서 천용(千容)의 매화 두 그루를 허락하여 산림경제(山林經濟)[109]를 시험하게 하셨으니 변화(卞和)의 옥 덩이[110]라 해도 바꾸고 싶지 않습니다. 이번에 말씀하신 뜻밖의 비방이란 무슨 일인지 모르겠으니 멀리서 답답할 뿐입니다. 저쪽의 인재는 참으로 보내오신 말씀과 같습니다. 성고(聖考 효종(孝宗))께서 일찍이 위급할 때 힘을 얻을 곳은 반드시 서북쪽의 사람이라 하셨는데, 그 뒤로 여러 번 서쪽에 있는 사람과 접하였더니 참으로 이와 같았습니다. 배양하고 진작하는 기틀이 모두 영감께 달려 있으니 '어찌 다른 것을 바라겠느냐'는 이 말씀은 참으로 경세제민(經世濟民)이라 할 만합니다. 초령(草令)의 계책[111]은 참으로 버릴 수 없습니다. 그러나 이 벗이 말이 많기에 그의

109 산림경제(山林經濟) : '의향에 따라 꽃과 대나무를 심고 적성에 맞추어 새와 물고기를 기르는 것'을 말한다. 《山林經濟 卷1 山林經濟序》

110 변화(卞和)의 옥 덩이 : 변화는 옥을 잘 알아보았던 춘추 시대 초(楚)나라 사람의 이름이다. 그가 형산(荊山)에서 얻은 옥 덩이를 문왕(文王)에게 바쳤는데, 옥공에게 다듬게 한 결과 세상에 다시 얻기 어려운 귀중한 보옥을 얻었다. 화씨벽(和氏璧)이라고도 한다. 《韓非子 和氏》

111 초령(草令)의 계책 : 초령은 호가 초려(草廬)인 이유태(李惟泰)를 가리킨다. 이유태가 나라를 다스리는 요체에 대하여 일곱 조목으로 나누어 상소문을 썼으나 올리기도 전에 효종이 승하했다. 현종이 보위에 오른 다음 그 상소를 올리게 하고 내용을 비변사에서 의논하게 하였으나 조정의 논의에 따라 끝내 저지된 적이 있는데, 이 상소를

말에 찬동하면서도 걱정됩니다. 보내오신 뜻이 이와 같으니, 어진 사람의 마음이 공정하기가 이와 같음을 잘 알겠습니다. 지극히 우러러 흠모합니다. 저는 막 회덕(懷德)에서 절사(節祀)를 지냈습니다. 며칠 뒤 다시 화양에 들어가서 고요히 두 화분의 맑은 모습을 마주하면 천 리 떨어져 있더라도 얼굴을 마주한 것과 같을 것입니다.

가리키는 것으로 추측된다. 《宋子大全隨箚 卷3》《草廬集 年譜 卷2》

이순필에게 보냄

與李舜弼

오늘날 사태는 사람들이 팔짱을 끼고 눈을 감고서 마음과 힘을 쓰지 않는 것만을 좋은 계책으로 삼고 나라의 큰 이해가 달려 있는 것을 보고서도 이웃집 일 보듯이 하기에 모든 일이 날로 무너져 엉망이 된 것이니, 자못 안타깝습니다. 천연의 요새인 적상산성(赤裳山城)[112]은 대략 둘러본 적이 있는데, 이곳은 국사(國史)를 보관하는 곳으로만 여겨서는 안 될 곳이었습니다. 임진왜란 전에 나라에서 이곳에 중진(重鎭)을 설치하였다면 왜적이 어떻게 금산(錦山)과 무주(茂朱) 사이에 소굴을 파서 버티며 기세를 떨칠 수 있었겠습니까. 그곳 지형의 편리함을 본 자는 누구나 보내신 편지에서 말씀한 계책처럼 하려고 하는데 나라에서는 으레 막을 것이니 한탄스러울 뿐입니다.

입암산성(笠巖山城)[113]은 또 적상산성에 비교될 수 없는 곳으로 실로 호남과 호서를 방어하는 큰 관문이고 큰 요충지이니, 편지에서 말씀하

112 적상산성(赤裳山城) : 전라북도 무주에 있는 산성으로 광해군 6년(1614)에 사고(史庫)를 설치하였으며, 인조 때 순검사(巡檢使) 박황(朴潢)의 건의에 따라 수축(修築)하여 선원각(璿源閣)을 세웠다. 우리나라 5대 사고 중 하나이다.

113 입암산성(笠巖山城) : 전라남도 장성과 전라북도 정읍 사이에 있는 산성으로, 선조 30년(1597)에 수축하고 효종 4년(1653)에 그 규모를 넓혀 개축(改築)하였다. 대본에는 '立巖'으로 되어 있다. 《신증동국여지승람(新增東國輿地勝覽)》 권34 〈전라도(全羅道) 정읍현(井邑縣)〉, 권36 〈전라도 장성현(長城縣)〉에 근거하여 '立'을 '笠'으로 바로잡아 번역하였다.

신 대로 중진을 설치한다면 효함(殽函)[114]처럼 장엄한 요새라도 어찌 이보다 더 낫겠습니까. 부디 당신께서 지형의 편리함을 자세히 갖추어 먼저 중요 관직에 있는 여러 분과 상의한 뒤에 계문(啓聞)한다면 성사될 수도 있을 것입니다. 일찍이 그곳의 형세를 살펴보니, 그 지역이 실로 정읍(井邑)과는 매우 가깝고 장성(長城)과는 머니, 정읍을 입암산성의 관할에 넣지 않는다면 실로 아무런 쓸모가 없는 곳이 되어 급할 때 힘이 될 수 없을 것입니다. 장성과 정읍을 병합하는 것이 너무 크다고 여겨지면 차라리 진원(珍原 지금의 장성군 진원면)을 떼어 따로 한 개의 현(縣)을 만들지라도 정읍은 산성에 병합하지 않을 수 없습니다.

기억하건대 옛날 남한산성을 쌓을 때 완풍군(完豐君)[115]을 원망하는 자가 많았으나 끝내 나라를 살리는 곳이 되었으니, 국가의 이해에 관계된 일이라면 한때 여러 사람의 말 때문에 그만두어서는 안 됩니다. 금성(金城)은 백성에게 폐해를 입힌 지 오래되었습니다. 과연 무익한 곳이 되었다면 빨리 혁파할 것을 주청(奏請)하여 조금이나마 민폐를 덜어 주어야 마땅합니다.

114 효함(殽函) : 효산(殽山)과 함곡관(函谷關)을 합칭한 것으로, 옛날 진(秦)나라의 요해처로 유명한 곳이다.

115 완풍군(完豐君) : 이서(李曙, 1580~1637)이다. 본관은 전주(全州), 자는 인숙(寅叔), 호는 월봉(月峯)이다. 인조반정 때 공을 세워 정국 공신(靖國功臣) 1등에 책록되었으며 완풍군에 봉해졌다. 인조 9년(1631)에 총융사(摠戎使)가 되어서 남한산성을 쌓고 백성을 뽑아서 둔전을 하였다. 《經世遺表 卷7 地官修制》

이순필에게 보냄 을묘년(1675, 숙종1) 2월

與李舜弼 乙卯二月

지난달 16일에 진천(鎭川)을 출발하여 24일 철령(鐵嶺)에 올라 푸른 바다를 굽어보며 고향 산을 손가락으로 가리켜 보니 마음이 몹시 상쾌하였는데, 이는 실로 지금 사람들이 준 은혜입니다. 25일 귀양지[116]에 도착하였는데 풍토가 좋지 않아 큰 병이 났으니 어찌 살아 돌아갈 가망이 있겠습니까. 희망을 끊어 버린 지 오래입니다.

황주경(黃周卿)이 오래도록 여러 사람의 의심을 받았는데 오늘날의 일은 지극히 깨끗하고 시원스러우니,[117] 관을 덮기 전에 사람을 논하는 것은 잘못이라고 말할 만합니다. 지금 편지 한 통이 있으니 부디 즉시 전해 주십시오. 그를 보살펴 주려는 뜻에 대해서는, 당신께 굳이 말할 필요도 없을 것입니다. 여기에 오니 아무런 애착이 없지만 오직 손자들만 늘 눈앞에 걸리고, 또 그들이 주릴 것을 생각하니 불쌍하지 않을

116 귀양지 : 함경남도 덕원부(德源府)를 말한다. 숙종이 즉위한 뒤 진주(晉州)의 유학(幼學) 곽세건(郭世楗)이 기해년(1659, 현종 즉위년) 서자기복설(庶子朞服說)이 송시열로부터 나왔다고 주장하는 상소를 올리고, 송시열의 처벌을 주장하는 허적(許積) 등이 득세하면서 원지(遠地)에 찬배(竄配)하라는 명이 있었다.《肅宗實錄 卽位年 9月 25日, 1年 1月 8日·13日》

117 황주경(黃周卿)이……시원스러우니 : 황주경은 황세정(黃世楨)으로, 주경은 그의 자이다. 송준길(宋浚吉)과 송시열의 문하에서 수학하였다. 1675년 1월 송시열에게 유배하라는 명이 떨어지자, 송시열을 변호하는 상소를 올렸다가 진도(珍島)로 유배되었다.《肅宗實錄 1年 1月 18日》'여러 사람의 의심을 받았다'는 것은 황세정이 윤휴(尹鑴)와 매우 가까웠기 때문에 송시열과 갈등이 있었던 것을 말하는 것으로 보인다.

수 없습니다. 당신께서도 장차 체직(遞職)되어 돌아가면 곡식을 빌리는 것도 쉽지 않을 것이니 어쩌겠습니까.

이자중[118] 후 에게 답함 신축년(1661, 현종2) 2월 7일

答李子重 垕○辛丑二月七日

일찍이 외직(外職)을 맡아 남쪽으로 가셨다[119]고 들었는데 맑은 조정을 위해 몹시 애석합니다. 서둘러 편지로 한생(韓生)에게 물었지만, 어찌 혹시라도 바라는 것이 있어서이겠습니까. 아이가 와서 당신이 방문해 주셨다고 하였습니다. 아버지인 저라 해도 이런 곤란한 처지에 놓인 집을 방문해 주신다면 감사하고 다행한 마음을 견딜 수 없을 터인데, 더구나 그가 이러한 방문을 어찌 감당하겠습니까. 늘 마음에 깊이 새기겠습니다.

지금 멀리서 보낸 편지를 받고서 봄 날씨가 추운데 정무를 살피는 안부가 좋으신 것을 삼가 알게 되니 위로되고 감사한 마음 이루 형용 수 없습니다. 저는 지난겨울에 큰 병이 들어 사람들이 반드시 죽으리라 하였는데, 이제 조금 낫기는 하였으나 아직 인간 세상과 귀신 세계 사이에 있습니다. 성고(聖考 효종(孝宗))의 대상(大祥)을 지내는 날 편히 누워 일어나지 않았으니 돌아보건대 진실로 어떤 마음이었겠습니까. 다만 병이 이러하여 그 당시에 제힘으로는 일어나기 어려웠습니다. 가짜 두목(청(淸)나라 순치제(順治帝))이 죽어 중원(中原)에 일이 많은

118 이자중(李子重) : 이후(李垕, 1611~1668)로, 자중은 그의 자이다. 호는 남곡(南谷)이며, 종실 구천군(龜川君)의 손자이다.

119 외직(外職)을……가셨다 : 당시 이후는 광주 목사(廣州牧使)로 있었다. 《承政院日記 顯宗 1年 9月 11日》

데 성고께서 보지 못하시니, 생각이 여기에 이르면 더욱 피눈물을 훔치는 아픈 마음을 견딜 수 없습니다.

보내 주신 선물은 몹시 감사합니다. 춘형(春兄 송준길(宋浚吉))은 벌써 조정으로 달려갔으니, 공적으로는 기쁘지만 사적으로는 근심스러운 마음 견딜 수 없습니다. 아마 저의 마음과 같으실 것입니다. 나머지는 더욱 몸조심하여 멀리서 보내는 정성에 부응하시기를 빕니다.

이자중에게 답함 을사년(1665, 현종6)

答李子重 乙巳

늙어 가는 사람의 회포가 하루도 그립지 않은 날이 없다는 것은 옛말인데 오늘날 참으로 이러한 지경에 처하고 당신에 대한 그리움이 더욱 심할 줄 생각지도 못했습니다. 이제 보내 주신 편지를 받고 또 서생인 당신 조카를 만나니 당신과 만나서 이야기를 나누는 것만 같아 문득 병이 있다는 것조차 잊어버렸습니다. 당신이 세 번이나 영남을 넘을 일을 면한 것은 성은이 깊어서이니, 보내오신 말씀이 이와 같은 것이 마땅합니다. 어제 인편을 통해 보낸 편지에 당신이 곤란을 세 번 이겨내지 못하면 형통하지 않으리라는 장난스러운 구절 하나가 있었는데, 사면받는 것을 좋지 못하다고 여긴다면 이것이 어찌 사람의 마음이겠습니까. 그러나 또한 명성을 아끼는 것이 어찌 사람을 아끼는 뜻보다 심하겠습니까. 우습습니다. 당신의 조카는 몹시 사랑스러웠는데, 급히 떠나 마음속의 말을 다 하지 못해 아쉽습니다. 수일(守一)이 아직 오지 않으니 몹시 기다리게 합니다. 나머지는 부모님을 모시는 생활에 경사가 더하시기를 빕니다.

이함경[120] 일상 에게 답함 기해년(1659, 현종 즉위년) 6월 10일

答李咸卿 一相○己亥六月十日

가르치고 이끌어 주시니 감사한 마음 어찌 끝이 있겠습니까. 그러나 제가 반드시 벼슬이 교체되기를 바라는 것은, 조만간 북방의 상소가 다시 올 텐데 그 내용이 전 것에 비하여 더할지도 모르기 때문입니다. 미리 스스로 대처할 방안을 세우지 않았다가 북방의 상소가 오면 낭패스럽고 곤란하여 반드시 꼴이 형편없게 될 것이니, 저 한 사람은 말할 것도 없고 조정의 체면이 무엇이 되겠습니까. 이러하니 죽을힘을 다해 사양하지 않을 수 없습니다.[121]

"시킬 직무에 다시 대비한다.〔更備驅使〕"라는 등의 말은 저의 보잘것없는 충성이 차마 임금을 외면할 수 없어 저도 모르게 나온 말입니다. 이를 들은 이들은 반드시 해괴하게 여길 것이나, 저의 평소 마음은 본래 이러합니다. 그런데 오히려 자신을 박대한다고 말씀하시니, 저를 이해하는 분의 말이 아닙니다. 심지어 북방의 상소 외에, 약간의 생각

120 이함경(李咸卿) : 이일상(李一相, 1612~1666)으로, 함경은 그의 자이다. 이정귀(李廷龜)의 손자이며, 이명한(李明漢)의 아들이다. 당시 이조 참판이었다.《顯宗實錄 卽位年 6月 4日》

121 조만간……없습니다 : 북방의 상소는 1659년 4월에 효종이 때아닌 눈이 내린 변괴에 대해 구언(求言)하자 경성 판관(鏡城判官) 홍여하(洪汝河)가 올린 상소를 말한다. 상소가 진언(進言) 형식이어서 다시 써 올리게 할지 논의가 분분하였는데, 홍여하의 상소가 송시열을 헐뜯는 것이라는 조정의 의론이 있어 현종이 다시 써 올리는 것은 불가하다고 하였다. 송시열은 이 일로 다섯 번에 걸쳐 사직소를 올렸다.《宋子大全附錄 卷3 年譜》《宋子大全隨箚 卷5》《顯宗實錄 卽位年 6月 2日》

이 있다는 것은 대략 그 단서가 있습니다. 제가 전에 묻는 자에게 답하기를,

"상(上)께서 나를 몹시 간곡하게 만류하시니, 목석같은 자라 할지라도 어찌 감격하지 않을 수 있겠는가. 다만 조정의 관원과 주졸(走卒)들이 가는 곳마다 가리키며 '저 사람은 배척받은 전관(銓官)이니 그 괴로움이 어떠할까.'라고 할 것이나, 그중에 또 어찌 박장대소하는 자가 없겠는가."

하였는데, 이른바 약간의 생각이란 반드시 이것을 가리킨 것입니다. 어떤 재상이 이 말을 듣고 경계하여 "혹시 이런 사람이 있을지라도 먼저 이 때문에 남을 의심해서는 안 된다."라고 하였으니, 이 말이 충후(忠厚)하고 노성(老成)하여 저 스스로 졸장부임을 알았는데 지금 또 형의 깨우침을 받으니 부끄러운 마음 더욱 깊습니다.

대개 오늘날 임금과 재상이 치욕을 참고 염치를 잃는 것이라 여기지 말고 우선 제가 맡은 일[122]에서 체차하여 필부(匹夫)의 뜻을 온전하게 해 주신다면 아무 일이 없을 것입니다. 이것이 바로 저를 이해하는 군자들에게 바라지 않을 수 없는 것입니다.

122 제가 맡은 일 : 판의금부사의 직책을 말한다. 《顯宗實錄 卽位年 6月 8日》

이함경에게 보냄 경자년(1660, 현종1) 3월 18일

與李咸卿 庚子三月十八日

전날 답장을 쓸 때 아프고 바빠서 글 쓰는 것을 사절하기도 하고 꼭 써야 할 글을 빠뜨리기도 한 데다가 운어(韻語)도 구절을 나누지 않고 연이어 읽도록 하여, 번거롭게도 잘못 보시게 하였으니 늘 깊이 부끄럽고 죄송하게 여기면서도 오히려 한번 웃습니다. 봄철이 벌써 무르녹았습니다. 영형(令兄)은 밤낮으로 나랏일에 골몰하시는 외에 생활은 어떠하신지요? 보잘것없는 저의 사모하는 마음은 조금도 게으른 적이 없습니다.

지난번에 곁으로 듣건대 성상의 건강이 실로 평범한 증상과는 다르다니, 그지없이 애타는 마음을 어떻게 말로 다 하겠습니까. 다행히 종묘사직의 영령께서 도우시고 여러 분이 정성을 다한 덕분에 곧바로 평소의 건강을 회복하셨으니, 이런 때에 손뼉을 치고 뛸 듯한 마음이 또 어떻겠습니까. 근심이 절실했기에 기쁨 또한 몹시 지극하니 보잘것없는 저의 천성은 끝내 없애기가 어렵습니다.

세월이 어느덧 흘러가서 선왕의 일주기가 눈앞에 점점 가까워지는데, 용안(龍顔)을 그려 보며 푸른 하늘에 하소연할 길이 없으니 어찌합니까. 아마 영형께서도 저의 괴로운 마음과 같을 것입니다. 다만 위로되는 것은 저의 병이 질질 끌어 스스로 짐작건대 오래가지 않으리라는 것입니다. 그러니 이 슬프고 괴로운 마음을 참는 것이 얼마나 가겠습니까.

이번에 새로운 명이 또 뜻밖에 나왔습니다. 성상의 은혜가 여기에 이르니 뼈가 가루가 된들 어찌 갚겠습니까. 죽음을 무릅쓰고 사직을 청하였으니 두려움이 더합니다. 날씨가 정상이 아닌데 때에 맞게 돌조심하여 저의 마음에 부응하시기를 삼가 빕니다.

이함경에게 답함 경자년(1660, 현종1) 5월 그믐날
答李咸卿 庚子五月晦日

두 통의 편지를 한꺼번에 받았는데, 4일의 편지는 가슴이 무너지고 목이 메어 차마 읽지 못하겠으니, 흡사 연도(羨道)의 남쪽에서 손을 잡고 하늘에 부르짖던 날 같았습니다.[123] 우리가 차마 이러한 날을 만나 오히려 다시 무슨 말을 하겠습니까마는, 형의 이 편지가 아니면 답답하고 기가 막히며 외로운 회포를 무슨 수로 조금이나마 풀 수 있겠습니까. 더욱 감사합니다.

요즈음 가물고 더운데 일상생활은 더욱 건강하시겠지요? 저는 한번 병들자 내내 누워 있으니 꿈꾸는 듯 취한 듯하여, 이 때문에 깨어 있지도 않고 어려움도 없으니 어찌 유독 강이나 바다만이 사람을 죽이겠습니까.[124] 근래의 일은 내버려 둔 지 이미 오래이니 일이 줄어든 것을

123 연도(羨道)의……같았습니다 : 효종이 승하한 지 일주년이 되었기에 하는 말이다. 《孝宗實錄 10年 5月 4日》 연도는 묘도(墓道)이다.

124 강이나……죽이겠습니까 : 나라를 위해 애쓰다가 죽기만 하는 것이 아니라 병으로도 죽을 수 있다는 말이다. 송(宋)나라 때의 간관 추호(鄒浩)와 전주(田晝)는 친한 사이였는데, 철종(哲宗)이 황후 맹씨(孟氏)를 폐하고 현비(賢妃) 유씨(劉氏)를 황후로 책봉하자 추호가 간하다가 신주(新州)로 유배 가게 되었다. 유배 가는 길에 전주를 만나 추호가 눈물을 흘리자 전주가 "당신이 간관으로서 아무 말도 하지 않고 그대로 서울에서 벼슬을 하고 있더라도 한질(寒疾)을 만나서 땀을 내지 못할 경우에는 5일 만에 죽을 것이오. 어찌 유독 영해 밖의 지역만이 사람을 죽게 할 수 있겠소. 그대는 이 일 정도로 자만하지 마시오."라고 하였는데, 추호가 "그대가 나에게 아주 큰 선물을 주었소."라고 하며 사과하였던 데서 온 말이다. 《宋史 鄒浩列傳》

스스로 느낍니다. 다만 사람을 잘못 보아, 은밀히 불어나고 암암리에 자라나게 하여 지금에 와서는 크게 어긋나 버렸습니다. 오늘날 홍(洪)·조(曺) 두 분을 보기 부끄러우나 죽은 사람이 지각(知覺)이 있다면 또한 지하에서 가만히 웃을 것입니다. 다행하게도 해와 달이 높이 하늘에 걸려 빠트림 없이 두루 비추시어 아직도 이 목숨이 온전하니, 뼈가 가루가 된다 해도 만분의 일도 갚지 못할 것입니다.

보내 주신 맛있는 음식은 지극한 뜻을 고맙게 잘 받았습니다. 무어라 감사의 말씀을 드릴지 모르겠습니다. 다만 이 음식이 채소나 겨만 먹는 이 사람의 몸에는 맞지 않는다는 것을 삼시충(三尸蟲)[125]은 알 것이니, 또한 편안하고 넉넉하다는 이유로 상제(上帝)에게 벌을 청하지 않겠습니까. 우습습니다.

벗들이 서로 권면하는 말은 보내오신 말씀만 못합니다. 다만 생각건대 지난겨울에 제가 피한다고 헐뜯던 자도 이제는 스스로 피할 수밖에 없는데, 더구나 이런 평소 익히 아는 자들이라면 오더라도 하루인들 머무르게 할 수 있겠습니까. 이로써 굳게 문을 닫는 외에 다시 다른 대책이 없는 줄 알겠습니다. 깊이 인정해 주셨기에 거리낌 없이 다 말하였으니 간절히 바라건대 본 뒤에 즉시 없애셔서 남에게 보이지 않는 것이 어떻겠습니까? 하고 싶은 말은 많지만, 더욱 몸조심하시기를 빕니다. 이만 줄입니다.

125 삼시충(三尸蟲) : 도가에서 말하는, 사람 배 속에 기생한다는 벌레 이름이다. 사람이 잠든 사이에 몰래 빠져나가 상제에게 그의 죄과를 고해바쳐 수명을 단축하게 한다고 한다.

이함경에게 보냄 경자년(1660, 현종1) 칠석

與李咸卿 庚子七夕

아이가 와서 요즈음 있었던 일을 말하는데, 아버지를 잃은 소녀에게 장가든 자가 장인을 때렸다는 것과 같은 경우[126]입니다. 세간의 일은 참으로 없는 일이 없습니다. 형이 자책한 소본(疏本)을 보았는데 노숙하고 너그러워 화내고 원망하거나 변명하는 뜻이 전혀 없으니, 참으로 도량이 큰 사람의 모습이라 성심으로 공경하고 감탄하였고 천박하고 못난 소인배들에게 알리지 못하는 것이 한스럽습니다.

이윽고 또 듣자니 죄인을 잡았다는데,[127] 비비고 문지를 것도 없이 형산(荊山)의 옥[128]은 더욱 빛날 것입니다. 회옹(晦翁 주희(朱熹))이 정직하고 공평한 것을 병통으로 여긴 것은, 다만 남과 잘 지내지 못하는 것을 병통으로 여겼을 뿐입니다. 야박한 자를 돈독하게 하고 쩨쩨한

126 아버지를……경우 : 근거 없는 소문을 뜻한다. 후한(後漢) 시대의 제오륜(第五倫)이라는 사람은 세 번이나 장가들었지만 한 번도 장인이 있지 않았다. 그런데 그가 장인을 때렸다는 소문이 나서 왕이 묻자 자기는 장인이 있은 적이 없다고 대답하였다는 데서 유래하였다. 《古今事文類聚 後集 卷14 誣撾婦翁》

127 죄인을 잡았다는데 : 죄인은 양영남(梁穎南)을 말하는 것으로 보인다. 정언 이지익(李之翼)이, 전라 우수사 이동현(李東顯)이 배에 쌀과 베를 실어 전임 이조 판서 이일상에게 통째로 뇌물로 주었다고 하여 이일상을 탄핵하였는데, 조정에서 그 증거를 캐물었으나 양영남 등이 이일상의 간찰을 위조해서 벌인 일로 밝혀졌다. 《顯宗實錄 1年 6月 11日, 30日》

128 형산(荊山)의 옥 : 이일상의 인품을 귀중한 보배에 비유한 것이다. 자세한 내용은 523쪽 주110 참조.

자를 너그럽게 하는 도에서 어찌 정직하고 공평한 것을 소홀히 할 수 있겠습니까.

저는 병이 질질 끌어 다시는 사람 사는 세상에 흥미가 없으니 어쩌겠습니까. 구양수(歐陽脩) 문집은 입은 은혜가 매우 지극합니다. 다만 일 없이 지내던 저에게 일이 생기게 한 것이 유감일 뿐입니다. 껄껄. 늦더위가 아직 심한데 세상을 위해 몸을 잘 간수하시기를 빕니다.

이함경에게 보냄 경자년(1660, 현종1) 9월 보름날

與李咸卿 庚子九月望日

얼음이 어는 계절이 벌써 다가왔는데 밤낮으로 직무를 보는 여가에 지내는 생활은 고루 복되신지요? 몹시 그리운 마음 하루도 품지 않은 적이 없습니다. 저는 앓고 있는 병이 날로 더하여 '사(死)'라는 한 글자가 모자랄 뿐입니다.

다름이 아니라 익산(益山)은 선사(先師 김장생(金長生))께서 부임한 적이 있는 고장입니다. 그 지역의 사대부가 사당을 세우고 사액을 청하여 윤허를 받았음에도 오래도록 내려보내지 않으니, 본원(本院 화산서원(華山書院))의 사대부들이 자주 와서 저를 꾸짖습니다. 지난번에 편지로 예조 판서에게 간청하니 예문관이 이제 마땅히 검토할 것이라고 답하였습니다. 부디 형께서 서둘러 맡아 처리해 주시는 것이 어떻겠습니까?[129] 제가 원임(院任)이기에 비난을 받는 것이 더욱 심합니다. 나머지는 이만 줄입니다.

129 부디……어떻겠습니까 : 이일상이 당시 대제학으로 있었기에 일이 빨리 이루어지도록 부탁한 것으로 보인다.《承政院日記 孝宗 10年 3月 21日, 顯宗 2年 12月 14日》

이함경에게 답함 신축년(1661, 현종2) 9월 15일

答李咸卿 辛丑九月十五日

요즈음 안부를 묻는 자가 없는데 어제 형의 편지를 받고서 혼잣말로 형은 쇳덩이 같은 사람이라고 할 만하다 하였으니, 또 깊은 관심과 후의를 입었습니다. 그러나 감히 즉시 답장을 쓰지 못했으니 누 끼칠 것을 삼가고 두려워해서입니다. 문의(文義)와 익산 두 서원의 사액(賜額)[130]에 대해서는 종전에 여러 번 번거롭게 말씀드렸습니다. 이번에 문의현(文義縣)에 있는 서원에서 또 심부름꾼 한 명을 보냈으니 부디 특별히 주선하여 속히 결말이 나도록 해 주시는 것이 어떻겠습니까?

효성과 공경, 식견을 갖춘 며느리[131]가 일찍 죽은 것은 슬퍼할 만하니 모두 형의 시에 드러내기에 합당합니다. 그러므로 일찍이 제 아우를 시켜 당신께 여쭙게 하였고 맏아드님[132]에게도 그렇게 했는데, 모두 인가를 받는다면 저의 슬픔이 달래질 것이니 몹시 기대합니다.

일전에 춘형(春兄 송준길(宋浚吉))이 파발 편으로 오운(五雲)의 시구(詩句)를 보여 주면서 형의 뜻이라고 하였는데, 외우고 읊는 사이에 저도 모르게 입속에 침이 고였습니다. 다만 '공환(共還)' 자는 타당하지

130 문의(文義)와……사액(賜額) : 문의현에 있었던 노봉서원(魯峯書院)과 익산군(益山郡)에 있었던 화산서원을 말한다. 노봉서원은 1668년에, 화산서원은 1662년에 사액되었다.

131 며느리 : 송시열의 양자 송기태(宋基泰)의 부인으로, 이정한(李廷漢)의 딸 완산이씨(完山李氏)를 말한다.

132 맏아드님 : 이성조(李成朝)를 말한다.

않은 듯한데, 소릉(少陵) 사람을 일으켜 형에게 두 글자 스승〔二字師〕이 되게 하지 못하는 것이 아쉽습니다.[133] 껄껄. 끝으로 추워지는 날씨에 더욱 몸조심하십시오.

133 소릉(少陵)……아쉽습니다 : 소릉은 두보(杜甫)를 말한다. 장안의 남쪽 소릉 지역에 거주한 적이 있기에 하는 말이다. 시문(詩文) 가운데 한두 글자 정도를 고쳐 주는 사람을 뜻하는 '일자사(一字師)'라는 말이 있는데, 제기(齊己)라는 시승(詩僧)이 지은 〈조매(早梅)〉 가운데 "앞마을 깊은 눈 속에, 어젯밤 몇 가지 매화 피었네.〔前村深雪裏, 昨夜數枝開.〕"라는 구절에서 정곡(鄭谷)이 '數' 자를 '一' 자로 고쳐 '일자사'의 칭호를 얻은 고사가 있다. 《詩人玉屑 一字師》

이함경에게 보냄 을사년(1665, 현종6) 2월 8일

與李咸卿 乙巳二月八日

지난해에 보내신 절구(絶句)에서 대감의 뜻이 있는 곳을 알았습니다. 쇠약한 나이라 쉽게 감동하다 보니, 한번 읊조릴 때마다 저도 모르게 얼굴에 두 줄기 눈물이 흐릅니다. 푸른 하늘에 호소하지 못하니 몹시도 슬프고 괴로웠고, 오래도록 화답하고 싶었으나 처지는 모두 형이 먼저 차지해 버렸으니 다시 할 말이 없었습니다. 또 정신이 쇠락했음에도 아직 무거운 빚을 지고 있으니 참으로 부끄럽고 죄송합니다.

삼가 듣건대 어린 아우가 당시에 보살펴 주심을 입었다니 몸 굽혀 감사드리며, 하신 말씀은 더욱 감사합니다. 모(某) 대간(臺諫)은 도목정사(都目政事)에 중복하여 나왔고,[134] 대신[135]은 또 잡다한 공무를 면하였으니 어찌 성대한 덕이 주조해 낸 것이 아니겠습니까. 오늘날 참으로 노공(潞公)[136]이 되었습니다. 더구나 애초에 농금(籠錦)이 없었

134 모(某)……나왔고 : 모 대간은 《송자대전수차》 권5에서는 이지익(李之翼)을 가리키는 듯하다고 하였다. 당시 이지익은 남양 부사(南陽府使)로 있었는데 수령으로 천거를 받은 외에 이조의 자리에도 천거받아 문제가 되었으며, 9월에 성주 목사(星州牧使)로 임명되었다. 《承政院日記 顯宗 6年 2月 3日, 9月 23日》

135 대신 : 이일상을 지칭한다. 그가 막 예조 판서로 임명되었기에 하는 말이다. 《顯宗實錄 6年 2月 2日》

136 노공(潞公) : 송(宋)나라 명재상 문언박(文彦博)의 봉호(封號)이다. 인종(仁宗), 영종(英宗), 신종(神宗), 철종(哲宗) 등 사대(四代) 50여 년을 재상으로 있었다. 재임 기간 동안 공정한 도에 입각한 정치로 세상 사람들이 어진 재상이라 존경하였다. 《宋史 文彦博列傳》

던 만큼[137] 노공도 당신보다는 조금 손색이 있으니 몹시 우러러 공경합니다.

137 농금(籠錦)이 없었던 만큼 : 비리가 없다는 말이다. 농금은 등롱금(燈籠錦)으로 중국 촉(蜀) 지방에서 생산되던 최고급 비단인데, 금으로 등롱 무늬를 넣어 짰기에 생긴 이름이다. 송나라 인종의 장 귀비(張貴妃)가 상원연(上元宴) 때 등롱금으로 지은 옷을 입고서 "이것은 문언박이 바친 것이다." 하였는데, 어사 당개(唐介)가 문언박이 장 귀비에게 환관을 통해 뇌물을 바치고 집정(執政)이 되었다고 탄핵하여 문언박이 파직된 일이 있다. 《宋史 唐介列傳》

이함경에게 보냄 을사년(1665, 현종6) 5월 18일
與李咸卿 乙巳五月十八日

앞에는 유능(幼能)[138]이 많은 일로 시달렸고 뒤에는 필경(弼卿)[139]이 까닭 없이 곤란을 당하였습니다. 다만 그사이에 주신 월린(月麟)과 강요(江瑤 살조개)는 그다지 나쁘지 않고 맛이 있었으니, 속담에 "낙산(駱山)은 낮고 남산은 높다."라는 것은 실로 빈말입니다. 매우 우습습니다.

성상께서 우리 남쪽 지역에 와서 병이 나아 돌아가시면서 뒤따르는 수레에 또 실은 자[140]가 있었던 것을 대감께서는 어떻다고 여기십니까? 이보다 앞서 감히 답장을 못 했던 것은 이유가 있었습니다. 지금 이미 행조(行朝)에서부터 서울 근처까지 왔기에 대략 이렇게 아뢥니다만, 마침 취하여 술병을 잡고서 저도 모르게 입을 놀렸으니 부디 웃고서 태워 버리는 것이 매우 좋을 것입니다. 유능과 필경에게는 따로 편지를 보내지 않았으니 부디 저를 위해 잘 말씀해 주십시오. 이로부터 혜강(嵇康)의 글[141]을 지으려 합니다. 이만 줄입니다.

138 유능(幼能) : 이단상(李端相)의 자이다. 이일상의 막냇동생이다.

139 필경(弼卿) : 이익상(李翊相)의 자이다. 이일상과 사촌 간이다.

140 뒤따르는……자 : 송준길(宋浚吉)을 가리킨다. 《宋子大全隨箚 卷5》

141 혜강(嵇康)의 글 : 은거하겠다는 의지를 드러낸 글을 말한다. 삼국 시대 위(魏)나라 산도(山濤)가 혜강을 자신의 후임으로 추천하자, 혜강이 절교하는 편지를 보내 자신은 은일(隱逸)의 삶을 살 것이라 말하였다. 《文選 卷43 與山巨源絶交書》

이함경에게 보냄 을사년(1665, 현종6) 8월 4일

與李咸卿 乙巳八月四日

생사의 안부를 물어 주시니 분에 넘치는 줄을 오히려 알겠는데, 더구나 이 이상의 것에 대해서는 참으로 무어라 말해야 할지 모르겠습니다. 게다가 그 얘기를 반복하고 싶지 않은 것은 아니지만, 파공(坡公)이 "세상일을 담소에 부치고 술이나 마신다."라고 한 말[142]이 있으니 이분의 귀신이 와서 이 벌을 줄 것이 적이 두려웠고, 또 이어서 염라대왕의 서까래 한 개로 만들지[143] 몰라서 감히 하지 못하였습니다. 생각하자니 실소가 나옵니다. 끝으로 가을장마에 더욱 몸조심하시기를 빕니다.

142 파공(坡公)이……말 : 파공은 호가 동파(東坡)인 소식(蘇軾)을 말한다. 그의 시 〈증손신로(贈孫莘老)〉에 "아, 나와 자네는 오랫동안 무리를 떠났기에, 아무 일도 듣지 않아 귀와 맘이 다 식었네. 만일 청산을 마주하고서 세상일을 말하거든, 큰 술잔으로 자네에게 벌주를 먹이리라.〔嗟予與子久離群, 耳冷心灰百不聞. 若對青山談世事, 當須舉白便浮君.〕"라고 한 데서 온 말이다.

143 염라대왕의……만들지 : 죽음을 말한다. 《송자대전수차》 권5에는 소식이 사마광(司馬光)의 장례를 치를 때 쓰이는 도구들을 보고 "이것은 염라대왕이 서까래 한 개를 보낸 것이다."라고 하였다고 되어 있다.

박중구[144] 장원 에게 답함 기유년(1669, 현종10) 8월 15일
答朴仲久 長遠○己酉八月十五日

멀리서 보내 주신 편지를 받고서 내내 경사스러운 일이 많다는 것을 삼가 알게 되어 기쁘고 또 감사한 마음 이루 말할 수 없습니다. 저는 병이 깊이 박혀 조만간 죽기만 기다리고 있으니 덕스러운 모습을 다시 대하리라 어찌 기대할 수 있겠습니까. 조정의 의론에 대하여 마침내 윤허하여 따라 주셨습니다.[145] 하늘이 성군을 내려 주셔서 일 처리를 이같이 하시니, 백 명의 길보(吉甫)[146]인들 어찌 만분의 일이라도 기릴 수 있겠습니까.

안타깝게도 저의 병이 고질이 되어 성대한 의식에 참석할 수 없으니, 태사공(太史公)이 주남(周南)에서 격분하였던 데는[147] 그만한 이유가 있습니다. 당신이 마침 이런 때에 예조 판서의 직임을 맡아 반드시 정(情)과 예(禮)에 유감이 없게 하였으니, 더욱 종묘의 기쁨입니다.

144 박중구(朴仲久) : 박장원(朴長遠)으로, 중구는 그의 자이다.

145 조정의……주셨습니다 : 조정의 의론은 신덕왕후(神德王后) 강씨(康氏)의 신위(神位)를 종묘에 안치하는 의론을 말한다.《宋子大全隨箚 卷5》 이해 1월에 송시열이 신덕왕후를 종묘에 배향할 것을 청하였다.《顯宗實錄 10年 1月 4日》

146 길보(吉甫) : 주(周)나라 선왕(宣王) 때의 대신인 윤길보(尹吉甫)이다. 오랑캐를 쳐서 북으로 멀리 내쫓고 중흥의 업을 이루는 데 많은 공헌을 하였다.

147 태사공(太史公)이……데는 : 태사공은 사마천(司馬遷)의 아버지인 사마담(司馬談)을 말한다. 사마담이 역사를 기록하는 사람임에도 태산(泰山)의 봉선(封禪) 행사에 참석하지 못하고 주남에 남자, 분통한 나머지 죽을 지경에 이르렀던 적이 있다.《史記 太史公自序》

윤길보(尹吉甫 윤선거(尹宣擧))는 문득 천고(千古)의 사람이 되어 버렸습니다. 창자가 끊어지는 깊은 슬픔은 제 개인을 위해서만이 아니니, 당신께서도 아마 저의 마음과 같을 것입니다. 끝으로 가을 날씨가 찬데 더욱 몸조심하십시오. 이만 줄입니다.

홍원백[148] 중보 에게 보냄 무신년(1668, 현종9) 10월 28일

與洪遠伯 重普○戊申十月二十八日

저의 여정이 그저께가 되어서야 교외에 도착하였는데, 병으로 인해 찾아뵙지 못하여 매우 아쉬웠습니다. 오늘 몹시 추운 날씨에 대감의 건강이 좋으신지 우러러 그립기 그지없습니다.

지금 삼가 말씀드릴 것이 있습니다. 이번 걸음에 자운서원(紫雲書院)[149]과 향양서원(向陽書院)[150]의 사당과 산소를 차례로 배알(拜謁)하였는데, 성 선생(成先生) 두 분[151]의 서원과 산소에는 의물(儀物 석물(石物))이나 전수(典守 서원지기와 묘지기)가 더할 나위 없이 잘 되어 있었으니, 이는 자손이 번창하고 외손 중에 이름난 사람이 많아서가 아니겠습니까.

그런데 이 선생(李先生 이이(李珥))의 산소만은 황폐하였고, 또 선생 부인(夫人)의 묘(墓)는 어린아이 무덤같이 작은 데다가 봉분이 무너졌는데 수축(修築)도 하지 않았으며, 또 그 밑에 있는 선생의 부모님이신

148 홍원백(洪遠伯) : 홍중보(洪重普, 1612～1671)로, 원백은 그의 자이다. 당시에 병조 판서로 있었다.

149 자운서원(紫雲書院) : 경기 파주(坡州)에 있는 율곡(栗谷) 이이의 위패(位牌)를 모신 서원(書院)이다. 뒤에 김장생(金長生)과 박세채(朴世采)를 추가로 배향(配享)하였다.

150 향양서원(向陽書院) : 파주에 있는 성수침(成守琛), 성수종(成守琮), 성혼(成渾)의 위패를 모신 서원이다.

151 성……분 : 성수침과 성혼을 가리킨다.

감찰공(監察公 이원수(李元秀))과 신 부인(申夫人 사임당(思任堂))의 묘소에는 묘표(墓表)마저 없으니, 백 년도 되기 전에 누구의 묘인지 알아보지도 못할 것입니다. 그리고 선생의 묘소에 있는 작은 석인(石人)도 비스듬하게 기울어 넘어지려 하니, 대체로 눈이 닿는 곳마다 모두 처량하였습니다. 무엇보다도 신도비(神道碑)는 비만 있고 지붕돌이 없어서 비석의 앞면은 이미 뒷면처럼 선명하지 않았으니, 아마도 비바람에 닳아 없어져 그리된 듯하였습니다. 그리고 비석 앞면에 새긴 글자는 자못 이치에 어긋나니 후세에 보여 줄 수 없습니다.

오늘날 공경(公卿)이나 유자(儒者) 들이 걸핏하면 이 선생을 높이고 숭상한다고 말하면서도 이러한 일에 대해서는 이렇듯 저대로 두고 상관하지 않으니, 어찌 매우 부끄러운 노릇이 아니겠습니까. 저의 생각에는 다른 일은 그다지 급하지 않으나 비에 지붕돌을 얹는 일, 비석 표면을 고치는 일, 부인의 묘를 수리하는 일, 감찰공과 신 부인의 묘소에 표석을 세우는 일은 제때에 도모하지 않아서는 안 될 듯합니다. 그러나 선생의 제사를 받드는 서손(庶孫)은 가난하고 사람이 졸렬하여 1년에 한 차례씩 받드는 향화(香火)도 제대로 치르지 못하는데, 더구나 이러한 일을 할 겨를이 있겠습니까. 백방으로 생각해 보아도 방책이 떠오르지 않습니다.

귀조(貴曹 병조(兵曹))에 혹시 관례에 따라 임의로 쓰는 물건이 있으면 부디 지급하여 그곳 유생들에게 책임 지우고 또 당신 아드님이나 서울 대갓집 자제들에게 멀리서 그 일을 주관하게 한다면 열흘이나 달포 사이에 마칠 수 있을 것인데, 대감의 생각은 어떠실지 모르겠습니다.

또 선생의 서손 이후시(李厚蒔)는 상복을 벗은 지 오래인데도 나라에서 아직 벼슬을 주지 않았으니, 대감께서 긴요하지 않은 체아직(遞兒

職) 한 자리를 주어 녹을 받아 제사를 받들게 하신다면 조정이 덕이 있는 이를 높이고 공이 있는 이에게 보답하는 도리로 보아도 각박하지 않을 것입니다. 만약 서반(西班)의 실직(實職)에 임명한다면 더욱 다행이겠습니다.[152] 아울러 짐작하여 처리하시는 것이 어떻겠습니까? 이 일은 모두 조정이 마땅히 알아야 할 것이므로 공공연히 말하기를 꺼리지 않았으니, 아울러 너그러이 잘 헤아려 주십시오. 이만 줄입니다.

152 선생의……다행이겠습니다 : 이후시는 이이의 증손(曾孫)으로, 1664년 의영고 직장(義盈庫直長)에 임명된 기록이 있다. 1669년 12월 성현도 찰방(省峴道察訪)에 임명된 일이나 또 이후시에게 아들이 없자 송시열과 박세채(朴世采)가 의논하여 이연(李綖)을 이후시의 아들로 정하였던 일 등으로 보아 송시열이 이이의 후손을 보살피는 데 힘썼음을 알 수 있다. 《承政院日記 顯宗 5年 11月 22日》《英祖實錄 8年 2月 7日》

홍원백에게 보냄 기유년(1669, 현종10) 3월 16일

與洪遠伯 己酉三月十六日

의정부와 중추부 두 부(府)의 하인은 이미 더할 나위 없이 많고 게다가 가마꾼 두 사람은 문밖에 줄지어 앉아 종일 하는 일이 없으니, 마음이 몹시 불안하고 일 또한 의미가 없습니다.[153] 대감께서 주상의 명은 어길 수 없다 하고 날마다 병졸 두 명을 보내시는데, 보내는 것을 고집할수록 더욱 감히 머물게 할 수 없습니다. 여기에 있게 하고 싶다면 부디 다시는 보내지 마시고, 다만 제가 보내 달라고 청하기를 기다렸다가 보내고 내내 문밖에서 머물게 하지 않는 것이 어떻겠습니까?

또 그럴 수 없다고 여기신다면, 선혜청 구채(驅債)의 전례에 따라 모관(某官)의 구채라는 명목으로 따로 비축해 둔다면 귀조(貴曹)에서는 주상의 명을 시행하는 것이고 가져가서 쓸지는 저에게 달려 있으니, 이렇게 한다면 양쪽이 편할 듯합니다. 선혜청의 구채가 10섬이 쌓였다고 들었습니다. 선혜청은 관례에서 벗어나는 잘못이 없고 저도 불안한 마음이 없으니, 이대로 행하신다면 몹시 다행이겠습니다. 이만 줄입니다.

153 의정부와……없습니다 : 송시열은 당시 판중추부사였는데, 고유의 담당 업무가 없었기에 하는 말로 보인다. 조선 시대 중추부는 특정하게 관장하는 일이 없이 문무의 당상관으로서 소임이 없는 사람들을 대우하는 기관이었으며, 판중추부사는 대신급의 고위 관원이 체직될 때 잠시 임명되는 자리로 활용되었다.

홍원백에게 보냄

與洪遠伯

인조 때에 병권을 장악한 것은 모두 훈척(勳戚)이었는데 성고(聖考 효종) 때부터 점차 훈척 이외의 사람에게 주었습니다. 이제 능공(綾公)[154]이 또 병권을 잃었으나 그 조카가 거듭 선발되었으니,[155] 저편 사람(남인(南人))의 마음에 혹 너무 치우친 것을 미워하지는 않을런지요? 능공의 아드님[156]이 한 병영의 장수로 승진하여 보임된다면 좋을 듯한데 장차 자리가 있을지 모르겠습니다. 그 사람의 재주와 지략이 어떠한지 모르지만 나라에 정성을 다한다는 것은 분명합니다.

154 능공(綾公) : 《송자대전수차》 권5에서 능천부원군(綾川府院君) 구인후(具仁垕)와 능풍군(綾豐君) 구인기(具仁墍) 중 한 사람으로 추측된다고 하였는데, 앞서 병권에 대한 말이 나온 것으로 보아 판의금부사, 홍청도 병마절도사, 우의정 등을 역임했던 무신인 구인후로 보인다.

155 그……선발되었으니 : 구인후의 조카 중 구옥(具鋈)이 1669년(현종10)에 한성부 판관(漢城府判官), 평창 군수(平昌郡守)에 임명되었다. 《承政院日記 顯宗 10年 5月 28日, 11月 16日》

156 능공의 아드님 : 구오(具鏊, 1607~1648)를 말한다. 1637년(인조15) 무과 별시에 급제하여 선전관(宣傳官), 광주 부윤(廣州府尹) 등을 지냈다.

홍원백에게 답함 기유년(1669, 현종10) 3월 26일
答洪遠伯 己酉三月二十六日

안부 편지가 문득 도착하니 소격동(昭格洞)에서 마주하여 담소하는 것만 같았습니다. 저는 돌아와 병으로 누웠고, 이어서 상사(喪事)와 장례[157]로 슬픈 날을 보내고 있습니다. 고요히 있을 때마다 스스로 생각건대 무엇 하러 다시 벼슬자리에 나가서 좋지 못한 꼴을 허다하게 지어내어 편안히 은거해서 사는 사람에게 베개에 기대어 볼거리를 제공했는지, 저도 모르게 한바탕 크게 웃습니다.

지난번의 계획이 허사로 돌아갔다는 말씀을 받으니 몹시 멍합니다. 제가 조정에서 소소한 봉조하(奉朝賀)라 하는 것은 어쩌면 괜찮다 하겠습니다. 그리고 하찮은 오리나 기러기는 본래 강호(江湖)에 있든 없든 상관이 없으니, 이제 한 마리가 날아간다 한들 어찌 영향을 끼치겠습니까. 깊이 인정해 주시기에 감히 이러한 말을 하였으니, 동파공(東坡公)의 정령(精靈)이 있다면 반드시 벌주를 내릴 것입니다.[158] 나머지는 병으로 누워 있어서 이만 줄입니다.

157 상사(喪事)와 장례 : 1669년 2월에 손녀가 사망하였고, 3월에는 질부의 장례가 있었다. 《宋子大全 附錄 卷6 年譜》

158 동파공(東坡公)의……것입니다 : 세속에 마음을 둔 사람을 비웃을 것이라는 말이다. 소식(蘇軾)의 시 〈증손신로(贈孫莘老)〉에 나오는 말이다. 546쪽 주142 참조.

홍원백에게 답함 경술년(1670, 현종11) 7월 7일

答洪遠伯 庚戌七月七日

정승에 임명되었다[159]는 말을 듣고부터 날마다 기뻤습니다. 다만 병으로 궁벽한 산에 엎드려 지내면서 죽을 날이 얼마 남지 않아 편지를 보내 축하하는 예를 펴지 못하였으니 그저 마음으로 답답할 뿐이었습니다. 그런데 뜻밖에도 균자(勻慈 정승에 대한 경칭)께서 먼저 편지를 보내어 생사의 안부를 물어 주시니, 감사함과 부끄러움이 교차하여 무어라 말씀드려야 할지 모르겠습니다. 요사이 어느덧 가을이 다가왔는데 나랏일을 살피는 겨를에 지내는 생활이 아주 좋으시니, 그지없이 축하드립니다. 저는 이번 여름의 더위와 비에 죽을 뻔한 것이 여러 차례였는데 아직도 목숨을 끌고 있으니 처음에 의도했던 것이 전혀 아닙니다. 죽기 전에 다만 균자의 공적과 사업이 이루어지고 왕성해져 산림에 사는 이 여윈 선비도 농사짓고 구기자를 심으며 여생을 한가하게 보낼 수 있기만을 바랍니다. 더구나 남에게 보이는 것은 남이 보여주는 것을 보는 것만 못하니, 어리석은 저는 장차 크게 눈을 뜨고 통쾌하게 볼 것입니다. 나머지는 더욱 몸조심하셔서 우러러보는 마음을 위로해 주십시오.

159 정승에 임명되었다 : 홍중보는 1669년 12월에 우의정에 임명되었다.《顯宗實錄 10年 12月 27日》

장정지[160] 선징 에게 보냄 병진년(1676, 숙종2) 9월

與張淨之 善徵○丙辰九月

삼가 아뢸 말씀이 있습니다. 죽은 옥천(沃川) 문인(文人) 곽시(郭詩)[161]는 논(論)을 지어 정자(程子)를 배척한 자인데, 광해군 때 한찬남(韓纘男)[162]·민심(閔葉)[163] 무리가 흉포한 기세를 믿고서 추한 행실이 있었던 전팽령(全彭齡)[164]과 함께 사우(祠宇)를 세워 향사(享祀)하였습니다. 반정(反正) 초에 사계(沙溪) 선생께서 정개청(鄭介淸)[165]의 사

160 장정지(張淨之) : 장선징(張善徵, 1614~1678)으로, 정지는 그의 자이다. 장유(張維)의 아들이자 인선왕후(仁宣王后)의 오빠이다. 현종 15년(1674) 송시열이 남인들의 공격으로 귀양 가자 그의 무죄를 주장하였으나, 뜻을 이루지 못하자 고향으로 은퇴하였다.

161 곽시(郭詩) : 자는 영이(詠而), 호는 탄암(坦菴)이다. 중종(中宗) 때 문과(文科)에 급제하여 홍문관 정자가 되었다. 중봉(重峰) 조헌의 서원(書院)에 배향되었으나 정자를 배척하는 글을 지은 문제로 출향(黜享)되었다.

162 한찬남(韓纘男) : 광해군 때 부승지로 이이첨(李爾瞻)의 사주를 받아 해주옥사(海州獄事)를 일으키고, 도승지, 호조 판서에 올랐다가 인조반정(仁祖反正) 때 주살(誅殺)된 역신(逆臣)이다.

163 민심(閔葉) : 광해군 때 폐모론(廢母論)을 강력히 주장한 공으로 이조 좌랑이 되었으나 인조반정 때 주살된 역신이다.

164 전팽령(全彭齡) : 자는 숙로(叔老), 호는 송정(松亭)으로, 중종 때 사람이다.

165 정개청(鄭介淸) : 자는 의백(義伯), 호는 곤재(困齋)이다. 서인(西人) 박순(朴淳)의 문인이었으나, 박순이 영의정에서 파직되자 동인(東人) 이발(李潑)·정여립(鄭汝立)과 교분을 맺었다. 스승 박순을 배반했다는 비난을 받자 절의청담변(節義淸談辨)을 지어 자신의 처지를 변명하였으나 정철(鄭澈) 등 많은 사람으로부터 배절의론(排節義論)이라는 비난을 받았다. 정여립의 모반 사건에 연루되어 죽었다.

당과 함께 헐어 버리기를 주청하였으나 나라에 일이 생겨서 미처 시행하지 못했고, 그 뒤 백강(白江 이경여(李敬輿))이 충청도 관찰사가 되었을 때 헐어 버리려고 도내의 공론을 모으던 중 이내 벼슬이 교체되었습니다.

잠곡(潛谷 김육(金堉))이 조중봉(趙重峰 조헌(趙憲))을 전팽령·곽시와 함께 향사하는 것은 모욕이라는 장계(狀啓)를 올리고 중봉의 위패를 다른 곳으로 옮겨 봉안(奉安)하였습니다. 택당(澤堂 이식(李植))이 예조 판서가 되었을 때 극력 주선하여 따로 중봉의 서원을 다른 곳에 세웠는데, 이것이 바로 창주서원(滄洲書院)입니다.

효종(孝宗) 때 동춘(同春 송준길(宋浚吉))과 민 대감(閔大監 민정중(閔鼎重))이 탑전(榻前)에서 아뢰어 사계 선생의 설을 거듭 주장해서 끝내 전팽령·곽시와 정개청의 사당을 헐어 버렸습니다. 그런데 전팽령의 외손 정용(鄭墉)은 바로 한찬남의 생질로, 젊어서는 폐모론(廢母論)[166]을 강력히 주창하였으며 또 장모를 구타한 죄로 완남군(完南君 이후원(李厚源))이 충청도 관찰사로 있을 때 형벌을 받기도 했습니다. 또 이 밖에도 천지 사이에 용납할 수 없는 악행이 있어서 선비들에게 심한 배척을 당하였으므로 독을 품고 평생을 살았습니다. 지난해 먼저 그의 아들과 전팽령의 외손 여이진(呂以振)을 시켜 전팽령·곽시의 사당을 위해 소(疏)를 올리게 해서 시험하더니, 성상의 비답과 해당

166 폐모론(廢母論) : 선조(宣祖)의 계비(繼妃) 인목대비(仁穆大妃) 김씨(金氏)의 폐위(廢位)를 청한 논의(論議)이다. 계축옥사(癸丑獄事)로 선조의 적자(嫡子) 영창대군(永昌大君)을 서인(庶人)으로 강등(降等)하여 죽인 뒤, 이이첨과 정인홍(鄭仁弘) 등이 폐모의 정청(庭請)을 단행하여 인목대비를 서인으로 강등하고 서궁(西宮)에 유폐하였다.

부서의 회계(回啓)가 있은 뒤로는 감히 팔을 걷어붙이고 기를 폈습니다. 또 좋은 뇌물을 관찰사[167]에게 먹이고, 이어 그의 친한 손〔客〕이 되어 전팽령·곽시의 사당을 복설할 뿐 아니라 중봉의 사당을 없애려 하였습니다. 그러므로 본사(本祠 중봉의 사당)의 유생 박수흠(朴守欽) 등이 관찰사에게 정문(呈文)을 올려 전후 사정을 말하였습니다. 그러나 관찰사는 선현(先賢)을 거짓으로 꾸며 모욕하였다는 죄목으로 많은 선비를 한 달 이상이나 가두었다가, 끝내는 정용의 말에 따라 그중 다섯 사람을 뽑아 장계(狀啓)하여 귀양 보냈습니다. 그중에 곽증(郭橧)은 전팽령의 외손으로, 본래 정문에 서명하지 않았는데도 다만 일찍이 정용의 악행을 관찰사에게 은밀히 말한 적이 있으므로 관찰사가 정문에 서명한 유생 속에 끼워 넣어 함께 귀양 보냈습니다.

저 여섯 사람은 모두 늙고 병든 부모가 있는가 하면 또 매우 가난하여 생활이 어려운 자들입니다. 그들이 귀양 가는 서쪽 변방은 또 집에서 수천 리나 떨어져 있으니, 그 사정이 더욱 곤란합니다. 옛날에 송(宋)나라 채서산(蔡西山)이 귀양 갈 때 주자(朱子)가 사람에게 부탁하여 그 가족을 은밀히 보호하도록 하였습니다.[168] 저 채서산이 주자 때문에 죄를 얻은 것과 지금 옥천 선비들이 정자 때문에 죄를 얻은 것이 무엇이 다르겠습니까.

더구나 당신께서 정개청의 사당에 대하여 이미 막아야 한다고 아뢰셨으니, 옥천 선비들에 대해 더욱 유념하셔야 합니다. 귀양 가는 사람

167 관찰사 : 조위명(趙威明)을 말한다. 《肅宗實錄 1年 閏5月 13日, 2年 4月 28日》

168 옛날에……하였습니다 : 채서산은 채원정(蔡元定)으로, 서산은 그의 호이다. 자는 계통(季通)이고, 주희의 문인이다. 자세한 내용은 505쪽 주77 참조.

중 세 사람으로 말하면 유학(幼學) 곽증은 저의 일가친척이고, 나머지 두 사람은 모두 저의 제자로 정의(情誼)가 매우 두터운 사이입니다. 지금 그들 각자에게 보낼 편지가 있으나 전할 길이 없으니, 당신께서 주선해 주실 수 있겠습니까? 만약 그곳의 수령과 친분이 있으면 은밀히 보살피게 하고 당신께서도 한 자 적어 귀양 간 선비들을 격려해 주신다면 그들이 매우 영광으로 여길 것입니다.

장정지에게 보냄[169]

與張淨之

생각건대 주고받은 원고가 있으면 우선 연월(年月)을 남겨 두는 것이 장차 어떻겠습니까? 어쩌면 대답하여 아뢸 때 "이것은 아무 때 지은 것이며 또한 인선왕후(仁宣王后)와 성고(聖考 효종(孝宗))의 유언이기도 하지만, 그 사람이 바야흐로 죄적(罪籍)에 이름이 올라 있으므로 감히 함부로 비석에 새겨 넣지는 못하겠습니다.[170]"라고 아뢰고서 주상의 처분을 따라야 할 듯합니다. 이는 당신 생각에 달려 있습니다. 가만히 듣자니 자성(慈聖)께서 이 때문에 마음을 쓰신다는데, 온공(溫公) 묘의 어제(御題)를 두고 누군가가 '선인(宣仁)이 한 일'이라고 하였던 것[171]과 앞뒤로 똑같은 경우입니다.

169 장정지(張淨之)에게 보냄 : 이 편지는 죄적에 이름이 올라 있다는 내용으로 보아 숙종이 즉위하고 송시열이 유배된 뒤에 보낸 것으로 추측된다. 송시열이 지은 장유(張維)의 신도비(神道碑)에 대해 아들인 장선징이 어떻게 처리해야 할지 고민하는 상황에서 송시열이 자신의 의견을 개진한 것으로 보인다. 효종 비인 인선왕후는 장유의 딸이다.

170 그……못하겠습니다 : '그 사람'은 송시열을 말한다. 송시열이 장유의 신도비를 썼기에 하는 말이다. 《宋子大全 卷156 谿谷張公神道碑銘》

171 온공(溫公)……것 : 온공은 사마광(司馬光)을 말한다. 그의 비액(碑額)은 철종(哲宗)이 직접 쓰고, 비문(碑文)은 소식(蘇軾)이 지었다. 영종(英宗)의 비(妃) 선인황태후(宣仁皇太后)가 세상을 떠난 뒤 장돈(章惇), 채변(蔡卞), 형서(邢恕) 등이 철종의 폐위를 모의한 일이 있다며 황태후를 비방한 일이 있었는데, 선인황태후의 신임이 두터웠던 사마광도 원우당(元祐黨)으로 몰려 추증받았던 관직이 삭탈되고 신도비도 부서졌다. 《宋史 英宗宣仁聖烈高皇后, 姦臣列傳 邢恕》《六藝之一錄 卷125 蘇文忠書溫公碑》

장정지에게 답함 정사년(1677, 숙종3) 6월 12일
答張淨之 丁巳六月十二日

집안이 불행하여 늙은 아내가 세상을 떠났습니다. 4년을 서로 떨어져 있다가 천 리 먼 곳에서 부음을 받았으니, 부부로 맺은 정이 곱절로 애통하지 않을 수 없습니다. 태자(台慈)께서 몸소 위문해 주시고 이어 부의가 있으니 상중에 지극히 감격스러운 마음 이루 말할 수 없습니다.

비문은 끝내 버림받지 않고 비석에 새겼고 성상께서도 너그러이 용서해 주셨으니 감격한 나머지 두려움을 견디기 어렵습니다. 비문 글씨와 전액(篆額)은 아주 아름답고 절묘함을 갖추었으나, 졸렬한 글이 더욱 두드러져 대단히 부끄럽습니다. 죄지은 목숨이 오늘날까지 아직 남아 있는 것이 이미 성덕(聖德)의 치우친 사심 때문인데 다른 것을 오히려 어찌 바라겠습니까. 다만 병이 날로 더욱 심해지니 조만간에 깜박 죽어 살리기를 좋아하는 군왕의 마음을 저버릴까 두려울 뿐입니다.

나머지는 자리에 누워 베갯머리에서 입으로 불러 쓰느라 편지 꼴을 이루지 못했으니 더욱 죄송합니다.

○ 서쪽으로 귀양 와서 편지 세 통으로 이렇게 전하는 말씀을 받으니 깊이 감사합니다. 그 편지 하나하나에서 성대한 덕을 지극히 칭송하니, 아마 그의 부모 형제는 감사하는 마음이 깊을 것입니다. 그리고 정부자(程夫子)를 존경하고 숭상하는 사림(士林)이라면 누군들 당신을 공경하고 우러르지 않겠습니까. 당신은 자신을 하찮게 여기시겠지만 관계한 바가 작지 않습니다.

답장은 석주(石洲)[172]의 글 속에 함께 넣었습니다. 별지에서 하신 말씀은 삼가 잘 알았습니다.

172 석주(石洲) : 권필(權韠, 1569~1612)의 호이다. 자는 여장(汝章), 본관은 안동(安東)이며, 문충공(文忠公) 권근(權近)의 6세손이다.

유백규[173] 역 에게 답함 신묘년(1651, 효종2)

答兪伯圭 瑒○辛卯

지난해에 돌아가는 당신을 멀리서 전송하면서 강가에서 정겨운 대화를 나누었는데, 한 번씩 추억할 때마다 어제 새벽 일만 같습니다. 곧바로 듣자니 당신이 계적(桂籍)[174]에 이름이 올라 영화로운 명성 떨쳤다기에 기뻐하고 경사스러워하는 마음 끝이 없었습니다. 일찍이 편지 한 통을 보내어 저의 마음을 전하려 하였으나, 수년 이래 이 몸은 산처럼 쌓인 비방 속에 떨어져 수많은 사우(士友)를 연루시켰기에 다시 당신을 욕보이고 싶지 않아 지금까지 이럭저럭 미루어 왔습니다. 그런데 뜻밖에 매형(妹兄) 집에서 파발 편으로 지난달 23일 보내신 편지를 보내왔기에 열어 첫머리를 읽어 보고서야 비로소 당신 부친이 갑자기 귀양 가는 우환[175]을 당한 줄 알았으니, 놀랍고 한탄스러운 마음 어찌 이루 말할 수 있겠습니까. 어찌 이른바 인간 만사 참으로 없는 일이 없다는 경우

173 유백규(兪伯圭) : 유역(兪瑒, 1614~1690)으로, 백규는 그의 자이다. 유여해(兪汝諧)의 아들로, 참판을 지냈다. 당시 승정원의 사변가주서(事變假注書)로 있었다. 《承政院日記 孝宗 2年 4月 12日》

174 계적(桂籍) : 과거 급제자의 명단을 적은 장부를 말한다. 유역은 1650년에 치렀던 증광시에 급제하였다.

175 당신……우환 : 효종이 장릉(長陵)에 거둥할 당시 깜깜한 밤중에 불 켜는 관원을 준비시키지 않아 위사(衛士)의 말이 엎어진 일이 발생하였다. 경기 관찰사와 수령이 교량을 수리하지 않아 벌어진 일이라 하여 사건 당시 거화 차사원(炬火差使員)이던 고양 군수(高陽郡守) 유여해가 귀양 갔다. 《孝宗實錄 2年 9月 9日》

가 아니겠습니까.

보내오신 편지에서 말하신 정리(情理)는 또 시큰하게 눈물을 흘리게 하였습니다. 편지 끝에 하신 말씀은 저에 대해 예를 표하는 것이 지나치게 겸손하고, 칭찬하고 인정하는 말씀이 사실보다 지나쳐 그지없이 부끄러웠으니, 아마도 당신께서 이러한 못난 사람을 불쌍히 여겨 진전하도록 장려하려고 한 것이 아니겠습니까. 그렇지 않다면 당신의 높은 재주와 명망으로 이제 막 먼 길을 출발하는 시점에 장차 세상의 도를 스스로 떠맡으려고 하면서 오히려 귀먹은 사람에게 귀를 빌리고 눈먼 사람에게 눈을 빌리는 격이겠지요.

또 자신에 대해 하는 말을 보건대 뜻이 매우 멀고 나아가는 길이 매우 올바르니, 이미 소인의 마음으로는 헤아릴 수 있는 바가 아닙니다. 어리석고 천박한 식견이 있더라도 감히 바치지 못하겠습니다. 오직 바라건대 더욱 근본에 힘써 등용되어 때에 맞게 쓰인다면 벗에게도 영광일 것입니다. 이제부터 주고받는 편지에 예(禮)로 하는 말을 아예 없애고 부디 때때로 경계하거나 유익한 말을 해 주시기 바랍니다. 보내오신 뜻에 실로 일일이 답을 드리고 싶으나 병이 갑자기 심해져 하지 못합니다. 조만간에 얼굴을 뵙고 저의 마음을 다 기울일 수 있기를 바랍니다. 이만 줄입니다.

유백규에게 보냄 병진년(1676, 숙종2)

與兪伯圭 丙辰

도깨비와 함께 지내며 병으로 다 죽게 되어 애당초 영감께서 영남의 고을에 부임[176]하게 된 줄 몰랐고, 편지를 받을 줄은 더욱 생각지도 못했습니다. 더구나 긴 편지에 누누이 하신 이 말씀은 모두 속마음을 털어놓은 것이니, 위로되고 감사한 마음 어찌 이루 다 말할 수 있겠습니까. 게다가 이러한 학문의 조예와 근본에 대한 말씀들은 거의 운곡(雲谷)과 무이(武夷)[177]에서 나온 것이라, 지극히 저를 깨우치고 성찰하게 하니 흙을 파헤쳐 금을 얻었을 뿐만이 아닙니다.

이 뒤로 서로 함께 채찍질하고 격려한다면 말세에 살고 있다는 것을 어찌 근심하겠습니까. 저는 실로 환난에 처신하는 확고한 학문의 힘이 없어 그저 어쩔 수 없이 명(命)에 돌립니다. 이른바 태연하다는 것은, 어찌 오(吳)나라 부차(夫差)가 "물에 빠져 죽는 사람은 반드시 웃는 얼굴을 한다.〔溺人必笑〕"라고 한 것[178]과 같은 맥락이 아니겠습니까.

176 영감께서……부임 : 유역은 1676년 성주 목사(星州牧使)에 임명되었다.《承政院日記 2年 10月 27日》

177 운곡(雲谷)과 무이(武夷) : 주희(朱熹)를 지칭한다. 운곡은 중국 복건성(福建省) 건양현(建陽縣) 노산(蘆山) 정상에 주희가 회암(晦庵)이라고 명명한 초당(草堂)을 지은 곳이며, 무이는 복건성 무이산시(武夷山市) 서남쪽에 있는 산 이름으로 주희가 이곳에 무이정사(武夷精舍)를 짓고 지내면서 학문을 강론하였다.

178 오(吳)나라……것 : 위급한 처지에 있으면서 쓸데없이 태연한 채 애쓰는 모습을 말한다. 오왕(吳王) 부차가 월(越)나라의 공격을 받아 위급해졌을 때 진(晉)나라 조맹

훌륭한 선물을 주시니 매우 감사하고 또 송구합니다. 당신의 조카 구림군(鳩林君)[179]이 조만간 반드시 나아가 주상을 뵐 것인데, 먼 길을 돌아서 찾아 주실 날이 있을 듯하여 저를 몹시 기다리게 합니다. 저쪽의 이 고령(李高靈) 형제에 대해서는 소식을 들은 적이 있습니까? 여린 풀이 서리를 맞았으니 퍽 가련합니다.[180] 경원(慶元)의 재앙 뒤에 보호해 달라고 둘러서 부탁하였던 것은 주 선생(朱先生)이 남긴 법도입니다.[181] 오늘날 참으로 영감에게 기대하지 않을 수 없습니다.

(趙孟)에게 보물 한 상자를 주면서 한 말이다. 《春秋左氏傳 哀公20年》

179 구림군(鳩林君) : 구림은 영암(靈巖)의 별칭이다. 유역의 집안사람이 당시에 그곳의 수령이었을 것으로 추측된다. 《宋子大全隨箚 卷5》

180 저쪽의……가련합니다 : 이 고령은 《송자대전수차》 권5에서 이석견(李石堅)인 듯하다 하였으나 고령과의 연관성은 알 수 없다. 이석견은 왕을 독살하려 했다는 모함을 받고 사약을 받은 소현세자빈(昭顯世子嬪) 강씨(姜氏)의 세 아들 중 유일하게 살아남았다. 제주에 귀양 갈 당시 장자 이석철(李石鐵)은 12세, 차남 이석린(李石麟)은 8세, 삼남 이석견은 4세였기에 하는 말이다.

181 경원(慶元)의……법도입니다 : 경원의 재앙이란 송 영종(宋寧宗) 경원 연간에 주희가 당시의 권신 한탁주(韓侂胄)를 탄핵하자, 한탁주가 원한을 품고 도학(道學)을 위학(僞學)이라 배척한 이른바 '경원 당금(慶元黨禁)' 사건을 말한다. 《宋史 道學列傳 朱熹, 姦臣列傳 韓侂胄》 505쪽 주77 참조.

유백규에게 답함 경신년(1680, 숙종6)

答兪伯圭 庚申

그동안 보내 주신 편지를 받으니 말뜻이 간절하여 죄지은 처지로 어떻게 이런 대우를 받는지 모르겠고, 감격스럽고 부끄러워 무어라 말씀드려야 할지 모르겠습니다. 저는 본래 남쪽 외진 고을에서 죽어 묻히는 것이 마땅한데, 성은이 하늘 같아 이렇게 살아 돌아가게 되었으니 몸이 죽고 종족이 망한다 해도 어찌 갚을 수 있겠습니까. 그저 감격할 뿐입니다.

시사가 이전과 달라 성상의 다스림이 날로 흥하니, 조정이 어찌 한가히 누워 지내는 것을 허락하겠습니까. 아드님은 아마도 이미 나아가서 많은 사람의 기대를 위로해 주었겠지요? 당신 곁에 있을 때 더욱 의리(義理)에 무젖어 원대하기를 기약한다면 남이 말해 주기를 기다릴 필요가 없을 것입니다. 저는 빈산에서 문을 닫고 굶주림을 견디며 분수에 편안히 지내고 있습니다. 다만 정력이 쇠퇴하고 옛날 익힌 학문이 황폐해져, 돌아보면 아득하여 마음이 더욱 유쾌하지 않습니다. 날씨가 습하고 더우니 그저 더욱 몸조심하시기를 빕니다. 이만 줄입니다.

이천득[182] 상진 에게 보냄 을사년(1665, 현종6)

與李天得 尙眞○乙巳

최근에 길을 가는 중에 보내신 글을 받아 보니 위태롭고 절박한 상황을 걱정하는 뜻이 간절하셨습니다. 사람마다 모두 이러한 생각을 하고 있다면 무슨 걱정인들 해결하지 못하겠습니까. 그러나 알 수 없는 것은 당신의 충성스럽고 간절한 마음이 이와 같으시다면 밤낮으로 임금 곁에 있으면서 완곡한 말로 간언하여 만분의 일이라도 구제하는 데 급급해야 할 것인데, 도리어 멀리 남쪽으로 와서 인적이 드문 산꼭대기에 앉아 그리 중요하지도 않은 일로 한두 달을 허비하고 계시니[183] 그것이 옳은지 모르겠습니다. 이런 일이라면 누구인들 하지 못하겠습니까.

저 같은 사람은 원래 식견도 없는 데다가 성상께서 처음 즉위하신 때부터 사리에 어긋나는 헛된 말을 하여 듣고 믿어 주지 않으셨으나, 어찌 감히 갑자기 외면하겠습니까. 그 뒤로도 한 해도 거르지 않고 조금씩 진언(進言)하였습니다만 오늘에 이르러서는 그 진언도 그만두어야 하나 봅니다. 그러나 저의 보잘것없는 정성은 스스로 그만둘 수

182 이천득(李天得) : 이상진(李尙眞, 1614~1690)으로, 천득은 그의 자이다. 본관은 전의(全義), 호는 금강(琴岡)이다.

183 멀리……계시니 : 당시 대사간으로 있던 이상진이 나라가 안전한 것도 위태로운 것도 모두 군왕과 재상 때문이라는 말을 아뢰었다가 현종에게 실제와 어긋나는 말을 하였다는 하교를 받자 파직을 자청하여 체직되었다. 이듬해에 대사헌에 임명되었는데, 그사이 서너 달 동안 귀향해 있었던 것으로 보인다.《顯宗實錄 6年 9月 17日・10月 8日, 7年 1月 8日》

없어 정자(程子)와 주자(朱子)의 소차(疏箚) 중에서 오늘날에 절실한 것들을 대략 엮어 어제 밀봉하여 올렸으니, 성상께서 혹시라도 유념하신다면 재앙을 막고 화기(和氣)를 부르기에는 넉넉할 것입니다. 그런데 당신은 저를 군신의 의리를 돌아보지 않는 사람이라고 생각하시는 듯하니, 서로 뜻을 알아주기란 매우 어려운 일인가 봅니다.

오늘의 위태로움이 이에 이르렀으니, 참으로 온 백성이 물 새는 배에 함께 탄 꼴이라 할 수 있습니다. 사람의 마음을 가진 자라면 어느 누구인들 걱정이 없겠습니까. 무엇보다 절박한 것은 사람을 죽이는 화적(火賊)이 곳곳에서 일어나고 절도(竊盜) 무리가 동네마다 득실거리게 된 것입니다. 큰 도적이 휘파람을 불면 작은 도적이 따릅니다. 그 형세가 걷잡을 수 없이 만연되면 도끼를 사용하더라도 근절할 수 있겠습니까. 생각이 여기에 미치니 너무나 한심합니다.

저 같은 사람은 물론 사마광(司馬光)의 의리[184]에 따라 만에 하나 재앙을 당하는 날에 죽기로 맹세하지만 종묘사직의 위태로움은 누가 지탱한단 말입니까. 곱게 화장한 부녀자들이 큰 혼란을 막을 수 있겠습니까. 일이 이미 어찌할 수 없는 지경이 되었으니, 오늘날 여러 분이 일을 망친 책임을 어찌 면할 수 있겠습니까. 《춘추(春秋)》의 의리에 "남의 나라를 망친 신하는 죽어도 죄를 갚을 수 없다."라고 하였으니,

184 사마광(司馬光)의 의리 : 《송사(宋史)》 〈사마광열전(司馬光列傳)〉에 "사마광이 말하면 임금이 행하고 계교를 내면 임금이 그 계교를 따르자, 몸을 사직에 바칠 것을 각오하고 밤낮을 가리지 않고 서무(庶務)에 열중했다. 빈객이 그의 몸이 파리한 것을 보고 제갈량(諸葛亮)의 '식소사번(食少事煩)'의 말을 예로 들면서 경계하였으나 광(光)은 죽고 사는 것은 명(命)에 달려 있다 하고 더욱 서무에 힘썼다."라고 한 것을 가리킨 듯하다.

또한 엄중하지 않겠습니까. 저는 근래 일절 말을 않고 경계하면서 남들과 왕래를 끊고 지냈는데, 오늘 그대의 말씀에 감동하여 저의 어리석은 생각을 대략 말씀드렸으니 너그러이 헤아려 주시기 바랍니다. 그리고 남에게 절대 누설하지 않으시면 천만다행이겠습니다.

이천득에게 답함 무오년(1678, 숙종4) 11월

答李天得 戊午十一月

아드님이 멀리서 와서 보내 주신 편지를 받았는데 누누이 마음을 다 보이며 하신 말씀이 보통을 넘었으니 후의에 감사하였고, 또 겸허하고 빛나는 성대한 덕은 마음 씀씀이가 작은 사람이 엿볼 수 있는 것이 아님을 알았습니다. 일찍이 여행 도중의 숙소가 편안하지 않은 점이 있어 다시 옮기려고 한다는 말을 듣고, 오늘날 어디에서나 곤경에 처하는 것을 가만히 탄식하였습니다. 그런데 이제 듣건대 계시는 곳이 편안하고 평소 지내는 생활이 알맞으시다니 위로되는 마음 그지없습니다.

저는 상화(喪禍)가 잇따라[185] 정신과 기운이 다 빠져 버렸습니다. 곡하고 우는 것이 쓸데없다는 것을 물론 알지만, 또한 스스로 그칠 수 없는 것을 어쩌겠습니까. 얼마 전 마음에 우연히 와닿았던 것을 당신께 말씀드리지 않으면 털어놓을 곳이 없어서 대략 감히 편지에 적었는데, 이윽고 생각하니 매우 분수에 지나치고 경솔했습니다.

당신께 죄를 얻을까 근심하고 있었는데 이제 너그럽게 봐 주고 도리어 장려하고 허락해 주시니, 대개 이 뒤로는 천하의 선이 모두 당신에게 모일 것입니다. 가만히 생각건대 뒷날 대임(大任)을 다시 맡기시면 끝내 사양해서는 안 됩니다. 요즈음 불면 증세를 더 얻어 밤새도록 묵묵히 앉아 있습니다. 가만히 기억하건대 주 선생(朱先生)이 마침

185 상화(喪禍)가 잇따라 : 경상북도 장기(長鬐)에 위리안치되어 있던 중 1677년 3월 부인이 사망하였고, 1678년 8월에는 맏딸이 사망하였다. 《宋子大全 附錄 卷7 年譜》

시사(時事)를 듣고 내리 사흘 동안 침식(寢食)이 편하지 않았고, 상람사(上藍寺)에서는 또 밤새도록 잠들지 못하다가 날도 새기 전에 서둘러 유공보(劉共甫)에게 편지를 써서 심한 말을 하였습니다.[186] 주자가 군주에게 충성하고 나라를 근심한 마음이 이렇듯 지극하였으니 지금까지도 눈물을 흘리게 합니다. 저 사람은 군주의 마음을 얻지 못하여 곧 속히 떠나고자 하는 뜻이 있으니, 참으로 사람이 아닙니다.

우연히 주 선생의 글을 보고 외로운 충정에 감동하여 대략 다시 번거롭게 말씀드렸으니 잘 헤아려 주시리라 생각합니다. 날씨가 몹시 춥습니다. 이 시절을 위해 더욱 몸조심하여 멀리서 보내는 저의 정성을 위로해 주십시오.

186 주……하였습니다 : 1167년 송 효종(宋孝宗)의 조서에 "대신을 종처럼 꾸짖고 서관(庶官)을 돼지처럼 본다."라는 말이 있었는데, 주희(朱熹)가 예장(豫章)의 상람사에 있으면서 그 글을 읽고 근심하고 탄식하면서 촛불을 밝히고 잠을 자지 못하다가 당시의 재상 유공(劉珙)에게 편지를 써 보내어 간하지 못한 것을 책망하였다. 《晦庵集 別集 卷1 劉共甫》 공보는 유공의 자이다.

이천득에게 답함 신유년(1681, 숙종7) 10월 2일

答李天得 辛酉十月二日

어제 사관(史官) 이이명(李頤命) 씨를 통해 당신이 남쪽으로 가신 일을 삼가 알고서 저 혼자 '한창 이렇게 상하 대소(上下小大)가 몹시 경황이 없는 때에 어떻게 사사로운 사정을 생각해서 이렇게 할 수 있는가.' 라고 생각했습니다.[187] 그런데 이제 편지를 받으니, 만나서 이야기를 나누는 듯하여 위로되고 감사한 마음 이루 말할 수 없습니다. 그중에서도 성상의 학문을 칭송하신 말씀은 너무도 기뻐 저를 춤추게 하였으니 실로 잠깐은 죽고 싶지 않았습니다.

끝에 말씀하신 뜻은 애석하게도 당신의 성한 덕으로 보아 실언임을 면치 못한 듯합니다. 당신이 보시기에 제가 어찌 터럭만큼이라도 보탬이 되는 자이겠습니까. 보탬이 없을 뿐만 아니라 한번 나서기만 하면 반드시 일이 있다는 것은 근래에 박 좌랑(朴佐郎)의 일[188]에서도 알 수 있습니다. 제가 다시 망동을 하고 싶어 하더라도 당신처럼 깊이

187 당신이……생각했습니다 : 이상진이 9월에 휴가를 받아 선산에 성묘한 일을 두고 말하는 것으로 보인다. 이상진의 고향은 부여(扶餘)이다. 《明齋先生遺稿 卷41 議政府右議政李公神道碑銘》《承政院日記 肅宗 7年 9月 15日》

188 박 좌랑(朴佐郎)의 일 : 박태손(朴泰遜)이 혐의를 꺼려 사직한 일을 말한다. 이때 어진익(魚震翼)이 충청도 관찰사가 되었는데 헌납 박태손의 말로 인하여 사임하고 이사명(李師命)이 대임(代任)하였다. 송시열이 차자를 올려 이사명처럼 세무(世務)에 환한 사람에게 일을 맡겨야 한다며 인재가 없는 이런 때에 사람을 너무 까다롭게 논하지 말라는 뜻을 말하였고, 이에 박태손이 사직하였다. 《宋子大全隨箚 卷5》《宋子大全 附錄 卷8 年譜》

총애를 받는 사람이라면 진실로 꾸짖어 금하기에도 겨를이 없어야 하는데 도리어 천거를 하십니까.

가슴속에 쌓인 마음을 참으로 당신 앞에서 대략 털어놓고 싶지만, 스스로 입을 다물기로 맹세했기에 어기고 싶지 않아 말하지 못하겠습니다. 다만 마음을 다해 군민(軍民)을 아껴 우리 약한 나라를 보전하고 우리 성상을 보좌하신다면 몹시 다행이겠습니다. 말이 여기에 이르니 흐르는 눈물을 금할 수 없습니다. 병에 시달리느라 남을 시켜 쓰게 하였습니다. 이만 줄입니다.

이천득에게 보냄 임술년(1682, 숙종8) 11월

與李天得 壬戌十一月

지난번 편지를 받은 날 마침 곤란하고 자잘한 일을 만나 그저 몇 글자로 답을 드리고, 바로 뒤에 공경하는 뜻을 썼습니다. 근래 나라에 변고가 있어[189] 궁성에 계엄을 내리고 당신은 내내 국청(鞫廳)에 계신다그 듣고서 사사로운 편지를 감히 드리지 못하겠다고 생각하여 지금까지 지체하였습니다.

어제 옥사(獄事)가 끝나 공무가 한가하시다고 듣고서 감히 이렇게 뒤늦게 아뢰는 허물을 지었습니다. 삼가 용서해 주시기를 빕니다. 보내오신 말씀에서 이른바 '반드시 망할 형세와 반드시 망할 징조'는 말씀하시지 않더라도 잘 압니다. 생각건대 이것은 마루에 사는 제비와 참새가 불이 나도 안색을 바꿀 줄 모르는 격인데, 오직 당신께서 깊이 근심하고 내내 탄식하시는 것은 아마도 민광(閩廣)의 일[190]과 같은 상황이라

189 나라에 변고가 있어 : 서인의 과격파 김환(金煥) 등이 김석주(金錫胄), 김익훈(金益勳) 등의 사주를 받아 허새(許璽), 허영(許瑛), 이덕주(李德周) 등 남인들이 반역을 꾀한다고 무고하였다. 이 일로 허새와 허영은 사형당하고, 민암(閔黯), 권대운(權大運) 등 남인 계열의 다수가 연루되어 파직 또는 유배되었다. 《肅宗實錄 8年 10月 21日, 11月 2日》

190 민광(閩廣)의 일 : 민은 주희(朱熹)를, 광은 장식(張栻)을 말한다. 《회암집(晦庵集)》 별집(別集) 권1 〈유공보(劉共甫)〉를 참조하면, 환구(圜丘)에서 천지에 제사를 지낼 때 우레가 쳤던 일로 1167년 11월 5일 조서에서 송 효종(宋孝宗)이 대신들을 심하게 질책하고 여러 사람을 꾸짖었는데, 주희가 이 조서를 보고서 임금의 마음이 더 느슨해지고 위세가 더 외롭게 되었으며 현인 군자는 날로 위축되어 조정에 서려고 하지

편지를 잡고 눈물을 흘리게 합니다. 오늘날 대소 신료들이 모두 당신의 마음을 자신의 마음으로 삼는다면 거의 잘못이 없을 것입니다. 그러나 불초한 저를 일에 유익한 자인 듯 여기시니, 이는 실로 당신이 남보다 지나친 충성과 간절함만 있고 사람을 아는 데는 도리어 소홀하기 때문입니다.

제가 어떤 사람입니까? 장구(章句)나 따지는 일개 썩은 선비에 지나지 않습니다. 그런 데다 운명까지 기구하여 발걸음을 내딛기만 하면 으레 낭패를 만나니, 밝은 사람이라면 마땅히 그 거취를 가지고 시사의 황당함을 점쳐 보아야 합니다. 그러므로 물러나기로 마음을 정하고 여러 번 벼슬을 그만두려는 글을 올렸던 것입니다. 그러나 남의 말 때문에 이러한 것은 전혀 아닙니다. 당초 올라올 때 실로 성상께서 거두어 불러 마지않으시며 오지 않으면 그만두지 않을 뜻을 보이셨기에, 한번 성상께 나아가 쇠약한 몸을 보여 드리면 성상께서 반드시 애달프게 여겨 물러나게 하실 줄로 생각했습니다.

이번에 보내오신 편지에서 "이번 걸음이 바로 엎어진 것을 부지하고 위태로운 것을 지탱하는 계책이 된다."라고 하셨는데, 전혀 실상이 아닙니다. 당신처럼 서로 안 지 오래된 분조차 이러한 말씀을 하시는데, 나머지 사람들이 알지 못하는 것이 오히려 어찌 괴이하겠습니까. 참으로 저도 모르게 부끄러움으로 땀이 옷을 적셔서 여러 날이 지난 지금도 그치지 않습니다. 날씨가 갑작스레 춥습니다. 병이 틈타기 쉬우니 이러

않고 간사하게 아첨하고 녹위를 유지하려는 사람들이 더욱 모여들어 못할 짓이 없게 되었기에 사흘 내내 침식이 불안하였다며, 장식과 이것에 관해 이야기하고 눈물을 흘리기까지 하였다는 일을 말하는 것으로 보인다.

한 때에 몸조심하여 멀리서 보내는 정성에 부응하시기를 빕니다. 이만 줄입니다.

이천득에게 답함 계해년(1683, 숙종9) 8월 15일

答李天得 癸亥八月十五日

지난달 12일부터 오늘까지 모두 세 차례에 걸친 편지는 노망한 사람을 하찮게 여기지 않고 덕으로 사람을 아끼시는 성대한 마음을 보기에 충분하였습니다. 그러나 아직 서로 자세히 알지 못하는 점이 있는 것이 적이 아쉽습니다. 제가 자신을 헤아려 보건대 비할 바 없이 평범하고 변변치 못하여 비방하는 의론이 있더라도 오히려 세상에서 거론되는 것을 영광과 다행으로 여깁니다. 더구나 비방을 불러온 실제가 있어 돌이켜 자신을 탓하기에도 겨를이 없는데 어찌 감히 시끄럽게 입을 놀려 유익함은 없고 손해만 있게 하겠습니까.

심지어 실정 밖의 떠들썩한 말들은 본래 염두에 두기에도 부족한데 어찌 입에 올릴 만하겠습니까. 다만 웃고 받아들이며 "이 사람이 아직 거론되는가?"라고 할 것입니다. 이제 하신 말씀을 자세히 살펴보니 저를 놓칠 수 없는 사람으로 여기시는 듯합니다. 이는 저를 깊이 알지 못해서 그러한 것이니 부끄럽고 죄송합니다. 뒤의 편지에서 시대를 상심하고 일을 딱하게 여겨 '망극하다'고 말씀하기까지 하는 데서 밝게 알고 몹시 근심하면서도 범상하지 않은 충심을 지니셨다는 것을 알 수 있었습니다. 그런데 어찌하여 조정에 남아 만분의 일이라도 진정하는 단서를 불러오지 않으십니까.

아, 봄 사이에 백성이 주리고 재앙이 거듭되어 나라가 거의 망할 듯했습니다. 다행하게도 성상께서 지극정성으로 근심하고 보살피신 덕분에 오늘날에 와서 농사지은 곡식이 조금 익었지만, 중요한 지역이 무너져서 위태로운 형세는 봄보다 배나 되는데, 이 일은 장차 누구에게 허물을 따지겠습니까. 그 탓을 하늘에 돌리는 것은, 예로부터 난세에 충신이 몹시 미워하면서 아버지를 부르짖고 어머니를 부르짖던 마음입니다. 아, 슬픕니다. 깊이 감사하는 마음에 이렇게까지 마음을 다 쓸았습니다. 모두 잘 살펴 알아주시기를 빕니다.

서재이[191] 필원 에게 답함 무신년(1668, 현종9) 10월 15일

答徐載邇 必遠○戊申十月十五日

막 심부름꾼을 보내어 편지를 전했는데, 보내신 편지가 먼저 도착하니 감사한 은혜 이루 다 말할 수 없습니다. 못난 저의 거취야 무슨 의의가 있겠습니까. 병이 나으면 남고 병이 낫지 않으면 돌아가 죽을 뿐입니다. 요사이 왕복한 서신은 다름 아니라 대감께서 조정에 나오지 않는 것이 저번 일[192] 때문인 듯하여 마음이 매우 불안해서였습니다. 그래서 감히 그때의 일을 말씀드려 주자(朱子)의 훈계를 밝히고자 한 것[193]뿐이고 다른 뜻은 없었습니다. 대감께서 조정에 나올 의사가 있으시다면 무엇 하러 이미 아뢴 일을 애써 들먹이겠습니까. 그리고 이유능(李幼能)이 이미 한직(閑職)에 부처(付處)되었으니 아무리 큰일이 있더라

191 서재이(徐載邇) : 서필원(徐必遠, 1613~1671)으로, 재이는 그의 자이다. 1668년 10월 형조 판서로 있었다. 직언을 잘하기로 이름이 나서 이상진(李尙眞) 등과 함께 오직(五直)이라 불렸다. 《經山集 卷14 兵曹判書貞毅徐公必遠神道碑》

192 저번 일 : 김장생(金長生)의 증손 김만균(金萬均)이 병자호란 때 그의 할머니가 강화도에서 청(淸)나라 군의 손에 죽었다는 이유로 사신이 왔을 때 원접사(遠接使)에 자신을 참여시키지 말 것을 청하였다. 승지였던 서필원이 김만균의 상소를 거부하자, 송시열이 상소하여 김만균이 기피하는 것이 마땅하다고 하며 그를 옹호하였다. 《顯宗實錄 4年 11月 6日, 8日, 9日》

193 주자(朱子)의……것 : 김만균이 의금부에 내려지자, 송시열은 김만균의 이러한 행위야말로 조손(祖孫)의 큰 윤리와 기강이며 주희(朱熹)도 "복수는 5세(世)까지는 모두 해야 한다."라고 하였다며 김만균의 처지를 지지하였다. 《宋子大全隨箚 卷5》《晦庵集 卷75 戊午讜議序》《顯宗實錄 5年 1月 20日》

도 입을 다물어야 할 터인데, 어찌 대감을 배척할 리가 있겠습니까.[194] 확실히 그렇지 않습니다.

그러나 저와 대감은 견해가 끝내 서로 합치되지 않으니, 매우 한탄스럽습니다. 지난날 제가 한 말은 제 말이 아니라 바로 주자의 말씀이었습니다. 저는 감히 대감의 뜻이 저와 합치되기를 바란 것이 아니고, 대감께서 약간 생각을 굽히셔서 주자의 설(說)을 따라 주시기를 바란 것뿐입니다. 객관의 차디찬 방에 앓아누워 있자니 온갖 생각이 모두 사그라집니다만, 대감께서 성의로 대해 주심에 감격하여 감히 속에 있는 생각을 말씀드렸으니 너그러이 헤아려 주시기 바랍니다.

194 이유능(李幼能)이……있겠습니까 : 이유능은 이단상(李端相)으로, 유능은 그의 자이다. 김만균의 일로 서필원이 송시열까지 배척하자, 집의로 있던 이단상이 상소하여 서필원을 논박하고 아울러 김좌명(金佐明) 형제와 송시열이 타협하지 않는 상황을 언급하였다. 이 일로 김좌명 형제가 사직을 청하고 황해 감사 서필원이 이단상의 상소를 논박하였다. 그러자 이단상은 사직소를 올렸고 그 뒤 임시 벼슬인 이습관(肄習官)으로 있었다. 《宋子大全隨箚 卷5》《顯宗實錄 5年 2月 3日, 10月 28日, 12月 11日》《承政院日記 顯宗 5年 11月 8日·13日·19日, 6年 6月 21日》《宋子大全 卷11 擬疏》

조우서[195] 귀석 에게 보냄 임인년(1662, 현종3) 12월

與趙禹瑞 龜錫○壬寅十二月

새해가 다가오는데 일상생활은 더욱 편안하신지요? 이번에 돈암서원(遯巖書院)의 선비들이 배와 관련된 일[196]을 아뢰러 갑니다. 대체로 오늘날 궁가(宮家)나 내사(內司)가 폐단이 없는 경우가 없어서 농민뿐만 아니라 점차 온갖 물건까지 침탈하기에 이르렀고, 호적에 들지 않은 평민뿐만 아니라 이제는 곧 향교까지지도 벗겨 내고 있습니다. 명확히 밝히지 않는다면 아주 조금도 남기지 않고서야 그만둘 것입니다. 부디 자세히 살피고 거듭 추궁하여 길이 그 폐단을 막는 것이 어떻겠습니까?

195 조우서(趙禹瑞) : 조귀석(趙龜錫, 1615~1665)으로, 우서는 그의 자이다. 본관은 양주(楊州), 호는 장육당(藏六堂)이다. 당시 양주 목사(楊州牧使)로 있었다. 《顯宗實錄 2年 5月 15日》

196 배와 관련된 일 : 옥천의 유생들이 중봉(重峰) 조헌(趙憲)의 서원을 지탱하기 위해 배 한 척을 얻으려고 했던 일을 말한다. 송시열은 이 일과 관련하여 유생들을 도운 적이 있다. 《宋子大全 卷44 答趙禹瑞(癸卯七月)》

조우서에게 답함 계묘년(1663, 현종4)

答趙禹瑞 癸卯

이어서 보내온 편지를 받고 그리운 마음이 몹시 위로되었습니다. 저는 집에 돌아왔습니다. 저의 아우가 천 리 먼 곳에서 울며 가슴 치는 모습[197]을 돌이켜 생각하니 창자가 찢어지는 듯한 마음을 견딜 수 없어 저절로 병들고야 말 것입니다. 상소한 글은 보잘것없는 저의 작은 정성을 폈을 뿐이니, 어찌 감히 주상께서 헤아려 따라 주시기를 바라겠습니까.

초우(草友)가 소명(召命)을 받고 갔으니,[198] 공사(公事)를 위해 만에 하나 희망이 없지 않으나 저의 근심은 몹시 심합니다. 그러나 진퇴는 바로 물을 마시는 사람과 같아, 차가운지 따뜻한지는 스스로 아는 법이고 다른 사람이 막을 수 있는 것이 아니건만 벗들의 책망이 사방에서 옵니다. 영감의 편지만은 그렇지 않으니 어찌 초려를 아끼는 마음이 남들만 못해서이겠습니까.

어린 며느리는 황호(黃湖)에서 장례를 치르는데, 가 볼 수는 없으나 생각에 잊을 수가 없습니다. 이에 편지 한 통이 있으니 번거롭겠지만 파발 편으로 보내 주시는 것이 어떻겠습니까?

197 저의……모습 : 송시도(宋時燾)가 영산(靈山)의 수령으로 있었는데, 1663년 1월에 그의 아들 송기억(宋基億)이 천연두에 걸려 죽었기에 하는 말이다. 《宋子大全 附錄 卷5 年譜》

198 초우(草友)가……갔으니 : 초우는 호가 초려(草廬)인 이유태(李惟泰)이다. 이유태는 1662년 12월 이조 참의에 임명되어 1663년 1월에 소명에 나아갔으며, 3월에 동부승지가 되었으나 사직하고 귀향하였다. 《草廬集 年譜 卷2》

조우서에게 답함 계묘년(1663, 현종4) 2월
答趙禹瑞 癸卯二月

뜻하지 않게 심부름꾼을 통해 전하는 이 편지를 받고 행차가 집에 도착하였음을 삼가 알았으니, 위로되고 후련한 마음 모두 지극하였습니다. 말씀하신 민역(民役)의 무거움은 몹시 우려할 만합니다. 주자(朱子)가 "조정이 백성을 아끼는 마음이 비용을 아끼는 것만큼 깊지 못하다."라고 한 말이 오늘날에 다시 일어난 것입니다.

저는 조용히 병 조리를 하기 위해 이달 초에 나왔고, 내일은 다시 동쪽으로 가서 조카의 관을 맞이하여 장례를 치른 뒤에 다시 와서 여름을 지낼 계획입니다.[199] 조카의 관은 21일이나 22일쯤 회덕(懷德)에 도착할 것입니다.

초형(草兄 송준길(宋浚吉))이 매우 염려스럽습니다. 미미한 지방의 신하가 대신과 교류도 없으면 어떻게 제대로 된 일을 할 수 있겠습니까. 어제 받은 비답의 말씀은 지극히 아끼고 권면하는 것이었지만, 아뢴 말에 대해서는 조금이라도 시행하겠다는 말씀을 보지 못하였으니[200] 스스로 성의가 모자랐음을 부끄럽게 여깁니다.

199 조카의……계획입니다 : 송시열은 아우 송시도(宋時燾)의 아들 송기억(宋基億)의 부고를 듣고 1663년 1월 8일 송시도의 부임지 경상남도 영산(靈山)으로 출발하였다. 《宋子大全 附錄 卷5 年譜》

200 어제……못하였으니 : 1663년 1월에 경연(經筵), 궁가(宮家), 영릉(寧陵) 제사, 숙위(宿衛) 등에 관하여 송시열과 송준길이 연명해서 올린 소에 대한 비답에 "불민(不敏)하기는 하지만 가슴에 새기지 않을 수 있겠는가."라는 등의 말만 하였을 뿐 구체적인

진산(珍山) 죄수의 범죄 내용이 이미 드러났는데 악한 성미를 믿고 끝까지 잡아떼니 비통함과 놀라움이 어찌 끝이 있겠습니까. 부디 따로 엄한 형벌을 가하여, 기어코 범죄 사실이 드러나도록 하는 것이 어떻겠습니까? 숨긴 자는 후사 없이 죽은 형 묘의 묘지기입니다. 이자가 집에서 부리던 자라면 이렇게까지 간곡하게 말씀드리지는 않을 것입니다.

서원의 역사(役事)는 완공하기 어려울 우려가 심히 있습니다. 다만 이미 벌여 놓은 일을 줄이기 어려우니 그저 남의 비웃음을 살 뿐입니다. 재목은 전날 서원 유생이 알려 준 것이 너무 많습니다. 사문(斯文)의 일이라고는 하지만 또한 어찌 관력(官力)을 지나치게 번거롭게 할 수 있겠습니까. 근자에 제생(諸生)과 다시 참작해서 줄였으니 150~160투(套)만 얻었으면 합니다. 길보(吉甫 윤선거(尹宣擧))는 한식(寒食) 뒤에 내려올 계획입니다.

언급이 없었기에 하는 말이다.《顯宗實錄 4年 1月 17日》

조우서에게 답함 계묘년(1663, 현종4) 4월
答趙禹瑞 癸卯四月

수령이 방문하여 그 편으로 편지를 받으니 위로되고 감사하기 그지없습니다. 어제 온 길보(吉甫 윤선거(尹宣擧))의 편지에 "영감(令監)과 7일에 만나기로 약속하였으나 그의 선조 비석에 새길 글씨를 받으려고 춘형(春兄 송준길(宋浚吉))에게 가야 하기에 만날 약속을 어기게 되었으며 보름날 원사(院祠) 분향(焚香) 때는 이곳에 오겠다.……"라고 하였으니, 영감의 순시[201]도 이때에 맞추시면 더욱 좋겠습니다.

율곡(栗谷)이 집주(集註)한 《소학(小學)》은 당초 백사(白沙 이항복(李恒福))가 간행한 것인데, 지금은 이미 그 판본이 드뭅니다. 근년에 신재(愼齋 김집(金集)) 선생께서 공주 목사(公州牧使) 신후(申侯 신속(申洬))에게 부탁하여 백사본(白沙本)을 목판에 번각(飜刻)하니, 인쇄하려는 자가 구름처럼 몰려와서 인쇄공이 몹시 힘들어했습니다. 그런데 판을 보관한 건물에 불이 나 버렸으므로 불타기 전에 인쇄한 책은 겨우 100여 건(件)이었다 합니다. 오늘날 선비들이 가지고 있는 《소학》은 백사본이 아닌 공주본(公州本)으로 모두 집주를 두 줄로 배열(排列)하였습니다.

지금 청우(靑郵)[202] 편에 올린 《소학》이 어떤 판본인지는 알 수 없으

201 영감의 순시 : 조귀석이 당시 전라도 관찰사로 있으면서 전주 부윤(全州府尹)을 겸하고 있었기에 하는 말로 보인다. 《顯宗實錄 4年 6月 16日》

202 청우(靑郵) : 청암역(靑巖驛)을 가리킨다. 지금의 전남 장성이다.

나, 백사본이 먼저이고 공주본은 나중이니, 지금 재간(再刊)하려면 나중 것을 버리고 먼저 것을 취하는 것이 좋습니다. 그러나 공주본은 신재께서 교감하고 정정한 곳이 많으니, 이번 간행에 백사본을 사용하더라도 신재가 정정한 부분을 여기에 수록하지 않아서는 안 될 것입니다. 방금 용안 현감(龍安縣監)인 조카가 가지고 있는 《소학》을 보니 바로 백사본이었습니다. 가져다가 사용해도 무방할 듯합니다.

조우서에게 보냄 계묘년(1663, 현종4) 4월

與趙禹瑞 癸卯四月

바람과 비가 이어지는데 공무를 살피는 여가에 건강은 어떠한지요? 그리는 마음 간절합니다. 제가 근근이 지탱하고 있는 것은 실로 보살펴 주는 은덕을 입어서입니다. 다만 며느리의 재기(再期)[203]가 문득 다가오니 슬픈 생각이 더욱 새롭습니다. 《소학(小學)》은 이미 새기도록 분부하셨습니까? 저의 생각에 다른 판본(板本)은 간혹 자제와 문인이 기록한 것이 있을지라도 똑같이 노선생(老先生 김장생(金長生))에게서 나온 만큼 모두 노선생이 기록한 것으로 간주해도 무방하니, 《상서집전(尙書集傳)》을 보면 알 수 있습니다. 굳이 분명히 구별하고자 한다면 또한 기록한 사람을 써야 합니다. 공주(公州)에서 인쇄한 것[204]은 진퇴가 모두 합당하지 않으므로 지금 아뢰어 고치려고 하는데 영감의

203 며느리의 재기(再期) : 며느리 이씨(李氏)가 1661년 4월에 전염병으로 세상을 떠났기에 하는 말이다. 《宋子大全 附錄 卷4 年譜, 卷5 年譜》

204 공주(公州)에서 인쇄한 것 : 공주본 《소학집주》를 말한다. 1612년 이항복(李恒福)과 김장생이 정부의 힘을 빌려 6권 4책의 활자본으로 간행할 때 이이(李珥)의 주석을 온전하게 반영하지 않았고 김장생이 자기 생각을 정리해 둔 자료집의 내용이 그의 의지와는 상관없이 간행 당시 일부 대체되었다. 그 뒤 1655년(효종6) 이항복이 간행한 판본에 약간의 수정을 가하여 김집(金集)이 공주목(公州牧)에서 간행하였는데, 100질 정도 인쇄한 뒤 보관 중이던 판목이 불에 타 더는 인쇄하지 못하게 되었다. 이 편지 내용으로 보아 이때에 와서 《소학집주》를 새로 간행하려는 움직임이 있었고, 본래 이이가 한 주석대로 돌릴 것인지에 대한 논란이 있었음을 알 수 있다. 《정호훈, 16・7세기 小學集註의 成立과 刊行, 한국문화, 47호, 규장각한국학연구소, 2009, 127쪽》

뜻은 어떤지 모르겠습니다. 마침 서원의 인편을 통해 잠시 이렇게 안부를 여쭙습니다. 이만 줄입니다.

조우서에게 답함 계묘년(1663, 현종4) 6월
答趙禹瑞 癸卯六月

그리운 생각이 요즈음 심하더니 문득 당신의 편지를 받고서 여러 가지 말씀을 모두 잘 알았으니 퍽 위로되었습니다. 다만 영감의 몸이 몹시 건강하지 못하다고 들었는데, 실로 노고로 인해 정신이 손상되어 그러하니, 부디 절기에 따라 몸을 잘 조절하여 오늘날 사람들의 바라는 마음을 위로해 주십시오.

여러 장의 편지에서 하신 말씀이 저를 비루하다 여기지 않으셨으니 깊이 감사드립니다. 기억하건대 옛적에 하늘을 찌를 듯한 기세의 소(疏)가 북쪽에서부터 오자,[205] 저상(苧相)이 "세상 사람이 이 이(李) 아무개가 있는 줄을 아니, 도리어 영광스럽고 다행으로 여긴다."라고 말하였는데,[206] 이 어른이 실로 저의 심정을 먼저 알았던 것입니다.

저는 10여 일 전부터 더위로 인한 설사가 몹시 심하여 지금은 거의 버티지 못할 지경이니 깜박 먼저 죽는 것도 어려운 일은 아닙니다. 외부에서 찾아오는 근심거리뿐만이 아니니 어찌합니까. 제호(醍醐)는

205 하늘을……오자 : 함경북도 경성부 판관(鏡城府判官) 홍여하(洪汝河)가 송시열을 배척하는 내용으로 상소를 올린 일을 말한다. 532쪽 주121 참조.

206 저상(苧相)이……말하였는데 : 저상은 저동(苧洞)에 옛집이 있었던 완남부원군(完南府院君) 이후원(李厚源)을 가리킨다. 홍여하의 상소에, 사대부 중에 완고하고 자기가 제일이며 잘못임을 알고서도 굳이 꾸며 대는 자로 완남부원군 이후원이 가장 심하다는 등의 말이 있었기에 하는 말이다. 《宋子大全隨箚 卷3》《顯宗實錄 卽位年 6月 2日》

미처 입에 대기도 전에 병든 위장이 먼저 열리니 참으로 작은 은혜가 아닙니다. 포육(脯肉) 두 개도 아울러 감사합니다.

쌀을 받아들이는 데 대한 글[207]은, 백성을 위로하고 염려하는 것이 여기에까지 이르렀으니 감사한 마음 어찌 견딜 수 있겠습니까. 실로 제가 주상께 올리려고 하다가 미처 하지 못했던 것입니다. 영감의 형세는 참으로 유능(幼能 이단상(李端相))이 말한 대로입니다. 전라도와 충청도의 일은 염려스럽지만 결국은 밝은 조정에 달려 있는 만큼 어찌 도움이 되지 않겠습니까. 유능의 뜻도 바로 이와 같을 뿐입니다. 판관(判官)은 아마도 좋은 결말을 좋아할 뿐이니, 건의하고 개혁하자는 청에 대하여 저지하는 뜻은 없는 듯합니다. 그렇다면 영감의 일은 이미 줄어든 데다 기한도 다가오는데, 어찌 굳이 번거롭게 면직되기를 바라십니까. 하고 싶은 말은 몹시 많으나 병으로 남을 시켜 쓰게 하느라 이만 줄입니다.

207 쌀을……글 : 호남에 기근이 심하였으므로 당시 전라도 관찰사로 있던 조귀석이 장계를 올려 새로 매긴 조세〔新結〕를 기준으로 추수미(秋收米)를 받아들이자고 청하였다. 이에 현종은 12말 중에서 이미 1말을 감했지만 더 심한 고을은 앞서 감해 준 외에 2말을 더 감하도록 하고, 그다음 고을은 1말을 감하도록 하였다.《顯宗實錄 4年 10月 20日》

조우서에게 답함 계묘년(1663, 현종4) 7월
答趙禹瑞 癸卯七月

서원의 인편이 돌아와서 삼가 보내신 편지를 받으니 위로되는 마음 어찌 끝이 있겠습니까. 다만 당신 부모님이 병중이라고 들었는데 그지없이 염려됩니다. 아마도 벌써 평소대로 회복하여 건강하고 즐거우시겠지요. 저는 불충하여 함부로 행동해서 다시 '비주이종(卑主貳宗)'[208] 이라는 죄로 홍 학사(洪學士)의 소장(疏章)[209]에서 준엄한 말을 올렸으니 황공하고 두려워 어찌해야 할지 모르겠습니다. 영감께서 만일 이미 보셨다면 그 부본(副本)을 부디 보여 주시는 것이 어떻겠습니까?

서울의 사대부들이 저를 위해 변론하려 한다고 들었는데, 이러한 것은 이치에 맞지 않을 뿐만이 아닙니다. 이해로 따지더라도 어찌 적절

208 비주이종(卑主貳宗) : 기해년(1659) 효종이 승하하자 인조의 계비(繼妃) 자의대비(慈懿大妃)의 복상(服喪) 기간을 기년(朞年)으로 할지 3년으로 할지 논쟁이 시작되었다. 남인(南人)은 효종이 비록 인조의 둘째 아들이나 적자로서 왕위를 계승했기 때문에 장자로 간주하여 삼년상을 치러야 한다고 주장했고, 서인(西人)은 효종이 인조의 둘째 아들이므로 기년상을 치러야 한다고 주장했는데, 결국 서인의 주장에 따라 기년복으로 결정하였다. 이에 남인 허목(許穆) 등이 상소하여 삼년상을 주장하면서, 기년으로 하는 것은 종통과 적통을 둘로 나누어 임금을 비하한 것이라며 서인을 공격하였다. '비주이종'이라는 말은 윤휴(尹鑴)가 경자년(1660) 봄에 허목에게 보낸 편지에서 "천자는 천하의 종주이고 제후는 일국의 종주로서 더없이 높고 더없이 존귀한데 '서자이기 때문에 강복(降服)해야 한다.'라고 말한다면 이것은 정통을 둘로 하고 임금을 낮추는 것〔貳其宗而卑其主〕이 아니겠는가."라고 한 데서 처음 나온다.《白湖集 卷14 答許眉叟》

209 홍 학사(洪學士)의 소장(疏章) : 1663년 4월 19일 홍우원(洪宇遠)이 윤선도(尹善道)의 예설을 옹호하는 뜻으로 올린 소를 말한다.《顯宗實錄 4年 4月 19日》

하겠습니까. 그저께 서둘러 이산(尼山)의 인편을 보내어 정지시키도록 애걸하였는데 들어주신다면 다행입니다. 별지는 부디 살펴보고 부응해 주시는 것이 어떻겠습니까? 춘형(春兄 송준길(宋浚吉))은 지금 광릉(廣陵 광주(廣州))의 나성두(羅星斗)에게 시집간 딸의 무덤[210]에 있으니 생각하면 눈물이 납니다. 이만 줄입니다.

별지

옥천(沃川)에 중봉(重峰 조헌(趙憲)) 선생의 서원이 있는데, 신로(愼老 김집(金集))께서 처음 서원 원장이 되었을 때 늘 "선비를 기르는데 자금이 없다. 이렇게 하다가는 오래 지탱하기 어렵다. 반드시 돈암서원(遯巖書院)이나 황산서원(黃山書院)[211]의 예같이 부탁하여 배 한 척을 얻게 된다면 보탬이 될 것이다.……"라고 하였습니다. 그러나 일이 쉽지가 않아 지금까지 얻지 못하였는데, 제가 온 뒤로 옥천의 유생이 비로소 와서 방문한 것을 인연으로 겨우 작은 배 한 척을 얻었습니다. 그러나 유생들이 이러한 농사철에 멀리 감영(監營)에까지 가는 것은 지극히 어렵기에 어제 편지 한 통과 정문(呈文)을

210 나성두(羅星斗)에게……무덤 : 송준길의 딸은 1662년 가을에 사망했는데, 송준길은 1663년 4월이 되어서야 딸의 무덤에 가서 곡하였다. 《同春堂集 續集 卷9 年譜》

211 돈암서원(遯巖書院)이나 황산서원(黃山書院) : 돈암서원은 충청남도 논산시 연산면(連山面) 임리(林里)에 있는 서원으로, 1634년(인조12)에 김장생(金長生)을 추모하기 위해 건립하였고, 1660년에 사액되었다. 황산서원은 1626년 충청도 연기(燕岐)에 세운 서원이다. 처음에는 율곡 이이(李珥)와 우계 성혼(成渾)을 제향하였고 김장생 사후에 그를 배향하였다. 1665년에 '죽림(竹林)'이라는 편액을 하사받아 이후로는 죽림서원이라 불렸다.

저에게 맡겨 도모하게 하였는데, 제가 막 저곳에 원장이 되었기 때문입니다.

생각건대 이 일이 관적(官籍)에 든 것이라면 물론 가벼이 허락하기 어렵지만 소속된 곳이 없다면 장차 반드시 궁가(宮家)나 재상가(宰相家)에 소속될 것입니다. 이렇게 되기보다는 차라리 유가(儒家)에 소속시켜 이것으로 업유(業儒)가 학문을 숭상하는 것을 돕는 것이 생각건대 적합하지 않겠습니까. 그 원문이 너무 번잡하여 큰 뜻이 오히려 분명하지 않기에 생략하여 바칩니다. 불가하다고 여기지 않는다면 부디 속히 답해 주시는 것이 어떻겠습니까? 그 배는 오래지 않아 나루로 나갈 것이라 합니다.

조우서에게 답함 계묘년(1663, 현종4) 7월

答趙禹瑞 癸卯七月

《소학》을 간행하는 일이 이미 끝났다는 소식을 받으니 유림의 다행입니다. 《논어》와 《맹자》를 간행하는 일은 또한 매우 놀랍고 기쁩니다. 서원에서는 영감이 재직하고 있을 때 일을 마치려고 이미 길보(吉甫 윤선거(尹宣擧))와 상의했습니다. 며칠 사이에 원생(院生) 한 사람을 보내어 모든 일을 직접 말씀드릴 것입니다.

구황의 계책은 참으로 큰일이기는 하지만 별달리 기묘한 계책이 있는 것은 아닙니다. 송 효종(宋孝宗)이 "실정에 맞게 하고 서둘러 시기를 놓치지 않는 것이 낫다."라고 하자, 주자(朱子)께서는 이 말이 성인의 말씀이라고 극구 칭찬하였습니다. 전임 순찰사 때 영남에 굶어 죽은 사람이 많은 것도 시기를 놓쳤기 때문이라 합니다. 그러나 또한 조정에서 먼 곳의 일을 통제하여 불러온 결과이기도 하니, 오로지 관찰사만을 탓해서는 안 될 듯합니다.

경상도 관찰사[212]가 형제를 잃은 슬픔은 놀랍고 슬프기 그지없습니다. 조서(弔書)가 있으니 부디 본가(本家)에 전해 주심이 어떻겠습니까?

별지

서원 옆 외진 곳이 실로 매우 깨끗하고 그윽하니, 늘그막에 이런

212 경상도 관찰사 : 당시 이상진(李尙眞)이 맡고 있었다. 《顯宗實錄 3年 12月 20日, 5年 6月 16日》

곳을 얻은 것이 실로 작은 인연이 아닙니다. 마침 초막을 짓기로 계획하였는데, 저편의 의견을 가진 사람들이 제가 이곳에 머물면서 맑은 복을 누리도록 기꺼이 허락하고 고개를 넘게 하지 않을지 알 수 없으니,[213] 실로 가소롭습니다.

손자들은 그들의 외가[214]에서 선조(先祖)를 받드는 의장(儀仗)이 훌륭한 것을 보고서 사람들이 모두 이러할 것으로 생각하여 함부로 아름답게 꾸밀 생각을 하니, 꾸짖고 물리치기는 하지만 곧잘 불쌍한 생각이 들곤 합니다. 그러므로 때때로 애써 그들의 뜻에 따라 주기도 하지만 지나치게 아끼는 마음이 초래하는 잘못인 줄 저 스스로 알고 있습니다.

지금 쓰고 남은 자리〔席子〕가 있으면 부탁을 들어주시는 것도 무방하겠으나, 관물(官物)을 너무 허비하지는 마시기 바랍니다. 이 역시 주변머리 없는 선비의 꼴이니 한번 웃으시리라 생각됩니다.

213 저편의……없으니 : 남인(南人)들이 자신을 귀양 보내지 않을지 알 수 없다는 말이다.

214 그들의 외가(外家) : 덕흥대원군(德興大院君) 이초(李岹)의 집을 말한다. 송시열의 아들 송기태(宋基泰)가 덕흥대원군의 현손서(玄孫婿)이기 때문에 하는 말이다.

조우서에게 답함 계묘년(1663, 현종4) 7월

答趙禹瑞 癸卯七月

연이어 편지를 받으니 감사한 마음을 말로 할 수 있겠습니까. 유능(幼能 이단상(李端相))이 매번 저의 일을 언급하여 은근한 후의를 입으니 얼마나 감사한지요. 박생(朴生)은 공적으로나 사적으로나 모두 이루었으니 참으로 몹시 다행입니다. 공사를 돕는 물건은 작은 집 하나를 짓기에 아주 넉넉하니 이것으로 충분히 처리할 수 있습니다.

지난번에 노비가 돌아왔는데, 환주(還酒)와 말린 포(脯)는 잘 잘 받았습니다. 술은 천금(千金)의 지극한 맛이니 이런 술이라면 많더라도 싫증 나지 않습니다. 박생이 도착하여 투호(投壺)에 관한 일을 잘 아뢰었겠지요? 《예기》 〈투호〉는 읍(揖)하고 사양하며 응대하는 말이 지극히 볼만하므로 서원 유생들에게 행하게 하였는데, 남에게 빌린 것은 만드는 법이 잘못되었기에 유생들이 일찍이 새로 만들 것을 영감에게 함께 청하려고 하였습니다. 주자(朱子)의 설(說)로 보자면 병 안의 용량이 1말〔斗〕 5되〔升〕인 것을 써야 합니다. 이대로 만들면 딱 맞지는 않아도 그다지 동떨어지지는 않을 것입니다.

별지

유능이 말한 것에 별다른 사실이 없다면 동한(東漢) 낙양의 일을 인용한 듯합니다. 사서(史書)에 "번갈아 서로 표방했다." 하고, 삼군(三君), 팔준(八俊), 팔급(八及)[215]의 조목이 있습니다. 그런데 능우(能友 이단상)가 어찌 이 말을 썼겠습니까. 만약 그렇다면 제가 우두

머리가 될 것이니 몹시도 분수에 넘치지 않겠습니까. 회옹(晦翁)의 시에 "늙어서 영화로운 일은 간사한 당적에 들어간 것이고, 지난날 부끄러움은 시종신의 우두머리였던 것이라네.〔老去光華奸黨籍, 向來羞辱侍臣冠.〕"라고 하였는데, 여러 번 이 말을 반복해서 외면서 스스로 자랑하는 마음이 없지 않습니다. 껄껄.

《논어》〈향당(鄕黨)〉 제8판(板) 16행(行)에서 "군주의 그릇을 잡는다.〔執主器〕"의 '주(主)' 자는 속본(俗本)에 대부분 '규(圭)' 자로 되어 있으니 그 오류가 심합니다. 이제 간행하는 판본에도 이렇게 되어 있으니 부디 명하여 고쳐 바로잡는 것이 어떻겠습니까? 이는 《예기》에 나오는 말입니다.

215 삼군(三君), 팔준(八俊), 팔급(八及) : 후한 말기에 사람들이 명사(名士)들을 분류한 명칭이다. 삼군의 군(君)은 온 세상이 우러르는 자를 의미한다. 또 사람 중의 뛰어난 인물 8명을 팔준이라 하고, 추종하는 자들을 인도할 수 있는 명사 8명을 팔급이라 하였다. 《後漢書 黨錮列傳序》

조우서에게 보냄
與趙禹瑞

밤새도록 조용히 이야기를 나누었으니 마음 깊이 고마웠습니다. 지금 생각건대 왕명을 받들어 수행하는 가운데 안부가 편안하시리라 생각합니다. 이제 택로(澤老)가 편찬한 《자훈(字訓)》[216]을 올립니다. 만났을 때 그 단서를 조금 말하였습니다만, 제 생각에 이 책은 비록 택로에게서 갖추어졌지만 처음 배우는 자들에게 도움이 된다면 실로 폐기해서는 안 됩니다. 더구나 이 내용은 주자(朱子)의 문인에게서 나왔고, 택로는 수정하고 윤색하였을 뿐이니 가벼이 볼 수 없음이 분명합니다. 또 장수(張數)가 많지 않으니 손가락 하나 까딱거리는 힘으로 마칠 수 있습니다. 부디 바라건대 즉시 간행하여 학동들이 모두 오류를 바로잡을 수 있게 한다면, 이는 또한 문장을 숭상하는 한 가지 일일 것입니다.

저는 선친의 비석 일로 지금 고향으로 가서 추석 뒤에 즉시 돌아올 것입니다. 오래도록 뵙지 못하니 퍽 섭섭합니다. 초본(草本) 족자[217]는

216 택로(澤老)가 편찬한 자훈 : 택로는 택당(澤堂) 이식(李植)이다. 《자훈》은 주희(朱熹)의 제자 정단몽(程端蒙)이 편집한 책으로, 아동 교육을 위하여 한자의 뜻을 알기 쉽게 풀이하였다. 이식이 정단몽의 《자훈》과 진순(陳淳)의 《자의(字義)》 두 가지를 절충하고 정자(程子)와 주희 등의 글을 표준으로 삼아 편찬하였다. 1664년(현종5)에 송시열이 쓴 서문이 있다. 《宋子大全 卷137 初學字訓增輯序》

217 초본(草本) 족자 : 현종이 동궁이던 시절 세자시강원 찬선으로 있던 송시열이 1658년(효종9) 10월 27일 시민당(時敏堂)에서 야대(夜對)를 한 일이 있는데, 송준길(宋浚吉), 유계(兪棨), 조귀석과 함께 자리했다. 이들은 모두 쌍청당(雙淸堂) 송유(宋愉)의 직계 후손이거나 외손으로, 이를 기념하기 위하여 조귀석이 그림을 그린 다음

이 인편에 부치시는 것이 어떻겠습니까? 나머지는 늦더위에 몸조심하시기를 빕니다. 이만 줄입니다.

족자를 만들고 송시열이 서문을 지었는데, 이를 가리키는 것으로 보인다. 《宋子大全 卷137 時敏堂夜對序》《宋子大全隨箚 卷5》

조우서에게 답함 계묘년(1663, 현종4) 8월

答趙禹瑞 癸卯八月

이제 막 속리산에 들어와 샘물 소리와 산 빛 속에 앉아 있는데, 지금 황산서원(黃山書院) 사람이 편지를 전달해 주니 기쁘고 후련한 마음 실로 여느 때보다 배나 되었습니다. 다만 일찍이 당신 부모님께서 아프다가 지금은 평안하고 즐거우시다니 기쁩니다. 초본(草本) 족자는 감상하고 돌려 드립니다. 찌를 붙여 여쭙는 부분에 대해서는 다시금 잘 헤아려 보고 수정해 주십시오.

저는 갑자기 일이 있어서 지레 산문을 나섰는데, 보름 뒤에 회덕(懷德)에서 돌아와 황호(黃湖)의 집[218]에 도착할 것입니다. 말씀하신 여러 일은 별지에 모두 아뢰었습니다. 임실(任實) 허 사군(許使君)이 서둘러 보고할 것이 있다기에 이 편지를 번거롭지만 맡겨 전하고 이어서 그 답장을 부탁하였으니 인편에 회답해 주시기를 간절히 바랍니다.

족자 발문(跋文)의 글자는 조예가 새로운 점이 퍽 많습니다. 이 부분을 늘이지 않는다면 배열하여 쓰기가 어려울 듯합니다. 어좌(御座) 뒤에 모쪼록 실제대로 병풍을 두는 것이 어떻겠습니까? 시민당(時敏堂) 서편은 대략 대내(大內)의 양쪽 지붕 날개 모서리를 그린 뒤에야

218 황호(黃湖)의 집 : 송시열은 본가가 있는 회덕의 소제(蘇堤)에 전염병이 돌자 1661년 12월 공주(公州)의 원기(遠基)로 옮겨 가서 살다가 1662년 10월에 다시 여산(礪山)의 황산촌(黃山村)으로 이사하였다. 황산은 《송자대전》에 '황호'로도 기록되어 있다. 《宋子大全 附錄 卷4 年譜, 卷5 年譜》

시민당 안의 어좌가 비로소 향하고 등지는 뜻이 있게 됩니다. 대내가 서쪽에 있으므로 당시의 어좌는 이같이 하지 않을 수 없습니다. 시민당의 집영문(集英門), 시강원(侍講院), 익위사(翊衛司)는 각기 편액을 쓰는 것이 좋을 듯합니다. 나머지는 병으로 남에게 대신 쓰게 하느라 이만 줄입니다.

조우서에게 보냄 계묘년(1663, 현종4) 8월

與趙禹瑞 癸卯八月

어떤 사람의 상소[219]에 놀랍고 두려운 마음 견딜 수 없습니다. 그러나 제가 자초한 죄가 있으니 어찌 감히 남을 탓하겠습니까. 지숙(持叔 민유중(閔維重))의 편지에, 상소가 이르자 사람들이 모두 두렵게 여겼다고 하였습니다. 다행히 수규(首揆 영의정 정태화(鄭太和))가 그 사람의 마음이 음흉하고 간특함을 몹시 미워하여, 헌의(獻議)할 때 특별히 정신을 가다듬어 여지없이 공격하여 깨트린 덕분[220]에 기회를 노리고 엿보던 자들이 일시에 간담이 서늘해졌는데, 당시의 논의에 문익(文翼)[221]의 풍모가 있었다고 합니다. 그러나 그들이 장차 끝없이 서로 도울 터인데 또다시 다 공격하여 깨트릴 수 있겠습니까. 요컨대 범방(范滂)이 죽은 뒤에야 이 재앙이 끝날 것[222]이기에 저는 늘 속히 죽기를

219 어떤 사람의 상소 : 허목(許穆)이 세자 책봉과 교육에 관하여 올린 상소를 말한다. "나라의 뿌리가 내려지지 못하고 있다."라고 하며 원자가 탄생한 지 3년이 되었으니 세자로 책봉해야 한다고 청하였다. 《宋子大全隨箚 卷5》《顯宗實錄 4年 8月 5日》

220 헌의(獻議)할……덕분 : 정태화 등이, 원자 책봉의 예를 어린 시절에 거행한 전례가 명(明)나라 조정에서는 있지만 조선에서는 들은 적이 없다고 하여 책봉례를 천천히 하기로 결정되었다. 《顯宗實錄 4年 8月 5日》

221 문익(文翼) : 정광필(鄭光弼)의 시호이다. 기묘사화 당시에 영의정의 신분으로 조광조(趙光祖)의 사사(賜死)를 반대하다가 영중추부사로 좌천된 적이 있다. 《中宗實錄 14年 11月 16日, 12月 17日》

222 범방(范滂)이……것 : 범방은 후한(後漢)의 고사(高士)이다. 여기서는 우두머리로 지목된 사람, 즉 송시열 자신을 비유하였다. 범방은 환제(桓帝) 때에 당고(黨錮)

바라며, 수많은 사람이 연루되어 잘못되기를 바라지 않습니다. 수규가 또 탑전(榻前)에서 해윤(海尹 윤선도(尹善道))의 일을 아뢰면서 자신이 스스로 감당하겠다고 했으니, 이 어른의 일은 몹시 탄복스럽습니다. 편지는 즉시 없애 버리십시오.

의 화(禍)에 연루되어 체포령이 내리자 함께 도망치자는 현령 곽읍(郭揖)의 청에 "내가 죽으면 화가 끝날 것인데, 어찌 감히 나의 죄로 그대에게 누를 끼치며 또 늙은 어머니를 이리저리 떠돌게 하겠는가."라고 하며 자진하여 감옥으로 갔다. 《後漢書 黨錮列傳 范滂》

조우서에게 보냄 계묘년(1663, 현종4) 9월

與趙禹瑞 癸卯九月

지난번 답장은 보셨는지요? 날씨가 서리가 내리려 하는데 일상생활은 신의 도움으로 더욱 좋으시겠지요. 저는 생질이 병들어 날마다 위태로운 소식이 있으니 애태우고 괴로워 침식(寢食)을 거의 전폐하였습니다. 부탁하신 문장은 아직 짓지 못하였고, 완성해도 만족하지 못할 것입니다. 그러나 감히 여쭈지 않을 수 없으니, 가부(可否)의 명을 기다립니다.

기억하건대 옛날 청음(淸陰 김상헌(金尙憲)) 선생이 비갈(碑碣)은 간략함을 귀하게 여기지만 간략하게 하려고 좋은 말과 훌륭한 행실을 으레 삭제해 버리고 나면 마음이 몹시 편하지 않다고 일찍이 말씀하셨는데, 이제야 그분이 저를 속이지 않았다는 것을 더욱 믿겠습니다. 마음이 어지러워 이만 줄입니다.

조우서에게 답함 계묘년(1663, 현종4) 9월
答趙禹瑞 癸卯九月

어제 편지 한 통을 파발 편으로 보냈는데, 보내신 편지가 먼저 도착하였으니 위로되고 감사한 마음 금치 못하겠습니다. 더구나 '옥 피리와 청학〔玉簫淸鶴〕'이란 말씀에서 이미 오석(烏石)과 영원(靈源)[223]이 인간 세계와 멀지 않은 줄 알겠습니다. 만일 모시고 감상할 수 있다면 참으로 숙원을 풀겠지만 자책하는 글에 대해 아직 비답을 받지 못했는데 함부로 맑은 유람을 뒤따라 가면 아마 붉은 벼랑과 푸른 절벽조차 모두 탄핵하는 글에 들어가게 될 듯합니다.[224] 다만 국화 한 송이가 땅에 뿌리를 내렸기 때문에 저를 두고 떠나지 못하였으니, 아침저녁으로 마주하며 때때로 백주(白酒)를 마시면서 바라보고 있습니다. 종이 묶음은 그동안 자주 받았건만 모두 손자들이 가지고 가서 글씨 연습을 하느라 손바닥만 한 종이도 남지 않았는데 이번에 보내 주신 것을 받았으니 몹시 감사합니다. 요즈음 살짝 추워서 누워서 쓰느라 이만 줄입니다.

223 오석(烏石)과 영원(靈源) : 신선 세계를 뜻한다. 514쪽 주91 참조.

224 붉은……듯합니다 : 터무니없는 거짓말로 모함을 받을 것이라는 말이다. 유성룡(柳成龍)이 임금의 부름을 받고 조정으로 돌아가다가 단양군(丹陽郡) 남쪽의 운암(雲巖)에 있는 쓰러져 가는 작은 정자를 보고 경치가 아름다워 그곳을 사서 나중에 머물고자 하였으나 뜻대로 하지 못하고 시를 쓰고 노닐었다. 나중에 유성룡을 공격하던 사람이 이 일을 두고 "나라 안에 두루 전원을 갖고 있다."라고 하자, 유성룡은 이에 대해 "붉은 벼랑과 푸른 절벽도 모두 탄핵하는 글 속에 들어갔다."라고 하였다. 《西厓集 年譜 卷2》

조우서에게 답함 계묘년(1663, 현종4) 9월

答趙禹瑞 癸卯九月

저는 집안의 재앙이 다하지 않아 과부가 된 제 형님의 딸이 상(喪)을 견뎌 내지 못하였습니다. 어제 그 부고를 듣고서 슬픈 마음에 아파서 스스로 견딜 수가 없었습니다. 그런데 지금 뜻밖에 멀리서 보낸 편지를 받고서, 여행을 다니는 도중에 건강이 좋으며 또 선경(仙境)을 찾아 경치 좋은 곳을 가려 다니는 즐거움이 있으시다는 것을 알았습니다. 이는 옛날에 이른바 유선(儒仙)의 일[225]이니, 공경하고 감탄해 마지않았습니다. 또 부쳐 주신 편지로 거쳐 간 산천을 가만히 엿보니 필세(筆勢)가 날아 생동하여 구름과 골짜기가 운치를 돋우는 듯하였으니, 사마천(司馬遷)이 멋진 유람을 하고서 문장에 뛰어나게 된 것을 또한 증명할 수 있습니다.

선조의 묘소에 성묘하는 것은, 우러러보건대 미루어 넓혀 가는 효도이니 안팎의 차이가 없습니다. 그러나 제사를 주관하는 사람은 마땅히 올릴 제수(祭需)를 스스로 준비해서, 이러한 헌현(獻賢)[226]의 옛 뜻이

225 유선(儒仙)의 일 : 선비이면서 신선의 풍모를 지닌 사람을 말한다. 최치원(崔致遠)이 일찍이 난세를 피하여 가야산 해인사(海印寺)에 들어가 은거했던 까닭에 뒷날 사람들이 그를 유선이라 일컬었다.

226 헌현(獻賢) : 《예기》 〈내칙(內則)〉에 "만약 부유하면 두 종류의 희생을 갖추어 그중 좋은 희생을 종자에게 바친다.〔若富則具二牲, 獻其賢者於宗子.〕"라고 하였는데, 그 주에 "현(賢)은 좋은 것〔善〕이다." 하였다. 조귀석은 쌍청당(雙淸堂) 송유(宋愉)의 외손인데, 제수를 도운 일이 있기에 송시열이 이렇게 답한 것이다. 《宋子大全 卷78

있는 일에 감히 편안히 있지 못합니다. 전날 금(金)을 돌려주며 상자를 채운 선물은, 또 장차 성의를 제사에 올리고 친족에게 말하려고 합니다. 나머지는 다만 일상생활이 더욱 복되시기를 빕니다.

答韓汝碩》《宋子大全隨箚 卷5》

조우서에게 답함 계묘년(1663, 현종4) 11월
答趙禹瑞 癸卯十一月

그동안 보내 주신 편지에 감격스러움을 견딜 수 없습니다. 익위탕(益胃湯)은 더욱 다행히도 머지않아 무너진 위장을 돕고 지친 기운을 일으킬 것입니다. 지난번 편지에서 말씀하신 것은 과연 서필원(徐必遠)의 친족입니다. 그러나 서필원은 서필원이고 그 친족은 그 친족이니 서필원과 무슨 상관이 있겠습니까. 세상에 어찌 독으로 사람을 죽이는 양숙자(羊叔子)가 있겠습니까.[227]

또 밝은 가르침을 받았으니, 남은 모르지만 자기 홀로는 부끄러운 것이 매우 많다고 하셨는데 훌륭하게도 당신의 말씀은 옛사람과 닮았습니다. 내면으로 성찰하는 공부가 없는 사람이라면 어찌 이렇게 할 수 있겠습니까. 삼가 마땅히 자리 오른쪽에 써 두고 아침저녁으로 살펴보겠습니다. 이번에 동봉하여 보내는 편지는 곧 송규정(宋奎禎)[228] 어

227 세상에……있겠습니까 : 각각 반대 처지에 있으나 사사로이 침해하는 일은 없다는 말이다. 육항(陸抗)은 오(吳)나라 장수이고 양숙자는 진(晉)나라 장수였는데, 양자강 양쪽에서 오래도록 서로 대치하고 있었다. 그러던 어느 날 육항이 병이 들자 양숙자가 약을 보냈는데, 육항의 측근들이 그 약을 먹지 말라고 하였더니 육항이 의심 없이 마시며 "양호(羊祜)가 어찌 사람을 독으로 죽이겠는가."라고 하였다. 《晉書 羊祜列傳》 숙자(叔子)는 양호의 자이다. 서필원과 김만균(金萬均)의 일로 격한 논쟁이 있었기에 하는 말로 보인다. 김만균과 관련된 일은 581쪽 주194 참조.

228 송규정(宋奎禎) : 1622~1669. 본관은 은진(恩津), 자는 백흥(伯興)이다. 송규창(宋奎昌)의 맏형으로 송시열의 친족이며 윤휴(尹鑴)와 이종 간이다. 운봉(雲峯), 용안(龍安), 부여(夫餘) 등의 현감을 지냈다.

른이 말씀하신 것입니다. 춘형(春兄 송준길(宋浚吉))에게 보내는 편지에 보셨다는 뜻을 살짝 언급하면 어떻겠습니까? 하고 싶은 말은 많지만 병든 몸을 무릎쓰고 쓰느라 이만 줄입니다.

조우서에게 답함 갑진년(1664, 현종5) 1월
答趙禹瑞 甲辰正月

남은 추위가 요즈음 심하여 그리운 마음이 평소보다 배나 되더니, 어제 저녁에 진산 군수(珍山郡守)와 이생(李甥)[229]이 앞뒤로 편지를 보냈습니다. 이생이 또 제 아들의 혼사를 지극히 살펴 주셨다고 말하였으니 몹시 감사한 마음 이루 말할 수 없습니다. 옥천(沃川) 유생은 삼가 마땅히 보내오신 말씀대로 말하겠습니다.

소본(疏本)을 올리고 조만간 체직(遞職)되어 돌아오는 것이 어떻겠습니까? 저는 이 일은 애당초 청하지 않았어야 하지만 청했다면 허락해야 하고, 허락하지 않아도 좋지만 처벌하는 것은 너무 심하다고 생각합니다. 이리저리 거치는 사이에 천리(天理)는 사라지고 인심은 죽어 버렸으니, 세상의 도가 지극히 한심합니다. 그러므로 대략 현명한 군주를 위해 한마디 말씀을 드렸는데, 물론 사람들이 전보다 배나 떠들어 댈 줄을 알지만 혹시라도 이러한 공자와 주자(朱子)의 가르침을 통해 행여나 성인의 마음이 되어 본다면 죽어도 한이 없습니다.

저의 병은 날로 고질이 되니 다시 얼마나 세상에 남아 있을지 모르겠습니다. 보내 주신 음식은 감사합니다. 이만 줄입니다.

229 이생(李甥) : 이경(李憬)과 송시열의 누이 사이에 난 조카 이덕로(李德老)를 말하는 것으로 추측된다. 송시열의 문인이며, 청안 현감(淸安縣監)을 지냈다.

조우서에게 답함 갑진년(1664, 현종5) 2월

答趙禹瑞 甲辰二月

별지에서 하신 말씀은 깊이 아껴 주시는 사랑에 매우 감사합니다. 이 일[230]은 당초에 사실 이미 이럴 줄 짐작하기는 했습니다. 대개 짐작할 수 없는 것인데도 짐작하는 것을 재이(載邇 서필원(徐必遠))는 여러 번 적중했습니다. 옥령(玉令)이 먼저 상소하여 아뢰었다[231]고 들었는데 또한 아직 소본(疏本)을 보지 못했습니다. 더구나 북쪽의 일을 어떻게 들을 수 있겠습니까. 지금 보내오신 말씀을 통해 비로소 알았습니다.

이 뒤로 다시 대령(大嶺)이 하나 있으니, 언제 이곳을 지나갈지 모르겠습니다. 그렇지만 한 문공(韓文公 한유(韓愈))이 "가령 그 도가 나로 말미암아 대충이라도 전해진다면 죽더라도 전혀 한이 없다. 천지의 귀신이 위에서 굽어보고 곁에서 증명하니 또 어찌 한번 꺾였다고 해서 스스로 그 도를 버리고 간사함을 따를 수 있겠는가."[232]라고 한 말이

230 이 일 : 김만균(金萬均)이 청(淸)나라 사신을 혐의하여 피한 일을 말한다. 580쪽 주192 참조.

231 옥령(玉令)이……아뢰었다 : 옥령은 자가 백옥(伯玉)인 김시진(金始振)을 말한다. 영은 영감이라는 말로, 김시진이 당시 우부승지였기에 하는 말이다. 김만균이 청나라 사신을 회피할 것을 청하였는데, 김시진이 그를 파직하라고 탄핵하였다.《顯宗實錄 5年 1月 20日》

232 가령……있겠는가 : 한유가 상서(尙書) 맹간(孟簡)에게 보낸 편지에 나오는 말이다. 맹간이 한유에게 불교를 신봉하는지 묻자 이렇게 답하였다.《古文眞寶 後集 卷2 與孟簡尙書書》

있는데, 저는 망녕되이 이 말로 자처합니다. 미치광이 같은 심사를 당신에게만 말하니 다른 사람에게 말하지 마십시오. 재이가 상소한 내용의 대략을 말씀해 주신다면 몹시 다행이겠습니다.

어제 주상께서 멀리서 위문하는 말씀을 해 주셨습니다. 말뜻이 은근하고 간절하여 밤새도록 감격의 눈물을 그칠 수 없었으니, 뼈가 가루가 되더라도 두 조정에서 받은 깊은 은혜를 어찌 갚을 수 있겠습니까. 일에 따라 미미한 정성을 바치는 것도 마음대로 되지 않으니 죄를 지었습니다.

유능(幼能 이단상(李端相))이 재이 영감의 말을 전해 준 적이 있는데 "내가 독서한 것이 비록 적으나 오히려 이루 다 쓸 수 없다."라고 하였답니다. 이 말은 안자(顔子 안회(顔回))가 학식이 많으면서도 학식이 적은 자에게 묻고, 있어도 없는 것처럼 여겼던 기상과는 다릅니다. 그러나 이미 《사략(史略)》 일곱 권은 읽었을 것이니, 그가 한 말이 천한 자의 말 정도까지는 가지 않았을 듯합니다. 같은 점이 있더라도 다만 이는 평소 본색이 그대로 있어서 그런 것일 뿐 다른 뜻은 없는 듯합니다. 그 상소는 주상께서 아마 반드시 유중(留中)[233]하여 볼 길이 없겠지만 만일 상세한 내용을 얻는다면 아끼지 말고 보여 주십시오.

주 부자(朱夫子)가 일찍이 진동보(陳同甫 진량(陳亮))에게 "큰바람이 불어 노형의 정자(亭子)를 쓰러뜨린 것은 오히려 하늘이 사리를 알아 바람을 일으킨 것 같습니다."라고 장난삼아 말하였으니, 이는 동보가 사치한 것을 좋아했기 때문입니다. 지금 바위 아래에 새로 짓고

233 유중(留中) : 신하가 올린 글을 해당 부서에 내려보내 처리하도록 하지 않고 궁중에 놓아두는 것을 말한다.

있던 집은 서까래와 도리만 얽었기에 바람에 뽑혀 거의 다 부서져 버렸으니 아깝고 우습습니다. 어찌 오늘날 하늘이 반대로 검소하고 누추한 것을 싫어한단 말입니까.

조우서에게 답함 갑진년(1664, 현종5) 2월

答趙禹瑞 甲辰二月

보내 주신 편지가 거듭 오니 보살펴 주시는 마음에 깊이 감사합니다. 자하(紫河)[234]는 의원 김씨가 직접 그 수고를 맡았으니 실로 이른바 법을 만들어 스스로 죽게 된 자[235]입니다. 이어서 생각건대 이렇게까지 저의 병을 가련히 여겨 도와주시니 맹적(盲籍)이 창려(昌黎)에게 글을 빌리지 않고도 옛사람을 절수(浙水) 동쪽에서 얻은 격[236]입니다. 선대

234 자하(紫河) : 태(胎)를 자하거(紫河車)라고 하는데 말려서 약재로 쓴다. 이 약을 혈약(血藥)에 넣으면 음(陰)을 자양(滋養)하여 열(熱)을 퇴치하고, 기약(氣藥)에 넣으면 양기를 강하고 굳세게 하여 자식을 낳을 수 있다. 그리고 담약(痰藥)에 넣으면 담을 치료하고, 풍약(風藥)에 넣으면 풍을 치료하고, 심약(心藥)에 넣으면 전광(癲狂)과 실지(失志) 등의 증세를 치료한다. 《山林經濟 卷4 紫河車》

235 법을……자 : 병의 치료에 대한 처방을 알려 주었는데, 약재를 만드는 수고로움을 떠맡게 되었다는 말로 보인다. 법을 만들어 스스로 죽게 된 자는 상앙(商鞅)을 말한다. 진 효공(秦孝公)이 죽고 태자가 즉위하자 공자(公子) 건(虔)이 상앙이 반란을 일으킬 것이라 모함하였다. 상앙이 도망쳐서 국경 근처에 투숙하려 하는데, 여관집 주인이 "상군(商君)의 법에 증명이 없는 사람을 투숙시켰다가는 처벌을 받습니다."라고 말하며 거절하였다고 한다. 《史記 商君列傳》

236 맹적(盲籍)이……격 : 맹적은 늘그막에 눈이 어두웠던 장적(張籍)을, 창려(昌黎)는 한유(韓愈)를, 옛사람은 당(唐)나라 때에 절동 도단련관찰사(浙東都團練觀察使)를 지낸 이손(李遜)을 말한다. 여기서는 장적을 송시열 자신에, 이손을 조귀석에 비유하였다. 장적이 그의 벗 이고(李翺)에게 이손이라는 인물됨에 대하여 듣고는 이손에게 의탁하려고 한유에게 대신 편지를 써 달라고 부탁하였는데, 그 편지 중에 '오늘 이후로 다시는 옛사람 같은 이를 볼 수 없을 것으로 여겼는데, 지금 갑자기 그런 분이 출현했다.'라고 생각했다는 말이 있다. 《韓昌黎集 第16 代張籍與李浙東書》

조정에서 은총을 받았다는 말씀은 다시금 눈물로 옷깃을 적시게 합니다. 지금도 예우하던 뜻〔禮義〕이 아직 남아 있는데 쇠사슬을 걸고 저잣거리를 끌고 다닐 일을 의논하니,[237] 이는 제가 변변찮아 뭇사람에게 죄를 얻은 것이 많아서라고 자책할 뿐입니다. 종이와 먹과 부채는 감사하게 잘 받았습니다.

237 예우하던……의논하니 : 선왕인 효종이 송시열에게 베풀었던 예우가 아직 남아 있는데 송시열을 죄주려는 의론이 있다는 말이다.

조우서에게 답함 갑진년(1664, 현종5) 2월
答趙禹瑞 甲辰二月

제 손자 아이가 돌아오는 편에 보내 주신 답장을 받으니 마주한 듯하여 몹시 위로되었습니다. 저의 집을 방문하시겠다는 말씀은 더욱이 뜻밖이었습니다. 다만 제 집의 운수가 불행하여 나이 어린 당질(堂姪)이 상(喪)을 이기지 못하여[238] 어제 그 부고를 들었습니다. 손자의 부자〔孫父子〕에 대해서는 모두 대공복(大功服)이니 이 예는 어그러뜨릴 수 없습니다. 한 차례의 훌륭한 방문을 물리치게 되었으니 운이 좋지 못한 것이 스스로 한스러울 뿐입니다.

성상의 비답을 받은 것[239]에 대해서는 몹시 축하드립니다. 이 뒤로 글을 올리는 것을 어찌 그만둘 수 있겠습니까. 대개 성상의 뜻은 의리를 천하의 공변된 것으로 여기지 않고 그저 사람 얼굴에 따라 다르게 보고자 하는 것이니, 이는 더구나 밝히지 않을 수 없습니다. 서산(西山)의 묘표[240]는 삼가 오직 명하신 대로 하겠습니다. 내려보내신 비문

238 상(喪)을 이기지 못하여 : 부모의 상중에 죽는 것을 말한다. 상중에는 술과 고기 등 맛난 음식을 먹지 않고 소박한 음식만을 먹는 것이 예이지만 몸이 여위어 병이 나면 술과 고기를 먹어 몸을 보해야 하는데, 그렇지 못해 결국 상을 마치지 못하고 죽는 것을 이른다.《禮記 曲禮上》

239 성상의……것 : 1663년 11월 조귀석이 전라 감사로 있을 때 재해로 인한 피해 상황을 지나치게 과장하여 보고했다는 이유로 추고받아 체직되었는데, 1664년 2월 11일 지평 맹주서(孟胄瑞)가 조귀석을 파직할 것을 청하여, 현종이 그대로 따랐다.《顯宗實錄 4年 11月 1日, 5年 2月 11日》

의 초고 또한 잘 받았습니다. 가만히 듣건대 김백옥(金伯玉)이 다시 소본(疏本)을 올렸는데,[241] 그 뜻은 북인보다 더 심하였다고 합니다. 기실(記室)도 등본(謄本)이 있으니 부디 명하여 보내 주시는 것이 어떻겠습니까? 나머지는 이만 줄입니다.

○ 야대(夜對)와 관련한 족자[242]는 완성되었는지요? 《자훈(字訓)》의 서문(序文)은 이미 용안(龍安)[243]에게 보냈습니다. 이즈음 용안을 만나 보니 참으로 그 집의 가업을 계승하였는데 그 병[244]이 안타깝습니다. 드리지 못했던 지난번 편지를 한꺼번에 드립니다.

240 서산(西山)의 묘표 : 송시열이 이해 7월 아우 송시도(宋時燾)에게 보낸 편지에 "일찍이 호상(湖上)에 가서 서산의 묘표 새기는 일을 처리하였는데 문득 송광식(宋光植)의 부고를 받았다."라고 한 것으로 보아 윗대 조상의 묘표인 듯하다. 이 편지로 보아 조귀석이 비문을 지은 것으로 추측되나 《장육당유집(藏六堂遺集)》에는 보이지 않는다. 《宋子大全 卷123 與叔弟》 송광식은 송준길(宋浚吉)의 아들이다.

241 김백옥(金伯玉)이……올렸는데 : 김백옥은 김시진(金始振)으로, 백옥은 그의 자이다. 이해 2월에 우부승지로 있으면서 상소하여, 송시열이 김만균(金萬均)을 옹호한 주장에 대해 반박하였다. 《顯宗實錄 5年 1月 20日》 582쪽 주192, 612쪽 주231 참조.

242 야대(夜對)와 관련한 족자 : 599쪽 주217 참조.

243 용안(龍安) : 당시 용안 현감이던 이단하(李端夏, 1625~1689)를 말하는 것으로 보인다. 《顯宗實錄 5年 3月 27日》 벼슬은 교리, 승지, 대제학, 예조 판서 등을 거쳐 좌의정에 이르렀다. 문명(文名)이 높았다. 송시열의 손자 송회석(宋晦錫)이 이단하의 딸과 혼인하였다.

244 그 병 : 《송자대전수차》 권13에 따르면 이단하는 심장병이 있어 과거 공부를 하지 않았고, 뒤에 음사(蔭仕)로 발탁되어 벼슬하였다는 말이 있다.

조우서에게 보냄 갑진년(1664, 현종5) 2월

與趙禹瑞 甲辰二月

재이(載邇 서필원(徐必遠))의 상소를 보여 주시니 감사합니다. 이 영감은 오늘이 있는 줄만 알고 후세가 있는 줄을 모르며, 시속의 저속한 말이 있는 줄만 알고 사대부들의 논의가 있는 줄은 모르니 가련할 뿐입니다. 석령(錫令)의 상소[245]는 매우 좋다고 하니 사랑스럽고 사랑스럽습니다.

245 석령(錫令)의 상소 : 석령은 자가 석이(錫爾)인 좌부승지 이경억(李慶億)을 말한다. 이경억이 체직을 청하는 소를 올려, 자신이 김만균(金萬均)의 추고를 청했던 것은 그가 궐직(闕直)했기 때문이었는데 이제 송시열의 상소를 보니 김만균을 의금부에 내려 천하의 의리를 없애고 있다고 걱정하였으니, 어리석고 망녕된 자신의 죄를 풀 길이 없다고 하였다.《顯宗實錄 5年 1月 20日》

조우서에게 답함 갑진년(1664, 현종5) 3월
答趙禹瑞 甲辰三月

심부름꾼이 와서 편지를 받으니 저의 회포가 몹시 위로되었습니다. 성균관 유생들의 상소에 대한 말씀은 몹시 놀랍고 두렵습니다. 지난해에 홍우원(洪宇遠)이 상소하자[246] 제 아우가 말했던 것이 또한 오늘날과 같아서 서둘러 이산현(尼山縣)에 발 빠른 심부름꾼을 보내어 중지할 수 있으면 중지하도록 간청했었는데, 뜻밖에 오늘날 또한 이러합니다.

가만히 듣자니 영남에서도 이 논의가 있었으나 계책과 사려를 갖춘 사람 덕분에 중간에 그만두었다고 들었으니 몹시 다행입니다. 제가 다시 상소하여 자책하는 것을 어찌 그만둘 수 있겠습니까.[247] 상대할 뜻이 없을 뿐입니다. 앞의 상소에서 전고 인용에 실수했던 것[248]을 아울

246 홍우원(洪宇遠)이 상소하자 : 1663년 4월 수찬(修撰) 홍우원이 상소하여, 세자를 책봉하여 가르칠 것을 청하고 덧붙여 복제(服制) 문제에서 윤선도(尹善道)와 조경(趙絅)의 주장을 옹호하였다. 《顯宗實錄 4年 4月 19日》

247 제가……있겠습니까 : 1663년 9월에 송시열은 종통·적통의 일로 비난을 받는 것에 대해 대죄(待罪)하는 상소를 올렸다. 《顯宗實錄 4年 9月 11日》

248 앞의……것 : 금(金)나라의 공격으로 수도 변경(卞京)이 함락되고 흠종(欽宗)과 휘종(徽宗)이 포로로 끌려간 송(宋)나라 정강(靖康)의 난에서 유겹(劉韐)이 금나라에 맞서 싸우다 전사하였는데, 그 아들 유자우(劉子羽)가 아버지의 원수를 갚기에 힘써 금나라 군대를 여러 차례 물리쳤던 일이 있다. 《宋史 劉子羽列傳》 송시열은 김만균(金萬均)의 입장을 변호하는 상소에서 유자우의 고사를 인용하였는데, 이때 '유자우'를 '유공(劉珙)'으로 잘못 서술하였다. 《宋子大全 卷11 辭職仍以金萬均事引咎疏》《顯宗實錄 5年 1月 20日》 유공은 유자우의 아들이다.

러 자백하고자 합니다. 영감의 말씀이 충고에서 나왔으니 감히 따르지 않겠습니까. 신선한 물고기는 감사합니다.

조우서에게 답함 갑진년(1664, 현종5) 3월

答趙禹瑞 甲辰三月

편지를 받아 보고서 오실 날이 머지않은 줄 알았으니 이른바 조만간에 만나는 경우[249]입니다. 성균관 유생들의 상소는 영남의 의견이라고 말할 수는 없으나 또한 응한 자가 있다고 하더니, 이러한 데까지 가게 될 줄은 생각지도 못했습니다. 저의 두 번째 상소는 그만둘 수 없지만 그저 성상의 비답[250]에서 온당하지 못한 점만을 대략 논하려고 합니다. 김만균(金萬均)이라는 사람은 비록 미미하지만, 그가 견지하고 있는 것[251]은 제가 말한 것보다 중요합니다. 그런데도 성상의 비답이 이와 같으니 이 때문에 그렇지 않은 점을 대략 밝히고자 할 뿐입니다. 북방의 상소[252]에 대해서는 실로 상대할 마음이 없습니다. 책 두 권은 봉한 대로 잘 받았습니다. 이 뒤로는 답장을 드릴 길이 없으니, 여기 편지 한 통은 부디 아직 다 이사하지 않은 본가(本家)의 노복에게 주어 조만

249 조만간에 만나는 경우 : 지기(知己)를 만나는 기쁨을 비유한 말이다. 《장자(莊子)》 〈제물론(齊物論)〉에 "만세 뒤에라도 이 답을 아는 대성인을 만난다면, 이것도 아침저녁 사이에 만나는 것이다."라고 한 말에서 유래하였다.

250 성상의 비답 : 송시열의 맏형 송시희(宋時熹)의 죽음과 김만균 할머니의 죽음이 모두 청(淸)나라 군사에 의한 것이지만 같은 예로 볼 수 없다는 내용의 비답을 말하는 것으로 보인다. 《顯宗實錄 5年 1月 20日》

251 그가……것 : 김만균의 할머니가 병자호란이 났을 때 강화도에서 청(淸)나라 병사의 손에 죽었다는 이유로 청나라 사신이 왔을 때 원접사(遠接使)에 참여시키지 말아 달라고 청하여 해직을 구하였던 일을 말한다. 《顯宗實錄 4年 11月 6日, 8日, 9日》

252 북방의 상소 : 532쪽 주121 참조.

간 전하게 하는 것이 어떻겠습니까? 이만 줄입니다.

별지

저편 사람(남인(南人))이 북인(北人)을 우대해야 한다고 한 주장은 저도 들었습니다. 어떤 사람의 말로는, 그 당시 소간(小諫)[253]이 거기에 관여했기 때문에 저편 사람은 본래 소간의 집안을 따랐는데 지금은 더욱 이로 인하여 받들고 붙좇는다고 합니다.

별서(別序)는 대략 수정하였습니다. 처음의 의도는 쪽지로 이 글을 써서 원래 족자〔元簇〕 아랫부분에 붙이려고 했습니다만, 지금은 규모가 다르므로 문장도 따라서 변하였습니다. 다른 족자〔別簇〕는 그림을 없앴지만 보내오신 모양 같으면 딱 좋습니다. 마침 서울에서 온 어떤 손님이 보고서 또한 마땅히 이렇게 해야 한다고 하였습니다. 관직은 당시에 지닌 것만 써야 합니다. 그런 뒤에야 이것이 원래 족자의 후손임을 알 수 있습니다. 그 편액은 시민당(時敏堂)이라고 하는 것이 마땅할 듯합니다. 야대(夜對)에 대한 족자의 후서(後敍)는 혹시 '시민당야대별족(時敏堂夜對別簇)'이라고 하는 것은 어떻겠

253 소간(小諫) : 대사간(大司諫)을 대간(大諫)으로 부르는 말과 상대하여, 사간원과 사헌부의 간관(諫官)을 지칭하는 말로 쓰인다. 《송자대전수차》 권5에서 "김석주(金錫胄)를 가리킨다. 그는 헌납(獻納)으로서 대사간 김시진(金始振)과 함께 김만균을 논핵(論劾)하였다."라고 하였으나 실록을 살펴보면 김시진이 대사간으로 있던 당시 김석주는 헌납이 아닌 정언(正言)으로 있었다. 《顯宗實錄 4年 10月 29日》 1663년에 김시진이 대사간으로 있었던 기간은 한 달이 채 되지 않으며, 김만균의 추고(推考)를 청한 것은 1663년 11월 8일이다. 《承政院日記 顯宗 4年 11月 5日》《顯宗實錄 4年 11月 8日, 29日》

습니까? 쌍청당(雙淸堂)[254] 같은 분은 바로 조상으로, 한 글자를 비워 둘 필요가 없으니 이어서 쓰는 것이 적절할 듯합니다. 당신의 한 건을 저에게 적도록 한 것은 글씨를 가지려는 것이 아니라 이별 뒤 잊지 않을 밑천으로 삼으시려고 하는 것입니다. 이 뜻이 정중하니 어찌 감히 서투르다고 하여 끝내 사양하겠습니까. 다만 소군(蘇君 소진(蘇秦))의 시대에 장의(張儀)가 감히 말하는 것은 스스로의 역량을 헤아리지 못한 것입니다.

254 쌍청당(雙淸堂) : 무과(武科)로 첨정(僉正)을 지낸 송유(宋愉, 1389~1446)를 말하는 것으로 보인다. 회덕(懷德)에 사는 송씨는 모두 그의 후손이다. 쌍청당은 송유의 호이다.

조우서에게 답함 갑진년(1664, 현종5) 3월

答趙禹瑞 甲辰三月

그립던 중에 편지를 받으니 감사한 마음 어찌 말로 하겠습니까. 시남(市南 유계(兪棨))이 세상을 떠난 지 이미 여러 날이 지났습니다만 애통하고 슬픈 마음 더욱 간절하니, 이것이 어찌 사사로운 정에서 나왔겠습니까. 이제 보여 주신 초본(草本) 족자[255]에서 그의 이름과 성을 어루만지니 저도 몰래 눈물이 떨어져 종이에 스며들었습니다. 몹시 애통합니다.

질문하신 것은 한결같이 이곳에 온 아전에게 정성껏 말하겠습니다. 별서(別序)는 아직 엮어 내지 못했습니다. 지금 급한 요청에 부응하고 싶지만 초형(草兄 이유태(李惟泰))이 충청도의 옛 관찰사 및 제 아우 송시도(宋時燾)와 함께 가까운 사찰에서 만나기로 약속하였기에 마침 가서 참석하려고 합니다. 오늘 밤에 어쩌면 또한 완성할 수 있을 것입니다.

시남이 이미 가 버린 만큼 별서를 지어서 함께 깊이 애통하게 여기는 뜻을 더욱 펴야 합니다. 《소학(小學)》은 마땅히 두 서원에 나누어 보내겠습니다. 보내 주신 선물은 감사합니다. 나머지는 길을 떠나기 전이라 이만 줄입니다.

255 초본(草本) 족자 : 599쪽 주217 참조.

조우서에게 답함 갑진년(1664, 현종5) 4월

答趙禹瑞 甲辰四月

헤어진 뒤 병중에 생각이 더욱 괴로웠는데, 문득 병영(兵營)의 인편에 보내신 편지를 받고 고단한 몸을 억지로 부지하고 급히 읽다 보니 문득 깊은 슬픔이 절로 없어지는 것을 느꼈습니다. 시형(市兄 유계(兪棨))의 영구에 곡하기 위해 어제 서쪽으로 돌아왔는데, 마침 저보(邸報)를 보았고 또 제 아우의 편지를 얻었습니다.

함경도 관찰사의 일[256]은 갈수록 한층 풍랑으로 변질되었으니 근심과 두려움을 견딜 수 없습니다. 서둘러 자책하는 글을 올렸지만 "감히 전날을 잊지 못한다."라는 하교만 하시고 다른 말씀은 한마디도 없으니, 그저 반성하고 자책할 뿐입니다. 조간(趙諫)이 운운한 말[257]에 대해서는 미처 들어 아는 것이 없습니다. 하지만 과연 그렇다면 제가 지고 있는 죄가 더욱 무거우니, 이것을 가지고 어디로 돌아가려 하겠습니까.

시형의 관을 어루만지며 한 차례 통곡하니 대나무도 함께 슬퍼하였습니다. 편히 누워서 아무것도 듣는 것이 없으니 저에게 부러운 마음을 일으키지만, 또한 남이 저를 부러워하게 하는 것도 머지않았음에 스스

256 함경도 관찰사의 일 : 함경도 관찰사로 있던 서필원(徐必遠)이 김만균(金萬均)을 옹호한 송시열의 소를 반박하는 상소를 한 것을 말한다. 《顯宗實錄 5年 2月 3日》

257 조간(趙諫)이 운운한 말 : 사간원 정언 조성보(趙聖輔)가 서필원이 김만균의 일로 상소한 말에 대하여 논척(論斥)한 것을 말하는 듯하다. 《宋子大全隨箚 卷5》《顯宗實錄 5年 4月 16日》

로 웃을 뿐입니다. 다만 고인(故人)의 아들들을 보니 참으로 이련(二連)[258]과 같아 저도 몰래 감격스러워 눈물이 났고, 또한 시형에게 훌륭한 자식이 있다는 것이 경사스럽게 여겨졌습니다. 장모가 왔을 때는 이미 곡을 한 뒤였습니다. 이만 줄입니다.

258 이련(二連) : 동이(東夷)의 사람으로 부모상(父母喪)을 잘 치렀다는 대련(大連)과 소련(小連) 형제를 말한다.《論語 微子》

조우서에게 답함 을사년(1665, 현종6) 3월
答趙禹瑞 乙巳三月

오래도록 가난으로 위축되어 있어 감히 서울에 보내는 편지를 쓰지 못하다가 접때 당신께서 서울 근교에 살고 계셨고, 또 저의 일이 다급하여 함부로 통성명하였습니다. 그랬더니 헤아려 답장을 내려 주시고 또 간청한 것을 매우 정성스럽게 받아 주셨기에 막 이에 감격하였고, 온 친족이 축하하였습니다. 그런데 문득 이 인편이 와서 연이어 보내신 편지를 받아 읽으니, 아, 백승(伯承)[259]이 이것으로 저를 얽매었는데 영감이 이승과 저승을 연결해 주었습니다. 그의 가장(家狀)과 필묵(筆墨)을 눈물을 참고 펼쳐 보니 참으로 이른바 "병중에 한 정다운 말을 죽은 뒤에 전했다."[260]라는 격이라 저승과 막혀 있는 줄을 느끼지 못했습니다.

온 심부름꾼을 삼가 머무르게 한 다음, 한원(漢原)과 부인의 신도비명(神道碑銘)[261]을 수정하고 이어서 최 부인(崔夫人) 행장(行狀)의 초

259 백승(伯承) : 조윤석(趙胤錫, 1615~1664)의 자이다. 본관은 양주(楊州), 호는 용은(慵隱)이다. 인조의 국구(國舅) 조창원(趙昌遠)의 아들로, 조귀석과는 사촌 간이다.

260 병중에……전했다 : 송익필(宋翼弼)이 죽은 성혼(成渾)을 생각하며 지은 〈억우계(憶牛溪)〉라는 시에 나오는 말이다. 《龜峯集 卷2》

261 한원(漢原)과 부인의 신도비명(神道碑銘) : 송시열이 지은 조창원의 신도비명에 부인에 대해서도 기록하였기에 하는 말로 보인다. 신도비명을 참조하면 조정에서 조창원에게 혜목(惠穆)이라는 시호를 내린 뒤 조계원(趙啓遠)의 청을 받고 쓴 것으로 되어 있는데, 시호를 받은 것은 현종 7년(1666) 12월이다. 이 편지는 1665년에 썼고, 또

고를 지어서 올리니, 돌아가신 분께서 어떻게 여기실는지요. 그러나 영감께서 보잘것없다고 여겨 물리치지 않으신다면, 아마 돌아가신 분의 뜻과도 그다지 어긋나지는 않을 것입니다. 다만 늙은 누이가 아프고, 또 조카의 장사를 치를 일이 있었기에 분잡한 중에 대충 얽어 냈으니 더욱 거칠다 여깁니다. 고칠 만한 부분을 일일이 지적하여 말씀해 주십시오.

영감의 편지가 이렇게까지 정중하였는데, 이미 도성에 들어오라는 명을 받았으니 이전의 관례를 감히 문득 깨지 못하여 다만 쪽지로 대략 답장을 드리다 보니 편지 꼴을 이루지 못했습니다. 아마 용서해 주시리라 생각합니다.

부인의 행장을 쓴 것도 1665년이니, 신도비명은 이때 썼다가 1666년 시호를 받은 뒤 내용을 수정한 것으로 추측된다. 《宋子大全 卷166 漢原府院君趙公神道碑銘, 卷211 完山府夫人崔氏行狀》《顯宗實錄 7年 12月 14日》

조 판서[262] 형 에게 답함 경자년(1660, 현종1) 8월 8일

答趙判書 珩○庚子八月八日

병으로 외진 산에 엎드려 지내다 보니 서울의 일에 대해서는 저세상 소식 같은 점이 있습니다. 이제 보내신 편지를 받고서야 영형(令兄)이 아드님을 잃은 애통한 일을 당한 줄 알았으니, 놀랍고 슬픈 마음이 저에게 일어난 일과 다름없습니다. 늙으면 쉽게 감정이 복받치는 법인데 더구나 이러한 일은 가장 떨치기 어려우니 어떻게 지탱하고 견디시는지요?

가만히 듣자니 형조 판서가 되셨다는데, 여론에 몹시 부응한 것이라 시대를 위해 축하드립니다. 저는 온갖 병이 번갈아 침범하여 날로 죽음과 가까워지는데 성은은 날이 갈수록 더하여 그저 성은을 저버리게 되었으니, 하루아침에 깜박 죽는다면 지하에서 선왕을 뵐 길이 없습니다. 가을 기운이 무르익어 가는데 삼가 슬픔을 누르고 몸을 더욱 아껴서 멀리서 보내는 정성에 부응하시기를 빕니다.

262 조 판서(趙判書) : 형조 판서 조형(趙珩, 1606~1679)을 말한다. 본관은 풍양(豐壤), 자는 군헌(君獻), 호는 취병(翠屛)이다. 송준길(宋浚吉)의 문인이다. 《顯宗實錄 1年 8月 1日》《宋子大全隨箚 卷13》

지은이 **송시열(宋時烈)**

1607(선조40)~1689(숙종15). 자는 영보(英甫), 호는 우암(尤菴)·우재(尤齋)·파옹(巴翁)·화양동주(華陽洞主) 등이며, 시호는 문정(文正), 본관은 은진(恩津)이다. 부친은 송갑조(宋甲祚)이고, 모친은 선산 곽씨(善山郭氏)이다. 사계(沙溪) 김장생(金長生)과 신독재(愼獨齋) 김집(金集)을 사사하여 기호학파의 종장(宗匠)이자 노론의 영수로 활동하면서 조선 후기 학문과 정치에 큰 발자취를 남겼다. 효종의 즉위 이후 청나라에 대한 복수설치(復讎雪恥)를 역설한 《기축봉사(己丑封事)》를 올려 북벌론을 제시하였고, 학문적으로는 주자성리학을 정통으로 삼아 남인 학자인 윤휴(尹鑴)와 대립하였다. 이후 남인, 소론과 갈등이 깊어지다가 효종의 천릉(遷陵), 왕실 복제를 둘러싼 예송(禮訟)으로 논핵을 받아 삭탈관직되고 덕원(德源), 장기(長鬐), 거제도(巨濟島)에서 유배 생활을 하였다. 1689년 원자 책봉 문제로 제주(濟州)에 유배되었다가 서울로 압송되던 중 정읍(井邑)에서 사사(賜死)되었다. 1756년(영조32) 문묘(文廟)에 배향되고 영의정에 추증되었다. 저서로 《송자대전》, 《주자대전차의(朱子大全箚疑)》, 《정서분류(程書分類)》, 《주자어류소분(朱子語類小分)》, 《논맹혹문정의통고(論孟或問精義通考)》 등이 있다.

옮긴이 **박미경(朴媄敬)**

1965년 경남 밀양에서 태어났다. 경북대학교 대학원에서 〈《동파서전(東坡書傳)》 연구〉로 박사 학위를 받았다. 한국국학진흥원 번역연수과정을 졸업하였고, 한국국학진흥원 및 한국고전번역원에서 번역을 하고 있다. 번역서로 《창계집》, 《유연당집》(이상 공역), 《무송헌집》, 《성재집》 등이 있다.

송자대전 9

송시열 지음 | 박미경 옮김

2023년 12월 31일 초판 1쇄 발행

발행인 김언종 | 발행처 한국고전번역원
등록 2008. 3. 12. 제25100-2018-000049호
주소 (03310) 서울시 은평구 진관1로 85
전화 02-350-4800 | 팩스 02-350-4994 | 홈페이지 www.itkc.or.kr

연구총괄 정영미 | 연구책임 장희성 | 연구기획 강지원 | 자문 정선용

책임편집 이선주 | 편집진행 신진호 서윤이
교정 서세영 유정님 정동연 | 조판 김지현 | 제작 조은지
디자인 씨디자인 | 인쇄 명일인쇄

값 20,000원
ISBN 978-89-284-1093-4 94810
978-89-284-0619-7 (세트)